형사사법과 인권

형사사법과 인권

박상식

경상국립대학교출판부

저자의 말

이 책은 현재 경상국립대학교 학생들에게 인권을 함양시키기 위해 개설된 교양강좌 『범죄와 인권』 강의 교재로 사용하기 위해 편찬되었습니다. 잘 아는 바와 같이 우리나라는 민주화와 인권을 향한 국민의 오랜 열망, 수년간에 걸친 인권단체의 노력, 그리고 정부의 의지 및 국제사회의 국가인권기구 설립에 대한 관심이 함께 어우러져서 2001년 11월 25일 국가인권위원회가 출범하였다. 우리 대학 교양강좌 『범죄와 인권』 강좌가 개설된 것은 국가인권위원회가 설립된 이후 각 대학에 인권 강좌의 개설을 권고한 결과의 산물이다.

국가인권위원회의 권고와 당시 법학과 교수로 재직했던 이창호 교수의 헌신적인 노력으로 우리나라 대학 최초로 <형사사법과 인권>이라는 과목으로 개설되었고, 그 후 <범죄와 인권>이라는 과목으로 명칭이 바뀌어 지금까지 학생들에게 인권이라는 의식을 강화하고 있다.

인권은 하늘이 준 사람의 권리인, 천부인권(天賦人權)이다. 우리 모두에게 의심 없이 사용되고 있는 익숙한 말이다. 오늘날 우리가 누리는 이러한 인권은 결코 하루아침에 이루어진 것이 아니다. 천부인권(天賦人權)의 그 화려한 목록 하나하나에는 국가를 상대로 자유를 갈구하는 인간의 저항, 투쟁, 피눈물 나는 역사적 사연 속에서 쟁취한 금자탑이라 할 수 있다. 이러한 과정에서 이룩된 인권은 그 누구도 그 어떠한 이유로도 침해할 수 없으며 또한 박탈할 수도 없다.

하지만 이러한 하나하나의 사연 속에서 탄생한 인권을 방치(放置)하고, 모른 채 '천부인권의 달콤한 목록'에 안주하는 것은 지성인의 태도가 아니다. 인권을 이해한다는 것은 곧 인권 쟁취를 위한 역사적 투쟁을 안다는 것이다. 이 책은 바로 이러한 관점에서 출발하였다.

사실 인권은 형사사법과 관련된 범죄자만의 인권이 있는 것은 아니다. 행정, 입법, 교육, 환경, 노동, 사회복지 등 다양한 분야에 걸쳐 있다. 하지만 이러한 모든 분야를 다루기엔 너무 방대하여, 인권 가운데 형사사법과 관련된 부분을 중심으로 지금까지 연구한 내용을 서술하였다.

인권은 '인간으로 태어난 이상 당연히 갖는 권리'이다. 특히 형사사법상의 인권은 범죄자라고 예외일 수 없다. 형사사법은 범죄자에게 공정한 절차를 거쳐 적절한 처벌을 내리는 것이 주된 임무이다. 따라서 형사사법의 과정에서 범죄자라 하여 인권을 침해해서는 안 된다. 특히 형사사법은 범죄자의 권리를 보호하면서 잘못된 판결이나 합리적인 의심 없이 형벌을 내리는 것을 방지해야 한다.

범죄자는 피해자 인권을 침해하고, 사회와 국가의 평온과 안전을 위협한 자이다. 이러한 범죄자에게 국가가 인권을 보장해주어야 한다는 것은 모순일지도 모른다. 이러한 모순을 어떻게 이해해야 할까? 다양한 측면에서 설명이 가능하지만, 가장 확실한 답은 범죄자도 인간이기 때문에 인간으로서의 존엄과 가치를 누려야 할 권리가 있다는 점이다. 또한, 국민 모두가 잠재적 범죄자가 될 수 있어, 범죄자의 인권을 보장하는 것은 국민 일반의 인권을 보장하는 것과 비슷한 맥락에서 이해할 수 있다.

이 책은 총 8부로 구성되어 있다. 제1부는 인권 개념을 시작으로 인권의 역사, 제2부는 범죄 기초 이론으로 형사사법의 절차를 다루었고, 제3부는 경찰의 인권, 제4부는 검찰의 인권, 제5부는 법원의 인권, 제6부는 수용자의 인권을 다루었다. 제7부는 현재 이슈(issue)가 되고 있는 청소년 인권, 성범죄 인권, 사형과 인권, 범죄피해자와 인권, 스토킹과 인권, 장애인 인권 등을 다루었고, 제8부는 이 책의 마지막으로 인권 침해에 대한 구제 방법과 인권 운동을 서술하였다.

우리는 살아가면서 스스로의 의지와 상관없이 가해자와 피해자가 될 수 있다. 나아가 우리 주변에서 힘이 없거나 법을 몰라서 억울하게 당하는 사람들도 볼 수 있다. 이러한 상황에 대한 대비를 위해서 자신의 인권과 타인의 인권을 보호하기 위해서라도 전공과 상관없이 범죄와 관련된 인권을 어느 정도 숙지할 수 있어야 한다고 본다. 그런 의미에서 경상국립대학교 학생 및 독자들에게 조금이나마 형사사법과 관련된 인권을 숙지하게 하고, 인권 선진국으로 나아가는 데 조금이나마 보탬이 될 수 있는 기대와 희망을 안고 이 책을 상재(上梓)한다.

마지막으로 이 책이 발간될 수 있도록 아낌없는 지원을 해 준 경상국립대학교 출판부 관계자 여러분과 교정을 위해 수고한 김두상 강사를 비롯한 제자들에게 진심으로 고마움을 표합니다.

2025년 2월

인권을 선도하면서 새로운 봄을 기대하는

경상국립대 교정(校庭)에서

박상식

목차

제4부 검찰과 인권

제5부 법원과 인권

제6부 수용자와 인권

1부

인권일반이론

제1장 인권이란 무엇인가?
제2장 인권의 역사
제3장 국제인권법의 적용

‘인권’은 국가를 상대로 자유를 갈구하는 인간의 저항과 투쟁 속에서 쟁취한 금자탑이라 할 수 있다. 이러한 과정 속에 이룩된 인권은 그 누구도 그 어떠한 이유로도 침해할 수 없으며 또한 박탈할 수도 없는 천부인권(天賦人權)이다.

제1장 인권이란 무엇인가?

제1절 인권의 개념

인권이란 무엇일까? 지금까지 많은 학자들이 그 개념을 제시하고 있지만 명확한 답을 내리지 못하고 있다. 그 이유는 인권개념 자체가 다양하고 국제인권법이 내포하고 있는 범위가 넓기 때문이다. 그럼에도 불구하고 우리는 인권(Human rights)이란 용어를 너무나 당연히 사용하고 있다. 즉 UN헌장, 세계인권선언서, 국가인권위원회법 등에서 인권이란 용어를 사용하고 있다.

하지만 인권을 "인간이 기본적으로 양도할 수 없는 권리"라고 하는 데는 누구도 의문을 제시하지 않는다. 결국 인권이란 개념은 국제 관련 문서 등에서 추정할 수 있겠지만, 인권(Ouman Rights)을 한마디로 정의한다면 '인간으로서 태어난 이상 당연히 갖는 권리', 존엄한 인간이라는 존재로서 국가에 대해 갖는 권리'라고 정의할 수 있겠다. 이렇게 정의할 때, 국제인권법(International Human Rights Law)을 " (…) 국경선을 넘어 인간, 즉 자연인의 기본적 권리를 보호·증진하는 것을 목표로 하고 있다"[1]는 내용과 일맥상통한다고 할 수 있다.

오늘날 우리가 알고 있는 '인권'은 국가를 상대로 자유를 갈구하는 인간의 저항과 투쟁 속에서 쟁취한 금자탑이라 할 수 있다. 이러한 과정 속에 이룩된 인권은 그 누구도 그 어떠한 이유로도 침해할 수 없으며 또한 박탈할 수도 없는 천부인권(天賦人權)이라 할 수 있다.

한편 인권은 연령, 국적, 사회적 지위 등에 따라 차별적으로 대우하여서는 안 되며, 특히 사

1 김대순, 『국제법론』(제3판), 1998, 410쪽.

회적 약자들은 인권을 진정으로 필요로 하는 사람들로서 앞으로 그들을 보호하는데 국가는 역점을 두어야 할 것이다.

인권은 기본권과는 구별된다. 인권이 인간의 본성에서 나오는 생래적 자연권을 의미하는 데 반해 기본권은 헌법이 보장하는 기본권 권리를 말한다. 기본권에는 생래적 권리도 있지만 국가내적인 생존권적 기본권, 청구권, 참정권 등이 있으므로 인권과 기본권은 반드시 일치하는 것은 아니다. 하지만 기본권은 인권사상에 바탕을 둔 인간의 권리를 실현하는 것이므로 보통 기본권과 인권은 일치한다고 할 수 있다.[2]

국가인권위원회법 제2조 제1항에서의 인권정의

헌법 및 법률에서 보장하거나 대한민국이 가입·비준한 국제인권조약 및 국제관습법에서 인정하는 인간으로서의 존엄과 가치 및 자유와 권리를 말한다.

인권레짐[3]

인권레짐이란 "인권문제 영역에서 국제사회의 각 행위자(국가, 국제기구, NGO, 개인)들의 기대가 수렴되어진 일련의 국제적 규범체계 및 실행절차"를 말한다.

제2절 인권의 성격

인권은 인간이 태어나면서부터 자동적으로 부여된 천부적 권리로서 국가의 절대적 권한을 제한하는 기능을 수행한다. 이러한 인권의 성격은 보편성, 정당성, 상호불가분성 등으로 나눌 수 있다.

우선 보편성은 세계 어디에서나 인권이 평등하게 보장되어야 한다는 것이다. 즉 인종, 성, 사상, 재산 등에 따른 차별 없이 누구에게나 향유되어야 한다. 특히 인간의 생명권, 고문당하지 않을 권리, 노예상태에서의 해방 등은 보편성 가운데 가장 핵심적 권리라 할 수 있다.

다음으로 인권은 국가의 행위를 판단하는 기준이 된다는 것으로 이를 정당성이라 할 수 있다. 이는 인권이 초실정법적인 권리라는 것을 내포하고 있다. 예컨대, 미국의 이라크 침공, 제

2 김철수, 『헌법학원론』, 박영사, 2005, 270쪽.

3 이에 관한 자세한 내용은, 이원웅, 『국제인권레짐과 NGO의 역할』, 논술아카데미아 PR, 2004 참조.

2차 세계대전 등의 정당성 여부는 결국 인권침해 여부로 판단할 수 있다는 것이다. 문제는 이러한 인권의 정당성 이유로 타국의 내정간섭을 할 수 있냐는 것이다.[4] 이는 인권과 국권[5] 가운데 무엇이 더 중요하냐는 것에 귀결될 수 있다고 본다. 즉 인권이 국권보다 앞선다면 개입을 할 수 있을 것이고, 국권이 인권보다 앞선다면 개입할 수 없을 것이다. 이론적으로는 인권이 국권보다 우위에 있다는 것에 의문이 없지만 현실은 그렇지 못하다. 왜냐하면 이렇게 된다면 강대국들이 인권이라는 명목 하에 약소국을 침공할 수 있기 때문이다. 따라서 대부분의 국가에서는 아직도 국권이 인권보다 우위에 있다고 보고 있다.

마지막으로 인권은 독자적으로 움직이는 것이 아니라, 자유·평등 등과 함께 서로 의존하는 상호불가분성을 들 수 있다. 특히 소극적 권리인 자유권과 적극적 권리인 사회권 등과 불가분의 관계에 있다고 할 수 있다.

국권과 베스트팔렌조약(Peace of Westfalen)

유럽 사상 최초의 국제회의로, 스페인과 네덜란드 사이에 벌어진 80년 전쟁과 독일의 30년 전쟁 결과 맺어진 조약이다(1648). 이 조약은 근대 국가의 법적 기초와 헌법기초 확립, 배타적인 주권에 대한 합의로 주권국가성의 원칙과 불개입의 원칙이 확립이 되었다는 데에 그 의의가 있다.

제3절 인권의 유형

인권을 복수형인 'human rights'로 쓰는 이유는 인권의 종류가 다양하다는 뜻이다.[6] 하지만 대체적으로 인권의 유형은 3가지로 분류하는 것이 일반적이다.

여기에는 자유권을 중심으로 하는 제1세대의 인권, 사회권을 중심으로 하는 제2세대의 인권, 집단적 권리를 중심으로 하는 제3세대의 인권으로 나뉜다.

4 미국이 북한, 중국 등의 인권 문제에 개입하는 것을 말한다.

5 국권은 주권원칙과 내정불간섭원칙으로 나눌 수 있다. 국권과 인권 문제는 양심적 병역거부, 국가보안법폐지 여부 등과 관련이 깊다.

6 그러나 특정의 인권만을 나타낼 때는 단수형을 쓴다.

1. 제1세대의 인권

(1) 제1세대 인권의 특징

1791년 시민들은 프랑스 혁명을 통하여 봉건사회를 무너뜨리고 새로운 시대의 건설을 위해 몸부림을 쳤다. 시민들은 국가의 억압에서 벗어나 개인주의에 기반을 둔 자유를 누리고자 하였다. 이에 국가는 사생활의 자유, 신체의 자유, 집회의 자유 등의 인권침해 예방과 권리 보호에 중점을 두면서 최대한 자유를 보장하였다. 질서 유지를 위한 최소한의 간섭만 하고 가능한 시민들의 생활에 간섭하지 않았다. 이것이 자유권을 중심으로 한 제1세대 인권이다.[7] 이러한 제1세대의 인권은 세계인권선언(1948), 유럽인권협약(1950), 국제인권규약(B규약, 1966) 등에서 규정하고 있다.

그러나 자유권을 중심으로 한 제1세대 인권은 형식적인 자유와 평등이었을 뿐, 시민혁명 이후의 진정한 자유와 평등을 갈망한 시민들의 자유와 평등과는 거리가 멀었다. 따라서 소극적인 개인의 자유보다는 공공복리를 중심으로 한 적극적인 새로운 시대의 인권이 필요하게 되었다. 이것이 시민들의 생존권을 중심으로 하는 제2세대 인권이다.

(2) 제1세대 인권의 내용

제1세대 인권은 자유권을 중심으로 하는 인권이다. 따라서 사람의 생명, 안전, 안녕을 다루는 것과 연결된다. 즉 인간의 존엄성(우리 헌법 제10조), 인간의 생명과 자유 그리고 안전에 대한 권리(세계인권선언 제3조), 노예 기타 비자발적인 예속상태로부터의 자유(동선언 제4조), 고문 기타 비인간적인 처우·처벌로부터의 자유(동선언 제5조), 자의적인 체포·구금·추방으로부터의 자유(동선언 제9조) 등을 들 수 있다. 한편 이러한 자유권의 실천을 위하여 1966년 유엔에서 제정된 시민적 및 정치적 권리에 관한 국제규약(International Covenant on Civil and Political Rights, 국제인권 규약 B)에서 대부분의 내용들을 규정하고 있다.

2. 제2세대의 인권

(1) 제2세대 인권의 특징

인간은 자유만으로 살아갈 수 없다. 개인의 자유는 인간이 아름다운 삶을 누릴 수 있는 하나의 전제조건에 불과하다. 아무리 자유가 보장된다고 하여도 국민이 생존을 유지하거나 생활

---

7 제1세대 인권은 시민적·정치적 권리를 규정하고 있는 B규약에 많은 내용을 담고 있다.

을 향상시켜 인간다운 생활을 하기 위한 국가의 적극적인 배려가 없으면 안 된다. 이러한 국가에 대하여 적극적인 배려를 요구할 수 있는 권리를 사회권 또는 생존권적 기본권이라 한다.

인권의 발전도 자유권에서 이렇게 인간의 풍요로운 삶을 위하여 모두가 함께 공공복리를 추구하는 사회권으로 발전하게 된다. 이를 제2세대 인권이라 부른다.

제2세대 인권은 국가의 적극적인 역할이 필요하며, 제1세대 권리처럼 국가의 소극적인 자세가 아니라 다양한 사회적 급여를 통한 권리의 실질적 보장이 필요하다.

(2) 제2세대 인권의 내용

사회권을 중심으로 하는 제2세대 인권은 사회보장에 대한 권리(세계인권선언 제22조), 건강 및 행복에 필요한 생활수준을 누릴 권리(세계인권선언 제25조), 교육을 받을 권리(세계인권선언 제26조, 우리 헌법 제31조) 등이 그 중심을 이루고 있다. 즉 국가가 국민들의 건강과 안전보장을 통하여 경제, 사회, 문화적 혜택을 적극적으로 보장한다는 것이다. 이러한 인권들의 실천을 위하여 1966년 유엔에서 제정된 경제적·사회적 및 문화적 권리에 관한 국제규약(International Covenant on Economic, Social and Cultural Rights, 국제인권규약 A)에서 많은 내용들을 규정하고 있다.

3. 제3세대의 인권

(1) 제3세대 인권의 특징

1, 2세대 인권들은 대개 개인의 자유와 복지만을 중심으로 전개되는 권리들이기 때문에 집단에 대한 권리는 무시되었다. 따라서 국가와 개인의 관계 속에서 파생되는 권리가 아닌 집단적 권리가 필요하게 되었다. 이러한 집단적 권리 혹은 연대적 권리를 제3세대 인권이라 한다. 이러한 제3세대 인권은 아직 인권의 한 분야로서 확립되지는 못하고 있지만, 지속적으로 정치, 경제, 사회, 문화 속에서 논쟁을 통해 확립되고 있다.

제3세대 인권은 20세기에 들어와서 소수자들의 집단적 권리를 중심으로 실질적인 인권으로 인식되어 전개되고 있다. 즉 여성차별, 인종차별, 빈부격차(남북문제), 환경문제 등을 중심으로 이루어지고 있다.[8]

8 제3세대 인권의 구체적인 내용에 관해서는 김대순, 『국제법론』(제13판), 삼영사, 2008.

(2) 제3세대 인권의 내용

집단적 권리로는 환경권, 평화권, 과학기술·정보·문화권, 인류 공동의 자산에 공동으로 참가할 권리, 민족해방운동, 흑인민권운동, 페미니즘운동 등이 그 중심을 이루고 있다.

4. 소결

자유권과 사회권 중 어느 것에 더 큰 비중을 둘 것인가는 국가마다 다르다. 즉 서구 선진국들은 대개 자유권을 중시하는 경향이 컸고, 러시아를 비롯한 사회주의국가는 경제발전 등 사회권에 비중을 더 두었다. 이러한 차이점 때문에 유엔인권선언 등의 대부분의 국제조약들이 성립되는데 곤란을 겪고 있다.

이러한 현상은 사회주의가 붕괴된 오늘날에도 여전히 존재하고 있다. 미국을 비롯한 서구 선진국은 여전히 제1세대 인권인 자유권을 최대의 무기로 내세우고 있고, 개발도상국들은 의식주를 중심으로 하는 빈곤퇴치와 공공복리가 중심이 되는 제2세대 인권을 중심으로 정책을 유지하고 있다.[9]

그러나 제1세대 인권인 자유권과 제2세대 인권인 사회권은 어느 하나의 우선순위의 문제가 아니라 다 같이 발전시켜야 할 양대 축이라 할 수 있다. 실제로 대부분의 국가들은 유엔에 가입할 때 자유권과 사회권 모두의 보장을 위해 가입했다는 사실이 증명되고 있다.

제4절 인권의 변천사

우리가 지금 말하고 있는 인권의 시작을 정확히 말하기는 쉽지 않다. 대개 인권은 천부적 권리, 생래적 권리, 인간의 본성에서 타고난 이성의 권리,[10] 자연법[11] 등에서 찾고 있다. 그러나 이러한 철학적 개념 등이 너무 다양하게 해석되고 있는 오늘날 그 근거를 주장하기에는 미흡하다. 각 철학자들이 주장하는 자연법과 이성의 법칙이 서로 다르기 때문이다.

그럼에도 인권의 발전에 커다란 역할을 한 것으로 이러한 자연법사상에 기초를 둔 프랑스

9 우리나라도 2007년 대선의 결과를 보면 자유권보다 사회권(경제권)을 대부분 국민들이 요구하고 있는것 같다.

10 플라톤이나 아리스토텔레스는 인간이 위대한 것은 이성이 있기 때문이라 하고 있다.

11 루소, 로크 등이 주장한 것으로 인간의 본성에 바탕을 두고 시대와 장소에 관계없이 영구불변의 효력을 가지는 것을 말한다.

시민혁명 또는 미국독립선언을 들 수 있다. 즉 신앙의 자유, 양심의 자유, 신체의 자유 등은 자연법상 인간의 생래적 권리이기 때문에 누구도, 심지어 국가권력도 침범할 수 없다는 것이다. 그러나 이러한 철학적 유래는 너무 추상적이고 다양한 해석이 제기되고 있어 인권의 근거로는 미약하다. 따라서 법적근거를 바로 인권의 출발점으로 보자는 주장이 제기되고 있다. 법적 근거로서의 인권의 출발점은 1948년 제정된 '유엔인권선언'을 보통 들고 있다.[12] 하지만 '유엔인권선언'은 글자 그대로 선언에 불과해 강제력이 없다는 비판이 제기되자 유엔에서는 1966년 제정된 국제규약(A)·국제규약(B)을 제정하여 그 근거를 보충하고 있다. 이러한 의미에서 Johan Galtung은 인권은 하느님이 부여한 천부적인 권리가 아니라 유엔총회가 준 것이라고 하고 있다.[13]

또한 1993년 유엔에서 채택된 '비엔나인권선언 및 실천강령(The Vienna Declaration and Programme of Action)'에서는 모든 인권의 보편성을 강조하고 있다.[14]

우리나라는 헌법에서의 인권보장,[15] 1962년의 법무부의 인권옹호과,[16] 2000년 '민주화 보상과 의문사 진상 규명 등에 관한 법률', 2001년 5월 24일 국가인권위원회법[17]을 제정하면서 인권이 어느 정도 확립되었다고 볼 수 있다. 법무부 인권국에서는 5개년 개획으로 국가인권정책기본계획(NAP, National Action Plans for the Promotion and Protection of Human Rights)을 수립하여 국가의 인권정책의 청사진으로서 인권과 관련된 법·제도·관행의 개선을 목표로 하는 범국가적 인권정책 종합계획을 세우고 있다. 현재 제3차 기본계획(2017~2021)이 수립되어 시행중에 있고, 주된 내용은 사회적 약자 및 취약 계층의 인권보호 특히 성소수자 인권에 중점을 두고 있다.

한편 불가침의 기본적 인권을 보호하고 그 수준을 향상시킴으로써 인간으로서의 존엄과

12 유엔인권선언 시민적·정치적 권리뿐 아니라 사회보장의 권리, 노동의 권리, 휴식과 여가의 권리, 교육의 권리 등의 경제·사회·문화 등에 관한 규정들이 광범위하게 포함되어 있다.

13 Johan Galtung, *Die Zukunft der Menschenrecht*, Frankfurt, 2000, S. 9.

14 비엔나인권선언 및 실천강령 제5조에서 "각국은 그들의 정치적·경제적·사회적 체제와 관계없이 모든 인권과 기본적 자유를 증진하고 보장할 의무를 부담한다"고 규정하고 있다.

15 우리나라 헌법에서 인권조항을 규정한 것은 사실 1948년 정부수립과 동시에 제정된 헌법이 아니라 1919년 제정된 대한민국 임시정부의 헌법에서 신교(信敎)의 자유, 재산보유의 자유, 집회·결사의 자유 등을 보장하고 있었다.

16 1976년 7월 16일 인권과로 개칭, 2006년 5월 3일 인권국으로 확대되어 운영되고 있다. 법무부 인권국은 법무행정과 관련하여 인권 침해가 발생하는 경우 이를 조사하여 신속하게 구제조치를 취하고, 국민들은 수사·교정 등 법집행과정에서 인권침해를 당한 경우 인권국을 통해 즉시 구제조치를 받을 수 있게 되었다.

17 국가인권위원회는 국제인권기구의 국내적 실천, 3권 어디에도 소속되어 있지 않는 독립기관, 인권감시자의 역할을 수행한다는 데에 그 의의가 있다. 이에 대한 자세한 내용은, 국가인권위원회,『인권백서』, 2004, 47~51쪽 참조.

가치를 구현하고 민주적 기본질서의 확립에 이바지함을 목적으로 2001년 11월 26일 출범한 국가인권위원회는 그동안 많은 시련과 변화를 겪었지만 이제 인권, 사회적 약자 배려 등 사회적 가치를 실현하고, 국제기준에 부응하는 국민의 인권 보호를 위한 기구로 정착하였다. 연간 3,000건에 달하는 진정사건의 심도 있고 신속한 조사를 통해 합리적 이유 없는 차별행위로 피해를 입은 국민을 구제하고 관련 정책 개선을 권고하는 업무를 담당하고 있다.

<세계 인권 연표>

년도	주요내용
1215	영국 마그나 카르타
1679	영국 인신 보호령
1776	미국독립선언
1789	프랑스 혁명 인권선언
1791	미국 권리장전
1893	여성참정권 도입
1919	베르사유 조약 체결
1926	노예제도 금지
1929	국제인권선언 채택
1945	유엔 헌장 선포
1948	세계인권선언 채택
1966	경제적·사회적·문화적 권리에 관한 국제규약 시민적·정치적 권리에 관한 국제규약
1993	유엔 인권고등판무관 설치
1998	국제형사재판소 로마협약 체결
2002	국제형사재판소 창설

<주요인권의 역사>

마그나카르타(1215)

왕권규제 최초문서, 죄형법정주의 시초

영국 권리장전(1689)

명예혁명의 결과물 의회정치 확립의 기초

프랑스혁명(1789~1794)

모든 인간은 자유·평등
천부인권선언 채택

노예해방선언(1863)

미국 링컨 대통령
노예 해방 선포

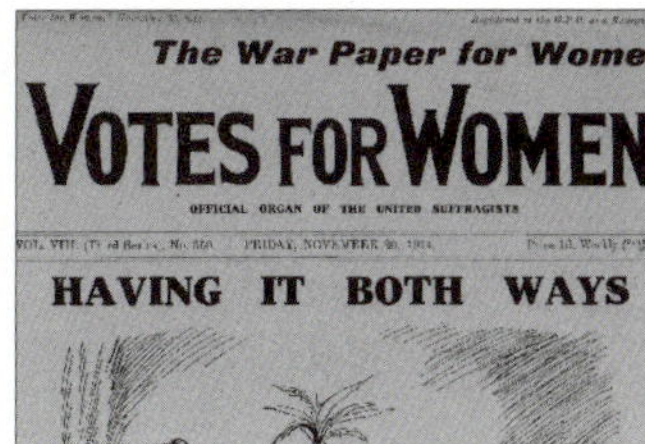

여성참정권(1893)

뉴질랜드 세계최초
여성 참청권 인정

『두산세계백과사전』, 2018, 『중앙일보』, 2015. 1. 30.

제2장 인권의 역사

제1절 인권의 변천

서유럽에서 등장한 인권 개념은 마그나카르타부터 시작되었다는 것이 보편적이다. 당시 서유럽 사회는 봉건사회로 왕과 귀족, 소수의 영주와 그 아래 대다수의 농민으로 구성된 철저한 신분사회였다. 따라서 인간으로서 천부적 기본권을 주장하는 것은 결국 특권계급제도의 붕괴를 통한 신분제도의 타파로 나타나게 된다.

십자군 원정 이후에 무역과 상공업이 발전하면서 자본을 축적한 상공업자가 등장하여 봉건 영주로부터 특허장을 얻게 된다. 자유도시의 형성은 점진적이고 부분적으로나마 신분 속박의 굴레를 벗어나게 했고, 그 과정이 인권보장의 첫 움직임이었다. 즉 봉건체제에 대항함으로써 인간해방의 길을 열었던 것이다.

1. 대헌장(Magna Carta Liberatatum)

권리는 말로만이 아니라 문서상으로 기록되어야 비로소 보장받을 수 있는 기반이 갖추어진다. 서양의 인권 역사에서 최초로 권리를 문서상에 기록한 것은 1215년 영국의 '대헌장(Magna Carta Liberatatum)'이다.[18] 대헌장은 성문법에 의해 왕권을 규제한 최초의 문서로서 국민의 자유와 권리를 지키는 투쟁의 역사 속에서 항상 인용되며 영국의 헌정뿐만 아니라, 국민의 자유

18 대헌장에 관한 자세한 내용은, 스기하 야스오(杉原泰雄) 저, 석인선 역, 『인권의 역사』, 한울, 1995, 16~18쪽 참조.

를 옹호하는 근대 헌법의 토대가 되었다. 그러나 대헌장은 그 당시의 자유민에게 주어진 하나의 권리였으며, 자유민이란 귀족과 성직자를 뜻한다.[19] 따라서 대헌장은 사실상 봉건귀족들의 특권을 보호하려는 목적으로 만들어진 것으로서 모든 인간의 보편적이고 침해할 수 없는 권리와 자유를 보장한 것은 아니었다.

대헌장의 내용

제12조 일반 평의회의 승인 없이 군역대납금(軍役代納金)과 공과금을 부과하지 못한다.

제39조 자유인은 동료들(동등한 사람들, equals)의 적법한 판결에 의하거나 법의 정당한 절차에 의하지 아니하고는 체포·구금되지 아니하며 재산과 법익을 박탈당하지 아니하고 추방되지 아니하며 또한 기타의 방법으로 침해되지 아니한다. 짐은 이에 뜻을 두지 아니하며 이를 명하지도 아니한다.

2. 인신보호령, 권리청원, 권리장전

영국에서는 대헌장 이후 권리청원, 권리장전 등을 통해 입헌주의 전통이 발전했다. 귀족보다는 의회가 중심이 되어 왕권을 제한함으로써 의회민주주의의 기초를 다지게 된 것이다. 한 보기로 권리청원은 1628년 찰스 1세와 의회가 협상하는 과정에서 국왕의 과세권을 제한하는 의회의 요구사항을 국왕에게 문서로 제출한 것이다. 이것은 의회가 제정한 법은 아니었지만 국왕을 굴복시킨 내용을 포함한다는 점에서 중요하다. 국왕보다 법이 우위에 있다는 원칙 아래, 의회가 국왕의 권력과 법률적 권위 사이에 명확한 경계선을 그었다는 데 의의가 있다.[20]

찰스 1세를 계승한 찰스 2세가 계속하여 전제 정치를 하자, 의회는 공직을 국교도에 제한하는 심사령(1673)과, 함부로 체포·구금하지 못하게 하는 인신 보호령(1679)을 제정하였다.[21] 이러한 과정을 거친 후 윌리엄 왕 시대에 드디어 의회가 제출한 '권리 장전'을 승인하고, 입헌군주제의 토대를 확립하였다. 이를 명예혁명이라고 한다.

이때 승인된 권리장전은 '영국민의 권리와 자유를 선언하며 왕위계승을 정한 법률'이라고 스스로 자리매김을 한다. 의회가 요구한 조항을 성문화하여 왕권보다 우위에 둔 이 장전은,

19 자유민의 범위가 일반 국민들에게까지 확대되기 시작한 것은 17세기였다.

20 이는 훗날 명예혁명과 권리장전으로 이어져 절대왕권을 대신하는 입헌군주제의 발판이 되었다.

21 이때 의회는 왕권을 옹호하는 보수적인 토리당과 의회의 권리를 존중하는 진보적인 휘그당으로 분열되었다.

왕은 통치하나 군림하지 않는다는 입헌군주제의 시작을 알렸다. 이것은 법의 지배를 의미함과 동시에, 근대 입헌 국가들의 헌법에 기본권으로서 인권이 구체화되는 단초를 열었다.

권리청원

1628년 찰스 1세와 청교도 의회의 협상 과정에서 맺어진 것으로서 "누구도 의회의 법에 의한 동의 없이는 과세를 강요하여서는 안 되며, 누구도 이를 거부하였다는 이유로 처벌받아서는 안 된다"는 내용을 담고 있다. 그러나 이러한 협상은 1629년 찰스 1세가 의회를 해산하면서 실천되지 못하였다.

권리장전

제1조 국왕은 왕권에 의해 의회의 동의 없이 법의 효력을 정지하거나, 법의 집행을 정지할수 있는 권력이 있다는 주장은 위법이다.

제4조 국왕의 내권을 구실로 하여 의회의 승인 없이 왕이 사용하기 위한 금전을 징수하는 것은 위법이다.

제6조 의회의 동의가 없는 한, 평시에 왕국 내에서 상비군을 징집, 유지하는 것은위법이다.

3. 미국독립선언과 프랑스 혁명

17, 18세기의 자연법사상을 매개로 하여 근대시민헌법적 인권은 미국의 독립선언과 프랑스 혁명에서 시작하였다. 미국의 독립혁명은 비록 봉건체제를 타도하려고 한 것은 아니었지만 자본주의와 입헌주의의 토대가 되었고, 프랑스 혁명은 봉건체제를 타도하여 자본주의 경제체제와 근대입헌주의를 가져오게 한 계기를 마련하였다.

(1) 미국독립선언(The Declaration of Independence)

미국독립선언(The Declaration of Independence)은 1776년 7월 4일당시의 영국의 식민지 상태에 있던 13개의 주가 서로 모여 독립을 선언한 사건을 말하며, 완전한 독립은 1783년 9월 3일 영국과 프랑스로부터 이른바 파리조약을 거쳐 인정받게 되었다.

독립선언은 인간이 신으로부터 일정한 불가양의 권리를 부여받고 있으며 정부는 그 양도를 위하여 피통치자의 동의에 의하여 설치되었다는 점을 명백히 함에 따라 입법권으로도 침해할 수 없는 인권의 개념과 그것을 침해하는 정부에 대한 인민의 저항권, 혁명권을 승인한 계기가 되었다. 이는 로크의 자연법사상을 이어받았다고 할 수 있다.

또한 독립선언은 인권의 보장만이 정부의 목적이고 그것을 위하여 권력분립, 입법권과 행정권의 담당자에 관한 자유로운 선거의 원칙(보통선거는 보장되지 않음)과 주어진 목적에 반하는 정부를 개폐하는 인민의 권리가 명기되어 있다

미국독립선언서는 4장으로 나누어져 있다. 제1장은 서문으로서 신이 부여한 자연권 및 민족 자결의 이념을 규정하였다. 제2장은 서문에서 요약한 독립을 선언하는 사상적·이념적 배경을 설명하고 있는데, 그것은 생명·자유 및 행복의 추구라는 천부의 권리와 정당하지 않은 정부에 대하여 저항권 내지는 혁명권을 주장할 수 있다는 내용을 담고 있다.[22] 제3장은 영국으로부터 독립해야 하는 이유를 사례를 통해 설명하고 있다. 제4장은 영국에게 많은 경고와 호소를 하였는데도 불구하고 영국이 이러한 요구를 받아주지 않아 독립을 선언한다는 내용을 담고 있다.

미국 수정헌법(Bill of Rights)

제1조 종교·언론·출판·집회의 자유를 보장한다.
제4조 불합리한 체포, 수색을 당하지 않는다.
제5조 피의자는 이중처벌을 받지 않으며, 불리한 진술을 강요받지 않는다.
제8조 과다한 보석금이나 벌금의 금지, 잔혹하고 비상식적 형벌을 부과하지 않는다.

(2) 프랑스 혁명(1789년 8월)

프랑스 혁명은 인민의 대표자들이 국민 의회를 결성하여 인간의 권리에 대한 무지와 망각, 경멸이 공공의 불행과 정부 부패의 유일한 원인이라 생각하고, 천부적이며 양도할 수 없고 신성한 인권을 위하여 봉건왕조를 무너뜨린 계기가 되었다.[23] 이 때 선언한 인권선언은 미국의 독립선언과 함께 근대 민주주의의 발전에 크게 공헌하였다.

프랑스 혁명은 혁명 전의 사회, 즉 구체제(앙시앵레짐)의 모순에 의해 일어났다. 구체제 하에서 제1신분(성직자)과 제2신분(귀족)은 면세의 혜택과 광대한 토지를 소유하고, 주요 관직을

22 이를 통하여 볼 때, 자연법사상, 천부인권사상, 계몽사상 및 존 로크의 사회계약론의 영향을 받았음을 알 수 있다.

23 정치적으로는 신분상의 불평등이 혁명의 원인을 제공하였다. 즉 제1신분(성직자)과 제2신분(귀족)은 면세의 혜택과 광대한 토지를 소유하고, 주요 관직을 독점하였지만, 제3신분(시민과 농민, 인구의 90%)은 봉건적 속박과 무거운 세금에 시달리면서도 특권과 정치에서는 제외되었다. 이러한 이유로 시민계급은 구제도를 타파하고, 시민으로서의 자유와 권리를 추구하고자 하였다.

독점하였다. 그러나 전 인구의 9할 이상을 차지한 제3신분(시민과 농민)은 봉건적 속박과 무거운 세금에 시달리면서도 특권과 정치에서는 제외되었다. 이에, 상공업자를 중심으로 하는 시민 계급은 구제도를 타파하고, 시민으로서의 자유와 권리를 추구하고자 하였다.

프랑스 혁명을 통하여 확립된 인권선언은 재산권, 정신활동의 자유, 신체의 자유 등의 자유권을 중심으로 하는 여러 권리가 입법권에도 대항할 수 있는 불가침의 권리를 보장하고 있고, 정부는 인권유지를 위해서만 권력을 행사할 수 있다는 점, 인권의 불가침성 등의 면에서 인권사상의 발전에 커다란 역할을 하였다는 데에 그 의의가 있다.

프랑스인권선언문

제1조 인간은 자유롭고 권리에 있어서 평등하게 태어나고 생존한다.

제2조 모든 정치적인 결합의 목적은 인간의 소멸시킬 수 없는 자연권을 유지하기 위한 것이며, 그 권리는 자유, 재산, 안전 및 압제에 대한 저항이다.

제3조 모든 주권의 원리는 본질적으로 국민에게 있다.

제4조 자유란 타인을 해치지 않는 모든 것을 할 수 있고, 그 한계는 법에 의해서만 규정될 수 있다.

제11조 사상 및 의견의 자유로운 전달은 사람의 가장 귀중한 권리의 하나이다.

(3) 미국독립선언과 프랑스인권선언의 한계

봉건주의를 타파하고 근대자본주의의 시작을 알린 이 두 선언도 모든 인간의 보편적인 권리를 보장하지는 못하였다. 즉 여성의 선거권과 참정권은 제한되었고, 남성에게만 재산의 여부에 따라 제한선거를 인정하였다는 것이다. 특히 프랑스인권선언은 남성만의 권리선언으로서 여성과 노예는 제외되었다.

4. 세계인권선언(Universal Declaration of Human Rights: 1948)

제2차 세계대전 이후 인권은 세계 모든 국가에 있어 필수적 사항으로 인식되기 시작하였다. 이러한 시대의 추세에 따라 1948년 12월 10일 국제연합 총회에서 통과된 인권에 관한 선언문이 바로 세계인권선언문이다.

1948년 12월 10일 세계인권선언의 채택은 세계의 모든 국민, 국가의 성취해야 할 인권의 공통 기준을 마련한 것으로서 1946년의 인권장전 초안과 1966년의 국제인권규약을 합쳐 국제인권장전이라고 부르기도 한다.

(1) 세계인권선언의 성립과정

'UN헌장'에 따라 설치된 인권위원회(Commission on Human Rights)는 인권의 내용을 담은 법적 구속력이 없는 인권선언(International Declaration of HR)을 하였다. 소련을 비롯한 당시 사회주의 8개국은, 사회보장에 대한 권리의 불충분, 사적 소유권을 인권으로 인정한다는 점 등을 이유로 기권하였다.

세계인권선언문(Universal Declaration of Human Rights)

- 전문과 30개 조항으로 구성
- 보편적 인권의 개념과 모든 국가가 이루어야 할 인권의 공통기준을 선포
- 인권의 금자탑으로 법적 구속력은 없으나 도덕적 구속력은 있음

(2) 세계인권선언의 내용

세계인권선언은 시민적·정치적 권리와 경제적·사회적·문화적 권리를 규정하고 있다. 전체적으로 보면 시민적·정치적 권리가 압도적이고, 경제적·사회적·문화적 권리는 일부에 지나지 않는다.

이러한 의미에서 세계인권선언은 여전히 자본주의의 인권체계를 그대로 채택하고 있는 것이라는 비판을 받고 있다.

세계인권선언의 전문

인류 가족 모든 구성원의 고유한 존엄성과 평등하고 양도할 수 없는 권리를 인정하는 것이 세계의 자유, 정의, 평화의 기초가 됨을 인정한다. 인권에 대한 무시와 경멸은 인류의 양심을 짓밟는 야만적 행위의 결과다. 인류가 언론의 자유, 신념의 자유, 공포와 궁핍으로부터의 자유를 향유하는 세계의 도래가 일반인의 지고한 열망으로 천명되었다. 따라서 사람들이 폭정과 억압에 대항하는 마지막 수단으로서 반란에 호소하도록 강요받지 않으려면, 인권이 법에 의한 지배에 의하여 보호되어야 함이 필수적이다.

5. 국제인권규약

세계인권선언은 조약과 달리 강제력이 없는 글자 그대로 선언에 불과하다. 따라서 법적인 의무를 부과하며, 집단적 권리를 통한 강제력이 있는 법적 규정이 필요하게 되었다. 이를 실천

하는 것이 바로 사회권을 중심으로 하는 국제인권규약(A규약)이고, 자유권을 중심으로 하는 국제인권규약(B규약)이다. 이 규약들은 1966년에 제정되었지만 10년 후인 1976년에 발효되었다. 이를 계기로 세계 각국은 인권신장을 위한 또 하나의 거대한 발걸음을 내디뎠다.

(1) 경제적·사회적·문화적 권리에 대한 국제규약(A규약 International Covenant on Economic, Social and Cultural Rights)

모든 사람이 공정하고 유리한 근로조건을 향유할 권리, 노동조합에 가입할 권리, 사회보험을 포함한 사회보장에 대한 권리, 생활수준을 누릴 권리와 생활조건을 지속적으로 개선할 권리, 모든 사람이 교육받을 권리, 문화생활에 참여할 수 있는 권리 등을 규정하고 있다.[24]

(2) 시민적·정치적 권리에 관한 국제규약(B규약, International Covenant on Civil and Political Rights)

인종, 피부색, 성, 언어, 종교, 정치적 또는 기타의 의견, 민족적 또는 사회적 출신, 재산, 출생 또는 기타의 신분 등에 의한 어떠한 종류의 차별도 금지되며, 어느 누구도 고문 또는 잔혹한, 비인도적인 또는 굴욕적인 취급 또는 형벌을 받지 아니하며, 특히 누구든지 자신의 자유로운 동의 없이 의학적 또는 과학적 실험을 받지 아니한다. 또한 누구든지 자의적으로 체포되거나 또는 억류되지 아니한다. 어느 누구도 법률로 정한 이유 및 절차에 따르지 아니하고는 그 자유를 박탈당하지 아니한다.[25]

6. 유엔 인권고등판무관실[26]

유엔 인권고등판무관실은 1993년 비엔나 세계인권회의에서 유엔 인권보장제도의 전반적인 개선과 효율성 증진 방안의 하나로 제안되었다. 이에 따라 제48차 유엔총회는 비엔나세계인권대회가 채택한 '비엔나선언 및 행동계획'을 승인하는 결의와 함께 모든 인권의 증진과 보호를 위한 '고등판무관'에 관한 결의(1993)를 통해 인권고등판무관 제도를 신설하였다.

인권고등판무관의 임무는 모든 인권의 증진과 보호, 인권증진과 보호를 위한 국제협력의 강화, 전반적인 인권센터의 감독의 수행, 발전의 권리를 포함한 모든 시민, 정치, 경제, 사회

24 인권법교재발간위원회(한상희), "경제적·사회적·문화적 권리", 『인권법』, 아카넷, 2006, 135~177쪽.
25 인권법교재발간위원회(송기춘), 「시민, 정치적 권리」, 『인권법』, 아카넷, 2006, 97~134쪽.
26 www.ohchr.org

및 문화적 권리의 보호·증진, 인권실현에 장애가 되는 요소들의 제거, 예방, 인권기구와 조약감시기구 지원 등이 있으며, 최근에는 시리아 정부의 '전쟁범죄' 비판 등의 인권에 대한 주장을 하고 있다.

유엔인권고등판무관은 최근 북한인권 개선을 위한 기술적 지원, 우리나라의 사형폐지 권고, 국가보안법의 폐지 권고 등의 인권에 대한 주장을 하였으며, 특히 루이스 아버(Louise Arbour) 유엔 인권고등판무관은 "한국의 국가보안법 철폐는 국제사회와의 약속"이라며 적극적 폐지를 주장하였다. 이러한 영향으로 우리나라는 국가보안법을 과거보다 엄격하게 적용하지 않고 있다.

7. 국제형사재판소(International Criminal Court, ICC)

(1) 설립과정 및 내용

국제형사재판소(ICC)는 집단살해죄(Genocide), 전쟁범죄(War crimes), 반인도적 범죄(Crimes against humanity)를 저지른 개인을 형사처벌 하기 위한 상설국제법정이다. 개인 형사 책임에 한정되며 침략범죄(the Crime of Aggression)에 대해서는 그 정의가 명확히 정해지지 않아 국제형사재판소(ICC)의 관할로 다루지 않고 있다.

국제형사재판소 설립은 1925년 열국의회동맹 총회 때 상설 국제형사재판소(ICC)에 개인의 국제범죄를 재판하는 형사부를 설치해야 한다는 제안에서 비롯되었다. 그리고 그 뒤 1930년대에 테러리스트를 처벌하기 위한 국제형사재판소(ICC)설치에 관한 조약 등의 움직임이 있었으나, 국제형사재판소(ICC) 설립이 구체화된 것은 제2차 세계대전 후이다. 그러나 제2차 세계대전 이후 다시 냉전에 따른 양극화로 결실을 보지 못했다. 냉전이 끝나고 1990년대 들어 르완다와 보스니아에서 인종학살사태가 일어나면서 국제형사재판소(ICC) 설립 문제가 다시 국제적 관심사로 등장하였다. 그 결과 1998년에 국제형사재판소(ICC) 설립을 위한 로마회의가 개최되었다.

이 회의에서 120개 국가에 의해 채택된 '로마규정(국제형사재판소에 관한 로마규정)'은 집단살해범죄, 반인도 범죄, 전쟁범죄 등 국제적으로 중대 범죄를 저지른 개인을 형사처벌 하기 위한 상설 국제형사재판소를 설립하기로 하였다.

국제형사재판소는 2002년 4월 11일, 66개국이 비준함으로써 2002년 7월 1일 정식 출범하였다. 국제형사재판소(ICC) 창설은 국제사회가 신속하게 전쟁 범죄 등에 대해 단죄할 수 있는 사법시스템이 제도화됨을 의미한다.

국제형사재판소(ICC)는 개별국가가 해당 범죄자의 기소를 꺼릴 경우, 국제형사재판소의 독립검사가 기소권을 가질 수 있게 함으로써 개별국가의 관할권을 넘어 반인도적 범죄를 인류의 이름으로 단죄할 수 있게 된다.

또한 해당 국가가 대량학살과 반인도주의 범죄, 전쟁범죄에 대한 재판을 거부하거나 재판할 능력이 없을 때 개입하게 되며 재판권은 규정이 발효(2002년 7월 1일)된 뒤의 범죄에 대해서만 행사할 수 있다.

또한 기존의 국제조약의 기본원칙으로부터 탈피하여 로마규정에 비준한 당사국 영역안에서 관할범죄를 범한 범죄자가 비당사국 국민일 경우에도 국제형사재판소(ICC)가 처벌이 가능하다.

2018년 유엔 회원국의 3분의 2에 이르는 124개국이 국제형사재판소(ICC)협약 로마규정을 비준했다. 미국, 일본, 중국, 북한 등은 아직 비준하지 않고 있다. 로마규정이 역량을 충분히 발휘하기 위해서는 미국[27], 러시아[28], 중국 등의 참여가 필요하다. 특히 아시아·태평양 53개국 중 19개국 만 가입해 다른 지역에 비해 가입률이 저조하다. 우리나라는 2002년 가입하였지만 아직 침략범죄 조항에는 비준하지 않았다.

2012년 3월 14일 국제형사재판소 사상 처음으로 콩고 민주 공화국의 반군 지도자 '토머스 루방가'에게 징역 14년 형을 선고 하였다. 2012년 4월 26일에는 국제형사재판소 사상 처음으로 국가원수인 라이베리아 전 대통령 '찰스 테일러'에게 징역 50년 형을 선고 하였는데, 이 판결은 국제 재판소가 전직 국가 원수를 단죄한 제2차 세계대전 종전 후 독일 나치 전범에 대한 뉘른베르크 재판의 판결 이래 처음이다.

(2) 북한 김정은 제소 가능여부

현재 북한은 로마 협정에 가입하지 않아 ICC의 관할에 미치지 않는다. 하지만 우리나라 헌법 제3조는 북한을 국가로 인정하지 않고 있다. 따라서 북한 내에서 국제 범죄가 발생한다면 당사자를 대한민국 국적자로 보아 ICC 회부 대상이 되는지에 대하여 논란이 있다. 실제로 국내의 북한 인권단체, 일본인권단체, 보수 단체 등이 김정은 국무위원회 위원장을 ICC에 제소한 적이 있다. 또한 최근(2024.5) '줄리 터너' 미국 국무부 북한인권특사는 북한 주민들에 대한 인권 침해 책임을 물어 김정은 북한 국무위원장을 국제형사재판소(ICC)에 제소하겠다고 하

27 미국은 클린턴 대통령이 로마조약에 서명했으나, 평화유지업무 등을 위해 해외에 파견된 많은 자국 국민들이 불순한 정치적 동기로 기소될 수 있다는 이유를 내세워 비준을 거부하고 있다.

28 일본은 종군위안부 등의 문제로 자국 범죄자들의 처벌문제 때문에 비준을 거부하고 있다.

였다.

특히 북한 인권단체들은 대한민국 헌법 제3조와 1991년 남북기본합의서를 근거로 김정은도 대한민국 국적자이므로 북한의 인권 탄압과 반인륜적 범죄를 제소할 수 있다고 주장하고 있다. 하지만 ICC는 국제 법원이 특정 국가의 헌법이나 법률에 근거하여 자동적으로 따라야 하는 것은 아니며, 북한은 로마 협정을 맺지 않았으므로, 관할권이 없다고 하고 있다.

하지만 프랑스 인권 운동가 '피에르 리구로'는 김정은을 "국제형사재판소에 회부하여 처벌하는 것만이 오예상태의 북한 주민을 구출할 유일한 길"이라고 강조하였다.

(3) 한계

미국, 러시아, 영국, 중국, 프랑스, 이스라엘 등 국력이 강한 나라들에겐 기소조차 못하거나 기소해도 현실성이 없어 유명무실하다. 미국의 경우 아프가니스탄 전쟁과 이라크 전쟁 등으로 국제형사재판소에서 조사에 들어가자 오히려 ICC 인사들의 제재를 가하자 기소조차 하지 못하였다. 또한 최근 우크라이나 침공한 러시아 '블라디미르 푸틴' 대통령을 체포영장을 발부하였다. 하지만 정치적 압박을 위한 결정에 그칠 뿐 현실적으로는 처벌이 불가능하다. 러시아는 미국처럼 로마 협정의 당사국이 아니어서 관할권이 없고, 우크라이나 조차 당사국이 아니라 ICC 관할권 대상이 아니기 때문이다.

또한 국제형사재판소(ICC)는 2024년 이스라엘-팔레스타인 전쟁 범죄 주범자인, 이스라엘의 수뇌부 2인(베냐민 네타냐후 이스라엘 총리, 요아브 갈란트 국방장관)을 전쟁범죄 혐의로 체포영장을 발부했다. 하지만 이 또한 실현가능성이 없어 보인다.

제2절 근대 인권의 사상적 기초

근대시민헌법의 인권에 결정적 배경이 된 사상적 기초는 자연법사상이라 할 수 있다. 그 가운데 대표적인 사람은 로크와 루소이다.[29]

1. 로크(Locke)

(1) 로크의 자연법

로크는 자연 상태하의 모든 인간을 규율하는 것은 자연법이라고 한다. 자연법은 모든 사람을 구속하고, 인간은 모두 평등하고 독립된 존재이므로 그 어느 누구도 다른 사람의 생명, 재산 등을 침해해서는 안 된다고 한다. 이러한 로크의 자연법사상은 영구불변의 규범으로써 유럽의 법과 정치사상에 큰 영향을 미쳤다. 그의 주장에 의하면 원래 모든 인간은 이론상의 자연 상태에서 살고 있었다고 한다.[30] 자연 상태 하의 사람들은 자연법의 범위 안에서 무정부상태에서 자유롭고 평등한 삶을 누린다고 한다. 로크는 또한 자연 상태에서 인간을 조물주의 피조물로 보면 모든 인간은 태어나면서부터 신의 뜻에 따라 생명을 보존할 권리와 의무를 가진다고 보았다.

(2) 로크의 재산권

로크는 지상의 모든 재산은 공유재산으로서 신으로부터 부여받은 것이기 때문에 어느 누구도 이 공유재산을 독립적으로 소유할 수는 없다고 한다. 하지만 공유재산이라 해도 노동을 투하하는 여부에 따라 공유재산은 개인의 노동의 산물이 되고 타인의 동의 없이 개인의 사유재산이 된다고 보고 있다.[31] 즉 자연법은 신이 부여한 생명과 각자의 노동력이 가해진 재산권, 그것을 취급할 수 있는 자유를 신성불가침의 권리로 규정하고 있는 것이다. 로크의 재산권론은 '노동에 의한 재산권'론으로서 부르주아지의 재산권론으로 발전하게 된다.

---

29 자세한 내용은, 스기하라 야스오(杉原泰雄) 저, 석인선 역, 앞의 책, 20~49쪽 참조.

30 로크는 자연 상태를 자유롭고 평등한 상태로 보았는데 반해 홉스는 자연 상태를 만인의 만인에 대한 투쟁 상태로 보고 있다.

31 시민정부론 제5장 27.

(3) 저항권

로크는 '통치론'에서 홉스의 절대군주제를 비판하면서 사회계약 사상을 발전시켰다. 사회계약은 자연 상태를 벗어나기 위한 것이 아니라 시민의 권리를 보호하기 위한 것이라고 하면서, 정부의 권력이 이유 없이 과도하게 사용되었을 때 시민들은 저항할 수 있는 권리를 가진다고 하면서 저항권을 주장하였다.[32]

"누구든지 권리가 없는데도 힘을 사용하는 사람은 (…) 자신이 힘을 사용하는 상대 사람에 대하여 자신을 전쟁상태에 놓이게 하는 것이다. 이 상태에서는 (…) 모든 사람이 자위의 권리, 침략에 저항하는 권리를 가진다. (…) 이것은 극히 자명한 일이다.[33]

(4) 로크사상의 평가와 의의

로크의 사상은 1776년 미국독립선언과 1789년 프랑스 혁명에 영향을 주었다. 로크는 법과 자유는 어느 것이 우선되는 상·하가 아니라 상호적인 개념으로 결코 배타적인 개념이 아니라는 것이다. 자유는 법이 허용하는 한에서의 자유이지만, 법은 자유를 보전하며 확대시키는 목적이 있다. 이러한 로크의 자유 개념은 18세기 계몽주의 시대의 정치 사상가인 몽테스키외와 루소에게 영향을 미친다.

2. 루소(Rousseau)

루소는 1750년 학문예술론에서 귀족 사회의 학문과 예술이 도리어 민중의 자유를 억압하는 수단으로 전락되고 있음을 비판하고, 인간의 존엄성은 어떤 학문이나 예술보다 차원이 높음을 강조하였다. 귀족 사회의 사치와 낭비, 부패로 얼룩진 근대 문명을 살리기 위해서는 무지하고 비천한 민중에게 근대의 학문을 나눠주어야 한다고 주장했다.

1753년 인간 불평등 기원론의 제1부에서 자연 상태를 정의하면서 자연 상태는 누구에게 도 의존하지 않는 인간 본래의 모습을 말한다고 하면서, 모든 사람이 자유와 평등 하에 행복한 삶을 누리는 것으로 정의하고 있다. 제2부에서는 사회 상태를 논하고 있다. 여기서 그는 자연 상태하의 인간은 자유롭고 행복한 삶을 누렸으나, 자신의 손으로 만든 사회 제도나 문화 즉 재산

32 저항권은 1792년 프랑스 상퀼로트 운동가인 '바를레'의 민중의 인권론에 영향을 미쳤고, 우리나라 4.19혁명도 저항권의 일종으로 보고 있다.

33 시민정부론 제19장 232.

| 1871년 3월 프랑스 파리코뮌

의 소유화가 인간을 불평등하게 만들었으며, 국가는 이러한 불평등을 합법화시킨 것에 지나지 않는다고 주장했다. 다시 말하면 자연 상태가 파괴된 사회 상태에서는 인간의 사회체제에 노예, 불평등의 심화 현상이 일어나 인간이 인간을 죽이는 비참한 상황이 발생한다고 하면서 인간이 자연 상태로 돌아갈 것을 주장하였다.[34]

(1) 루소(Rousseau)와 시민혁명

루소의 계몽주의 사상은 당시 불평등한 프랑스 사회[35]를 비판하면서 시민혁명의 이론적 토대를 마련하였다.[36] 특히 현실 사회의 부패 원인이 인간이 만든 제도에 있다고 하면서 이는 인간의 이성으로 극복할 수 있다는 주장을 하였다. 이러한 사상이 훗날 프랑스 대혁명의 이론적 근거가 되었다.[37]

루소의 사상은 독일의 계몽주의 철학자 칸트, 괴테 등의 사상에 결정적인 영향을 주었고, 근대시민사회의 단초가 되었다.

34 이러한 사회상태의 해결방안을 루소는 '사회계약론'과 '에밀(Emile)'에서 주장하고 있다.

35 당시 프랑스는 제1계급인 10만 명의 성직자와 제2계급인 40만 명의 귀족이 제3계급인 1,800만 명의 시민 및 농민을 지배·착취를 하고 있었다.

36 루소의 이러한 사상은 당시 영국의 계몽주의 사상가 로크의 영향을 받았다.

37 프랑스 황제 루이 16세는 감옥에서 프랑스 왕국을 쓰러뜨린 사람으로 루소와 볼테르를 들고 있다.

(2) 루소의 사상

① 사회계약론

자연 상태에서 가지고 있던 인권의 일부를 가져오는 것이 아니라 생명·자유·재산을 포함한 모든 인권을 정치사회에 가져올 것을 주장한다. 자연 상태로 가지고 있던 인권의 일부를 개인에게 남겨두는 것은 자연 상태 말기의 불평등한 정치사회를 초래할 가능성이 있기 때문에 모든 인권을 양도할 것을 주장한다.

② 인민주권론

루소는 로크와 달리 철저하게 정치의 민주화를 요구하는 '인민주권론'을 주장하면서, 영국형의 국민대표제를 비민주적이라고 강하게 비판한다.38 즉 영국의 대표제는 자유의 대표제가 아니라 노예의 제도이고, 영국인의 지혜의 산물이 아니라 무지의 산물이라고 한다.[39]

〈국민주권과 인민주권〉

구 분	국민주권론(Nation 주권)	인민주권론(People 주권)
대표자	Althusius, Locke	Rousseau
주권의 주체	전체국민(추상적, 통일체의 전체국민)	유권적시민의 총체 (구체적이고 현실적인 개개인의 집단)
국민주권의 구현원리	대의제 원리(간접민주주의), 순수대표제	시민자치의 원리(직접민주주의), 반대표제
선거의 원리	제한·차등선거원칙	보통·평등선거원칙
대표기관	자유위임, 무기속 위임	명령적위임, 기속위임
통치조직 원리	권력분립원리	권력통합원리
정치적구성원리 (정당성 요소)	治者와 被治者의 불일치	治者와 被治者의 일치
선거권의 성성	의무	권리

38 인민주권이론은 바를레(1793년)의 '엄숙한 선언'의 핵심원리로 등장한다.

39 영국인은 자유라고 생각하고 있으나 그것은 커다란 잘못이다. 그들이 자유로운 것은 의원을 선거하는 기간동안만이며, 의원이 선출되자마자 영국인은 노예가 되어 영(zero)으로 되어 버린다(사회계약론 제3편 제15장).

제3절 근대 인권의 특징

미국의 독립선언과 프랑스 혁명은 봉건주의를 몰락시키는 계기가 되었으며, 근대 인권 탄생의 초석이 되었다. 하지만 근대 인권은 자유권의 영역에 머물고 있었으며, 사회권의 영역까지 확대되지 못하는 한계를 지니고 있다. 당시의 '생명·자유·재산'은 당시 인권보장의 대명사였고, 이러한 권리는 모두 정부에 불간섭을 요구하는 권리로서 자유권에 속하는 것이었다.

평등은 형식적 평등의 보장에 그쳤으며, 현실적으로 존재하는 사회경제적 불평등을 적극적으로 시정하려(실질적 평등) 했던 것은 아니다.

선거 또한 원칙적으로 보통선거를 보장하지 않고 재산의 다과에 따라 일정 금액 이상을 소유하거나 사용하고 있는 사람에게만 선거권과 피선거권을 인정하는 제한선거제도를 취하고 있다. 즉 '납세자주주론'이란 말이 나올 정도로 국가는 주식회사와 같아 직접세를 납부하고 있는 사람만이 정치 참여 자격이 있는 진정한 국민이라고 생각하였다. 따라서 세금을 내지 않는 민중은 무능력하기 때문에 참정권의 제한은 정당하다고 인식되었다.

참정권의 제한, 자유방임 체제 등은 시민들의 저임금·장시간 노동으로 인한 수명의 단축, 자본가의 착취 등으로 확대되어 결국 사회주의 사상가들의 계급투쟁으로 이어지게 된다.

대표적인 사회주의 활동이 1871년 노동자계급이 중심이 되어 혁명을 일으킨 '파리코뮌'이다.[40] 파리코뮌은 자본주의적 사유재산제도를 부정하고 사회주의의 사상을 주장하고, 국민주권이 아닌 인민주권을 주장하고 있다. 또한 자유권뿐만 아니라 사회권의 영역까지 확대하고 있다.

파리코뮌은 비록 실패했으나 여성참정권 실현, 아동 야간노동 금지, 정교 분리, 징병제와 상비군제 폐지, 종교재산의 국유화, 이자 폐기, 노동자 최저생활보장 등의 정책과 법령 들이 공포됐다. 그뿐만 아니라 노동자들의 끊임없는 투쟁으로 100여 년 후, 1981년에는 프랑스 사회당의 미테랑 후보가 대통령으로 당선되는 결실을 맺게 된다.[41] 또한 맑스나 레닌의 사상에 영향을 미쳐 사회주의 국가의 모델이 되었다. 파리코뮌으로 3만명의 시민이 사망, 1만 여 명이 사형, 무기징역 및 유죄선고를 받았다.

근대 인권의 특징에 관하여 스기하라 야스오(杉原泰雄)는, 봉건체제로부터의 해방, 새로운

40 파리코뮌(Commune de Paris)은 1871년 3월 18일부터 5월 28일까지 약 2개월 동안 프랑스에서 발생한 세계 최초의 사회주의 자치 정부를 말한다.

41 파리코뮌에 대해서는 가쓰라 아키오 저, 정명희 역, 고려대학교출판부, 2007. 참조.

국민과 권력(정부) 관계의 출현, 자본주의 전개의 보장, 문학·예술·과학의 비약적 발전을 들고 있다.[42]

제4절 현대 인권의 특징

현대 인권은 1919년 독일의 바이마르 헌법이 만들어진 때를 보통 그 시작으로 본다. 당시의 인권은 모든 국민에게 인간다운 생활을 보장하는 것을 명시하면서 자유권뿐만 아니라 사회권의 영역까지 확대하면서 근대 인권의 문제점을 많이 보충하고 있다. 현대 인권의 특징은 대략 다섯 가지로 나눌 수 있다.

첫째, 노동자계급을 포함한 모든 국민에게 인간다운 생활을 보장하는 사회국가(복지국가)의 이념을 도입하고 있다. 이러한 도입은 의식주가 해결되지 않는 자유는 사상누각에 불과하다는 근대 인권의 한계를 보완하는 것이라 할 수 있다. 둘째, 참정권의 강화로 여성과 세금을 내지 않는 국민들에게도 선거권이 부여되었다. 셋째, 단순히 재판을 받을 권리, 청원권만을 보장했던 근대와 달리 국가배상청구권, 형사보상청구권 등에까지 확대되었다. 넷째, 근대에서는 자유권이 단순히 생명, 신체의 자유권 등에 한정되었지만, 현대에서는 문학·예술·과학·학문 등의 자유까지 확대되었다. 다섯째, 국가권력의 인권침해에 대한 다양한 구제절차가 마련되었다는 것이다. 법원의 구제에 한정되지 않고, 각종 인권위원회, 헌법재판소 등을 설립하여 인권피해자들을 구제하고 있다는 것이다.

현대의 인권은 자유권에서 사회권으로 확대되어 인권의 발전을 가져왔지만 아직 사회보장권 등을 중심으로 하는 소외된 계층의 인권에 무관심하다. 따라서 21세기의 인권은 자유권과 사회권에 머물지 않는 제3세대 인권인 집단적 권리 또는 연대적 권리의 향상이 무엇보다 중요하다고 본다.

42 스기하라 야스오(杉原泰雄) 저, 석인선 역, 앞의 책, 49~52쪽.

제3장 국제인권법의 적용

제1절 국제인권조약과 국내법과의 관계

우리나라는 일제 식민지 체제하에서의 주권 회복을 위한 다양한 인권을 갈구하였지만 제대로 실현되지 못하였다. 그 후 남북 분단, 경제 성장 등 인권을 정착시키기에는 너무 척박한 환경이었다. 즉 이러한 명분은 인권탄압의 정당성을 제공하였다. 특히 치안유지법, 국가보안법, 유신헌법, 인혁당사건, 광주시민학살, 삼청교육대, 청송보호감호소 등은 우리의 인권사를 잘 대변하고 있다.

1948년의 유엔인권선언, 1966년의 국제인권규약 등이 제정되었고, 그 후 국제인권은 두 기본 인권규약을 바탕으로 하여 여성·아동·인종·고문 등 각 분야에 걸쳐 제정되었지만 우리나라는 가입을 유보하였다. 하지만 1987년 민주화운동, 1992년의 문민정부의 탄생으로 우리나라도 유엔인권규약 등에 가입하기 시작하였다.[43] 그동안 우리나라는 여러 가지 이유로 국제인권조약에 가입을 하지 않았거나, 유보를 하여 국제사회로부터 비난을 받아왔다.

문제는 국제인권조약과 국내법이 충돌하는 경우에 어떠한 조치를 해야 하는가이다. 이러한 문제는 국제조약과 국내법의 충동문제와 연결된다. 우리 헌법 제6조 제1항은 "헌법에 의하여 체결, 공포된 조약과 일반적으로 승인된 국제법규는 국내법과 같은 효력이 있다"고 규정하고 있다.

43 1950년 10월 14일 '집단살해죄의방지와처벌에관한협약'에 가입한 사례가 있었다.

국제법과 국내법은 서로 같은 선상에 있다는 일원론(一元論)이 오늘날 학계의 주장인데, 이 중에서도 국제법 우위설과 국내법 우위설로 나뉜다.

국내법 우위설은 국제법, 국내법이 모두 국가의사라는 점에서 동일하고, 조약의 체결 권한이 각국 헌법에서 유래하므로 조약의 성립근거가 헌법에 있다는 점에 근거를 두고 있다.[44]

국제법 우위설은 양법 사이에 저촉이 생긴 경우 조화가 요청되는데 이것은 국내법과 국제법이 동일한 법체계이기 때문이라고 한다. 국제법이 우위라고 하는 것은 각국의 국내법의 타당범위를 결정하는 국제법을 전제로 해야 가능하기 때문이며, 국제법에 위반된 국내법은 위반의 한도 내에서 배제가 요구된다. 따라서 국내법의 타당성·유효성의 근거가 국제법에 있다는 것이다.[45]

국제인권규약들은 대개 체결국간의 권리·의무관계가 아니라 국가에게는 의무를, 개인에게는 권리를 부여하는 국제조약이다.[46] 국제인권규약의 비준은 법적구속력을 명시적으로 인정하는 국가의 의사표시이다. 따라서 체약국에 대하여 효력이 발생한 이후에는 조약 규정의 내적 시행에 필요한 국내법의 제정 또는 기존 법률의 개폐가 불비하다는 이유로 체약국의 국제법상의 의무를 면할 수 없다는 것이 확립된 국제법상의 원칙이다.[47] 국제인권법의 국내화는 관련 국가들의 정치적·도덕적 의무가 아니라 '법적 의무이다.

따라서 국제인권규약에 비준한 국가는 조약 의무의 국내적 시행과 관련하여 조약규정에 양립하지 않는 기존의 국내법은 개폐하고 필요한 입법적인 보완을 강구함으로써 조약 체결의 입법적 성질이 요구하는 국제법 원칙의 국내법에의 도입을 실천하여야 하는 것이다.[48]

우리나라도 1990년에 '시민적·정치적 권리에 관한 국제규약'과 '경제적·사회적·문화적 권리에 대한 국제규약'에 가입하였다. 따라서 이러한 규약은 헌법에 의해 '국내법'과 같은 효력을 지녀야 한다.

이러한 원칙에도 불구하고 우리나라는 많은 곳에서 국제인권위원회의 국내법의 개·폐의 권고를 제대로 지키지 않고 있다. 이러한 이유는 변호사와 법관의 국제인권법에 대한 소양부족과 국제인권법의 국내법적 효력에 관한 학계와 실무계의 충분한 논의가 없었던 점 때문

44 이한기, 『국제법강의』, 박영사, 1997, 125쪽.
45 이한기, 앞의 책, 125~127쪽.
46 백충현, 「국제인권규약 가입의 법적 의의」, 『저스티스』(제21권), 1988, 7~8쪽.
47 백충현, 위의 논문, 9쪽.
48 백충현, 위의 논문, 12쪽.

이다.[49]

보통 인권조약에 가입하기 위해서는 국내법이 그 인권조약에 위반되는지 확인하고 만약 위반된다면 개정을 하던 지 아니면 유보조항을 두어야 한다. 예컨대, 1988년 소년법개정은 당시 우리나라가 1966년에 제정된 '시민적 및 정치적 권리에 관한 국제규약(국제인권 규약 B)'[50]에 가입하기 위해서 미리 소년의 사형금지연령을 16세 미만에서 18세 미만으로 상향조정 하였다.

그러나 이 외에는 거의 국제인권조약을 따르지 않고 있다. 특히 '시민적 및 정치적 권리 위원회(B규약위원회)'의 '학문·학술의 활동'의 침해, 고문방지위원회의 '추상성'으로 인해 폐지를 권고한 국가보안법을 폐지하지 않고 있다.

제2절 국제인권조약의 실천

헌법 제6조 제1항의 국제법 존중주의는 우리나라가 가입한 조약과 일반적으로 승인된 국제법규가 국내법과 같은 효력을 가진다는 것으로, 조약이나 국제법규가 국내법에 우선한다는 것은 아니라고 판결하였다.[51] 또한 국내 일반 법률이 국제인권법을 위반하는 경우에는 국제인권법이 그 법률에 대한 위헌심사의 기준이 될 수 있다고 한다.

1. 6·25전쟁 중의 양민학살사건

헌법재판소는 국군으로 추정되는 자들에 의하여 1949년 12월 24일 경북 문경군 석달동 및 1950년 11월부터 1951년 3월 사이 전남 함평군 월야면, 해보면, 나산면에서 발생한 민간인 학살사건에 대하여 국회가 진상규명 및 피해보상을 하지 않고 있는 입법부작위의 위헌확인을 구하는 헌법소원을 각하하였다. 청구인들은 인권침해에 대한 구제조치 의무를 규정하고 있는 국제인권규약 위반이라 주장하면서 소송을 제기하였다.

---

49 이명웅, 「국제인권법의 국내이행에 있어 문제점 및 대안」, 국가인권위원회 심포지엄 자료, 2006.

50 B규약에 제6조 제5항 "사형선고는 18세 미만의 자가 범한 범죄에 대하여 과하여져서는 아니 되며, 또한 임산부에 대하여 집행되어서는 아니 된다"고 규정하고 있다.

51 헌재 2001.4.26., 99헌가13. 학계에서는 국제법과 국내법은 동일함으로 국내법의 원칙에 따라 신법우위의 원칙, 특별법우위의 원칙 등을 따라야 한다고 한다.

권성 재판관은 반대의견에서 "광풍노도와 같은 시련의 시기가 모두 지나가면 그 와중에서 불운을 겪은 일부 국민들의 상처를 치료하고 보상하여 주는 것은 민주주의를 추구하는 문명국가의 마땅한 의무이고 이러한 의무는 의회와 정부의 책임으로 귀속된다. 전쟁으로 위축되었던 헌정질서를 복구하는 과정에서 의회가 처참한 불운과 불행을 겪은 국민들을 구제하는 입법을 하는 것은 국민을 다시 통합하고 국가를 전진시키기 위하여 의회가 반드시 하지 않으면 안되는 기본적인 의무이다. 사건 발생 후 50여년이 경과한 이 시점에서 조차 계속 입법을 지연하여 우리 국민의 일부인 이들 피해자나 그 유족들의 고통과 좌절을 방치한다면, 이는 '정의를 부정하는 것(Justice Denied)'과 동일한 '정의의 지연(Justice Delayed)'으로 평가될 것이다" 라고 하면서 입법을 촉구하였다.[52]

1951년 2월 국군이 지리산 공비토벌 작전 중 산청·함양 마을 양민 705명을 통비분자로 간주하여 집단으로 희생시킨 사건 역시 명예회복과 보상에 관한 법을 제정하지 못하고 있다.

한편 1951년 2월 경상남도 거창군 신원면지구 일원에서 공비토벌작전을 핑계로 한국군 병력이 무고한 주민들을 죽인 사건에 대하여[53], 2005년 '거창사건 등 관련자의 명예회복에 관한 특별조치법'(1996년 시행)이 제정되었다. 그러나 동법은 유가족의 명예회복에 한정하고 있고 배상과 보상에 관한 부분은 빠져 있어 진정한 유가족의 명예회복을 위한 것은 아니다. 거창사건 희생자 유족들은 금전적 배상도 함께 이뤄져야만이 어느 정도의 명예 회복도 되는 것이고, 무엇보다 '거창사건 특별조치법'으로 국가 배상을 입법화 할 것을 주딩하고 있다. 그동안 법안 제정을 위해 노력했지만 발의와 폐기를 반복하고 있다.

대법원은 1951년 발생한 거창양민학살사건에서 희생된 주민들의 유족 323명이 국가를 상대로 제기한 손해배상 청구소송 상고심(2004다33469)에서 "소멸시효가 완성되어 위자료를 배상할 의무가 없다"며 원고패소 판결을 내렸다. 하지만 2018년 헌법재판소가 "민간인 집단 사망 사건 등에는 장기소멸시효를 적용해선 안 된다"고 결정자, 대법원은 헌재 결정을 근거로 거창사건은 소멸시효를 적용하지 않기로 하였다. 이에 유족들은 최근 국가를 상대로 집단 손해배상 청구 소송을 제기하였다.

52 헌재 2003.5.15., 2000헌마192.

53 1960년 국회진상조사단의 조사결과 거창양민학살사건 희생자 수는 약 720명에 달하는 것으로 드러났다.

2. 국가보안법사건

국가보안법은 적용 범위에 대한 지속적인 지적과 국민의 기본권 제한에 대한 위헌 결정에도 불구하고 정권에게 항거하는 사람들에 대한 자의적 해석을 통하여 통제의 수단으로 사용되어 왔다. 국제사면위원회와 유엔 인권이사회는 1999년부터 점진적 폐지를 권고해 왔으며, 국내에서도 이에 대한 폐지의 여론이 주기적으로 제기되어 왔다. 2004년에는 한국 국가인권위원회가 폐지를 권고했고, 2008년에는 유엔 인권이사회의 미국 대표가 남용을 피하기 위한 개정을 권고하기도 했다. 2015년에는 유엔 자유권위원회에서 제7조(찬양·고무)의 폐지를 권고했다.

그러나 대법원은 이러한 위원회 등에서 문제점을 지적한다고 해서 그것만으로 국가보안법의 효력이 상실되는 것은 아니라고 하고 있다. 하지만 국가보안법의 위력은 과거보다 많이 약화되고 있다. 국가보안법 위반 구속자 수를 보면, 1998년 465명에서 1999년 312명, 2000년 130명, 2008년 16명, 2010년 32명, 2012년 26명, 2013년 38명, 2014년 7명, 2015년 26명, 2016년 21명, 2017년 7명으로 점점 감소하고 있다. 2011~2014년 동안 국가보안법 위반 사범 중 대부분이 무죄나 집행유예를 받았으며, 실형을 선고 받은 경우는 16.8퍼센트에 불과하다. 국가보안법사건과 관련하여 여전히 논쟁이 되고 있는 것은 국가보안법 제2조(반국가단체 정의)와 제7조(찬양·고무)이다. 즉 이적단체에 가입하거나 반국가단체에 대한 찬양·고무를 금지하고, 이적 표현물을 갖거나 유포하는 자를 처벌하는 규정이다.

헌법재판소는 2023년 합헌 결정을 하였다. 1991년부터 국가보안법 7조에 대해 7차례 합헌 결정을 하고, 2000년 전까지 4번에 걸쳐 재판관 8대 1의 의견으로 합헌 결정을 하였다. 2002년과 2004년에는 재판관 9명 전원일치 의견으로 합헌 결정을 하였다. 하지만 2015년 6대 3으로 위헌 의견이 제기되면서 분위기가 점차 바뀌고 있고, 2018년에는 7조5항에 대해 재판관 5명이 위헌 의견을 제시하면서, 점차 위헌의 방향으로 나아가고 있는 것으로 보인다.

3. 보호감호

보호감호(保護監護)는 형의 선고를 받은 범죄자가 재범의 위험성이 있다고 판단되면 형기를 마치더라도 출소를 못하고 또다시 보호감호시설에 수용되어 감호·교화를 받고, 사회복귀에 필요한 직업훈련과 근로를 받는 것으로 사회보호법에 의한 보안처분의 하나이다.

그러나 이중·과잉처벌과 인권침해 비판을 받아온 사회보호법에 의거한 보호처분 제도중의 하나였던 보호감호 처분은 폐지되었다. 폐지된 사회보호법의 대체 법안으로, 정신질환자에 대해 치료와 보호를 병행토록 하는 내용의 사회보호법이 폐지된 날과 동시에 시행되었다.

하지만 여전히 문제되는 것은 보호감호가 폐지되기 전에 보호감호 선고를 받은 자의 집행에 대한 효력 여부에 대한 논란이었다. 이러한 문제점을 해소하기 위하여 폐지 당시 사회보호법 부칙 제2조에 이미 보호감호형을 선고받은 사람은 집행을 계속한다는 경과규정을 두었다. 이 부칙 제2조에 대하여 강도상해죄, 특수강도강간죄 등으로 보호감호 처분을 받은 피고인들이 사회보호법이 폐지됐는데도 그 전에 판결이 확정됐다는 이유만으로 보호감호를 집행하도록 한 것은 위헌이라며 헌법소원을 냈다.

이에 대하여 우리 헌법재판소는 "적지 않은 보호감호 대상자가 일시에 석방되면 초래될 사회적 혼란을 방지하기 위해 이전에 보호감호가 확정된 사람은 그대로 집행하도록 한 게 이중처벌이나 비례원칙에 반하는 것이라고 보기 어렵다"고 헌법재판관 전원일치로 합헌결정을 하였다. 2014년 12월 말 기준으로 피보호감호자는 103명이고, 보호감호 집행이 예정된 사람은 75명으로 이들 178명에 대한 집행이 모두 종료되면 보호감호는 역사 속으로 사라지게 된다. 그러나 여전히 살인과 성폭력, 강도 등 3대 범죄에 대해서는 보호감호를 부활하자는 의견이 나오고 있다. 이는 보호감호 처분이 형벌이 아니라 범죄 예방을 위한 보안처분에 해당하고 특히 범죄자들을 치료·교화에 중점을 둔다면 이중처벌의 염려도 없다는 것이다.[54]

4. 반인권적 국가범죄의 공소시효 폐지

전쟁 범죄, 반인도적 범죄와 같은 중대한 인권침해에 대한 공소시효에 대하여 세계적으로 여전히 논란이 되고 있다. 특히 우리나라가 한국전쟁 중 미군의 양민학살, 광주학살과 삼청교육대, 고문으로 조작된 수많은 간첩사건 등의 가해자에게 취한 태도는 소극적이었다.

2007년 6월 시민사회가 '반인권적 국가범죄의 공소시효 등에 관한 특례법'의 제정을 촉구를 하였지만 10여 년 동안 제대로 시행되지 못하다가, 2018년 2월에 '반인권적 국가범죄의 공소시효 배제 등에 관한 특례법안'이 국회에 제출되었다.

주된 내용은 국가공권력에 의하여 범해진 살인·고문 등 중대한 인권침해범죄 또는 그 범죄에 대한 처벌을 의도적·조직적으로 방해한 국가기관의 범죄에 대하여도 공소시효규정을 그대로 적용하는 것은 국가공권력에 의해 저질러진 범죄를 국가가 승인하는 결과가 되어 국가공권력의 정당성과 도덕성을 심각하게 위협할 우려가 있어 국가공권력을 이용하여 저지른

54 헌재 1991.4.1., 89헌마17.

살인죄 등 반인권 범죄 및 그 조작·은폐 행위 관련 범죄에 대해서는 공소시효를 배제 또는 정지하고자 하는 것이다.

우리는 이 시점에서 독일의 '나치범죄처벌에 관한 특별법'을 참고할 만하다. 독일은 1946년 나치범죄에 대해 공소시효를 정지했고, 1979년에는 공소시효를 폐지했다. 앞으로 우리나라도 불법국가 권력자 집권기간 저질러진 헌정질서 파괴, 집단살해, 반인도적 범죄에 대해서는 공소시효가 배제되어야 한다고 본다. 특히 일제 강점기 시대의 일본인의 반인류적 범죄들에 대해서는 영원히 처벌대상이 되어야 하겠다.[55]

공소시효

공소시효란 일정한 기간이 지나면 검사의 공소권이 소멸되어 공소를 제기할 수 없는 시한을 말한다. 공소권이란 검사가 법원에 대하여 공소를 제기할 수 있는 권리이다.

살인죄의 공소시효는 25년이었지만 2015년 7월 24일 공소시효가 폐지되었다. 선거범죄의 공소시효는 당해 선거일 후 6개월을 경과함으로써 완성되나 범인이 도피한 때에는 3년으로 연장된다.

그리고 공소가 제기된 범죄는 판결의 확정이 없이 공소를 제기한 때로부터 15년을 경과하면 공소시효가 완성된 것으로 간주한다.

제3절 시민사회의 인지와 활용

1970년대와 1980년대에 한국정부의 인권 탄압은 국제사회의 관심의 대상이었고, 많은 국제인권기구 및 단체들이 한국의 인권문제에 관여를 하였으나 국내 인권운동은 국제적 차원의 인권문제에 대해서는 물론이고, 국내의 인권문제를 국제화하는 활동에도 그다지 적극적이지는 못하였다. 그러나 1990년대에 이르러 한국이 국제인권조약에 가입하게 됨에 따라 국내 인권단체들도 국제적인 인권 활동에 관심을 기울이기 시작하였고, 활동을 국제무대로 확장하였다. 그 중 두드러진 것이 인권조약기구에 대한 민간단체의 보고서 제출이다. 국내 인권단체들은 한국정부가 국제인권조약에 따라 보고서를 제출할 때마다 별도의 민간단체의 보고서를 작성하여 관련 인권조약기구에 제출하고 있는데 인권조약기구의 경우 개별 국가의 인권

55 헌재 1995.7.21., 95헌마8.

상황에 대하여 구체적인 정보를 갖기가 힘들기 때문에 정부보고서 심사 시 민간단체의 보고서는 대단히 중요한 역할을 한다. 한국 민간단체의 보고서가 인권조약기구에서 한국 정부보고서를 심사하는데 상당한 영향을 미쳤을 것임은 물론이다.

한편, 민간단체들은 1993년 비엔나 세계인권회의에 대규모로 참가한 것을 시작으로 인권관련 국제회의 및 활동에 적극적으로 참여하고 있을 뿐 아니라 국내에서도 여러 국제인권회의를 개최하기도 하였다. 우리 사회에서 인권조약에 대한 인식이 아직 보편화되지 않았고, 그다지 효과적으로 활용되고 있지도 않은 상황이나 인권조약을 통하여 인권단체들의 국제인권활동이 활발해지고 있는 것은 대단히 고무적인 일이다.

강제실종보호협약

강제실종보호협약은 2006년 12월 제61차 유엔총회에서 채택된 것으로 공권력에 의한 정치적인 납치 등 강제실종을 방지하고 실행한 자에 대한 불처벌 관행을 없애기 위한 목적이다.

국가인권위원회는 2008년 1월 우리 정부도 이 협약에 서명하고 비준·가입할 것을 권고했다.

2부

범죄기초이론

제1장 범죄일반이론
제2장 범죄처리절차

범죄자는 처벌받아야 마땅하나, 장애아들을 둔 운명 때문에 평생을 죄인 아닌 죄인으로서 남몰래 눈물을 삼키며 살아왔고 비록 스스로 아들을 죽음에 이르게 했지만 피고인 역시 아들의 죽음으로 누구보다도 가장 큰 슬픔과 정신적 고통을 겪었을 또 다른 피해자라고 해도 과언이 아니다. '아름다운 이 세상 소풍 끝내는 날, 가서 아름다웠더라고' 쉽게 말할 수 없는 처지가 되고 만 피고인을 정상참작 하여 선고를 유예한다(2007년 11월 28일 대구지방법원 형사 3단독 판결문).

제1장 범죄일반이론

제1절 범죄의 개념

범죄란 죄를 범하는 행위 또는 범한 죄를 의미하며 형법학에서는 '사회공동생활의 존립이나 기능, 그밖에 사회생활의 이익이나 가치를 침해하는 행위'라고 정의한다.

전통적으로 범죄는 형법에만 규정되어 있었으나 사회의 발전과 다양화는 수많은 형사특별법을 양산하였으며 각 형사특별법에 위반되는 행위도 모두 범죄에 포함된다.

<범죄통제의 변천사>

구분	범죄통제수단	내용
근세이전	응보와 복수	- 사후적 대응방법 - 범죄발생 후 피해회복이 불가능 - 범죄자의 검거·교정 등에 고비용·저효율 현상 - 범죄자의 증가는 법의 권위추락과 사회적 불안을 조성
고전주의자	형벌과 제재	
실증주의자	교정과 치료	
범죄사회학자 (20세기 이후)	범죄의 예방	- 사전적 대응방법

제2절 죄형법정주의

죄형법정주의란 일정한 행위를 범죄로 하고 이에 대하여 일정한 형벌을 부과하기 위해서는 반드시 행위시 이전에 명확히 제정, 공포된 성문의 법률을 필요로 한다는 원칙이다.[56] 즉 범죄와 형벌은 법률로써 규정되어 있어야 한다는 원칙으로, "법률 없으면 범죄 없고 법률 없으면 형벌 없다"는 의미를 가진다. 죄형법정주의는 국가의 형벌권으로부터 국민의 자유와 권리를 보호하기 위한 원칙이며 헌법상 신체의 자유[57]를 근거로 한다. 즉 죄형법정주의는 국가형벌권의 한계이자 형법의 기본원칙이며 핵심이념이다.

1. 법률주의

범죄와 형벌은 성문의 법률에 규정되어 있어야 한다는 원칙으로 여기서 법률은 국회가 제정한 형식적 의미의 법률을 의미한다. 따라서 하위법령과 관습법 등에 의한 범죄 및 형벌을 규정할 수 없다.

2. 소급효 금지의 원칙

범죄와 형벌은 행위 당시에 미리 규정되어 있어야 하며 헌법 제13조[58] 및 형법 제1조[59]는 이를 명확하게 언급하고 있다. 이는 사후입법에 의한 범죄의 판단과 처벌을 금지하는 것으로 현대적 의미의 법률 및 형사절차에서 당연한 것으로 판단할 수 있다.

3. 명확성의 원칙

형벌 법규는 명확하게 규정되어야 한다는 원칙으로, 법률이 처벌하고자 하는 행위가 무엇이며 그에 대한 형벌이 어떠한 것인지를 누구나 예견할 수 있고, 그에 따라 자신의 행위를 결정할 수 있도록 구성요건을 명확하게 규정하는 것을 의미한다.[60]

56 임웅/김성규/박성민, 『형법총론』, 법문사, 2024, 18면.

57 헌법 제12조 ① 모든 국민은 신체의 자유를 가진다. 누구든지 법률에 의하지 아니하고는 체포·구속·압수·수색 또는 심문을 받지 아니하며, 법률과 적법한 절차에 의하지 아니하고는 처벌·보안처분 또는 강제노역을 받지 아니한다.

58 헌법 제13조 ① 모든 국민은 행위시의 법률에 의하여 범죄를 구성하지 아니하는 행위로 소추되지 아니하며, 동일한 범죄에 대하여 거듭 처벌받지 아니한다.

59 형법 제1조(범죄의 성립과 처벌) ① 범죄의 성립과 처벌은 행위 시의 법률에 따른다.

60 대법원 2006. 5. 11. 선고 2006도920 판결.

4. 유추해석 금지의 원칙

유추는 관계되는 여러 사실을 바탕으로 다른 사항을 미루어 판단하는 것으로 유추해석은 다른 학문 뿐만 아니라 법학에서도 주요한 해석방법이다. 즉 법률에 규정이 없는 경우 유사한 다른 사항에 대한 법률 등을 적용하는 것으로 특히 민사법의 영역에서 중요한 의미를 가진다. 그러나 형사법은 기본적으로 엄격해석을 기본으로 하여 유추해석은 금지되며 특히 피고인에게 불리한 유추해석은 절대적으로 금지된다.

제3절 범죄의 성립 요건

1. 구성요건해당성

구성요건이란 형벌 부과의 대상이 되는 행위유형을 추상적으로 기술한 것을 말한다.[61] 즉 형법 각칙에서 규정된 범죄 중에서 국가가 모든 사람에게 금지하거나 요구하는 행위가 무엇인가를 규정한 것을 말한다.

예컨대 형법 제250조는 '살인죄'를 '사람을 살해한 자는 사형, 무기 또는 5년 이상의 징역에 처한다'라고 규정하고 있는데, 여기서 전반부의 표현 '사람을 살해하는 것'이 살인죄의 구성요건이라 할 수 있다. 이처럼 어떤 행위가 구성요건에 해당하는 자격을 갖출 때 이를 구성요건해당성이라 한다.

따라서 아무리 반사회적·반도덕적 행위라 할지라도 구성요건에 해당하지 않을 때는 범죄라 할 수 없으며 구성요건은 행위의 주체, 객체, 행위내용, 보호법익, 인과관계, 고의, 과실로 구성되어 있다.

2. 위법성

위법성이란 '법을 위반하는 것'을 의미한다. 즉 어떤 행위가 형법 등 형벌법규가 금지하는 행위를 하거나 요구하는 행위를 하지 않음으로써 법 질서 전체로부터 내려지는 부정적 가치판단을 말한다. 구체적으로는 권리의 침해, 법익의 침해를 의미한다. 형법상의 범죄는 사실상 모두 법 질서 전체가 이미 내려놓고 있는 부정적 가치판단의 대상으로서 개인이나 사회 또는

61 구성요건은 이하 기술되어 있는 위법성과 책임에 대하여 지도적 역할을 한다.

국가의 법익을 침해하는 반사회적 행위라고 할 수 있다. 그러므로 사람의 행위 중 구성요건에 해당하는 행위는 일단 위법한 것이라고 볼 수 있다.

그러나 구성요건에 해당하는 행위라고 할지라도 경우에 따라서는 위법하지 않는 경우도 있다. 이렇게 구성요건에 해당하는 행위라도 경우에 따라서는 위법성을 소멸시키는 사유를 '위법성조각사유(違法性阻却事由)'라고 한다. 형법은 위법성조각사유로서 정당행위,[62] 정당방위,[63] 긴급피난,[64] 자구행위,[65] 피해자의 승낙[66]에 의한 행위 등을 규정하고 있다.

3. 책임성

구성요건에 해당하고 위법한 행위일지라도 이것을 범죄로 단정하여 형벌을 과하기 위해서는 행위자에게 법률적으로 비난할 수 있는 책임이 있어야 한다. '책임'이란 행위자가 그러한 위법행위를 하지 않고 적법행위를 할 수 있었느냐, 즉 적법행위의 기대가능성이 있었느냐를 따져서 그것이 있었다고 평가되는 경우에 법 질서 전체로부터의 법률적 비난을 가할 수 있는 조건을 의미한다.

예컨대 범죄자가 심한 정신분열증 등의 정신장애 때문에 책임능력이 없었을 경우, 즉 자기의 행위가 위법이라는 것을 판별하고, 또 그 판별에 따라 행동하는 능력이 없었을 때는 심신상실자의 행위로서 책임이 없게 되어 범죄는 성립하지 않는다. 이와 같은 책임무능력의 경우는 행위자를 법적으로 비난할 수 없기 때문이다.

---

62 형법 제20조(정당행위) 법령에 의한 행위 또는 업무로 인한 행위 기타 사회상규에 위배되지 아니하는 행위는 벌하지 아니한다.

63 형법 제21조(정당방위) ① 자기 또는 타인의 법익에 대한 현재의 부당한 침해를 방위하기 위한 행위는 상당한 이유가 있는 때에는 벌하지 아니한다.
② 방위행위가 그 정도를 초과한 때에는 정황에 의하여 그 형을 감경 또는 면제할 수 있다.
③ 전항의 경우에 그 행위가 야간 기타 불안스러운 상태하에서 공포, 경악, 흥분 또는 당황으로 인한 때에는 벌하지 아니한다.

64 형법 제22조(긴급피난) ① 자기 또는 타인의 법익에 대한 현재의 위난을 피하기 위한 행위는 상당한 이유가 있는 때에는 벌하지 아니한다.
② 위난을 피하지 못할 책임이 있는 자에 대하여는 전항의 규정을 적용하지 아니한다.
③ 전조 제2항과 제3항의 규정은 본조에 준용한다.

65 형법 제23조(자구행위) ① 법정절차에 의하여 청구권을 보전하기 불능한 경우에 그 청구권의 실행불능 또는 현저한 실행곤란을 피하기 위한 행위는 상당한 이유가 있는 때에는 벌하지 아니한다.
② 전항의 행위가 그 정도를 초과한 때에는 정황에 의하여 형을 감경 또는 면제할 수 있다.

66 형법 제24조(피해자의 승낙) 처분할 수 있는 자의 승낙에 의하여 그 법익을 훼손한 행위는 법률에 특별한 규정이 없는 한 벌하지 아니한다.

이처럼 책임이 없어 범죄가 성립되지 않는 경우로는 14세 미만 소년의 행위,[67] 심신상실자의 행위,[68] 강요된 행위[69] 등이 있다.

제4절 범죄의 처벌조건

특정 행위에 구성요건해당성, 위법성, 책임이 인정되면 범죄가 성립한다. 그러나 범죄가 성립한다고 해서 모두 처벌하는 것은 아니다. 즉 범죄자를 처벌하기 위해서는 형벌권의 발생을 위한 필요한 조건이 갖추어져야 한다. 이를 처벌조건이라 한다. 이에는 객관적 처벌조건과 인적처벌조각사유가 있다. 그러나 처벌조건이 결여되어 벌할 수 없는 행위도 범죄는 되기 때문에 정당방위는 가능하다. 또한 범죄의 성립 요건을 충족하지 못한 경우에는 무죄판결을 하지만 처벌조건을 충족하지 못한 경우에는 형면제판결(유죄판결)을 한다.

1. 객관적 처벌조건

범죄의 성립 여부와 관계없이 성립한 범죄에 대해 형벌권의 발생을 좌우하는 객관적 사유를 객관적 처벌조건이라고 한다. 예컨대 형법 상 사전수뢰죄[70]는 아직 공무원이 되지 아니한 사람이 앞으로 담당하게 될 직무와 관련하여 뇌물을 수수할 때 성립하는 범죄이다.

2. 인적처벌조각사유

인적처벌조각사유란 이미 성립한 범죄에 대하여 행위자의 특수한 신분관계로 인하여 형벌권

67 형법 제9조(형사미성년자) 14세 되지 아니한 자의 행위는 벌하지 아니한다.

68 형법 제10조(심신장애인) ① 심신장애로 인하여 사물을 변별할 능력이 없거나 의사를 결정할 능력이 없는 자의 행위는 벌하지 아니한다.
② 심신장애로 인하여 전항의 능력이 미약한 자의 행위는 형을 감경한다.
③ 위험의 발생을 예견하고 자의로 심신장애를 야기한 자의 행위에는 전2항의 규정을 적용하지 아니한다.

69 형법 제12조(강요된 행위) 저항할 수 없는 폭력이나 자기 또는 친족의 생명, 신체에 대한 위해를 방어할 방법이 없는 협박에 의하여 강요된 행위는 벌하지 아니한다.

70 형법 제129조(수뢰, 사전수뢰) ① 공무원 또는 중재인이 그 직무에 관하여 뇌물을 수수, 요구 또는 약속한 때에는 5년 이하의 징역 또는 10년 이하의 자격정지에 처한다.
② 공무원 또는 중재인이 될 자가 그 담당할 직무에 관하여 청탁을 받고 뇌물을 수수, 요구 또는 약속한 후 공무원 또는 중재인이 된 때에는 3년 이하의 징역 또는 7년 이하의 자격정지에 처한다.

이 발생하지 않는 경우를 말한다. 예컨대 친족상도례[71]에 있어서 직계혈족·배우자·동거친족 등의 신분과 국회의원의 면책특권[72] 등이 있다.

국회의원은 국회에서 직무상 행한 발언과 표결에 관하여 국회 밖에서 책임을 지지 않는다. 국회의원이라 할지라도 다른 사람의 명예를 훼손하는 행위를 하면 명예훼손죄로 처벌되지만 정치적 의사형성의 장인 국회에서 직무상 발언과 표결을 하면서 행한 명예훼손행위는 자유로운 정치적 의사 형성이라는 목적을 이유로 예외적으로 범죄가 되지 않는다. 이때 명예훼손죄가 성립하지 않는 것은 국회의원이 가지는 면책특권 때문이다. 이 면책특권은 국회의원에게만 인정되는 인적처벌조각사유로 볼 수 있다.

제5절 범죄의 소추조건

범죄가 성립한 경우라도 그 범죄를 소추하기 위하여 소송법상 필요한 조건을 소추조건 내지 소송조건이라고 한다. 소추조건은 범죄의 성립이나 형벌권의 발생과는 관계없이 공소제기의 유효조건에 지나지 않는다는 점에서 범죄의 성립조건이나 처벌조건과 구별된다. 형법이 규정하고 있는 소추조건에는 친고죄와 반의사불벌죄가 있다. 이러한 규정들은 형법에 규정되어 있기는 하지만 실질적 의미의 형사소송법에 해당된다.

1. 친고죄

친고죄란 피해자 또는 고소권자의 고소가 있어야 공소를 제기할 수 있는 범죄를 말한다. 따라서 정지조건부 범죄라고도 한다. 친고죄를 인정하는 이유는 범죄에 대하여 공소를 제기하는 것이 오히려 피해자에게 불이익을 초래할 우려가 있는 경우와 범죄가 경미한 경우로 사자명예훼손죄[73], 모욕죄, 비밀침해죄, 업무상비밀누설죄 등이 있다.

---

71 형법 제344조(친족간의 범행) 제328조의 규정은 제329조 내지 제332조의 죄 또는 미수범에 준용한다.

72 대한민국 헌법 제45조 국회의원은 국회에서 직무상 행한 발언과 표결에 관하여 국회외에서 책임을 지지 아니한다.

73 형법 제312조(고소와 피해자의 의사) ① 제308조(사자의 명예훼손죄)와 제311조(모욕죄)의 죄는 고소가 있어야 공소를 제기할 수 있다. 2012년 12월 18일 형법의 개정으로 성범죄(강간죄, 강제추행죄 등)에 대한 친고죄가 삭제되었다.

2. 반의사불벌죄

피해자의 의사와 관계없이 공소를 제기할 수 있으나, 피해자가 처벌을 희망하지 않는다는 의사를 명백히 한 때에는 처벌할 수 없는 범죄를 말한다. 따라서 해제조건부범죄라고도 한다. 폭행죄[74], 협박죄,[75] 명예훼손죄[76] 등이 여기에 해당한다.

3. 양 죄의 특징

친고죄의 경우에는 수사기관이 수사와 공소제기를 함에 있어서 '처벌을 원한다'는 피해자의 의사표시가 반드시 필요하다. 한편 반의사불벌죄의 경우에는 수사기관이 수사와 공소제기 등을 통하여 형벌권의 실현절차에 나아갈 수 있지만 '처벌을 원하지 않는다'는 의사표시가 있으면 그 절차를 중단하여야 한다. 친고죄의 경우에도 '처벌을 원한다'는 원래의 의사표시가 철회되면 수사기관은 더 이상 형벌권의 실현할 수 없다.

친고죄나 반의사불벌죄에 있어서 '처벌을 원하지 않는다'는 의사표시는 고소의 취소로 볼 수 있다. 이처럼 고소의 취소가 있으면 법원은 공소기각의 판결로 형사절차를 종결하여야 한다.

74 형법 제260조(폭행, 존속폭행) ① 사람의 신체에 대하여 폭행을 가한 자는 2년 이하의 징역, 500만원 이하의 벌금, 구류 또는 과료에 처한다.
② 자기 또는 배우자의 직계존속에 대하여 제1항의 죄를 범한 때에는 5년 이하의 징역 또는 700만원 이하의 벌금에 처한다.
③ 제1항 및 제2항의 죄는 피해자의 명시한 의사에 반하여 공소를 제기할 수 없다.

75 형법 제283조(협박, 존속협박) ① 사람을 협박한 자는 3년 이하의 징역, 500만원 이하의 벌금, 구류 또는 과료에 처한다.
② 자기 또는 배우자의 직계존속에 대하여 제1항의 죄를 범한 때에는 5년 이하의 징역 또는 700만원 이하의 벌금에 처한다.
③ 제1항 및 제2항의 죄는 피해자의 명시한 의사에 반하여 공소를 제기할 수 없다.

76 형법 제312조(고소와 피해자의 의사) ② 제307조(명예훼손죄)와 제309조(출판물 등에 의한 명예훼손죄)의 죄는 피해자의 명시한 의사에 반하여 공소를 제기할 수 없다.

〈범죄의 성립과 처벌의 과정〉

행위(작위·부작위)

↓

범죄의 성립 요건
구성요건해당성, 위법성, 책임성

↓

처벌조건
(객관적·인적처벌조건)

↓

소추조건
(친고죄, 반의사불벌죄)

〈범죄의 성립조건·처벌조건·소추조건의 구별실익〉

	성립 요건	처벌조건	소추조건
재판의 종류	유죄·무죄의 실체재판	객관적 처벌조건 결여시 형면제판결	소추조건 결여시 공소기각의 형식재판
정당방위의 가능성	위법성이 없는 행위 → 정당방위 불가능	처벌조건·소추조건이 결여된 행위에 대하여 정당방위 가능	
간접정범·공범의 성립	위법성이 결여된 행위 이용시 → 간접정범 성립	처벌조건·소추조건이 결여된 행위 이용시 → 공범 성립(간접정범은 안됨)	

제2장 범죄처리절차

제1절 수사기관의 범죄처리 절차

1. 수사의 주체 및 개정 내용

수사란 범죄의 혐의 유무를 명백히 하여 공소의 제기와 유지 여부를 결정하기 위하여 범인을 발견, 확보하고 증거를 수집, 보전하는 수사기관의 활동을 의미한다. 따라서 수사 개시 이전의 내사, 불심검문, 변사체 검시 등은 수사에 해당하지 아니한다.

수사기관은 법률상 수사의 권한이 있는 국가기관을 의미하며 일반적으로 검사와 사법경찰관을 말한다. 2018년 형사소송법의 개정으로 검사의 사법경찰관에 대한 수사지휘권은 폐지되어 법령상으로는 지휘관계에 있지 않고 대등한 관계에 있다. 또한 검사와 사법경찰관은 수사, 공소제기 및 공소유지에 관하여 서로 협력하여야 한다. 따라서 사법경찰관은 검사의 지휘를 받지 않고 인지 또는 고소, 고발 사건에 대하여 수사를 하여 검사에게 송치 또는 불송치를 통보하면 된다. 즉 그동안 검사에게만 독점적으로 부여되었던 수사종결권을 사법경찰관에게도 부여하였다. 다만 검사는 사법경찰관으로부터 송치받은 사건에 관하여는 해당 사건과 동일성을 해치지 아니하는 범위 내에서 수사할 수 있다.

또한 경찰의 인권침해를 규제하기 위하여 검사는 경찰에 대하여 보완수사, 시정조치, 재수사명령 등을 통해 사법경찰관의 결정에 개입할 수 있다. 다만, 영장청구권은 여전히 검사에게만 있다.

2. 수사이후의 절차

수사는 검사의 공소 제기, 불기소처분으로 종료되고 공판단계로 들어간다. 이때 수사 대상자이었던 피의자는 피고인으로 신분이 전환되어 검사와 함께 형사소송의 당사자가 되어 법원으로부터 재판을 받게 된다. 다만 공소 제기 이후에도 수사가 가능한 가에 대하여는 논란이 있다. 강제수사는 구속영장 집행 현장에서 압수, 수색, 검증 및 임의제출물의 압수만이 가능하고 임의수사에 대해서는 학설의 대립이 있으나 판례는 임의수사는 가능하다는 태도를 취하고 있다.

3, 검사의 수사 범위

2021년 검·경 수사권 조정으로 검사의 수사범위가 대폭 축소되어, 검사는 부패범죄, 경제범죄 등 대통령령으로 정하는 중요 범죄, 경찰공무원(다른 법률에 따라 사법경찰관리의 직무를 행하는 자를 포함한다) 및 고위공직자범죄수사처 소속 공무원(「고위공직자범죄수사처 설치 및 운영에 관한 법률」에 따른 파견공무원을 포함한다)이 범한 범죄에 대해서만 원칙적으로 수사를 할 수 있다. 따라서 거의 모든 범죄는 사법경찰관이 수사를 할 수 있도록 하였다.

4. 고위공직자범죄수사처(공수처)의 수사

(1) 설치 배경

고위공직자범죄수사처는 고위공직자 및 그 가족이 범한 직권남용, 수뢰, 허위공문서 작성 및 정치자금 부정수수 등의 특정범죄를 척결하고, 공직사회의 특혜와 비리를 근절하여 국가의 투명성과 공직사회의 신뢰성을 높임으로써, 국민 모두에게 균등한 기회가 보장되는 정의롭고 공정한 나라를 만들기 위해 설치되었다.[77]

(2) 기능

2021년 1월 21일 출범한 권력형 비리수사 전담 기구로 국가인권위원회와 더불어 대통령의 업무 지휘를 받지 않는 독립 중앙행정기관이다. 원칙적으로는 수사권만을 가지고 기소권은 없다. 수사권과 기소권을 분리하는 방향으로 검찰개혁을 추진하면서 공수처에 수사·기소권을 모두 부여하는 건 모순이라는 비판이 제기되자 수사부와 공소부를 두되 기능상 상호 견제를

77 홍콩의 염정공서(ICAC)와 대만의 염정서(AAC)와 싱가포르의 탐오조사국(CPIB)의 모델과 비슷하다.

위해 분리했다. 하지만 판사, 법관, 검사, 경무관이상 경찰공무원에 대해서는 기소권까지 갖는다. 수사와 기소독점권을 가지는 사실상의 검찰 견제 기관이다. 검사에 대한 수사와 기소가 가장 핵심적인 기능이다.

(3) 비판

공수처 출범 당시에는 대체적으로 찬성 여론이 더 높았지만, 출범 후 이렇다 할 성과는 없고 편파수사 논란이 불거지면서 2025년 1월 현재로 부정평가가 압도적으로 높다. 진보성향 정치학자인 최장집 고려대 명예교수는 “공수처는 반대 당 인사, 또는 정치적 비판자에 대해 공적, 사적으로 제재를 가하기 쉽고, 나아가 “법이 정치 투쟁의 중심에 서면서 정치가 여론 동원, 경찰 조사, 검찰 기소와 같은 비정치적이고 사법적인 절차에 의해 압도될 수 있다”고 지적하면서, 공수처 법을 “지극히 위험한 법”이라고 평가했다.[78] 현직 법조기자들을 대상으로 한 설문조사에서 응답자의 61.6%는 공수처 설치에 대해 부정적으로 평가했다.[79] 이러한 비판을 면하기 위해서는 공수처장을 비롯한 검사들이 정치적 중립을 지키는 자세가 필요하다. 특히 2025년 1월 현재 내란죄 등의 혐의를 받는 윤석열 대통령 체포를 두고 고위공직자범죄수사처(공수처)가 여당과 보수단체로부터 비판을 받고 있다.

(4) 성공 요건

법적절차를 준수하지 않는 강압적 수사, 중치적 중립성 결여(공수처장 편파적 정치성), 선택적 기소 등의 문제를 해결하지 않는다면 본래의 설립 취지와 동떨어진 특정 정당을 옹호하는 기구로 전락할 가능성이 크다. 출발 당시 많은 비판과 문제점을 안고 시작한 공수처가 국민의 신뢰를 받으려면 위에서 언급한 문제점들이 하루빨리 개선되어야 한다고 본다.

78 「조선일보」, 2020.07.20.
79 「조선일보」, 2020.11.17.

<고위공직자 및 가족 범위>

<table>
<tr><th>구분</th><th>직책</th><th>수사</th><th>기소</th></tr>
<tr><td rowspan="17">고위공직자</td><td>대법원장, 대법관, 판사</td><td rowspan="17">○</td><td rowspan="3">○</td></tr>
<tr><td>검찰총장, 검사</td></tr>
<tr><td>경무관 이상 경찰공무원</td></tr>
<tr><td>대통령</td><td rowspan="14">×</td></tr>
<tr><td>국회의장, 국회의원</td></tr>
<tr><td>헌법재판소장, 헌법재판관</td></tr>
<tr><td>국무총리, 국무총리비서실 소속의 정무직공무원</td></tr>
<tr><td>중앙선거관리위원회의 정무직공무원</td></tr>
<tr><td>「공공감사에 관한 법률」 제2조제2호에 따른
중앙행정기관의 정무직공무원</td></tr>
<tr><td>대통령비서실, 국가안보실, 대통령경호처,
국가정보원 소속의 3급 이상 공무원</td></tr>
<tr><td>국회사무처, 국회도서관, 국회예산정책처,
국회입법조사처의 정무직공무원</td></tr>
<tr><td>대법원장비서실, 사법정책연구원, 법원공무원교육원,
헌법재판소사무처의 정무직공무원</td></tr>
<tr><td>특별시장·광역시장·특별자치시장·도지사·특별자치도지사, 교육감</td></tr>
<tr><td>장성급 장교(현역을 면한 이후도 포함)</td></tr>
<tr><td>금융감독원 원장·부원장·감사</td></tr>
<tr><td>감사원, 국세청, 공정거래위원회, 금융위원회 3급 이상 공무원</td></tr>
<tr><td rowspan="3">고위공직자의
가족</td><td>대통령의 배우자와 4촌 이내의 친족</td><td rowspan="3">○</td><td>×</td></tr>
<tr><td>대법원장, 대법관, 검찰총장, 판사, 검사,
경무관 이상 경찰공무원의 배우자와 직계존비속</td><td>○</td></tr>
<tr><td>이외 고위공직자의 배우자와 직계존비속</td><td>×</td></tr>
</table>

2. 통고처분

도로교통범·조세범·출입국관리범·전매사범 등에 대하여 인정되는 것으로서, 정식재판에 갈음하여 절차의 간이·신속을 위하여 행정청이 일정한 벌금 등에 상당하는 금액의 납부를 명하는 준사법적 행정행위이다. 통고처분의 효과는 범칙자가 통고받은 범칙금[80]을 납부하면 확정판결과 동일한 효력을 발생하고, 그 결과 일사부재리의 원칙이 적용되며, 통고처분이 있음으로써 공소시효는 중단된다.

즉 경찰서장·국세청장·지방국세청장 또는 세무서장은 범칙사건의 조사에 의하여 범칙(犯則)의 심증을 얻었을 때에는 그 이유를 명시하여 벌금 또는 과료에 상당하는 금액, 몰수 또는 몰취(沒取)에 해당하는 물품, 추징금에 상당하는 금액과 서류송달·압수물건의 운반·보관에 요하는 비용을 지정한 장소에 납부할 것을 통고한다.

도로교통법 위반자(신호위반 등)에 대하여 경찰서장은 범칙금의 납부를 통고하면 이 범칙금 납부통고서를 받은 사람은 10일 이내에 납부하여야 한다. 만약 납부하면 다시 처벌받지 아니하고, 납부하지 않으면 과태료 등이 부과되고 또한 즉결심판에 회부된다. 통고처분제도(조세범처벌절차법 제9조, 관세법 제227조, 출입국관리법 제102조, 도로교통법 제118조, 경범죄처벌법 제6조 등)에 따라 범칙금을 납부한 사건과 즉결심판사건(법원조직법 제34조)은 검사에게 송치하지 않아도 된다.

3. 즉결심판

즉결심판은 20만원 이하의 벌금이나 구류, 과료에 해당하는 비교적 가벼운 사건을 검사를 경유하지 않고 경찰서장의 청구로 약식 재판하는 것이다. 도로교통법과 경범죄처벌법 위반자들이 범칙금을 내지 않을 경우, 도박죄 등은 바로 즉결심판을 받는다. 판결에 불복할 경우 7일 이내에 정식 재판을 청구할 수 있다. 번거로운 정식재판 없이 경미한 범죄에 대하여 신속한 처리를 한다는 취지에서 도입되었다.

즉결심판은 판사의 주재 하에 경찰서가 아닌 공개 장소에서 열린다. 피고인이 출석하는 것이 원칙이지만 벌금·과료를 선고하는 경우에는 출석하지 않는다. 판사는 피고인에게 사건내용을 알려주고 변명의 기회도 주며, 피고인은 변호사를 선임할 수도 있지만, 신속·간편한 심

80 범칙행위를 한 자가 행정청에 의한 통고처분에 따라 국고에 납부하여야 할 금전을 말한다. 범칙금의 액수는 범칙행위의 종류에 따라 다르다. 또한 형벌이 아니기 때문에 전과자가 되지 않는다.

리를 위하여 경찰의 조서만을 증거로 삼아 유죄를 선고할 수도 있다.

만약 판사가 즉결심판을 할 수 없거나 즉결심판절차에 의하여 심판함이 적당하지 아니 하다고 인정할 때에는 즉결심판의 청구를 기각할 수 있다. 이때 청구기각된 사건은 경찰서장이 지체 없이 검찰에 송치하여 일반의 형사절차에 따라 처리된다. 즉결심판에 불복하는 피고인은 선고일로부터 7일 이내에 정식재판청구서를 경찰서장에게 제출하면 정식재판을 받을 수 있게 된다.

4. 검사의 범죄처리

검사는 수사를 완료하면 우선 범죄의 성립 여부를 판단한 다음, 범죄가 성립되지 아니하는 경우에는 불기소하고, 범죄가 성립되는 경우에는 정상 등 처벌의 필요성 또는 타당성 여부에 관한 모든 사정을 고려하여 기소 여부를 결정하게 된다. 불기소의 종류로는 기소유예(공소보류), 혐의없음, 죄가안됨, 공소권없음, 기소중지, 참고인중지, 각하 등이 있다.

범죄가 성립되나 처벌의 필요성이 없다고 하여 불기소하는 것이 기소유예이고,[81] 특히 국가보안법 위반 피의자에 대하여 범죄 혐의가 있더라도 기소 여부의 결정을 보류하는 제도는 공소보류라고 한다. 검사는 범죄 혐의가 없거나 증거가 불충분한 경우에는 혐의없음 결정을 내려야 하며 구성요건 해당성은 있으나 위법성 또는 책임조각사유가 있는 경우에는 죄가안됨 결정을 내려야 한다.

또한 소송요건을 구비하지 못한 경우(예컨대, 친고죄)에는 공소권없음 결정을 내려야 한다. 고소(발)의 남용을 막기 위하여 고소 자체로 범죄 혐의가 명백히 없거나 반복적 고소에 대하여는 각하 결정을 내릴 수 있다.

그 외에도 피의자의 소재불명 등의 이유로 인해 수사를 종결할 수 없는 경우에는 그 사유가 해소될 때까지 기소중지의 결정을 할 수 있고, 주요 참고인의 소재불명으로 인하여 수사를 종결할 수 없는 경우에는 그 사유가 해소될 때까지 참고인중지의 결정을 할 수 있다.

검사의 공소제기에 의하여 법원에 접수된 사건은 약식 사건의 경우에는 간이, 신속한 서면 심리에 의하여 벌금, 과료 등의 형이 과해지고, 공판 사건의 경우 공판절차에 의한 재판이 행하여진다.

---

81 소년범에 대해서는 지금까지 법적근거 없이 검사가 '선도조건부기소유예'를 하였는데, 2007년 소년법의 개정으로 이제 법적 근거 하에 기소유예를 할 수 있게 되었다.

<검사의 수사 종결 절차>

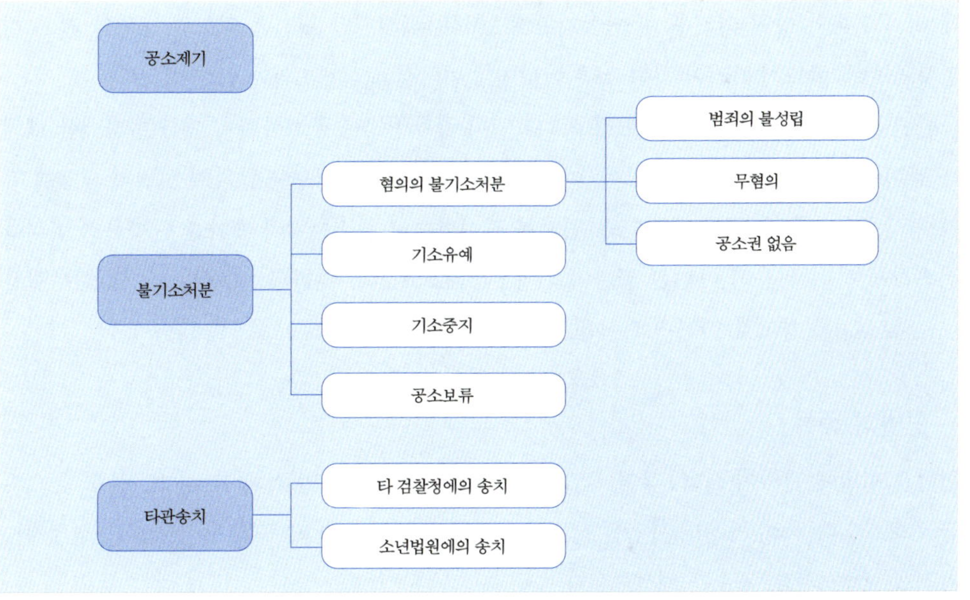

제2절 법원의 재판절차

검사의 공소제기에 의해 피의자는 피고인이 되고, 이때부터 형사소송의 주체가 되면서 검사와 대등한 지위 하에서 재판을 받게 된다.

공판은 모두절차, 사실심리절차, 판결선고절차의 과정을 거치면서 진행된다. 모두절차에는 인정신문, 검사의 모두진술, 진술거부권 등의 고지, 피고인의 모두진술 등으로 이루어진다.

공판절차에서의 핵심인 사실심리절차는 피고인신문, 증거조사, 최종변론 등으로 구성되어 있다. 그리고 이 절차가 끝나면 재판장의 판결로서 재판이 종료된다.

그리고 공판은 공개된 법정에서 행해지며, 검사의 출석은 의무이며, 피고인도 예외가 있긴 하지만 출석을 하여야 한다. 피고인의 출석은 권리인 동시에 의무이므로 출석한 피고인은 재판장의 허가 없이는 퇴정하지 못한다.

피고인의 권리 보호와 공정한 재판을 위하여 우리 법은 공개주의, 구두변론주의, 직접주의, 집중심리주의 제도를 채택하고 있으며 2008년부터는 '국민참여재판제도'가 실시되고 있다.

국민참여재판은 일반 시민이 배심원으로 형사재판에 참여해 유무죄 판단을 한 뒤 판사에게 평의 결과와 양형 의견을 내놓는 재판제도이다. 배심원단 평결은 권고적 효력만 있고 재판부가 이를 반드시 따라야 하는 것은 아니어서 미국식 배심제도와는 차이가 있다.

한편 지방법원 또는 그 지원의 경우 피고인이 공판정에서 공소사실에 대하여 자백한 때에는 간이공판절차로 심판할 수 있다. 이는 제1심 관할사건의 경우에 한하여 법원의 재량에 따라 형사소송법이 규정하는 증거조사절차를 간이화하고 증거능력의 제한을 완화하여 심리를 신속하게 하기 위하여 마련된 공판절차(형소법 제286의2)를 말한다. 미국법의 기소인부절차(arraignment)를 참고로 1973년에 처음으로 제정된 제도이다.

1. 형벌의 종류

형법은 형벌에 관하여 사형, 징역, 금고, 자격상실, 자격정지, 벌금, 구류, 과료, 몰수 등으로 규정하고 있다.[82] 이 가운데 사형은 생명형, 징역·금고·구류는 자유형, 자격상실·자격정지는 자격형, 벌금·과료·몰수는 재산형이다.

2. 선고유예

1년 이하의 징역이나 금고, 자격정지 또는 벌금형을 선고할 경우에 개전의 정이 현저하고 자격정지 이상의 형을 받은 전과가 없는 범죄자에 대하여 법원이 선고를 하지 않는 경우를 말한다.[83][84] 선고유예는 2년의 유예기간을 실효됨이 없이 경과하면 면소된 것으로 간주하는 제도이다. 형법상 제재 중 가장 가벼운 제재이며 특별예방을 위해 책임주의를 양보한 것으로 볼 수 있다. 선고유예에 대해서 상소를 할 수 있는가에 대해서는 논란이 있으나, 대법원과 헌법재판소는 선고유예를 상고이유로 삼는 것은 양형부당을 이유로 한 상고에 해당되어 허용하지 않고 있다(대법원 2001도6138 전원합의체 판결)[85].

---

82 형법 제41조(형의 종류) 형의 종류는 다음과 같다.
1. 사형 2. 징역 3. 금고 4. 자격상실 5. 자격정지 6. 벌금 7. 구류 8. 과료 9. 몰수

83 형법 제59조(선고유예의 요건) ① 1년 이하의 징역이나 금고, 자격정지 또는 벌금의 형을 선고할 경우에 제51조(양형의 조건)의 사항을 참작하여 개전의 정상이 현저한 때에는 그 선고를 유예할 수 있다. 단, 자격정지 이상의 형을 받은 전과가 있는 자에 대하여는 예외로 한다.
② 형을 병과할 경우에도 형의 전부 또는 일부에 대하여 그 선고를 유예할 수 있다.

84 선고유예시 1년의 기간으로 보호관찰을 명할 수 있다. 다만, 성폭력범죄를 범한 소년에 대해서는 반드시 보호관찰을 명하여야 한다.

85 주호민 특수교사 고소 사건(2022.9, 1심 벌금 200만원 선고유예) 참조.

선고유예사례

장애인의 아들을 살해한 어머니에 대하여 법원은, 피고인이 칠십 평생을 사회적 비난을 받을 만한 어떠한 잘못을 저지르지 아니하고 성실하게 살아 왔음에도 '새벽빛 와 닿으면 스러지는 이슬 더불어 손에 손을 잡고 하늘로 돌아가는 날'까지 이 사건으로 치유할 수 없는 정신적 상처를 남겼고 '아름다운 이 세상 소풍 끝내는 날, 가서 아름다웠더라고' 쉽게 말할 수 없는 처지가 되고 말았다.

부모가 죽으면 산에 묻고 자식이 죽으면 가슴에 묻는다고 했거늘 장애아들을 둔 운명 때문에 평생을 죄인 아닌 죄인으로서 남몰래 눈물을 삼키며 살아왔고 비록 스스로 아들을 죽음에 이르게 했지만 피고인 역시 아들의 죽음으로 누구보다도 가장 큰 슬픔과 정신적 고통을 겪었을 또 다른 피해자라고 해도 과언이 아니다. (…) 법률적으로 피고인을 가해자로 망인을 피해자로 구분 지어 형사책임을 물을 수 있을 것이지만 50년간 장애를 가진 아들을 위해 헌신해 왔고, 아들의 잘못된 행동을 꾸짖다가 이 사건이 발생했으며 망인의 처가 관대한 처벌을 탄원하고 있는 점을 고려, 형의 선고를 유예한다.

2007년 11월 28일 대구지방법원 형사 3단독 판결문

3. 집행유예

형의 선고 후 형의 현실적 집행이 필요 없다고 인정되는 때 일정기간 그 형의 집행을 유예하고 특별한 사고 없이 그 기간을 지나면 형의 선고가 없었던 것과 동일한 효과를 발생케 하는 제도이다.[86]

3년 이하의 징역 또는 금고의 형을 선고할 경우에 1년 이상 5년 이하까지 집행을 유예할 수 있다. 집행유예시 보호관찰이나 사회봉사 또는 수강을 명할 수 있다. 집행유예의 선고 후 그 선고가 실효 또는 취소됨이 없이 유예기간을 경과한 때는 형의 선고는 효력을 상실한다. 따라서 범죄자는 전과자로 되지 않는다.

86 형법 제62조(집행유예의 요건) ① 3년 이하의 징역이나 금고 또는 500만원 이하의 벌금의 형을 선고할 경우에 제51조의 사항을 참작하여 그 정상에 참작할 만한 사유가 있는 때에는 1년 이상 5년이하의 기간 형의 집행을 유예할 수 있다. 다만, 금고 이상의 형을 선고한 판결이 확정된 때부터 그 집행을 종료하거나 면제된 후 3년까지의 기간에 범한 죄에 대하여 형을 선고하는 경우에는 그러하지 아니하다.
② 형을 병과할 경우에는 그 형의 일부에 대하여 집행을 유예할 수 있다.

집행유예와 신원조회

자격정지 이상의 형(刑)을 선고받게 되면 검찰청에서는 그 형을 선고받은 수형인에 대한 수형인명표를 작성하여 수형인의 본적지 시·구·읍·면사무소에 송부한다. 그러나 집행유예기간이 경과하면 수형인명표는 폐기된다. 따라서 집행유예기간의 경과 후엔 신원조회를 하더라도 나타나지 않는다.

〈범죄처리 절차〉

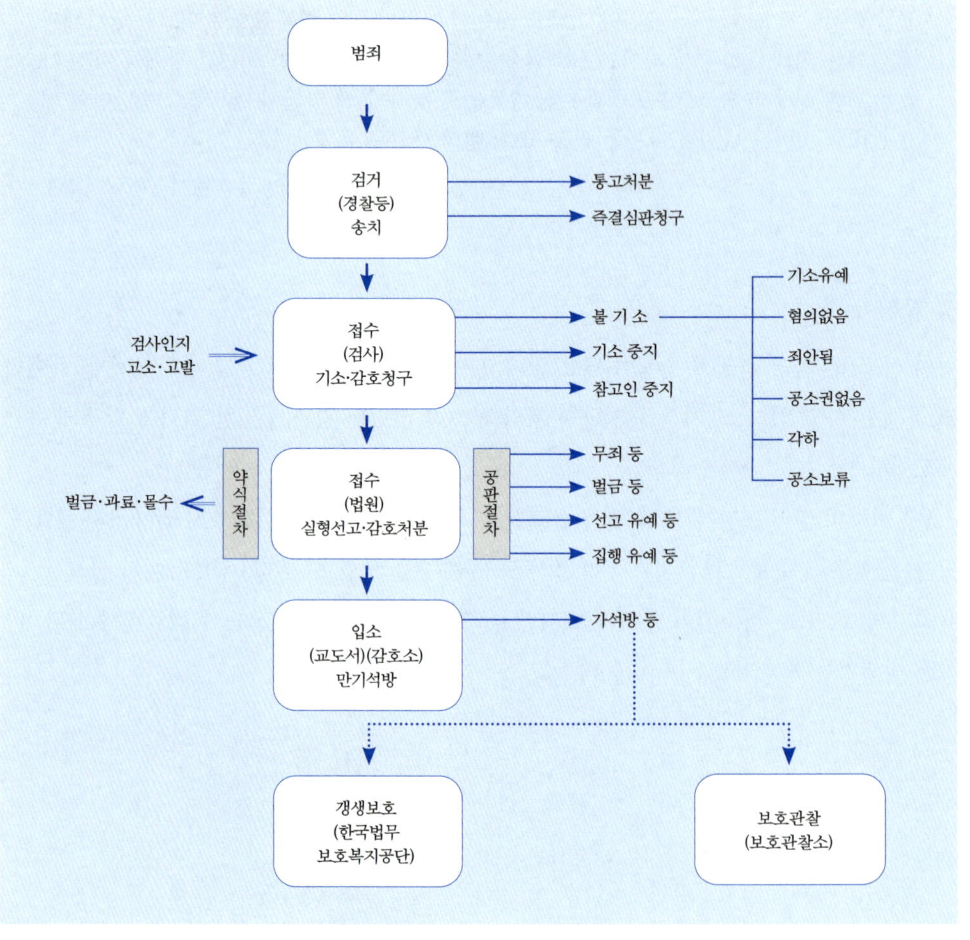

4. 가석방

자유형의 집행 중에 있는 자가 행상이 양호하고 뉘우침이 뚜렷한 때에 형기만료 전에 조건부로 석방하는 것으로, 무기징역은 20년, 유기징역은 형기의 3분의 1을 경과하여야 한다.[87] 형기만료 때까지 조건을 위반하지 않으면 형의 집행이 종료되는 행정처분이며 형법은 가석방된 자는 가석방기간 중 보호관찰을 받도록 하고 있다.

가석방제도는 수형자 자신의 자발적인 노력과 개선에 의해 사회복귀가 가능하다는 점에서 특별예방사상을 실현하기 위한 제도이다. 가석방 심사는 가석방대상자는 고정시설 장의 신청으로, 법무부 가석방 심사위원회(5명이상 9명 이하, 법무부차관이 위원장)에서 심사를 한다. 가석방심사위원회는 위원회는 수형자의 나이, 범죄동기, 죄명, 형기, 교정성적, 건강상태, 가석방 후의 생계능력, 생활환경, 재범의 위험성, 그 밖에 필요한 사정을 고려하여 가석방의 적격 여부를 결정한다. 가석방심사위원회에서 적격 판정을 하면, 위원회가 법무부 장관에게 가석방 허가를 신청하고, 법무부장관은 위원회의 가석방 허가신청이 적정하다고 인정하면 허가할 수 있다.[88]

가석방 심사는 무기수형자, 관리사범, 장기수형자, 제한사범, 교통사범, 일반사범 등으로 구분하고 있다. 무기수형자의 경우 형기의 20년 이상, 관리사범의 경우 형기의 80% 이상, 장기수형자나 보호사범의 경우 형기의 70% 이상, 제한사범이나 교통사범의 경우 형기의 60% 이상, 일반사범의 경우 형기의 50% 이상을 채우면 가석방 대상이 된다.이러한 기준은 법무부 예규인 "가석방업무지침"에 따라 정해진다.

최근 가석방 심사 대상자 수 허가 건수 승인율을 보면, 2019년 가석방 대상자 수(11,087), 가석방 심사 건수(9,182), 가석방 승인건수(6.084), 가석방 승인율(66.3%), 2020년 가석방 대상자 수(11,469), 가석방 심사 건수(9,550), 가석방 승인건수(6.326), 가석방 승인율(66.2%), 2021년 가석방 대상자 수(11,858), 가석방 심사 건수(9,925), 가석방 승인건수(6.574), 가석방 승인 66.2%로 나타나고 있는 것으로 보아, 가석방 심사건 수의 66% 정도가 가석방으로 석방되는 것을 알 수 있다.[89]

---

87 형법 제72조(가석방의 요건) ① 징역 또는 금고의 집행 중에 있는 자가 그 행상이 양호하여 뉘우침이 뚜렷한 때에는 무기에 있어서는 20년, 유기에 있어서는 형기의 3분의 1을 경과한 후 행정처분으로 가석방을 할 수 있다.
② 전항의 경우에 벌금 또는 과료의 병과가 있는 때에는 그 금액을 완납하여야 한다.

88 최근 <가석방심사관 이한신>(2024)이라는 드라마가 방영되었음

89 법무부 홈페이지 통계 참조

5. 전과기록과 말소

범죄자가 형사입건 되면 해당 피의자의 지문 등을 채취하고 인적사항을 기재한 '수사자료표'를 작성하고, 피의자가 벌금형 이상의 형을 선고받으면 전과기록이 남게 된다.

전과기록이란 검찰청 및 군검찰부에서 관리하는 '수형인명부', 수형인의 등록기준지 시·구·읍·면사무소에서 관리하는 '수형인명표' 및 경찰청에서 관리하는 '범죄경력자료'를 말한다.[90]

한편 징역 또는 금고의 집행을 종료하거나 집행이 면제된 자가 피해자의 손해를 보상하고 자격정지 이상의 형을 받음이 없이 7년을 경과한 때에는 본인 또는 검사는 형사사건기록이 보관되어 있는 검찰청에 대응하는 법원에 그 형의 실효를 선고해줄 것을 신청할 수 있다.

그러나 신청이 없다고 하더라도 형이 당연히 실효되는 경우가 있다. 즉 수형인이 자격정지 이상의 형을 받음이 없이 형의 집행을 종료하거나 그 집행이 면제된 날부터 ① 3년을 초과하는 징역·금고는 10년 ② 3년 이하의 징역·금고는 5년 ③ 벌금은 2년 ④ 구류·과료는 형의 집행을 종료하거나 그 집행이 면제된 때에 그 형이 자동으로 실효 되며 등록기준지 시·구·읍·면사무소에서 관리하는 '수형인명표'를 폐기하고 검찰청 등에서 관리하는 '수형인명부' 해당란을 삭제한다. 하지만 수사기관의 범죄경력조회시 '수사자료표'는 없어지지 않는다. 문제는 수형자(교도소 수감자) 및 집행유예자의 투표권 여부이다. 2014년 헌법재판소는 형 집행유예기간인 자에 대한 선거권 제한은 위헌이라는 결정을 하였고, 수형자의 선거권제한에 대하여는 헌법불합치 결정을 선고하였다. 이에 국회는 2015년 법 개정을 통해 1년 이상의 징역 또는 금고형을 선고받은 사람만 투표권을 제한하였다. 따라서 집행유예와 징역 1년형 미만인자에게는 투표권이 있다.

그러나 선거권 행사는 국민주권과 대의제 민주주의를 실현하는 통로이자 국가권력의 조직과 운영에 직·간접적으로 참여하는 중요한 행위라는 점에서 범죄자라는 이유로 헌법상의 참

---

90 형의 실효 등에 관한 법률 제2조(정의) 이 법에서 사용하는 용어의 뜻은 다음과 같다.
1. "수형인"이란 「형법」 제41조에 규정된 형을 받은 자를 말한다.
2. "수형인명부"란 자격정지 이상의 형을 받은 수형인을 기재한 명부로서 검찰청 및 군검찰부에서 관리하는 것을 말한다.
3. "수형인명표"란 자격정지 이상의 형을 받은 수형인을 기재한 명표로서 수형인의 등록기준지 시·구·읍·면 사무소에서 관리하는 것을 말한다.
4. "수사자료표"란 수사기관이 피의자의 지문을 채취하고 피의자의 인적사항과 죄명 등을 기재한 표(전산입력되어 관리되거나 자기테이프, 마이크로필름, 그 밖에 이와 유사한 매체에 기록·저장된 표를 포함한다)로서 경찰청에서 관리하는 것을 말한다.
7. "전과기록"이란 수형인명부, 수형인명표 및 범죄경력자료를 말한다.

정권인 선거권을 제한하는 것은 과도한 제재가 아닌지 의견이 분분하다, 앞으로 수형자 선거권 제한제도가 헌법이 보장한 과잉금지원칙, 보통선거 원칙에 위반되는 지 여부를 공론의 장을 거쳐 정착되길 기대한다.[91]

제3절 범죄 발생 현황

2023년 전체범죄의 발생건수는 1,613,754건으로 인구 10만명당 3,144,2건의 범죄가 발생하였다. 전체범죄의 발생비는 2022년 대비 2.7% 증가한 수치로, 지난 10년 대비 16.5% 감소하였다. 지난 10년간 연도별 전체범죄 발생비 추이를 살펴보면, 2021년까지는 감소하는 추세를 보이다가, 2022년부터 증가하고 있다.

교통범죄를 제외한 전체범죄의 발생건수는 1,351,063건(전체범죄의 833% 비중)으로, 인구 10만명당 2,632.4건의 범죄가 발생하였다. 교통범죄를 제외한 전체범죄의 발생비는 4.1% 증가, 지난 10년 대비 0.6% 감소하였다. 지난 10년간 발생비 추이를 살펴보면, 대체로 큰 변동은 없어 증감을 반복하다가 2022년부터 증가하고 있다. 한편, 교통범죄의 발생비는 2014년 1,118.7건에서 2023년 511.8건으로 지난 10년간 54.2%로 대폭 감소하였으며, 전체범죄의 발생건수에서 차지하는 비중은 2014년 29.7%에서 2023년 16.3%로 13.4%p 감소하였다.

또한 2023년 형법범죄의 발생건수는 1,026,799건으로, 인구 10만명당 2,000.6건의 범죄가 발생하였다. 형법범죄 발생비는 2022년 대비 2.5% 증가하였으며, 지난 10년 동안 1.0% 증가하였다. 지난 10년간 발생비 추이를 살펴보면, 대체로 큰 변동은 없이 증감을 반복하다 2022년부터 증가하고 있다.

한편 2023년 특별법범죄의 발생건수는 586.955건으로, 인구 10만명당 1,143.6건의 특별법범죄 발생비는 2022년 대비 3.0% 증가하였으며, 지난 10년 동안 36.0%연도별 특별법범죄 발생비 추이를 살펴보면, 2014년부터 2016년까지 증가2022년까지 감소하다 2023년에는 전년대비 증가하였다. 최근 10년간 형법범죄의 발생비가 특별법범죄의 발생비보다 더 높게 나타났다.[92]

---

91 참고로 2024년 국회의원 후보 등록자 699명 가운데 전과자는 242명으로 34%였다.

92 대검찰청, 『2024 범죄분석』, 2024, 3-5쪽.

<전체범죄 발생 건수 및 발생비 추이(2014-2023)>

연도	전체범위			교통범죄를 제외한 전체범죄		
	발생건수	발생비	증감률	발생건수	발생비	증감률
2014	1,933,835	3,767.6	-	1,359,632	2,648.9	-
2015	2,020,731	3,921.5	4.1	1,423,258	2,762.0	4.3
2016	2,008,290	3,884.8	3.1	1,407,320	2,722.3	2.8
2017	1,824,876	3,524.4	-6.5	1,294,926	2,500.9	-5.6
2018	1,738,190	3,353.9	-11.0	1,304,840	2,517.7	-5.0
2019	1,767,684	3,409.2	-9.5	1,361,661	2,626.2	-0.9
2020	1,714,579	3,308.1	-12.2	1,337,162	2,579.9	-2.6
2021	1,531,705	2,966.2	-21.3	1,191,228	2,306.8	-12.9
2022	1,575,007	3,061.9	-18.7	1,301,262	2,529.7	-4.5
2023	1,613,754	3,114.2	-16.5	1,351,063	2,632.4	-0.6

3부

경찰과 인권

제1장 경찰기초이론
제2장 경찰의 인권 쟁점
제3장 경찰의 인권침해 유형

경찰은 범죄의 최전선에 배치된 인권의 수호자인 동시에 민중의 지팡이다. 따라서 체포 또는 구금된 모든 사람에게 인간적인 대우를 하여야 한다. 또한 경찰은 어떤 경우에라도 고문·가혹행위를 행하거나 조장하거나 묵과해서도 안 된다. 어둠은 대지를 덮고, 하지만 안전한 시민은 밤을 두려워 하지 않는다.

사악한 자들이 흥분에 차서 깨어났지만, 법의 눈(경찰)이 지켜보기 때문에

–Friedrich von Schiller의 〈鐘의 노래〉 가운데서

제1장 경찰기초이론

제1절 경찰과 인권, 패러다임의 변화

'법의 눈은 깨어 있다'

'법의 눈은 깨어 있다'는 격언이 있다. 이것은 시민들이 자는 동안 범죄로부터 시민들을 지켜보며 보호하는 경찰을 말한다. 즉 시민들은 법의 눈이 지속적으로 외부를 감시하고 있기 때문에 밤을 안전하고 편하게 보내고 있다. 이렇게 경찰은 어둠 속의 범죄 세계와 싸우면서 시민들을 보호하고 있다.

경찰법 제3조 경찰의 임무

국가경찰은 국민의 생명·신체 및 재산의 보호와 범죄의 예방·진압 및 수사, 치안정보의 수집, 교통의 단속 기타 공공의 안녕과 질서 유지를 그 임무로 한다.

경찰관직무집행법 제2조 경찰의 직무

- 범죄의 예방·진압 및 수사
- 경비·요인경호 및 대간첩작전수행
- 치안정보의 수집·작성 및 배포
- 교통의 단속과 위해의 방지
- 기타 공공의 안녕과 질서 유지

경찰은 범죄자가 최초로 만나는 수사기관이다. 따라서 경찰의 초동수사로 인한 인권침해로 수사가 잘못되면 원상회복이 어렵다. 최근 경찰의 잘못된 수사로 인해 억울하게 사법피해자가 되는 사례가 나타나고 있다. 특히 경찰은 '민중의 지팡이'라는 말이 있듯이 지팡이처럼 범죄자의 의지가 되는 동시에 인권의 수호자가 되어야 한다.

그러나 우리나라 경찰은 1970년 이전에는 피의자의 인권보다 사건해결에 최우선의 목표를 둔 결과 고문·폭행 등에 중점을 두었다. 따라서 범인검거율로 인한 실적의 제고가 수사활동의 목표였으며 1970년 이후 인권이라는 단어가 등장하지만 형식에 그쳤다. 이후 1987년 박종철 사건 이후 국민들의 인권의식이 신장되어 경찰에 대하여 공정성, 투명성, 진정성 등을 요구하기 시작하면서 인권이 경찰업무의 중요한 이슈로 등장하였고 2000년대 국가인권위원회의 발족과 더불어 경찰의 패러다임도 인권중심으로 전환되었다.

특히 2005년 4월 4일 경찰은 경찰 창설 60주년을 맞아 수사상 인권침해 방지대책을 위한 인권보호 종합계획 '1004 프로젝트'를 발표하여 피의자인권 보장을 위한 수사환경 개선[93], 피해자의 피해회복을 위한 지원활동의 강화, 사건관계인의 인권침해 방지, 유치인 보호체계 개선[94] 등을 추진하였다.

그리고 최근 2018년 5월에는 인권보호규칙을 전면 개정하여 인권영향평가 실시, 각종 인권기구의 권고안 검토, 인권교육 강화 등 "인권경찰의 제도화 방안"을 위한 경찰개혁위원회의 권고안에 포함된 내용을 보다 원활하게 이행하기 위해 필요한 사항을 규정하고, 지속적·체계적인 교육 기반 마련을 위해 경찰청장에게 3년 단위의 인권교육종합계획, 경찰관서장에게 1년 단위 인권교육 계획을 수립해 시행하도록 하였다.

그러나 이러한 노력들에도 불구하고 아직 일부 경찰의 인권의식 부족으로 여전히 인권침해 사례가 끊이지 않고 있다.[95] 특히 앞서 본 바와 같이 2021년 검·경 수사권 조정으로 경찰에게 수사개시권, 종결권이 부여됨으로써 앞으로 경찰의 인권침해는 늘어날 수 있다고 본다.

93 임의수사와 불구속수사를 준수하면서 심야조사는 가능한 하지 않으며, 부득이 심야조사를 하더라도, 사전에 인권보호관 등의 허가와 감독을 받도록 하고, 적절한 휴식과 수면보장, 2인 이상이 조사, 피조사자의 신뢰 관계인 동석, 조사과정 CCTV 녹화 등 절차와 방법을 엄격히 하고 있다. 또한 체포 시에는 체포사유와 권리를 반드시 고지하는 한편, 피의자 신문시 변호인 참여제도 활성화, 변호인 접견실 확보 및 접견권 보장, 대한변호사 협회·법률구조 공단 등과의 핫라인 구성 등으로 피의자의 방어권을 실질적으로 보장하고 있다.

94 무죄추정의 원칙하에 유치장을 인권 친화적으로 개선하는 것으로, 유치인 보호체계도 개선, 감시 편의를 위해 부채꼴로 설계된 현재의 유치장 구조를 일자(一字)형 등의 친인권적 구조로 바꾸고 여성 전용 유치실 설치, 계구 사용 최소화 방안 등이다.

95 국가인권위원회에 의하면 경찰의 인권침해는 폭행 및 가혹행위, 직권남용, 불법체포·감금 등이 대부분을 차지하고 있다고 한다.

무엇보다 2024년부터 국가정보원의 대공수사권이 폐지되면서 경찰이 대공수사를 전담하게 되어, 경찰의 수사범위가 비대해졌다. 2021년 검·경 수사권 조정당시 검수완박(검사수사 완전 배제)으로, 경찰은 수사권 독립을 통하여 검찰 수사지휘를 받지 않고, 검찰은 경찰의 수사결과를 기초로 공소제가 여부만을 판단하는 '공소청'으로서의 역할만 하는 것으로 시작되었다, 다행히 경찰 수사에 대한 검사의 보완수사 지시, 재수사, 고소인의 이의신청 등을 도입하여 어느정도 경찰의 인권침해를 예방할 수 있는 제도를 마련하였다.

따라서 경찰은 국민의 경찰권에 대한 불안과 우려를 불식시키고 신뢰를 확보하기 위해서는 수사의 궁극적 목적은 범인의 검거가 아니라 인권의 보장이라는 점을 염두에 두고 수사과정에의 인권침해가 최소화되도록 노력해야 할 뿐만 아니라, 최소한의 인권침해조차도 정당화사유가 있는지를 세심히 살펴보는 태도가 필요하다.

제2절 경찰의 수사

1. 수사의 개념

수사(investigation)는 범인을 발견·확보하고 증거를 수집하여 형사사건으로 처리하기 위한 수사기관의 활동을 말한다. 이러한 수사의 이념은 실체적 진실의 발견과 적법절차의 준수이다. 즉 적법절차를 준수하면서 당사자의 주장이나 사실의 여부에 구애됨이 없이 객관적 실체적 진실을 발견하는 것이다.

2. 수사의 조건

수사를 위해서는 조건이 필요하다. 즉 수사의 필요성과 수사의 상당성이 있어야 한다. 수사의 필요성은 범죄인이 죄를 지었다는 주관적 혐의와 소송조건의 구비 가능성이 있어야 임의수사든 강제수사든 가능하다는 것이다. 여기서 수사기관의 주관적 혐의를 아무 제한 없이 자의적으로 해석해서는 안 된다. 그러므로 주관적 범죄 혐의는 충분한 구체적 사실에 근거를 두어야 한다. 따라서 아직 구체적 혐의를 받지 않고 추상적 범죄혐의만을 받고 있는 용의자에 대해서는 정보 수집 등은 할 수 있지만 수사를 할 수 없다고 보아야 한다.

수사의 상당성은 수사가 필요하더라도 수사를 함으로써 인해 침해되는 피의자의 법익이 수사를 함으로써 달성하려는 공익보다 클 때는 수사를 해서는 안 된다는 것이다. 따라서 이는 수사비례의 원칙이라 할 수 있다.

문제는 친고죄의 경우에 고소가 없거나 반의사불벌죄의 경우에 피해자가 처벌의사를 철회하였는데도 불구하고 수사를 할 수 있는가의 여부이다. 이에 대하여 여러 학설의 대립이 있지만, 원칙적으로 수사를 허용하되 고소가능성이 전혀 없는 경우에는 수사를 허용하지 않는다는 것이 통설이며,[96] 판례도 같은 입장을 취하고 있다.[97]

3. 수사원칙

피의자의 인권보호를 위하여 수사기관은 수사를 할 때 반드시 지켜야 할 원칙이 있으며 임의수사의 원칙, 강제수사법정주의, 영장주의, 수사비례의 원칙, 수사비공개의 원칙, 자기부죄강요금지의 원칙 등이다.

임의수사는 강제수사와 대립되는 개념으로 수사를 할 때는 수사대상자의 동의와 승낙을 받고 하라는 것이다. 따라서 당사자의 동의와 승낙 없이 하는 강제수사는 원칙적으로 불법이다. 다만 예외적으로 형사소송법의 특별한 규정이 있는 경우에는 엄격한 요건 하에 강제수사가 허용된다.

수사비례의 원칙은 수사결과의 이익과 그로 인한 법익침해가 부당하게 균형을 잃어서는 안된다는 것을 말한다. 수사 비공개의 원칙은 사건관계자의 개인적인 비밀, 사생활, 명예 등을 위하여 수사의 개시와 실행을 공개하지 않는 것을 말한다.

자기부죄강요금지의 원칙은 피의자가 불리한 진술을 함으로써 피해가 발생 할 때는 진술을 거부할 수 있다는 영·미에서 유래한 원칙이다.

〈임의수사와 강제수사〉

구분	개념	종류
임의수사	강제력을 행사하지 않고 상대방의 동의나 승낙을 얻어 수사하는 방법을 의미한다.	출석요구, 피의자신문, 참고인조사, 감정·통역·번역의 위촉, 임의제출물의 압수, 실황조사, 사실조회, 촉탁수사
강제수사	상대방의 의사여하를 불문하고 강제적으로 수사하는 방법을 말한다.	체포영장에 의한 체포, 긴급체포, 현행범인의 체포, 피의자의 구속, 압수·수색·검증, 증거보전, 증인신문의 청구, 수사상의 감정유치, 기타 감정에 필요한 처분

96 신동운, 『신형사소송법』, 법문사, 2014, 172쪽.

97 대법원 2011. 3. 10. 선고 2008도7724 판결.

제2장 경찰의 인권 쟁점

제1절 신체의 안전과 적법절차

신체의 자유와 안전이라 함은, 법률과 적법절차에 의하지 않고는 신체의 안전성과 자율성을 제한 또는 침해당하지 않는 자유를 말한다. 신체의 자유는 인간이 자유롭게 생존하기 위한 최소한의 조건이다. 따라서 신체의 자유가 보장되지 않으면 인간의 존엄성 및 민주주의 그 자체의 유지가 힘들다.

프랑스 혁명 이래 신체의 안전은 가장 기본적인 인권의 출발점으로 인식되어 왔다. 즉 '프랑스인권선언'에서는 형벌불소급의 원칙(제8조)과 법률에 의한 구속의 제한(제9조)을 규정하였고, 세계인권선언은 제3조에서 신체의 자유와 안전에 대한 권리를 규정한 후, 노예금지(제4조), 고문 · 비인도적 처벌 금지(제5조) 등을 통해 신체의 자유를 구체화하였다.

'신체의 안전과 자유'가 수사와 구금에서의 목적이라면, '적법절차'는 그것의 수단을 규정한다. '적법절차'란 국가가 법적인 절차를 통해 시민을 보호하는 원칙을 말한다.

적법절차는 "누구도 로마제국의 법과 동료의 재판에 의하지 아니하고는 봉토(封土)를 빼앗기지 않는다"는 11세기 초 로마시대로 거슬러 올라가지만, 직접적으로는 영국의 대헌장(Magna Carta) 제39조에 기원한다.

근대 이후 적법절차는 죄형법정주의, 영장제도, 고문의 금지, 정당한 재판을 받을 권리 등을 내용으로 발전하게 된다. 헌법재판소는 적법절차를 고지, 당사자의 의견 및 자료제출의 기회부여, 청문 등의 절차를 거쳐야 한다고 하고 있다(헌법재판소 2003.7.24, 2001헌가25). 적법절차 원리가 형사법의 영역에만 국한되어 적용되지 않고 행정청의 불이익처분에도 적용된다는 것이 학계의 통설이며 헌법재판소의 입장이다(헌법재판소 1992.12.24, 92헌가8). 우리 헌법 제12조[98]는 적법절차의 중요성을 광범위하게 강조하고 있다.

제2절 고문 받지 않을 권리

수사, 체포와 구금 과정을 통해 반드시 강조되어야 할 인권이 있다면 '고문 받지 않을 권리'이다.[99] 이는 어떠한 이유로도 결코 허용되어서는 안되는 모든 국민의 인권이다.

국제인권법은 모든 인간이 '고문 및 기타 가혹하고 비인도적이며 모욕적인 형벌 또는 처우'를 받지 않을 권리가 있다고 엄격하게 규정하고 있다.[100] 우리 헌법 제12조 2항에서도 "모든 국민은 고문을 받지 아니한다"고 규정하고 있다.

한편 재판·검찰·경찰 기타 인신구속에 관한 직무를 행하는 자 또는 이를 보조하는 자가 그 직무를 행함에 있어 형사피의자 또는 기타 사람에 대하여 폭행 또는 가혹한 행위를 가한 때에는 형법상 '공무원의 직무에 관한 죄'를 구성하여 가중처벌 되며(형법 제125조, 특정범죄처벌 가중법 제4조의2), 이러한 고문금지정신을 담보하기 위하여 형사소송법은 "피고인의 자백이 고문, 폭행, 협박, 신체구속의 부당한 장기화 또는 기망(欺罔) 등 기타의 방법으로 임의로 진술한

98 대한민국 헌법 제12조 ① 모든 국민은 신체의 자유를 가진다. 누구든지 법률에 의하지 아니하고는 체포·구속·압수·수색 또는 심문을 받지 아니하며, 법률과 적법한 절차에 의하지 아니하고는 처벌·보안처분 또는 강제노역을 받지 아니한다.
② 모든 국민은 고문을 받지 아니하며, 형사상 자기에게 불리한 진술을 강요당하지 아니한다.
③ 체포·구속·압수 또는 수색을 할 때에는 적법한 절차에 따라 검사의 신청에 의하여 법관이 발부한 영장을 제시하여야 한다. 다만, 현행범인인 경우와 장기 3년 이상의 형에 해당하는 죄를 범하고 도피 또는 증거인멸의 염려가 있을 때에는 사후에 영장을 청구할 수 있다.
④ 누구든지 체포 또는 구속을 당한 때에는 즉시 변호인의 조력을 받을 권리를 가진다. 다만, 형사피고인이 스스로 변호인을 구할 수 없을 때에는 법률이 정하는 바에 의하여 국가가 변호인을 붙인다.
⑤ 누구든지 체포 또는 구속의 이유와 변호인의 조력을 받을 권리가 있음을 고지받지 아니하고는 체포 또는 구속을 당하지 아니한다. 체포 또는 구속을 당한 자의 가족등 법률이 정하는 자에게는 그 이유와 일시·장소가 지체없이 통지되어야 한다.
⑥ 누구든지 체포 또는 구속을 당한 때에는 적부의 심사를 법원에 청구할 권리를 가진다.
⑦ 피고인의 자백이 고문·폭행·협박·구속의 부당한 장기화 또는 기망 기타의 방법에 의하여 자의로 진술된 것이 아니라고 인정될 때 또는 정식재판에 있어서 피고인의 자백이 그에게 불리한 유일한 증거일 때에는 이를 유죄의 증거로 삼거나 이를 이유로 처벌할 수 없다.

99 고문이란 라틴어 'torquere'(몸을 비틀다)에서 유래한 것으로 자백을 강요하는 폭력을 말한다.

100 시민적·정치적 권리에 관한 국제규약(국제인권규약 B) 제7조.

것이 아니라고 의심할 만한 이유가 있는 때에는 이를 유죄의 증거로 하지 못한다"고 규정하여 강제 등 자백의 증거능력을 제한하고 있다.

고문은 신체적 고문만이 아니라 심리적, 정신적 고문을 포함하는 넓은 뜻으로 해석하는 것이 일반적이다. 따라서 심한 언어폭력으로 인한 건강의 악화 등도 고문에 해당한다고 할 수 있다.

16세기까지만 하더라도 전 세계적으로 고문이 유행하였다. 즉 자백이 있어야만 처벌할 수 있었기 때문에 국가는 '자백은 증거의 왕'(confessio regina probationum)이라고 일컬을 정도로 자백의 증거가치를 절대시하였다. 이러한 자백우위의 사상은 필연적으로 자백을 얻어내기 위한 가혹한 고문과 연결되어 극심한 인권침해를 초래했다.

그러나 프랑스 혁명 이후 자유주의적 인권사상의 요청에 의해 고문이 금지됨과 동시에 법정증거주의를 버리고, 증거의 증명력을 법관의 자유판단에 일임하는 자유심증주의를 채택했다.

19세기 초 대다수 유럽 국가들은 고문을 법적으로 폐지시켰으나, 20세기에 들어와서 전쟁으로 인한 고문이 크게 늘어났다. 특히 나치 강제수용소에서의 고문은 피고문자들의 생명까지 빼앗을 정도로 심하였다. 1948년의 세계인권선언에서 고문을 금지하였지만,[101] 아직 라틴아메리카·아프리카·중동 등을 비롯한 많은 지역에서 여전히 널리 행해지고 있으며 대표적으로는 칠레의 피노체트 군사독재정권(1973년~1990년) 당시 1만여 명의 고문피해자가 발생한 사례가 있다.

우리나라에서도 1980년대까지만 해도 고문이 흔히 행해지던 부끄러운 역사가 있었으며 인혁당사건, 박종철 고문치사사건, 부천서 성고문사건이 대표적인 고문피해사례이다. 이 중 박종철 고문치사사건은 민주화운동중 하나인 6월 항쟁(1987년)의 발단이 되었다. 최근에는 수사기관에 의한 고문사건은 거의 발생하지 않고 있지만, 야당을 향한 검찰의 먼지털이식 수사로 가혹한 시련을 겪고 있다는 기사가 나오고 있다.

베카리아의 범죄와 형벌(Die delitti e delle pene, 1764)

고문이 없는 세상에서 살고 싶다. 고문은 때때로 약하고 무고한 사람에게는 단죄의 확실한 수단이 되지만, 타산적인 악당에게는 무죄 석방의 수단이 된다.

101 세계인권선언 제5조는 "어느 누구도 고문이나, 잔혹하거나, 비인도적이거나, 모욕적인 취급 또는 형벌을 받지 아니한다"고 규정하고 있다.

제3절 무죄추정원칙

1. 무죄추정원칙의 개념

무죄추정의 원칙이란 형사피고인의 유죄판결이 확정될 때까지 무죄로 추정된다는 것을 말한다. 즉 불리한 처지에 놓여 인권과 명예를 유린당하기 쉬운 피의자·피고인의 지위를 옹호하여 형사절차에서 그들의 불이익을 최소한에 그치게 하여 인간의 존엄성을 존중하고자 하는 것이다. 이 원칙에 따라 피고인뿐만 아니라 수사기관에서 조사를 받고 있는 피의자도 유죄판결이 확정될 때까지는 누구든지 그를 범죄자로 단정해서는 안 될 것이다. 따라서 단순히 수사기관에 의해서 혐의를 받고 있음에 불과하다고 인식하고 대우해야 할 뿐만 아니라, 오히려 적극적으로 무죄라고 추정해 주어야 한다.

이 원칙은 헌법과 형사소송법에서 보장하고 있다. 또한 국제인권규약(B) 제14조 제2항에서도 "범죄의 혐의를 받는 모든 사람은 법률에 따라 유죄가 입증될 때까지 무죄로 추정 받을 권리를 가진다"고 규정함으로써 피고인의 기본적 권리로 명시하고 있다. 세계인권선언은 제11조 제1항에서 "형법상 범죄로 인하여 소추된 자는 누구를 막론하고 변호에 필요한 모든 보장이 확보되어 있는 공개재판에서 법에 의하여 유죄로 판명될 때까지는 무죄로 추정될 권리를 가진다"라고 규정하여 우리나라뿐만 아니라 각국의 헌법에 영향을 미쳤다.

인권이 확립되기 이전인 근대만 하더라도 이러한 원칙은 성립될 여지가 없었으나, 현대의 대부분 국가는 적법절차(due process of law)의 이념에 따라 '열 명의 죄인을 놓치는 한이 있더라도 한 사람의 죄 없는 사람을 처벌하지 말라'는 무죄추정의 원칙이 관철되어야 한다는 이념이 전 세계적으로 확립되었다.

무죄추정의 원칙은 단순한 '혐의만으로는 처벌할 수 없다'는 원칙을 말하는 것이다. 따라서 검사가 피고인의 유죄를 입증하지 못할 경우에는 'In dubio pro reo(의심스러울 때는 피고인에게 유리하게)'원칙에 따라 무죄판결을 하여야 한다.

무죄추정의 원칙(세계인권선언 제11조 제1항)

모든 형사피의자는 자신의 변호에 필요한 모든 것이 보장된 공개 재판에서 법률에 따라 유죄로 입증될 때까지 무죄로 추정받을 권리를 가진다.
(Everyone charged with a penal offence has the right to be presumed innocent until proved guilty according to law in a public trial at which he has had all the guarantees necessary for his defence, 세계인권선언 제11조 제1항, 1948년 UN총회에서 채택)

2. 실정법상의 근거

헌법 제27조 제4항[102]과 형사소송법 제275조의2[103]은 무죄추정의 원칙을 규정하고 있다. 따라서 유죄의 확정판결 시까지 무죄의 추정을 받으므로, 제1심 또는 제2심 판결에서 유죄판결이 선고되었다 하더라도 대법원의 확정판결이 있기 전까지는 무죄의 추정을 받는다. 헌법과 형사소송법은 피고인에 대하여만 무죄의 추정을 규정하고 있으나, 피의자에 대하여도 무죄의 추정을 인정해야 한다는 점이 판례와 통설이다. 왜냐하면 피고인이 무죄의 추정을 받으면 아직 공소제기 이전의 단계에 있는 피의자는 더욱 더 강한 무죄추정이 인정되어야 하기 때문이다.

유죄판결이란 형선고 판결뿐 아니라 형면제 판결과 선고 유예판결을 포함한다. 따라서 면소, 공소기각 또는 관할위반 판결이 확정되어도 무죄의 추정이 유지된다. 그리고 재판실무에서 무죄추정원칙은 재판규범으로도 활용되고 있다. 헌법재판소는 헌법 제27조 제4항의 규범내용을 기본권으로 이해하면서도 형사절차의 전 과정을 지배하는 원리로 이해하고 있다.[104]

3. 무죄판결의 이유와 현황

최근에도 무죄추정의 원칙이 적용되어 무죄를 선고받은 형사 피고인의 수가 적지 않다. 원인별로는 주로 수사미진, 법리 오해, 증거판단 잘못 등이 있으며, 무죄판결이 선고되는 이유는 제1심 재판부와 제2심 재판부의 법률적 판단이 다를 경우도 있지만, 검사가 유죄로 인정할 만한 증거가 불충분함에도 불구하고 무리하게 기소하는 경우, 참고인의 일관성 없는 진술을 근거로 기소하는 경우, 공소유지 담당검사가 제대로 공소유지를 하지 못했거나 공소유지 담당검사에게 수사검사가 조력하지 않는 경우, 사법경찰이 송치한 사건을 검토하지 않고 기소를 결정한 경우 등 검사의 기소 관행에 있다고도 볼 수 있다.

검찰이 무죄추정의 원칙보다는 피의자가 모두 유죄일 것이라는 유죄추정의 선입견에서 벗어나지 못하고 이러한 수사관행을 계속 유지하는 한 무죄율은 증가할 것이다. 수사단계에서도 일단 구속부터 하는 구속수사의 관행에서 벗어나 불구속수사의 원칙이 확립되어야 하며, 수사과정에 변호인의 참여권이 보장된다면 무리한 기소관행이 개선될 것이고 검찰은 인권침해의 시비에서 벗어나 국민의 신뢰를 얻을 것으로 판단된다.

102 대한민국 헌법 제27조 ④형사피고인은 유죄의 판결이 확정될 때까지는 무죄로 추정된다.

103 형사소송법 제275조의2(피고인의 무죄추정) 피고인은 유죄의 판결이 확정될 때까지는 무죄로 추정된다.

104 헌재 2003.11.27., 2002헌마193.

4. 헌법재판소와 대법원의 주요 판례

(1) 미결수용자의 재소자 의류[105]

헌법재판소는 미결수용자에게 재소자의류를 입게 하는 것은 무죄추정의 원칙에 반한다고 하고 있다. 즉, 구치소 등 수용시설 안에서는 재소자용 의류를 입더라도 일반인의 눈에 띄지 않고, 수사 또는 재판에서 변해(辯解)·방어권을 행사하는데 지장을 주는 것도 아닌 반면에, 미결수용자에게 사복을 입도록 하면 의복의 수선이나 세탁 및 계절에 따라 의복을 바꾸는 과정에서 증거인멸 또는 도주를 기도하거나 흉기, 담배, 약품 등 소지금지품이 반입될 염려 등이 있으므로 미결수용자에게 시설 안에서 재소자용 의류를 입게 하는 것은 구금 목적의 달성, 시설의 규율과 안전유지를 위한 필요최소한의 제한으로서 정당성·합리성을 갖춘 재량의 범위 내의 조치이다.

그러나 수사 및 재판단계에서 유죄가 확정되지 아니한 미결수용자에게 재소자용 의류를 입게 하는 것은 미결수용자로 하여금 모욕감이나 수치심을 느끼게 하고, 심리적인 위축으로 방어권을 제대로 행사할 수 없게 하여 실체적 진실의 발견을 저해할 우려가 있다. 도주 방지 등 어떠한 이유를 내세우더라도 그 제한은 정당화될 수 없어 헌법 제37조 제2항의 기본권 제한에서의 비례원칙에 위반되는 것으로서, 무죄추정의 원칙에 반하고 인간으로서의 존엄과 가치에서 유래하는 인격권과 행복추구권, 공정한 재판을 받을 권리를 침해하는 것이다.

1955년 유엔 범죄방지 및 범죄자처우회의에서 채택한 '피구금자처우에 관한 최저기준규칙' 제84조 제2항은 '유죄판결을 받지 아니한 피구금자는 무죄로 추정되고 무죄인 자로서 처우하는 피구금자에 대하여도 그가 정당하게 인정된 목적을 위하여 시설 밖으로 외출할 때에는 언제나 자신의 사복 또는 눈에 띄지 않는 의복을 입도록 허용되어야 한다'는 규정도 이러한 면을 고려한 것이다. 헌법재판소에 위 심판청구가 계류된 이후 법무부는 1999년 3월 4일 수사 또는 재판 시에 미결수용자가 사복을 입을 수 있게 새로운 지침을 만들었다.

(2) 피의자의 수갑 착용[106]

무죄추정을 받는 피의자라고 하더라도 그에게 구속의 사유가 있어 구속영장이 발부, 집행된 이상 신체의 자유가 제한되는 것은 당연한 것이고, 특히 수사기관에서 구속된 피의자의 도주,

105 헌재 1999.5.27., 97헌마137.

106 대법원 1996.5.14. 선고 96도561 판결.

항거 등을 억제하는 데 필요하다고 인정할 상당한 이유가 있는 경우에는 필요한 한도 내에서 포승이나 수갑을 사용할 수 있는 것이며, 이러한 조치가 무죄추정의 원칙에 위배된다고 할 수 없다고 하여 어느 정도 신체의 자유를 제한하고 있다.

5. 무죄추정의 원칙과 신상공개

최근 무죄추정의 원칙에 있어 이슈가 되고 있는 것은 흉악 범죄자의 신상 공개제도이다. 흉악 범죄자들의 신상공개의 근거는 「특정강력범죄 처벌에 관한 특례법」(제8조의 2)이다.[107] 즉 범행 수단이 잔인하고 중대한 피해가 발생한 특정강력범죄사건으로 국민의 알권리 보장, 피의자의 재범방지 및 범죄예방 등 오로지 공공의 이익을 위하여 필요할 때 등이다.

하지만 범죄자의 신상공개는 무죄추정의 원칙에 위배된다는 목소리가 나오고 있다. 아직 피의자 신분으로 경찰에서 조사 중인 사람임에도 불구하고 흉악 범죄자로 신상이 공개되며 향후 죄가 없는 것으로 판명되었을 때 인권침해의 소지가 있고, 심지어 이 원칙은 헌법에 보장된 국민의 기본권이다. 물론 이 문제에 대해서는 '피의자가 그 죄를 범하였다고 믿을 만한 충분한 증거가 있을 것'이라는 규정으로 어느정도 문제점에 대한 보완을 하고 있지만 여전히 문제가 도고 있다. 신상공개 제도가 인권을 보호하면서도 제도의 취지를 잘 살릴 수 있는 솔로몬의 지혜가 필요하다.

6. 성범죄와 무죄추정 원칙

2024. 1. 4. 대법원은 성범죄에 있어 무죄추정 원칙을 선언하였다. 이 판결은 천대엽 대법관(법원행정처장)이 성범죄 사건에서의 무죄추정의 원칙을 다시 강조하는 판결을 선고하여 세간(世間)의 관심을 받았다(대법원 2024. 1. 4. 선고 2023도13081 판결). 이 판결이 이슈가 되었던 이유

107 제8조의2(피의자의 얼굴 등 공개)
① 검사와 사법경찰관은 다음 각 호의 요건을 모두 갖춘 특정강력범죄사건의 피의자의 얼굴, 성명 및 나이 등 신상에 관한 정보를 공개할 수 있다.
1. 범행수단이 잔인하고 중대한 피해가 발생한 특정강력범죄사건일 것
2. 피의자가 그 죄를 범하였다고 믿을 만한 충분한 증거가 있을 것
3. 국민의 알권리 보장, 피의자의 재범방지 및 범죄예방 등 오로지 공공의 이익을 위하여 필요할 것
4. 피의자가 「청소년 보호법」 제2조제1호의 청소년에 해당하지 아니할 것

는 2018년 박정화 대법관의 판결(성인지 감수성 판례)[108]에 제동을 걸어, 6년 만에 법원의 성범죄 사건 판결 흐름을 바꾸었기 때문이다. 천 대법관이 한 자폐 남성의 성추행 사건을 "장애로 인한 강박·상동행동일 수 있다"며 무죄로 파기하였다. 사건의 개요는 다음과 같다. 자폐성 장애 등으로 사물을 변별할 능력이나 의사를 결정할 능력이 미약한 피고인이 전동차 내에서 19세 여성인 피해자의 옆자리에 앉아 피해자의 왼팔 맨살에 자신의 오른팔 맨살을 비비는 성추행을 한 내용이다

이 판결은 2018년 성인지감수성 판례(대법원 2018. 10. 25. 선고 2018도7709 판결), 즉 '개별적·구체적 사건에서 성폭행 등 피해자가 처해있는 특별한 사정을 충분히 고려하지 않은 채 피해자의 진술의 증명력을 배척해서는 아니된다'라는 기존의 판결을 뒤집었다는 평가를 받고 있다.

요지는 보통 성범죄의 경우 범죄의 특성상 물증이나 목격자가 존재하지 않는 경우가 많고 피해자의 진술이 유일하고 유력한 증거인 경우가 많다. 이러한 경우 법원은 피고인의 주장보다는 피해자의 진술의 증명력을 더 높이 평가하여 피해자가 일관되고 구체적으로 진술하는 경우 피고인이 스스로 무죄를 입증하지 못한다면 피고인에게 유죄를 선고하는 경우가 대부분이다. 하지만 최근 위 판례(대법원 2024. 1. 4. 선고 2023도13081 판결)를 통해 대법원은 무죄추정의 원칙에 따라 피고인이 스스로 무죄를 입증할 필요가 없다고 하였다.

즉 대법원은 "피고인이 일관되게 공소사실 자체를 부인하는 상황에서 공소사실을 인정할 직접적 증거가 없거나, 피고인이 공소사실의 객관적 행위를 한 사실은 인정하면서도 고의와 같은 주관적 구성요건만을 부인하는 경우 등과 같이 사실상 피해자의 진술만이 유죄의 증거가 되는 경우에는, 피해자 진술의 신빙성을 인정하더라도 피고인의 주장은 물론 피고인이 제출한 증거, 피해자의 진술 내용의 합리성·타당성, 객관적 정황과 다른 경험칙 등에 비추어 피해자의 진술만으로 피고인의 주장을 배척하기에 충분할 정도에 이르지 않아 법관으로 하여금 합리적인 의심을할 여지가 없을 정도로 공소사실이 진실한 것이라는확신을 가질 수 없게 되었다면, 피고인의 이익으로 판단하여야 한다"고 피고인의 무죄추정을 원칙을 확립하였다.

108 박정화 당시 대법관은 2018년 10월 "성범죄 사건을 심리할 때 양성평등을 실현할 수 있도록 '성인지감수성'을 잃지 말아야 한다. 피해자 진술의 신빙성을 특별한 이유 없이 함부로 배척해선 안 된다"고 판결했다('성인지감수성' 판결). 하지만 천대엽 대법관은 이번 사건에서 "이는 성범죄 피해자 진술의 증명력을 제한없이 인정해야 한다거나 그에 따라 공소사실을 무조건 유죄로 판단해야 한다는 의미는 아니다"('천대엽 판결')며 해석을 제한했다. 천대엽 대법관 판결이 파장이 큰 건은 성범죄 사건 대부분이 CCTV 영상 같은 객관적인 직접 증거는 부족하고 피해자 진술과 정황 증거만 있기 때문이다.

제3장 경찰의 인권침해 유형

제1절 불심검문과 인권

1. 불심검문의 의의

불심검문은 경찰관직무집행법에 의해 이루어지는 것으로 경찰관은 죄를 범하였다고 의심되는 자, 죄를 범하려 하고 있다고 명백히 판단되는 자, 행해지려고 하는 범죄에 관하여 그 사실을 안다고 인정되는 자에 대하여 질문을 위하여 상대방을 정지시킬 수 있으며, 자동차에 대한 검문을 행하는 경우도 있다.

불심검문 그 자체는 수사가 아니고 어디까지나 행정경찰작용으로서 강제적으로 할 수는 없고, 상대방은 정지의무는 있으나 자기의 의사에 반하는 답변을 강요당하지 않는다. 따라서 휴기 소지 여부의 조사, 경찰서 등의 동행요구를 할 수는 있으나, 이는 법률에 규정된 범위에 한정된다. 문제는 불심검문이 경찰관직무집행법에서 규정하고 있는 절차와 요건 등을 충족하지 못하거나 남용되는 현실에 있다.

2. 불심검문과 인권

불심검문은 공권력과 인권의 접점에 있어 지금까지 경찰과 국민들 사이에 많은 충돌이 있어왔다. 즉 경찰의 입장에서는 수사의 편의와 효율성을 위하여 국민의 기본권 및 인권을 무시하거나 침해하였고, 국민의 입장에서는 상대적으로 기본권 및 인권을 지키기 위하여 공권력에 맞서 왔던 것이다.

불심검문과 관련한 인권침해는 무차별한 검문, 강제동행, 보호실 유치 후 영장청구, 강제 소지품 검사 등이다. 이러한 이유는 경찰관직무집행법 제2조가 경찰의 임무만 규정하고 있을 뿐 경찰기능에 따른 보안경찰(행정경찰)과 사법경찰의 구별을 명백히 하고 있지 않아 그 법적 성격이 불분명하기 때문이다.

한때 국회는 경찰청의 '공권력 확립 종합대책' 일환으로 불심검문을 경찰의 직무상의 당연한 행위임을 강조하기 위해서 '직무질문'으로 바꾸고, 이에 불응하면 20만원 이하의 벌금이나 구류, 또는 과태료 형으로 처벌토록 하였다. 이는 불심검문 불이행시 강제연행도 가능하도록 하겠다는 취지였다. 이에 대해 "불심검문 불응자를 처벌토록 한 개정안은 경찰행정편의주의이자 신체자유를 제한하는 명백한 인권침해"라는 인권단체의 항의로 무산되었다.

경찰의 불심검문 현실

때때로 경찰은 소속과 신분을 밝히지도 않고 신분증 제시를 요구한다. 이를 거부하면 경찰은 "조사할 것이 있으니 경찰서로 갑시다"하고 반복적으로 강요한다. 이에 불응권이 있다고 하고, 상급청에 보고하겠다고 하면 불심검문을 중지하는 것이 현실이다.

3. 관련법규와 판례

경찰관은 수상한 거동 기타 주위의 사정을 합리적으로 판단하여 어떠한 죄를 범하였거나 범하려 하고 있다고 의심할 만한 상당한 이유가 있는 자 또는 이미 행하여진 범죄나 행하여지려고 하는 범죄행위에 관하여 그 사실을 안다고 인정되는 자를 정지시켜 질문할 수 있다.[109]

그리고 불심검문 시 경찰관은 정복을 입고 있더라도 먼저 신분증 제시와 동시에 자신의 소속과 이름도 밝혀야 하며, 질문하거나 동행을 요구할 경우 그 목적과 이유를 설명하고 동행의 경우 동행 장소를 밝혀야 한다.[110] 따라서 만약 자신의 신분을 밝히지 않고 불심검문을 하면 위법한

109 경찰관직무집행법 제3조(불심검문) ① 경찰관은 다음 각 호의 어느 하나에 해당하는 사람을 정지시켜 질문할 수 있다.
1. 수상한 행동이나 그 밖의 주위 사정을 합리적으로 판단하여 볼 때 어떠한 죄를 범하였거나 범하려 하고 있다고 의심할 만한 상당한 이유가 있는 사람
2. 이미 행하여진 범죄나 행하여지려고 하는 범죄행위에 관한 사실을 안다고 인정되는 사람

110 경찰관직무집행법 제3조 ④ 경찰관은 제1항이나 제2항에 따라 질문을 하거나 동행을 요구할 경우 자신의 신분을 표시하는 증표를 제시하면서 소속과 성명을 밝히고 질문이나 동행의 목적과 이유를 설명하여야 하며, 동행을 요구하는 경우에는 동행 장소를 밝혀야 한다.

공무수행이 되고, 이 경우 불심검문 대상자가 불심검문을 하는 공무원에게 대항하여 폭행을 가하였다고 하더라도 이는 공무집행방해죄가 성립되지 않는다.[111]

또한 질문을 할 때에 흉기의 소지여부를 조사할 수 있다고만 규정[112]하고 있기 때문에 불심검문 대상자의 동의 없이 강제적으로 가방이나 핸드백을 열거나 소지품을 뒤지는 행위도 불법이다.[113] 소지품 검사는 흉기 소지 여부를 확인하는 절차이지 증거 수집을 위한 것이 아니기 때문이다.

미국의 연방대법원은 "경찰관이 강도의 의심이 있는 3인을 검문하면서 의복의 외부를 가볍게 만진 결과 권총을 발견하고 경찰서에 연행하여 '무기휴대죄'로 기소한 사건에서, '헌법 수정 제4조에 의한 합리적인 수색이므로 압수된 무기를 증거로 할 수 있다"고 하였다.[114] 이 판결의 결과 『Stop and Frisk』원칙이 확립되었다.

한편 마약상습자와 식당에서 대화하고 있는 Sibron을 경찰관이 길에 불러내어 주머니(pocket)에 손을 넣고 조사하여 히로인을 발견한 사건에 관하여, 연방대법원은 "주머니(pocket)에 손을 넣어서 수색하는 것은 상당한 방법이 아니므로 헌법 수정 제4조에 반한다고 판시하였다."[115]

일본 최고재판소도 "주머니 안의 물건을 꺼낸 행위에 대해 프라이버시 침해의 정도가 높은 행위이고 또한 그 태양에 있어서 수색과 비슷한 것이므로 상당한 행위라고 인정하기 어려워 직무질문에 수반하는 소지품 검사의 허용한도를 일탈한 것으로 판시하고 있다. 한편 일본은 소지품 검사의 요건을 ① 수색에 이르지 않는 정도의 행위일 것, ② 강제에 이르지 않을 것, ③ 소지품검사의 필요성·긴급성이 있을 것, ④ 침해되는 개인의 법익과 보호되는 공공의 이익에 균형이 있을 것, ⑤ 위 4가지 요건을 고려하여 구체적 상황 하에서 상당하다고 인정되는 한도일 것 등 5가지를 규정하고 있다.

5. 불심검문과 임의동행

경찰관은 불심검문 시 당해인에게 불리하거나 교통의 방해가 된다고 인정되는 때에는 경찰

111 대법원 1994. 9. 27., 94도886.

112 경찰관직무집행법 제3조 ③ 경찰관은 제1항 각 호의 어느 하나에 해당하는 사람에게 질문을 할 때에 그 사람이 흉기를 가지고 있는지를 조사할 수 있다.

113 일본은 체포된 자에 대하여만 휴기 소지 여부를 위해 검사가 가능하다.

114 Terry v. Ohio, 392 U.S. 1, 1968.

115 Sibron v. N.Y. 392 U.S. 40, 1968.

서 등에 동행할 것을 요구할 수 있다. 그러나 이 경우 당해인은 경찰관의 동행요구를 거절할 수 있는 '동행요구 거절권'이 있으며,[116] 동행요구를 거절하고 경찰관의 강제연행에 저항하더라도 공무집행 방해죄가 구성되지 않으며, 동행 이후에도 언제든지 나갈 수 있다.[117] 이러한 절차에 따르지 아니한 경찰관의 임의동행 행위는 형법상 불법체포 · 감금죄에 해당된다.

그리고 불심검문 대상자가 임의동행을 한 경우 경찰관은 당해인의 가족 또는 친지 등에게 동행한 경찰관의 신분, 동행 장소, 동행 목적과 이유를 고지하거나 본인으로 하여금 즉시 연락할 수 있는 기회를 부여하여야 하며, 변호인의 조력을 받을 권리가 있음을 고지하여야 한다.[118] 또한 경찰관은 당해인을 6시간을 초과하여 경찰관서에 머물게 할 수 없다.[119] 따라서 임의동행을 한 경우에는 동행 후 6시간 전이라도 필요한 조사가 끝나면 즉시 귀가시켜야 하고, 조사 등이 끝나지 않았더라도 상대방이 퇴거의사를 밝힌 경우에는 언제든지 즉시 퇴거시켜야 한다.

임의동행에 있어서의 임의성의 판단은 동행의 시간과 장소, 동행의 방법과 동행거부의사의 유무, 동행 이후의 조사 방법과 퇴거의사의 유무 등 여러 사정을 종합하여 객관적인 상황을 기준으로 하여야 한다.[120]

한편 경찰관직무집행법상의 임의동행은 거동불심자에 대한 임의동행이므로, 형사소송법 상 수사에 필요한 조사[121]나 피의자의 출석요구[122]에 의한 임의동행과는 구별된다. 그러나 수사상의 임의동행의 요건 및 절차 규정이 별도로 존재하지 않기 때문에 실제로는 경찰관직무집행법상의 임의동행의 요건이 적용된다.

---

116 경찰관직무집행법 제3조 ② 경찰관은 제1항에 따라 같은 항 각 호의 사람을 정지시킨 장소에서 질문을 하는 것이 그 사람에게 불리하거나 교통에 방해가 된다고 인정될 때에는 질문을 하기 위하여 가까운 경찰서·지구대·파출소 또는 출장소(지방해양경비안전관서를 포함하며, 이하 "경찰관서"라 한다)로 동행할 것을 요구할 수 있다. 이 경우 동행을 요구받은 사람은 그 요구를 거절할 수 있다.

117 대법원 1999.12.28., 98도138.

118 경찰관직무집행법 제3조 ⑤ 경찰관은 제2항에 따라 동행한 사람의 가족이나 친지 등에게 동행한 경찰관의 신분, 동행 장소, 동행 목적과 이유를 알리거나 본인으로 하여금 즉시 연락할 수 있는 기회를 주어야 하며, 변호인의 도움을 받을 권리가 있음을 알려야 한다.

119 경찰관직무집행법 제3조 ⑥ 경찰관은 제2항에 따라 동행한 사람을 6시간을 초과하여 경찰관서에 머물게 할 수 없다.

120 대법원 1993.11.23., 93다35155.

121 형사소송법 제199조(수사와 필요한 조사) ① 수사에 관하여는 그 목적을 달성하기 위하여 필요한 조사를 할 수 있다. 다만, 강제처분은 이 법률에 특별한 규정이 있는 경우에 한하며, 필요한 최소한도의 범위 안에서만 하여야 한다.

122 형사소송법 제200조(피의자의 출석요구) 검사 또는 사법경찰관은 수사에 필요한 때에는 피의자의 출석을 요구하여 진술을 들을 수 있다.

6. 국가인권위원회의 결정

국가인권위원회는 불심검문 시 경찰관이 자신의 소속과 성명을 밝히지 않고 한 행위는 불법이라 하면서 제출한 진정서에 대하여, 불심검문이 신체의 자유를 제한하는 행정경찰행위이므로 경찰관은 당해인을 질문하거나 가까운 경찰관서로 동행 요구할 경우에는, 자신의 신분을 표시하는 증표를 제시하면서 소속과 성명을 밝히고 그 목적과 이유를 설명하는 등 반드시 법률과 적법한 절차에 의해서만 이루어져야 하며, 비록 경찰제복을 입었더라도 소속과 이름을 밝히지 않고 불심검문을 한 것은 적법절차를 위반한 행위에 해당한다고 하였다(2004.6.9., 자02진인556, 03진인5251,6567병합 결정).

<경찰관직무집행법에 의한 불심검문의 법적 규정과 문제>

	법적 규정	문제
주체	경찰관	의경 또는 전경이 수행하는 불심검문
대상	법령에 의한 제한	일제 검문검색
방식	질문	학생증 또는 주민등록증 제시 요구
답변(제3조7항)	답변을 강요당하지 않음	검문 대상자에게 답변 강요
소지품 조사 (제3조 제3항)	휴기 소지 여부만 조사 가능한 한 짧은 시간 안에	휴기 소지 외의 것에 대해 강제로 조사 소지품검사 강요를 위해 신분증을 돌려주지 않고 붙잡아 두면 사실상 불법구금
정지요구에 불응하는 경우	정지를 위해 길을 막거나 추적하거나 몸에 손을 대는 정도	멱살을 잡거나 폭력 행사하는 경우
동행 요구 (제3조 제2항, 제4항, 제5항, 제6항)	- 부근의 경찰서·지서·파출소 또는 출장소에 동행 요구 - 그 장소에서 질문하는 것이 당해인에게 불리하거나 교통 방해가 인정되는 때에 한하여 - 대상자는 동행 요구 거절 가능 6시간을 초과하여 당해인을 경찰관서에 머무르게 할 수 없음	- 소속과 성명 등 신분을 밝히지 않거나 동행 요구의 목적과 이유 등에 대한 불고지 - 대상자가 가족에게 즉시 연락할 수 있는 기회를 부여하지 않음 - 변호인의 조력을 받을 기회를 고지 하지 않음

국가인권위원회, 인권길라잡이(경찰편), 2002.

제2절 함정수사와 인권

1. 의의

통상적인 수사 방법으로는 범인을 체포하기 어려운 범죄를 수사할 경우에, 수사 기관이나 그 하수인이 신분을 속이고 범죄를 유도한 후에 그 실행을 기다려 범인을 체포하는 수사 방법을 말한다. 독일에서는 적법절차의 원칙(우리 헌법 제12조 제1항[123])에 반한다고 하고, 영미에서는 '올가미의 항변(defence of entrapment)'에 의해 무죄를 주장할 수 있다는 이론이 주장되고 있다.

예컨대, 경찰관 갑은 을과 내통하여 향정신성의약품관리품 위반으로 만기 출소한 병과 히로뽕거래를 하도록 하였다. 을은 병을 만나 히로뽕판매를 권유하였고, 병은 처음에는 거절하였지만, 을이 계속 강요하자 할 수 없이 판매하였다. 이 때 경찰관 갑이 병을 향정신성의약품관리품 위반으로 체포한 경우에 이는 함정수사로서 위법하다.

2. 함정수사의 유형

(1) 기회제공형 함정수사

이미 범의를 가지고 있는 자에 대하여 범죄에 나갈 기회를 제공한 경우를 말하는 것으로 수사의 상당성이 인정되어 적법하다는 것이 판례이다. 경찰관이 만취한 상태로 인도에 누워 자고 있는 행인을 보고도 보호조치를 취하지 않고 근처에 숨어 있다가 이 행인을 부축하는 척 하면서 지갑을 훔친 이른바 '부축빼기' 범인을 검거한 경우 등을 말한다.

(2) 범의유발형 함정수사

범의가 없는 자에게 범죄를 유발한 경우를 말하는 것으로 이러한 함정수사에 기한 공소제기는 그 절차가 법률의 규정에 위반하여 무효인 때에 해당하여 위법하다는 것이 판례이다. 미국 연방대법원도 범의유발형 함정수사는 위법하기 때문에 무죄의 항변을 인정할 수 있다고, 1932년 Sorrels v. U.S 판결 이후 확고한 입장을 취하고 있다.

123 대한민국 헌법 제12조 제1항 모든 국민은 신체의 자유를 가진다. 누구든지 법률에 의하지 아니하고는 체포·구속·압수·수색 또는 심문을 받지 아니하며 법률과 적법한 절차에 의하지 아니하고는 처벌·보안처분 또는 강제노역을 받지 아니한다.

함정수사 관련판례

함정수사라 함은 본래 범의를 가지지 아니한 자에 대하여 수사기관이 사술이나 계략 등을 써서 범죄를 유발케 하여 범죄인을 검거하는 수사방법을 말하는 것이므로, 범의를 가진 자에 대하여 범행의 기회를 주거나 범행을 용이하게 한 것에 불과한 경우에는 함정수사라고 할 수 없다.

(대법원 2004.5.14. 선고 2004도1066 판결)

피고인이 범행 장소인 사당동 까치공원 옆 인도에 옆으로 누워 잠들어 있는 피해자를 발견하고 주변을 살피다가 경찰관들이 잠복근무 중이던 차량 옆까지 다가와 동정을 살핀 후, 피해자를 공원 옆 화단이 있는 으슥한 곳까지 약 10m 정도를 끌고 가, 위 차량 바로 앞(약 1m 정도 떨어진 곳)에서 멈추어 화단 옆에 있는 돌 위에 앉혀 놓고 피해자의 오른쪽 바지주머니에 손을 넣어 지갑을 꺼냈고, 그 직후 경찰관들이 곧바로 잠복 중이던 위 차량 안에서 뛰어나가 피고인을 체포한 경우에는 위법한 함정수사가 아니다.

(대법원 2007.5.31. 선고 2007도1903 판결)

3. 함정수사의 효과

(1) 절차법적 효과

함정수사의 경우에 법적으로 어떻게 해결되어야 할지가 문제된다. 우선 경찰이 함정수사로 피의자를 체포한 경우에 검사는 공소제기를 하지 않아야 하며, 만약 검사가 공소제기를 하면 법원은 공소기각판결을 하여야 한다는 주장이 있을 수 있다. 또한 법원이 만약 공소기각을 하지 않고 실체심리를 하더라도 함정수사로 수집한 증거는 증거능력을 배제하여야 한다는 주장이 있을 수 있다.

(2) 실체법적 효과

함정수사는 수사기관이 범죄를 유발하여 신뢰의 원칙을 위반하였을 뿐만 아니라 수사기관의 유혹을 물리치기가 어렵기 때문에 무죄를 선고하여야 한다는 주장과 함정수사에 걸렸다고 하더라도 범죄자의 자유의사로 범죄를 실행한 이상 처벌받아야 한다는 주장이 있을 수 있다.

(3) 사견

형사절차는 실체적 진실발견과 적정절차의 보장을 그 이념으로 한다. 특히 수사절차는 범죄자의 유무죄를 결정할 수 있는 중요한 절차이다. 따라서 형사사법의 신뢰를 어기면서까지 수사의 편의와 효율성을 위하여 개인의 인권을 침해하여서는 안 되며, 그 대상이 범죄와 연관된 사람이라 하더라도 달라지지 않는다.

우리 판례도 범의유발형 함정수사는 위법한 수사이므로, 이에 의한 체포는 위법하다고 한다. 위법한 함정수사에 의하여 수집된 증거는 위법한 절차에 의하여 수집된 증거이므로 위법수집증거의 배제법칙에 의하여 증거능력을 부정하여야 하고, 또한 수사기관은 수사를 중지하고 검사는 공소를 제기하지 말아야 한다고 본다. 형사절차는 형벌권을 실현하는 절차로서 사건에 대한 진실을 발견하고 법의 적정한 절차를 보장함을 이념으로 한다.

4. 함정수사의 판단기준

본래 범의를 가지지 아니한 자에 대하여 수사기관이 사술이나 계략 등을 써서 범의를 유발케 하여 범죄인을 검거하는 함정수사는 위법하다 할 것인 바,[124] 구체적인 사건에 있어서 위법한 함정수사에 해당하는지 여부는 해당 범죄의 종류와 성질, 유인자의 지위와 역할, 유인의 경위와 방법, 유인에 따른 피유인자의 반응, 피유인자의 처벌 전력 및 유인행위 자체의 위법성 등을 종합하여 판단하여야 한다.

따라서 유인자가 범행방법을 구체적으로 제시하고 범행에 사용될 금전까지 제공하는 등으로 과도하게 개입하면 함정수사이고, 단순히 유인자가 피유인자를 유인하였다는 것만으로는 함정수사라 볼 수 없다.

제3절 체포·구속과 인권

1. 체포의 의의

체포라 함은 죄를 범하였다고 의심할 만한 상당한 이유가 있는 피의자를 일정한 장소에 인치하는 강제처분을 말한다. 이는 수사초기의 피의자의 신병을 확보하기 위한 구속의 전(前)단계 처분이다.

체포는 헌법에서 강제처분 시 영장주의를 기본원칙으로 규정하고 있음에도 불구하고 수사

124 대법원 2005.10.28., 2005도1247.

상 편의와 영장청구의 번거로움을 회피하기 위한 수단으로 임의동행과 같은 불법적인 수사 관행이 고착화되자 이를 근절하기 위해 1995년 12월 체포영장제도를 도입하고 예외적으로 긴급체포를 허용하는 내용의 형사소송법을 개정하였다.

2. 체포의 요건

체포는 피의자가 죄를 범하였다고 의심되는 '객관적 혐의'가 있어야 한다. 이러한 '객관적 혐의'는 유죄판결에 대한 고도의 개연성을 말하며(범죄 혐의의 상당성), 피의자가 수사기관의 소환에 응하지 아니하거나 응하지 아니할 우려(체포사유)가 있어야 한다. 따라서 명백히 체포의 필요성이 인정되지 아니하는 경우에는 체포하여서는 안 된다. 그리고 체포 시에는 반드시 체포의 이유와 피의사실의 요지, 변호인을 선임할 권리 등을 고지하여야 한다.[125]

3. 체포의 종류

체포는 체포영장에 의한 체포, 현행범 체포, 긴급체포가 있다. 이 중 체포영장에 의한 체포가 원칙이다.

(1) 체포영장에 의한 체포

피의자가 죄를 범하였다고 의심할 만한 상당한 이유가 있고, 정당한 이유없이 출석요구에 응하지 아니하거나 응하지 아니할 우려가 있는 때에는 검사는 관할 지방법원판사에게 청구하여 체포영장을 발부받아 피의자를 체포할 수 있고, 사법경찰관은 검사에게 신청하여 검사의 청구로 관할지방법원판사의 체포영장을 발부받아 피의자를 체포할 수 있다. 다만, 다액 50만원이하의 벌금, 구류 또는 과료에 해당하는 사건에 관하여는 피의자가 일정한 주거가 없는 경우 또는 정당한 이유 없이 제200조의 규정에 의한 출석요구에 응하지 아니한 경우에 한한다.

체포한 피의자를 구속하고자 할 때에는 체포한 때부터 48시간 이내에 제201조의 규정에 의하여 구속영장을 청구하여야 하고, 그 기간 내에 구속영장을 청구하지 아니하는 때에는 피의자를 즉시 석방하여야 한다.[126]

---

125 형사소송법 제200조의5(체포와 피의사실 등의 고지) 검사 또는 사법경찰관은 피의자를 체포하는 경우에는 피의사실의 요지, 체포의 이유와 변호인을 선임할 수 있음을 말하고 변명할 기회를 주어야 한다.

126 형사소송법 제200조의2(영장에 의한 체포) ⑤ 체포한 피의자를 구속하고자 할 때에는 체포한 때부터 48시간이내에 제201조의 규정에 의하여 구속영장을 청구하여야 하고, 그 기간내에 구속영장을 청구하지 아니하는 때에는 피의자를 즉시 석방하여야 한다.

(2) 현행범 체포

현행범과 준현행범은 누구든지 영장 없이 체포할 수 있다.[127] [128] 그러나 검사 또는 사법경찰관리 아닌 자가 현행범인을 체포한 때에는 즉시 검사 또는 사법경찰관리에게 인도하여야 한다.[129]

현행범과 판례

순찰 중이던 경찰관이 교통사고를 낸 차량이 도주하였다는 무전연락을 받고 주변을 수색하다가 범퍼 등의 파손상태로 보아 사고차량으로 인정되는 차량에서 내리는 사람을 발견한 경우, 형사소송법 제211조 제2항 제2호 소정의 '장물이나 범죄에 사용되었다고 인정함에 충분한 흉기 기타의 물건을 소지하고 있는 때'에 해당하므로 준현행범으로서 영장 없이 체포할 수 있다

(대법원 2000.7.4. 선고 99도4341 판결)

교사가 교장실에 들어가 불과 약 5분 동안 식칼을 휘두르며 교장을 협박하는 등의 소란을 피운 후 40여분 정도가 지나 경찰관들이 출동하여 교장실이 아닌 서무실에서 그를 연행하려 하자 그가 구속영장의 제시를 요구하면서 동행을 거부하였다면, 체포 당시 서무실에 앉아 있던 위 교사가 방금 범죄를 실행한 범인이라는 죄증이 경찰관들에게 명백히 인식될 만한 상황이었다고 단정할 수 없는데도 이와 달리 그를 "범죄의 실행의 즉후인 자"로서 현행범인이라고 단정한 원심판결에는 현행범인에 관한 법리오해의 위법이 있다.

(대법원 1991.9.24. 선고 91도1314 판결)

(3) 긴급 체포

수사기관은 피의자가 장기 3년 이상의 징역, 금고형 이상에 해당하는 죄를 범하였다고 의심

---

127 형사소송법 제211조(현행범인과 준현행범인) ① 범죄의 실행 중이거나 실행의 즉후인 자를 현행범인이라 한다.
② 다음 각 호의 1에 해당하는 자는 현행범인으로 간주한다.
1. 범인으로 호창되어 추적되고 있는 때
2. 장물이나 범죄에 사용되었다고 인정함에 충분한 흉기 기타의 물건을 소지하고 있는 때
3. 신체 또는 의복류에 현저한 증적이 있는 때
4. 누구임을 물음에 대하여 도망하려 하는 때

128 형사소송법 제212조(현행범인의 체포) 현행범인은 누구든지 영장 없이 체포할 수 있다.

129 형사소송법 제213조(체포된 현행범인의 인도) ① 검사 또는 사법경찰관리 아닌 자가 현행범인을 체포한 때에는 즉시 검사 또는 사법경찰관리에게 인도하여야 한다.
② 사법경찰관리가 현행범인의 인도를 받은 때에는 체포자의 성명, 주거, 체포의 사유를 물어야 하고 필요한 때에는 체포자에 대하여 경찰관서에 동행함을 요구할 수 있다.

할 만한 상당한 사유가 있고 피의자가 도망하거나 도망할 우려가 있는 때, 증거인멸의 염려가 있는 때에 체포 영장을 발부받을 수 없는 긴급한 경우에 영장 없이 피의자를 체포할 수 있다. 다만, 경찰의 경우 긴급체포를 할 경우에는 즉시 검사의 승인을 얻어야 한다. 수사기관은 긴급체포 후 즉시 구속영장을 청구하여야 하고, 구속영장을 청구하지 아니하거나 청구가 받아들여지지 아니할 경우 즉시 석방하여야 한다. 또한 이렇게 석방된 자는 영장 없이는 동일한 범죄사실로 체포할 수 없다.[130]

긴급체포의 요건

대법원의 견해

긴급체포의 요건을 갖추었는지 여부는 사후에 밝혀진 사정을 기초로 판단하는 것이 아니라 체포 당시의 상황을 기초로 판단하여야 하고, 이에 관한 검사나 사법경찰관 등 수사주체의 판단에는 상당한 재량의 여지가 있다고 할 것이나, 긴급체포 당시의 상황으로 보아서도 그 요건의 충족 여부에 관한 검사나 사법경찰관의 판단이 경험칙에 비추어 현저히 합리성을 잃은 경우에는 그 체포는 위법한 체포라 할 것이다.

(대법원 2003.3.27. 선고 2002모81 판결)

법적 요건

- 범죄의 중대성: 피의자가 장기3년 이상의 징역, 금고형 이상에 해당하는 죄를 범하였다고 의심할 만한 상당한 사유가 있는 경우(따라서 폭행죄, 간통죄, 모욕죄 등은 긴급체포 불가능)
- 체포의 필요성: 피의자가 도망하거나 도망할 우려가 있는 때
- 긴급성 : 긴급하여 체포 영장을 발부받을 수 없는 때

4. 긴급체포의 남용 문제

(1) 긴급체포의 남용 이유

인신구속으로 인한 인권침해를 최소화하기 위해서는 체포영장을 원칙으로 하고 긴급체포는

130 형사소송법 제200조의4(긴급체포와 영장청구기간) ① 검사 또는 사법경찰관이 제200조의 3의 규정에 의하여 피의자를 체포한 경우 피의자를 구속하고자 할 때에는 지체 없이 검사는 관할지방법원판사에게 구속영장을 청구하여야 하고, 사법경찰관은 검사에게 신청하여 검사의 청구로 관할지방법원 판사에게 구속영장을 청구하여야 한다. 이 경우 구속영장은 피의자를 체포한 때부터 48시간 이내에 청구하여야 하며, 제200조의3 제3항에 따른 긴급체포서를 첨부하여야 한다.
② 제1항의 규정에 의하여 구속영장을 청구하지 아니하거나 발부받지 못한 때에는 피의자를 즉시 석방하여야 한다.
③ 제2항의 규정에 의하여 석방된 자는 영장 없이는 동일한 범죄사실에 관하여 체포하지 못한다.

극히 예외적으로 운영되어야 한다. 그러나 증거가 충분하고 체포영장을 발부받을 시간적 여유가 있음에도 주거지·직장 등에서 긴급체포를 하고, 수사기관에 임의출석한 피의자를 긴급체포하여 유치하는 것이 관행으로 되어 왔다.

임의출석에 의한 피의자신문은 임의수사이다. 그렇기 때문에 피의자는 신문 도중이나 신문이 종료한 후에는 자유롭게 퇴거할 수 있어야만 한다. 하지만 수사실무를 행하는 일선의 기관입장에서 볼 때에는 스스로 출두한 피의자를 그대로 놓아주기가 아깝고, 특히 피의자의 진술 또는 이미 확보한 증거로 유죄의 심증을 굳힌 경우, 그리고 구속영장을 청구하게 되면 피의자가 도주할 우려가 있다고 판단되는 경우에는 일단 긴급체포를 하여 신병을 확보하는 것을 최우선으로 하게 된다. 이와 같은 수사기관의 조치는 피의자신문에 있어서 48시간 이상의 시간을 벌 수 있게 되고, 압수 및 수색에 있어서도 영장주의의 예외[131]를 인정받을 수 있게 되므로 수사 실무상 상당히 유리한 위치에 있게 된다.

긴급체포는 남용의 문제뿐만 아니라 긴급체포 후 구속영장을 청구하지 않고 석방하는 경우에 대한 통제방안이 없다는 문제점을 안고 있다. 수사기관은 피의자를 긴급체포한 후 48시간 이후까지 계속 구금하려면 구속영장을 청구하여야 하는데, 48시간 내에는 법원의 통제 없이 수사기관 마음대로 피의자를 구금하였다가 석방할 수 있다(형사소송법 제200조의4). 이러한 문제점이 지적되자 2007년 형사소송법을 개정하면서 긴급체포 후 지체 없이 구속영장을 청구하도록 하고 있다. 또한 구속영장을 청구하지 않고 피의자를 석방한 때에는 석방한 날로부터 30일 이내에 검사는 법원에 석방된 자의 인적사항, 긴급체포 이유, 석방의 사유, 긴급체포 및 석방한 검사·사법경찰관의 성명을 통지하도록 하고 있다.

(2) 국가인권위원회의 인권실태조사 결과

국가인권위원회의 인권실태조사 결과에 의하면, 조사대상 중 자신의 체포경위를 밝힌 515명의 피의자 중 56.2%인 289명이 자신이 '긴급체포' 됐다고 응답했다. 응답한 피의자 중 임의동행 후 긴급 체포는 132명(25.6%), 현행범 체포는 61명(11.8%)으로 나타났고 영장에 의한 체포는 33명(6.4%)에 불과해 현행법상 원칙적으로는 영장에 의해야 할 피의자 체포보다 긴급체포가 자주 활용되고 있는 것으로 조사됐다. 임의동행 후 긴급 체포된 피의자 132명 중 32.6%인

131 형사소송법 제217조(영장에 의하지 아니하는 강제처분) ① 검사 또는 사법경찰관은 제200조의 3에 따라 체포된 자가 소유·소지 또는 보관하는 물건에 대하여 긴급히 압수할 필요가 있는 경우에는 체포한 때부터 24시간 이내에 한하여 영장 없이 압수·수색 또는 검증을 할 수 있다.

43명만이 임의동행의 목적과 이유를 고지 받았다고 답했고, 임의동행의 한계인 6시간 이내에 체포·구속된 피의자가 80%에 달해 실제 수사과정에서 임의동행이 남발되고 있음이 드러났다.[132]

5. 영장 없는 체포 관련법규와 판례

현행범인은 누구든지 영장 없이 체포할 수 있다.[133] 다만 50만 원이하의 벌금·구류 또는 과료에 해당하는 경미범죄의 경우에는 범인의 주거가 분명하지 않아야 현행범으로 체포할 수 있다.[134]

현행범과 관련하여 문제되는 것은 경미한 범죄의 경우이다. 경미한 범죄의 경우에는 주거가 부정하여야만 체포할 수 있는데 주민등록증과 같은 신분증을 제시하는 경우에도 강제연행을 하는 경우가 있다.

긴급체포 관련 판례는 대부분 긴급체포의 요건과 긴급체포 시 이를 제지한 경우 공무집행방해죄의 성립 여부 등과 관련이 있다. 대법원은 현행범이나 준현행범이 아닌 피고인을 체포하려고 (법원의 영장 없이) 피고인의 집에 강제로 들어가려고 하는 경찰관들을 제지한 피고인의 행위에 대하여 "적법한 공무집행이 아니었으므로 공무집행 방해죄를 구성하지 않는다"(대법원 1991.12.10., 91도2395)라고 판시하였다.

또한 공무집행 방해죄는 공무원의 직무집행이 적법한 경우에 한하여 성립한다. 여기서 적법한 공무집행이라 함은 그 행위가 공무원의 추상적 권한에 속할 뿐 아니라 구체적 직무집행에 관한 법률상 요건과 방식을 갖춘 경우를 말한다.

따라서 경찰관이 적법절차를 준수하지 아니한 채 실력으로 현행범인을 연행하려고 하였다면 적법한 공무집행이라고 할 수 없고, 현행범인이 그 경찰관에 대하여 이를 거부하는 방법으로써 폭행을 하였다고 하여 공무집행 방해죄가 성립하지 않는다. 즉 불법으로 체포하려고 하는 경찰관에게 체포를 면하려고 반항하는 과정에서 상해를 가한 것은 불법 체포로 인한 신체에 대한 현재의 부당한 침해에서 벗어나기 위한 행위로서 정당방위에 해당하여 위법성이 조

132 인권백서, 앞의 책, 154쪽.

133 형사소송법 제212조(현행범인의 체포) 현행범인은 누구든지 영장 없이 체포할 수 있다.

134 형사소송법 제214조(경미사건과 현행범인의 체포) 다액 50만 원 이하의 벌금, 구류 또는 과료에 해당하는 죄의 현행범인에 대하여는 범인의 주거가 분명하지 아니한 때에 한하여 제212조 내지 제213조의 규정을 적용한다.

각된다.[135]

6. 고위공직자범죄수사처의 체포 문제점

최근 고위공직자범죄수사처(이하 "공수처")의 윤석열 대통령을 대상으로 한 체포영장 발부 과정에서 공수처의 권한과 역할에 대한 논란이 제기되고 있다. 공수처는 고위공직자들의 부패와 비리를 방지하고 엄중히 수사하기 위해 설립되었다. 즉 공수처의 권한은 직권남용이나 부패 혐의와 같은 특정 사건으로 제한된다. 따라서 내란죄와 같은 중대한 형사 범죄는 경찰과 검찰에 수사권이 있다.

하지만 공수처는 윤석열 대통령의 직권남용죄의 수사과정에서 내란죄를 수사할 수 있기 때문에 문제가 없다고 주장한다. 하지만 법조인, 학계에서는 수사권이 없는 상황에서 출석요구와 체포영장을 추진하여 권한의 범위를 넘어선 법적 해석이라는 비판을 하고 있다.

수사권이라는 것은 '수사의 주체'가 누구인가라는 문제로서 공수처의 수사에 경찰이 공조한다고 해서 그 수사의 주체가 경찰이 되는 것은 아니기 때문이다. 결국 공수처의 체포영장 청구는 수사권이 없는 자의 행위로서 불법이라는 것이다. 비판을 하는 사람들의 편에서 보면, 만약 체포영장을 집행한다면 공수처는 '직권남용체포감금죄'가 성립할 수 있다.[136]

또한 윤석열 대통령의 체포과정에 있어 가장 큰 문제점은 공수처가 체포영장을 중앙지방법원이 아닌 서부지방법원에 청구한 것이다. 공수처법 제31조(재판관할)는 "검사가 공소를 제기하는 고위공직자범죄등 사건의 제1심 재판은 서울중앙지방법원의 관할로 한다. 다만, 범죄지, 증거의 소재지, 피고인의 특별한 사정 등을 고려하여 수사처 검사는 「형사소송법」에 따른 관할 법원(주소지, 현재지, 범죄지 등)에 공소를 제기할 수 있다"라고 하고 있다.[137]

따라서 공수처는 이 예외의 규정을 근거로 대통령의 주소지이자 현재지, 범죄지이기까지 한 용산구(대통령관저 소재)를 관할하는 서부지법에 원칙적 관할이 있다는 것이다. 그러나 공수처법의 위 조항은 형사소송법의 예외조항으로 보아야 하기 때문에 본건의 원칙적 관할은 중앙지방법원이 되어야 한다는 것이 전문가들의 다수견해이다. 법 이론상 예외는 엄격하게

135 대법원 2000.7.4., 99도4341.

136 형법 제124조(불법체포, 불법감금) 재판, 검찰, 경찰 기타 인신구속에 관한 직무를 행하는 자 또는 이를 보조하는 자가 그 직권을 남용하여 사람을 체포 또는 감금한 때에는 7년 이하의 징역과 10년 이하의 자격정지에 처한다.

137 형사소송법의 이 규정은 예컨대, 범죄자의 주소가 서울인데 진주에서 죄를 지은 경우에 범죄자의 편의를 위해 주소지인 서울에서 재판을 받게 하는 경우 등을 고려한 것이다.

적용되어야 하는 원칙에서 보면, 공수처의 체포영장 관할은 문제가 있다고 본다. 특히 이 예외 규정은 공수처의 소재지(과천)와 사건이 발생한 곳이 원격지(遠隔地)여서 피고인과 증인들의 출석 등에 불편이 있을 경우를 예상한 조항으로 보아야 한다.

형사소송법은 어떤 경우에도 정상적인 관할이 있는 법원에서 발부한 영장에 의한 업무수행을 통해 적법절차를 지킬 것을 요구한다. 그렇게 할 수 없는 긴급한 상황에 한하여 예외적인 절차를 허용하여야 한다.

특히 윤석렬 대통령에 대한 공수처의 수사와 체포영장 발부 과정은 정치적 중립성을 위반했다는 비판에 직면하고 있다. 여당을 비롯한 일부 보수단체들은 체포영장을 발부한 서울서부지법 이순형 부장판사가 진보정치적 성향(우리법연구회 출신)[138]을 가진 사조직 출신이라는 점에서 공정성에 대한 의심을 가지고 있고, 소위 '판사 쇼핑'을 했다고 비판하고 있다.

7. 구속과 인권

(1) 구속의 의의

구속이란 체포와 달리 피의자 또는 피고인의 신체자유를 장기간에 걸쳐서 제한하는 강제처분이다. 피의자 구속이란 수사기관이 판사가 발부한 구속영장에 의하여 피의자를 구인 또는 구금하는 것이며, 피고인의 구속이란 공소제기된 후에 법원이 구속영장에 의하여 피고인을 구인 또는 구금하는 것을 말한다.

(2) 구속의 요건

구속의 요건은 체포와 마찬가지로 범죄 혐의와 구속 사유 그리고 구속의 비례성이 있어야 한다. 피의자 또는 피고인에 대해서는 무죄추정의 원칙이 적용되므로 구속을 위해 필요한 범죄의 혐의는 이러한 무죄추정을 깨뜨릴 수 있을 만큼 강한 정도의 객관적 범죄 혐의를 말한다.

그리고 범죄혐의가 존재하더라도 피의자를 구속할 필요성이 있어야 하는데, 현행법은 구속사유로서 주거부정, 증거인멸의 염려, 도망 또는 도망할 우려가 있을 때 등 어느 하나에 해

138 우리법 연구회는 1988년 6·29 선언 후에도 제5공화국의 사법부 수뇌부가 유임되어 발생한 2차 사법파동으로 창립된 대한민국의 진보 성향의 판사들의 모임이다. 현재 헌법재판소소장권한대행, 정계선 헌법재판소 재판관 등이 회원이자 회장을 역임했다. 나무위키, 위키백과 참조.

당하여야 구속할 수 있다고 규정하고 있다.[139 140] 또한 위와 같은 요건을 갖추어도 구속의 목적과 수단 사이에 비례성 원칙을 충족할 때 영장을 발부하여야 한다.

헌법재판소는 "구속제도 자체가 국가형벌권의 실현이라는 정당한 목적을 가지고 있다고 하더라도 그에 관한 구체적인 입법권행사는 헌법상 보장된 국민의 기본권 중에 가장 중요한 신체의 자유를 제한하는 내용에 관한 것이므로 신체의 자유의 본질적인 내용을 침해하거나 침해의 정도가 과잉입법금지의 원칙 내지 비례의 원칙에 위반되는 것이어서는 안 된다는 합헌적인 범위 내에서만 그 정당성을 인정받을 수 있다"고 판시하고 있다.[141]

한편 지금까지 구속사유를 심사할 때 고려할 사항에 대하여 아무런 규정을 두고 있지 않았다. 다만 수사·재판에서 구속사유를 판단할 때 사안의 중대성이나 재범의 위험성을 고려하였다. 이러한 실무상의 관행을 2007년 개정 형사소송법 제70조에서 기존의 구속사유에 추가하여 범죄의 중대성, 재범의 위험성, 피해자·중요 참고인 등에 대한 위해 우려 등을 고려하도록 규정하고 있다.

이러한 개정법은 지금까지의 구속사유 만으로는 판단기준이 구체화되지 아니하여 검사나 법관의 재량을 넓히는 계기가 되어 결과적으로 구속에 대한 예측가능성의 불안정과 국민의 불신을 다소 해소하였다고 볼 수 있다.

(3) 구속의 절차

구속을 하려면 반드시 구속영장을 발부받아야 한다. 구속영장은 검사가 판사에게 청구하면 판사가 구속영장발부 여부를 판단한다. 그러나 법원이 재판 중인 피고인에 대하여 구속영장

---

139 형사소송법 제70조(구속의 사유) ① 법원은 피고인이 죄를 범하였다고 의심할 만한 상당한 이유가 있고 다음 각 호의 1에 해당하는 사유가 있는 경우에는 피고인을 구속할 수 있다.
1. 피고인이 일정한 주거가 없는 때
2. 피고인이 증거를 인멸할 염려가 있는 때
3. 피고인이 도망하거나 도망할 염려가 있는 때
② 법원은 제1항의 구속사유를 심사함에 있어서 범죄의 중대성, 재범의 위험성, 피해자 및 중요 참고인등에 대한 위해우려 등을 고려하여야 한다.
③ 다액 50만원이하의 벌금, 구류 또는 과료에 해당하는 사건에 관하여는 제1항제1호의 경우를 제한 외에는 구속할 수 없다.

140 형사소송법 제201조(구속) ① 피의자가 죄를 범하였다고 의심할 만한 상당한 이유가 있고 제70조제1항 각 호의 1에 해당하는 사유가 있을 때에는 검사는 관할지방법원판사에게 청구하여 구속영장을 받아 피의자를 구속할 수 있고 사법경찰관은 검사에게 신청하여 검사의 청구로 관할지방법원판사의 구속영장을 받아 피의자를 구속할 수 있다. 다만, 다액 50만원 이하의 벌금, 구류 또는 과료에 해당하는 범죄에 관하여는 피의자가 일정한 주거가 없는 경우에 한한다.

141 헌법재판소 1992.12.24., 92헌가8.

을 발부하는 경우에는 반드시 검사의 신청이 있을 필요는 없다고 한다.[142]

구속영장을 청구 받은 판사는 구속사유를 판단하기 위하여 피의자를 심문하여야 한다.[143] 종래 실무에서는 법원이 구속영장을 발부할 때 수사기관이 일방적으로 제출한 수사자료를 기초로 형식수사만을 함으로써 구속이 신중하게 이루어지지 못하고, 또 피의자가 변명할 기회를 충분히 가지지 못하였다. 이러한 문제를 해결하기 위하여 2007년 개정 법률은 구속 전 피의자심문제도를 도입하였다. 이를 '영장실질심사제도'라고 부르기도 한다.

피고인의 구속과 검사의 영장청구

헌법상 영장제도의 취지에 비추어 볼 때, 헌법 제12조 제3항은 헌법 제12조 제1항과 함께 이른바 적법절차의 원칙을 규정한 것으로서 범죄수사를 위하여 구속 등의 강제처분을 함에 있어서는 법관이 발부한 영장이 필요하다는 것과 수사기관 중 검사만 법관에게 영장을 신청할 수 있다는 데에 그 의의가 있고, 형사재판을 주재하사만 법관에게 영장을 신청할 수 있다는 데에 그 의의가 있고, 형사재판을 주재하는 법원이 피고인에 대하여 구속영장을 발부하는 경우에도 검사의 신청이 있어야 한다는 것이 그 규정의 취지라고 볼 수는 없다.

(대법원 1996.8.12. 선고 96모46 판결)

(4) 사법경찰관의 구속기간의 문제

현행 형사소송법상 사법경찰관의 구속기간은 10일 이내이고,[144] 검사의 구속기간도 10일이다.[145] 그러나 검사는 수사를 계속함에 상당한 이유가 있어 법관의 허가가 있을 경우 10일을 초과하지 않는 한도에서 1회에 한하여 연장할 수 있으므로[146] 최장 20일까지 구속할 수 있어

142 대법원 1996.8.12. 선고 96모46 판결.

143 형사소송법 제201조의2(구속영장 청구와 피의자 심문) ① 제200조의2·제200조의3 또는 제212조에 따라 체포된 피의자에 대하여 구속영장을 청구 받은 판사는 지체 없이 피의자를 심문하여야 한다. 이 경우 특별한 사정이 없는 한 구속영장이 청구된 날의 다음날까지 심문하여야 한다.

144 형사소송법 제202조(사법경찰관의 구속기간) 사법경찰관이 피의자를 구속한 때에는 10일 이내에 피의자를 검사에게 인치하지 아니하면 석방하여야 한다.

145 형사소송법 제203조(검사의 구속기간) 검사가 피의자를 구속한 때 또는 사법경찰관으로부터 피의자의 인치를 받은 때에는 10일 이내에 공소를 제기하지 아니하면 석방하여야 한다.

146 형사소송법 제205조(구속기간의 연장) ① 지방법원판사는 검사의 신청에 의하여 수사를 계속함에 상당한 이유가 있다고 인정한 때에는 10일을 초과하지 아니하는 한도에서 제203조의 구속기간의 연장을 1차에 한하여 허가할 수 있다.

사법경찰관과 검사의 구속기간은 최대한 30일까지 가능하다.[147]

제4절 경찰단계에서의 구금과 인권

1. 경찰서 유치장 운영

유치장(留置場)이란 법률이 정한 절차에 따라 체포 또는 구속되거나 신체의 자유를 제한하는 판결 또는 처분을 받은 자를 수용하기 위하여 경찰서에 두는 시설이다.[148] 따라서 형사피의자 또는 형사피고인으로서 구속영장의 집행을 받은 자(미결수용자)를 수용하기 위하여 법무부장관 소속 하에 설치 운용되는 구치소와 구별된다.

간수자는 피의자를 유치할 때에는 신체에 흉기 등의 은닉·소지여부를 철저히 수사하여야 하는데 여자 피의자를 검사할 경우는 성년의 여자를 반드시 참여시켜야 하며, 조사, 접견, 기타의 사유로 출감하였던 피의자를 다시 입감시킬 때에도 같다(피의자유치및호송규칙 제8조).

유치장 입감 시 알몸신체검사는 지속적으로 인권침해 논쟁을 불러일으켜 왔다. 2000년 3월 성남 남부경찰서에서 여성노조원을 알몸으로 검사한 사건으로 대법원은 위법 판결을 내렸고,[149] 헌법재판소도 위헌 결정을 내렸다. 그러나 대법원과 헌법재판소의 위법(위헌) 판결(결정)이 있었음에도 불구하고 간혹 유치장 신체검사와 관련하여 인권침해가 발생하고 있다.

2. 대용감방

대용감방은 구치소와 교도소 등에 미·기결수를 교정시설이 없어 경찰서 유치장에 수용하는 시설을 말한다. 대용감방에 수감되는 자들은 1심 재판이 끝날 때까지 통상 6개월가량 수감된다.

피의자가 경찰에서 검찰로 송치되면 경찰서 유치장에 수감되었던 피의자는 구치소로 이감되는 것이 원칙이나, 관내 구치소가 없는 경우에는 1심 재판이 종결될 때까지 그대로 경찰서

147 이에 반하여 국가보안법 위반사건의 경우는, 사법경찰관이 1회 연장, 검사는 2회 연장이 가능하다(국가보안법 제19조). 그러나 헌법재판소는 찬양·고무죄(동법 제7조) 및 불고지죄(동법 제10조)의 부분에 대해서까지 구속기간을 연장하는 것은 과잉금지의 원칙, 무죄추정의 권리 및 신속한 재판을 받을 권리를 침해하는 것이라고 보아 일부 위헌으로 판시하였다(헌법재판소 1992.4.14, 90헌마82).

148 경찰관직무집행법 제9조(유치장) 법률에서 정한 절차에 따라 체포·구속된 사람 또는 신체의 자유를 제한하는 판결이나 처분을 받은 사람을 수용하기 위하여 경찰서와 해양경찰서에 유치장을 둔다.

149 대판 2001.10.26., 2001다51466.

유치장에 수감된다. 이는 일본의 감옥법에서 유래된 것으로 일제 강점기에 일본의 법령을 원용해 미결수를 경범과 함께 유치장에 수감하던 관례에서 비롯되었다.

경찰서 유치장은 형사피의자들을 검찰송치 전 10일 정도 수용할 목적으로 건설하기 때문에 시설 자체에 운동이나 목욕, 의료시설 등이 없어 장기수용에 부적합해 이곳에 수감되는 이들은 교정시설의 미결수용자에 비해 상당히 열악한 처우를 받을 수밖에 없는 실정이다.

즉 대용감방은 수감자의 외부 운동·종교생활 불가 및 일조권, 수면권 등 침해, 피의자의 충분한 방어권보장 미비 등의 문제점이 지적되어 왔다. 특히 장거리 호송 과정에서 발생할 수 있는 수감자 인권침해나 접견 불편 해소를 위해 부득이 대용감방을 운영해 왔으나, 시설미비나 인력부족으로 인권침해 우려가 상존하고 있다.

3. 헌법재판소와 국가인권위원회의 결정

헌법재판소는 2001년 경찰서유치장의 낮은 화장실 차폐시설에 대하여 위헌 결정을 내렸다. 이유는 경찰서유치장 내 화장실에서 용변 보는 모습 등이 외부에 노출되어 인격침해의 소지가 있다는 것이다. 헌법재판소는 비록 유치장 내 화장실은 도주와 자해 등을 막기 위해 내부관찰이 가능한 구조가 필요하지만, 지나치게 열악한 환경의 화장실 사용을 강요하는 것은 구금 목적의 합리적 범위를 벗어나 인간의 존엄성과 행복추구권을 침해하는 것이라고 밝혔다.[150]

헌법재판소는 또한 선거법 위반으로 체포된 여자를 유치장에 입감하는 과정에서 '웃옷을 모두 벗기고 바지와 속옷을 무릎까지 내리게 하면서 토끼 뛰기를 반복하게 한 행위'에 대하여 인격권과 신체의 자유를 침해한다는 결정을 하였다.

국가인권위원회는 유치장에 입감된 수용자의 베개 및 세면도구 등의 기본적 생활용품의 제공에 거부한 경찰관의 조치는 헌법 제10조에서 요구하고 있는 인간으로서의 최소한의 품위를 유지하고 평안하게 휴식을 취할 것을 보장한 유치장 수용자의 인격권과 수면권을 침해한다고 결정 하였다(국가인권위원회, 2004.11.8., 04진인2801결정).

또한 국가인권위원회는 수감자의 자해를 막기 위하여 안경의 압수와, 수갑을 착용하게 것은 헌법상의 인간의 존엄과 가치 및 행복추구권, 신체의 자유를 침해하는 행위라고 결정하였다(국가인권위원회, 2003.2.10., 02진인407; 2003.3.3., 02진인1033).

---

150 헌법재판소 2001.7.19., 2000헌마546.

제5절 집회·시위와 인권

과거 민주화투쟁 시절에는 집회시위가 국가권력 대 시민 간에 중요한 역할을 하였지만, 요즘은 사용자 대 노동자, 이익집단 간, 보수 대 진보 등 그 사안이 다양하다. 특히 합법적인 경로보다는 목소리를 높이는 방법으로 문제를 해결하려는 동향도 증가하고 있는 실정이다.

노사갈등, 화물연대파업, 방사능폐기물처리장 설치 문제,[151] 범죄예방을 위한 CCTV 설치, 탄핵을 위한 촛불집회에 이르기까지 다양한 사회적 이슈를 둘러싸고 수천에서 수만 명이 운집한 가운데 대규모 집회시위가 연일 개최되고 있다. 결국 이러한 갈등적 이슈들이 대화와 타협으로 해결되지 못하면, 집단적 의사표시의 형태인 집회·시위로 분출되게 되고 따라서 공공의 안녕과 질서를 위태롭게 할 여지를 갖게 된다.[152] 그런데 집회시위의 자유는 집단적 행위이고 공공의 안녕과 질서에 미치는 영향력이 심대하여 법직 평화와 갈등을 일으킬 가능성이 크기 때문에 제한을 받을 수 있다.

집회 및 시위의 보장과 공공의 안녕·질서라는 이념을 동시에 모두 충족시키기는 어렵다. 문제는 공공의 안녕과 질서를 명분으로 집회나 시위대를 해산시키는 과정에서 폭력이 발생할 개연성이 높다는 점이다. 그러나 이러한 한계를 넘는 폭력사태가 시위 해산과정에서 발생하고 그 과정에서 구타와 성추행 시비가 자주 발생한다. 이와 같이 광범위하게 구타, 성추행과 같은 가혹행위가 이루어지는 것은 대부분의 시위에서 경찰 지휘부가 시위의 주체를 불법단체로 이해하고 이를 와해시켜야 한다고 생각하여 수사관들에게 신속한 수사를 강요하여 과잉수사를 부추긴 측면도 작용한 것으로 보인다. '경찰인권지침 4'에서는 "경찰은 불법적이지만 평화적인 집회나 시위를 통제할 때에는 가급적 물리력을 사용하지 않아야 하고 폭력적인 집회를 해산할 때에도 오직 필요 최소한의 물리력만을 사용하여야 한다"라고 규정하고 있다.

151 2002년 5월부터 전북 부안군 위도 주민들은 지역발전을 위해 원전수거물 관리센터 유치에 나서기 시작하여, 7월 14일 부안군이 산업자원부에 유치신청서를 제출함에 따라 장기 미제사업이 해결될 것 같았으나, 지역 농민회와 종교·환경단체의 반발이 적지 않았고, 동년 7월 22일 부안수협 앞에서 부안군 주민 7,000여 명이 집회 후 부안군청 앞으로 몰려가 돌·새우젓·각목 등을 청사에 던져 유리창등이 파손되고 경찰 10여 명이 다치는 등 폭력시위로 변질되었다. 그 후, 7월 25일 시위를 끝낸 농민등 50여 명이 촛불을 들고 행진하는 것을 시작으로 7월 28일 부안수협앞에 500여 명이 참가하는 촛불집회를 개최하고 부안군청까지 거리행진을 벌였고, 그 이후에도 매일 1,000~2,000여 명이 촛불시위를 계속하였다.

152 임준태, 「개정집시법에 대한 논란과 질서 유지」, 『시민과 변호사』(통권 제124호), 2004, 15쪽.

1. 집회 및 시위의 의의

'집회의 자유'라 함은 공동의 목적을 가진 다수인이 자발적으로 일시적인 모임을 가질 수 있는 자유를 말한다.[153] 우리 헌법 제21조 제1항에서는 '집회·결사의 자유'를 보장하고 있고, 집회 및 시위에 관한 법률 제1조는 적법한 집회 및 시위를 최대한 보장하고 위법한 시위로부터 국민을 보호함으로써 집회 및 시위의 권리의 보장과 공공의 안녕질서가 적절히 조화되게 함을 그 목적으로 규정하고 있다. 국가는 국민의 기본권을 침해하지 않아야할 소극적 의무를 지는 것과 동시에, 제3자의 불법적인 침해로부터 기본권 행사자를 보호해야 할 적극적인 의무도 지니고 있으므로 현행법에서는 여러 가지 상세한 개념[154]과 함께 평화적인 집회를 절대적으로 보장하고 있다.[155]

'시위'란 여러 사람이 공동의 목적을 가지고 도로, 광장, 공원 등 일반인이 자유로이 통행할 수 있는 장소를 행진하거나 위력(威力) 또는 기세(氣勢)를 보여, 불특정한 여러 사람의 의견에 영향을 주거나 제압(制壓)을 가하는 행위를 말한다. 집회 및 시위의 자유는 표현의 자유의 집단적인 형태로서 집단적인 의사표현을 통하여 공동의 이익을 추구하며, 민주주의국가에서 국민의 정치적·사회적 의사형성 과정에서 중요한 역할을 한다.

2. 집회 및 시위의 제한

집회, 시위 장소가 타인의 주거지역이나 이와 유사한 장소인 경우 그 거주자 또는 관리자가 재산·시설이나 사생활의 평온에 심각한 피해가 발생할 수 있음을 이유로 시설이나 장소의 보

---

153 허영, 『헌법학원론』, 박영사, 2006, 561쪽.

154 집회 및 시위에 관한 법률 제2조(정의) 이 법에서 사용하는 용어의 뜻은 다음과 같다.
1. "옥외집회"란 천장이 없거나 사방이 폐쇄되지 아니한 장소에서 여는 집회를 말한다.
2. "시위"란 여러 사람이 공동의 목적을 가지고 도로, 광장, 공원 등 일반인이 자유로이 통행할 수 있는 장소를 행진하거나 위력 또는 기세를 보여, 불특정한 여러 사람의 의견에 영향을 주거나 제압을 가하는 행위를 말한다.
3. "주최자"란 자기 이름으로 자기 책임 아래 집회나 시위를 여는 사람이나 단체를 말한다. 주최자는 주관자를 따로 두어 집회 또는 시위의 실행을 맡아 관리하도록 위임할 수 있다. 이 경우 주관자는 그 위임의 범위 안에서 주최자로 본다.
4. "질서 유지인"이란 주최자가 자신을 보좌하여 집회 또는 시위의 질서를 유지하게 할 목적으로 임명한 자를 말한다.
5. "질서 유지선"이란 관할 경찰서장이나 지방경찰청장이 적법한 집회 및 시위를 보호하고 질서유지나 원활한 교통 소통을 위하여 집회 또는 시위의 장소나 행진 구간을 일정하게 구획하여 설정한띠, 방책, 차선 등의 경계 표지를 말한다.
6. "경찰관서"란 국가경찰관서를 말한다.

155 이창무, 「경찰의 집회관리방식에 대한 집회참가자와 일반국민의 의식차 비교」, 치안정책연구소, 2006, 5쪽.

호를 요청하는 때에는 집회 또는 시위의 금지·제한을 통고할 수 있다.

그리고 집회, 시위의 보호와 공공의 안녕·질서 유지를 위해 필요한 경우 질서 유지선을 설정할 수 있고, 주최자의 준수사항을 위반한 집회·시위로 인하여 질서를 유지할 수 없을 때에 관할 경찰관서장은 해산명령을 할 수 있다.

집회 또는 시위에 관하여 사전허가제를 받게 하는 '허가제'는 헌법 제21조 제2항에 따라 원칙적으로 금지되지만 경찰행정상의 참고를 위한 '신고제'는 사전제한이 아니므로 허용된다. 허가제는 집회시위의 일반적 금지를 전제로 재량적 허가처분에 따라 특정한 경우에 금지를 해제해 주는 것이지만, 신고제는 신고만 하면 당연히 집회시위를 할 수 있는 자유를 전제로 하고 있다는 점에서 양자는 구별된다.[156]

3. 헌법재판소 및 대법원 판결

(1) 헌법재판소 판결

헌법재판소는 시위의 자유가 집회의 자유를 규정한 헌법 제21조 제1항에 의하여 보호되는 기본권이며 집회·시위의 자유에 장소 선택의 자유가 포함되나 각급법원의 경계지점으로부터 100미터 이내의 장소에서 옥외집회나 시위를 금지한 집회 및 시위에 관한 법률 제11조 제1호 중 각급법원 부분의 입법목적이 정당하고, 각급법원 인근에서의 옥외집회나 시위를 절대적으로 금지하는 것이 침해의 최소성 및 법익의 균형성을 갖추었다고 판시하였다.[157]

그러나 이와 달리 외교기관 100미터 내의 집회금지 조항은 위헌이라 하였다. 오00씨는 2002년 2월 집회를 위해 경찰서에 신고서를 냈으나, 경찰은 일본대사관에서 35m, 미국 대사관에서 97m밖에 떨어져 있지 않는다는 이유로 집회를 허가하지 않았다. 이에 오00씨는 행정소송을 냈지만 기각되자 헌법소원을 제기하였다. 이에 헌법재판소는 "외교적 마찰의 우려가 없는데도 외교기관 인근이라는 이유로 집회를 금지하는 것은 헌법상 과잉금지의 원칙에 위반된다"고 7:2로 위헌결정을 내렸다.

(2) 대법원 판결

대법원은 '집회 및 시위에 관한 법률' 제10조, 제18조, 제21조, 같은 법 시행령 제9조의2의 각

156 이창무, 앞의 논문, 7쪽.
157 헌법재판소 2005.11.24., 2004헌가17.

규정에 의하면 집회 신고시간을 넘어 일몰시간 후에 집회 및 시위를 한 경우에는 관할 경찰관서장 또는 관할 경찰관서장으로부터 권한을 부여받은 경찰관은 참가자들에 대하여 상당한 시간 내에 자진해산할 것을 요청할 수 있다. 자진해산 요청에도 응하지 아니할 경우 자진해산할 것을 명령할 수 있다. 여기서 해산명령 이전에 자진해산할 것을 요청하도록 한 입법 취지에 비추어 볼 때, 반드시 '자진해산'이라는 용어를 사용하여 요청할 필요는 없고, 그때 해산을 요청하는 언행 중에 스스로 해산하도록 청하는 취지가 포함되어 있으면 된다고 판시하였다.[158]

교통소통을 위한 금지·제한

주요 도시의 주요 도로에서의 집회 및 시위에 대해서 경찰은 교통질서를 위해 필요하다고 인정될 때는 신고서를 접수한 때부터 48시간 이내에 금지하거나 조건을 붙여 제한할 수 있다. 그러나 집회 및 시위의 주최자가 질서 유지인을 두고 도로를 진행하는 경우에는 금지할 수 없다. 다만 당해 도로와 주변 도로의 교통소통에 장애를 발생시켜 심각한 교통 불편을 줄 우려가 있는 경우에는 그러하지 아니한다.

(3) 최근의 헌법재판소 이슈 판결

① 대통령 관저(官邸), 국회의장 공관 등에서의 집회 및 시위

「집회 및 시위에 관한 법률」은 1962년 제정 당시 국회의사당, 각급법원, 대통령 관저, 중앙관서 인근 200m 이내에서의 집회를 절대적으로 금지하였다. 이후 법률 개정에 따라 중앙관서가 금지 장소에서 제외되고 금지 범위가 100m 이내로 축소되었다.

집회 및 시위의 자유는 민주정치의 바탕이 되는 건전한 여론표현과 여론형성의 수단이다. 그것은 대의제가 본연의 기능을 발휘하지 못하는 상황에서 소수의견을 국정에 반영하는 창구로서의 의미도 지닌다(헌재 1994. 4. 28. 91헌바14). 이렇게 시민들의 의견을 들어야 하는 국가기관을 집회 금지 구역으로 만들고 집회의 자유를 본질적으로 침해하는 집시법 조항에 대해 지속적인 문제제기가 있어 왔다. 그리고 헌법재판소는 '국내 주재의 외국의 외교기관', '국회의사당', '각급 법원', '국무총리 공관' 인근에서의 절대적 집회 금지에 대해 모두 헌법불합치 결정을 내렸다(헌법재판소 2003. 10. 30. 선고 2000헌바67·83 결정)

158 대법원 2000.11.24., 2000도2172.

이후 국회에서 법률이 개정되어 현재 집시법 제11조는 '국회의사당', '각급 법원, 헌법재판소', '국무총리 공관', '국내 주재 외국 외교기관' 인근에서의 집회는 예외적으로 허용하고 있다.

문제는 대통령 관저(官邸), 국회의장 공관, 대법원장 공관, 헌법재판소장 공관 등에서 100미터 내에서의 집회 및 시위이다. 이에 헌법재판소는 '대통령 관저, 국회의장 공관 100m 이내 집회 금지' 조항인 집시법 제11조 2항을 헌법불합치로 결정하면서, 2024년 5월 31일까지 해당 조항을 국회로 하여금 헌법정신에 맞게 개정할 것을 입법을 촉구하였다(헌재 2022. 12. 22. 2018헌바48). 하지만 2025년 2월 현재까지 국회는 입법을 하지 않아 해당조항은 효력을 상실하였다.[159] 대법원장 공관, 헌법재판소장 공관에 대해서는 헌법재판소가 결정한 사례가 아직 없다. 이 공관에 대하여도 앞으로 헌법불합치가 선고될 가능성이 있다고 본다.

② 인천시청 광장 집회 및 시위 금지

헌법상 집회·시위는 신고제이지만, 공유재산법은 지자체장에게 지자체가 소유한 행정재산에 대한 사용허가권을 보장해 두 권리가 충돌하는 문제가 계속발생 하고 있다. 이와 관련된 대표적인 분쟁이 인천시와 인천시민 간의 헌법소송이다. 이 소송에 대하여 헌법재판소는 2023.9.26. 재판관 전원일치 의견으로 '인천애(愛)뜰의 사용 및 관리에 관한 조례' 7조1항5호 가목에 위헌 결정을 내렸다. 인천시는 권위적인 관공서 공간을 시민에게 돌려준다는 의미로 시청 주차장과 담장을 걷어내고 인천애뜰 광장을 조성해 2019년 11월1일 전면 개방하면서, 인천시 조례를 통하여 광장을 사용하려면 시의 허가를 받도록 하면서 사용 목적이 '집회 또는 시위'인 경우 무조건 금지하도록 정했다. 이유는 잔디마당이 청사와 가까워 집회·시위가 열리면 청사 안전 유지에 위협이 된다는 것이다.

이에 민주사회를 위한 변호사모임(민변) 인천지부와 지역 시민단체 등은 이 조항이 집회의 자유를 지나치게 침해한다며 같은 해 2019년 12월 헌법소원을 냈다. 이에 인천시는 잔디마당이 인천시 소유 공유재산이며 공공청사 부지라는 점과 인근 광장에서도 집회가 가능하다는 점 등을 내세워 해당 조례가 위헌이 아니라고 주장했다.

하지만 헌법재판소는 "잔디마당을 둘러싸고 인천광역시, 시의회 청사 등이 자리 잡고 있어 지자체 행정사무에 대한 의견을 표명하려는 목적으로 집회를 여는 경우 장소와의 관계가 매

159 현재 국회는 국무총리 공관의 경우와 동일한 요건을 갖추면, 즉 해당 요인을 대상으로 하지 않거나 대규모 집회 및 시위로 확산될 우려가 없고, 해당 공관의 기능이나 안녕을 침해할 우려가 없다는 조건을 충족하면 해당 공관 인근에서의 집회 및 시위를 허용하는 집회 및 시위에 관한 법률 일부개정법률안이 발의되어 있다.

우 밀접해 상징성이 큰 곳"이라며 "집회 장소로 잔디마당을 선택할 자유는 원칙적으로 보장돼야 한다"고 했다(헌재 2023. 9. 26. 2019헌마1417).

헌법재판소의 이번 결정은 지자체가 재산권을 근거로 헌법상 보장된 집회의 자유를 옥죄는 행위에 제동을 걸었다는 점에서 의미가 있다고 본다. 헌재가 집회의 자유를 폭넓게 보장해야 한다는 쪽의 손을 들어주면서, 이를 조례로 제한하고 있는 다른 지자체(서울시의 광화문광장)[160]를 향한 압박도 커질 것으로 보인다.

4. 집회 시위와 경찰 대응

간혹 집회나 시위 참가자들이 경찰을 자극하고 장기간 도로나 사업장 점거 등으로 인해 강제해산의 필요성이 대두될 경우, 경찰과 시위대 간의 무력충돌로 다수의 부상 등 불상사가 발생하기도 한다. 경찰의 과도한 무력사용은 그 필요성과 정당성, 불가피성이 입증되지 않는 한 국제적 인권기준과 헌법 및 법률을 위반하는 행위가 되며 이로 인해 처벌을 받고 신분상의 불이익을 받을 수 있다.

경찰이 용의자를 검거할 때 총기를 사용하지 않고 제압하는 것이 이상적이다. 그러나 경찰이 범인 검거나 시위진압 과정에서 흉기에 의해 상해를 입거나 목숨까지 잃는 사례가 발생하는 현실에서 무조건 경찰관에게 총기사용을 자제하라고 요구하는 것은 무리가 있다. 그러나 총기사용에는 많은 제약이 따르며, 불의의 사태가 발생한 경우 책임의 문제도 있다.

제6절 경찰장비·경찰장구 사용과 인권

1. 경찰장구의 사용

경찰장구는 경찰관이 휴대하여 범인 검거와 범죄 진압 등 직무수행에 사용하는 수갑·포승·호송용 포승·경찰봉·호신용 경봉·전자충격기·방패 및 전자방패 등을 말하며, 경찰관은 현행범인의 경우와 사형·무기 또는 장기 3년 이상의 징역이나 금고에 해당하는 죄를 범한 범인의 체포·도주의 방지, 자기 또는 타인의 생명·신체에 대한 방호, 공무집행에 대한 항거의 억

160 서울시는 현재 '광화문광장의 사용 및 관리에 관한 조례'를 통해 '시민의 건전한 여가선용 및 문화활동 등'에 해당하지 않는 광장 사용은 불허하고 있다. 다만, 서울시를 포함한 다른 지자체에선 인천시 조례처럼 집회·시위를 일률 금지하지 않고 명목상 신청 건마다 목적 등을 따져 허가를 내주는 방식을 활용하고 있다.

제를 위하여 필요하다고 인정되는 상당한 이유가 있을 때 필요한 한도 내에서 경찰장구를 사용할 수 있다[161][162] 이러한 물리적 도구의 사용은 항상 위험이 따르기 때문에 필요한 범위 내에서만 이루어져야 한다. 따라서 법 규정에 없는 족쇄163와 같은 장구의 사용은 불법이라 할 것이다.

대법원은 무죄추정을 받는 피의자라 할지라도 구속영장이 발부, 집행된 이상 도주, 항거 등의 억제를 필요한 한도 내에서 포승이나 수갑을 사용할 수 있는 것이며, 이러한 조치가 무죄추정의 원칙에 위배되는 것이라고 할 수는 없다고 하고 있다.[164]

최근 6년간 경찰의 인권침해로 국가인권위원회(인권위) 시정권고를 받은 유형 중 1위는 물리력 사용에 해당하는 '과도한 장구사용', 2위는 '강압·편파·부당수사'인 것으로 나타났다.

2023년 10월 24일 용혜인 기본소득당 의원이 인권위로부터 지난 2018년부터 2023년 6월까지의 '경찰 관련 인권침해 권고내용 및 이행현황'을 제출받아 분석한 내용에 따르면 최근 6년간 경찰의 인권침해로 시정권고가 내려진 것은 214건이었다.

인권침해 유형으로는 물리력 사용에 해당하는 '과도한 장구사용'이 48건(22.4%)으로 가장 많았고 '강압·편파·부당수사'이 36건(16.5%), '부당한 체포·구속'이 31건(14.5%)으로 각각 2위와 3위였다. 그 외에는 부당한 주거 등 압수수색(18건), 피의사실 유포 및 개인정보 유출(14건) 등이 뒤를 이었다. 경찰은 국가인권위원회의 시정권고 214건 중 190건에 대해 수용했고 2건은 일부 수용, 2건은 불수용했으며 20건에 대해서는 검토 중이다.

---

161 경찰관직무집행법 제10조의2(경찰장구의 사용) ① 경찰관은 다음 각 호의 직무를 수행하기 위하여 필요하다고 인정되는 상당한 이유가 있을 때에는 그 사태를 합리적으로 판단하여 필요한 한도에서 경찰장구를 사용할 수 있다.
1. 현행범이나 사형·무기 또는 장기 3년 이상의 징역이나 금고에 해당하는 죄를 범한 범인의 체포 또는 도주 방지
2. 자신이나 다른 사람의 생명·신체의 방어 및 보호
3. 공무집행에 대한 항거 제지
② 제1항에서 "경찰장구"란 경찰관이 휴대하여 범인 검거와 범죄 진압 등의 직무 수행에 사용하는 수갑, 포승, 경찰봉, 방패 등을 말한다.

162 위해성 경찰장비의 사용기준 등에 관한 규정 제2조(위해성 경찰장비의 종류) 「경찰관 직무집행법」(이하 "법"이라 한다) 제10조제1항 단서에 따른 사람의 생명이나 신체에 위해를 끼칠 수 있는 경찰장비(이하 "위해성 경찰장비"라 한다)의 종류는 다음 각 호와 같다.
1. 경찰장구 : 수갑·포승(포승)·호송용포승·경찰봉·호신용경봉·전자충격기·방패 및 전자방패
2. 무기 : 권총·소총·기관총(기관단총을 포함한다. 이하 같다)·산탄총·유탄발사기·박격포·3인치포·함포·크레모아·수류탄·폭약류 및 도검
3. 분사기·최루탄등 : 근접분사기·가스분사기·가스발사총(고무탄 발사겸용을 포함한다. 이하 같다) 및 최루탄(그 발사장치를 포함한다. 이하 같다)
4. 기타장비 : 가스차·살수차·특수진압차·물포·석궁·다목적발사기 및 도주차량차단장비

163 대법원은 산청경찰서에서 경찰관이 피의자를 족쇄로 채운 것은 불법이라 판시하였다.

164 대법원 1996.5.14. 선고 96도561 판결.

용 의원은 "비대해진 경찰권을 통제하고 시민을 보호하기 위해 경찰 스스로 인권계획을 수립했음에도 불구하고 정작 경찰의 인권침해 실태는 개선되지 못하고 있는 실정"이라며 "윤석열 정부 들어 경찰의 물리력 행사나 집회 엄정 대응 등 경찰력 남용이 예고되면서 경찰의 인권정책도 후퇴할 우려가 있다"고 지적했다.[165]

2. 무기의 사용

'무기'라 함은 사람을 살상할 목적으로 만들어진 권총 · 소총 등의 개인화기와 기관총 등 공용화기를 말하며, 경찰의 물리적 도구의 사용 가운데 가장 위험하고 인권침해의 대상이 되는 것이 바로 총기 사용이다. 대부분 도주하는 피의자에게 정지를 명하였으나 정지하지 않은 경우에 총기를 사용하여 검거하려는 과정에서 문제가 발생할 수 있다.

총기사용의 요건은 너무 엄격하게 적용하면 범인검거 및 경찰의 안전이 문제되고, 그렇다고 해서 총기사용의 요건을 너무 완화하여 적용하면 범죄자의 생명과 안전이 문제된다.

<무기 사용의 요건>

위해를 수반하지 않는 무기의 사용	• 범인의 체포, 도주의 방지를 위해 필요한 때 • 자기 또는 타인의 생명, 신체에 대한 방호를 위해 필요한 때 • 공무집행에 대한 항거를 억제하기 위해 필요한 때 • 기타 필요하다고 인정되는 상당한 이유가 있을 때
위해를 수반하는 무기의 사용	• 형법상 정당방위 또는 긴급피난에 해당하는 때 • 사형·무기 또는 장기 3년 이상의 징역이나 금고에 해당하는 범인을 체포하는 경우 그 항거나 도주방지를 위해 필요한 때 • 구속영장과 압수·수색영장을 집행 시 항거·도주방지를 위해 필요한 때 • 무기, 흉기 등 위험한 물건을 소지한 범인·소요행위자가 경찰관으로부터 3회 이상의 투기·투항명령을 받고도 불응하면서 계속 항거할 때 • 대간첩작전 수행 중 무장간첩이 경찰관의 투항명령을 받고도 이에 불응할 때

165 뉴시스, "최근 6년간 경찰 인권침해 1위 과도한 장비사용", 2023.10.24.

무기사용과 판례

무기 사용의 요건과 한계에 대하여 경찰관이 신호위반을 이유로 한 정지명령에 불응하고 도주하던 차량에 탑승한 동승자를 추격하던 중 수 차례에 걸쳐 경고하고 공포탄을 발사했음에도 불구하고 계속 도주하자 실탄을 발사하여 사망케 한 경우, 위 총기 사용행위는 허용 범위를 벗어난 위법행위이다

(대법원 1999.6.22. 선고 98다6147 판결)

경찰관이 도난번호판 부착차량의 운전자에게 수차례의 정지명령과 경고사격을 하였으나 운전자가 도주하므로 그를 검거하기 위하여 실탄을 발사하여 허벅지 부위에 부상을 입힌 사안에서, 경찰관의 총기 사용이 적법하다고 하고 있다.

(서울고법 2006.11.16. 선고 2006나43790 판결)

50cc 소형 오토바이 1대를 절취하여 운전 중인 15~16세의 절도 혐의자 3인이 경찰관의 검문에 불응하며 도주하자, 경찰관이 체포 목적으로 오도바이의 바퀴를 조준하여 실탄을 발사하였으나 오토바이에 타고 있던 1인이 총상을 입게 된 경우, 제반 사정에 비추어 경찰관의 총기 사용이 사회통념상 허용범위를 벗어나 위법하다.

(대법원 2004.5.13. 선고 2003다57956 판결)

경찰관의 정당방위 성립 여부 판례

[사건 개요]

피해자는 술에 취한 상태로 병원에서 과도를 들고 대형 유리창을 깨뜨리며 난동을 부렸습니다. 그는 자신의 복부에 칼을 대고 "할복 자살하겠다"고 위협하며 병원 직원들을 위협했하였다. 현장에 도착한 경찰관 A(순경)과 B(의경)는 출동하여 총기, 가스총, 경찰봉 등을 소지하고 난동을 제압하려 했다. 피해자는 칼을 들고 경찰에게 다가갔고, 경찰관 A는 복도 끝으로 몰리자 칼빈소총을 발사해 피해자의 가슴 아래를 관통, 사망케 하였다.

[대법원]

경찰관직무집행법 제11조는 무기 사용의 요건으로 "필요한 한도 내"와 "다른 수단이 없을 경우"를 명시하고 있다. 대법원은 다음 점을 들어 총기사용이 한계를 벗어났다고 판단하였다. 즉 11m 거리 동안 가스총이나 공포탄 발사 같은 다른 보충적 수단을 사용하지 않았고, 총을 발사할 때 하체를 겨냥해 피해를 최소화할 가능성이 있었음에도 가슴을 조준했다는 것이다. 대법원은 정당방위가 성립하려면 방위행위가 사회 윤리에 반하지 않고, 방위에 필요한 한도를 넘어선 안 된다고 하면서, 이 사건에서 경찰관의 총기사용은 상당성을 결여했으므로 정당방위로 인정되지 않았다.

(대법원 1991. 9. 10. 선고 91다19913)

제7절 CCTV와 인권

CCTV(closed circuit television)는 각종 최신 방범 예방 및 통제 기법으로 효과적인 도구 중 하나이다. CCTV는 초기에 공장이나 백화점 등을 모니터링하기 위해 설치·운영되었으나, 최근에는 범죄 예방 등을 목적으로 주택가, 전철, 도서관 등 공공장소에 확대 설치됨에 따라 인권 침해 가능성이 제기되고 있다.

1. CCTV의 개념과 유형

(1) CCTV의 개념

텔레비전 시스템은 수신자의 범위에 따라 보통 개회로 시스템(Open Circuit System)과 폐회로 시스템(Closed Circuit System)으로 분류될 수 있다. 개회로 시스템은 어떠한 정보를 불특정 다수인에게 전달하는 것을 목적으로 하는데, 보통 TV방송이 여기에 속한다. 이에 반해 폐회로 시스템은 어떠한 정보를 특정의 목적으로 특정의 사용자에게 전달하는 시스템을 가리키며 이를 CCTV라고 한다.[166] CCTV는 '방범 카메라'라는 이름으로 처음 사용하다가, '감시카메'라는 이름으로 한때 사용되기도 했다. 하지만 현재는 보통 'CCTV'라는 영문명칭 그대로 사용하는 것이 일상화되었다. 한편 일본에서는 "防犯カメラ(방범카메라)", 중국에서는 CCTV라는 监控器(감시기)라는 이름으로 사용되고 있다. 개인정보보호법에서는 CCTV를 '영상정보처리기기'(이하 "CCTV")는 용어를 사용하고 있다. CCTV는 단속용으로 경찰이 치안용으로 주로 도입하였다가 민간으로 확대되었다.

(2) CCTV 설치 유형

① 방범용 CCTV

주택가 골목길 등 비교적 넓은 공간을 사람에 초점을 맞춰 감시하기 때문에 가장 문제시되는 유형이다. 방범용 CCTV를 직접 설치·운영하는 경찰청은 없으며, 다만 대전서부경찰서에서 민간에게 기증받은 CCTV 4개를 운용 중에 있고, 강남경찰서는 강남구청과 함께 CCTV관

166 이철호, 「CCTV와 인권」, 『아-태공법연구』(제13집), 2005, 29쪽.

제센터를 운영하고 있다.[167]

② 교통법규위반 등 단속용 CCTV

과속차량, 신호위반, 무인주정차, 버스전용차선위반 등의 교통법규 위반차량을 단속하는데 사용되고 있다. 범칙금 부과에 따른 민원에 대비해 일정기간 보존의 필요성이 있어, 지방경찰청마다 5년에서 준영구적으로 보존기간을 달리하고 있다.

③ 고정형 CCTV

일정공간에 설치하여 주기적, 지속적으로 사람·사물의 영상을 촬영 또는 유무전 전송하는 장치를 말한다.

④ 이동형 CCTV

사람의 신체에 착용·휴대, 이동물체에 부착·거치하여 사람·사물의 영상 등을 촬영하거나 이를 유무선 전송하는 장치를 말한다.

2. CCTV 설치 요건 및 쟁점

(1) 요건

원칙적으로 개인정보를 수집하기 위해서는 당사자의 동의를 받아야 한다(개인정보보호법 제15조). 그러나 길거리와 같은 공개된 장소에 CCTV를 설치하여 불특정 다수의 개인정보를 수집하면서 길거리를 이동하는 모든 개인들의 동의를 받는 것은 물리적으로 불가능하다. 그렇기 때문에 공개된 장소에 설치하는 CCTV의 경우 법률에 의해서 설치할 수 있는 경우를 제한하고 있다(개인정보보호법 제25조, 아래 박스 참조).

한편 직장 내의 업무공간(비공개된 장소)에 CCTV를 설치하여 근로자들을 '모니터링'하는 것 자체가 개인정보보호법상 금지되는 것은 아니다.[168] 왜냐하면 '공개된 장소'에 대한 CCTV의 설치·운영을 금지하고 있는 개인정보보호법이 외부인의 출입이 통제 가능한 '비공개된 장소'인 사무실의 내부에는 적용되지 않기 때문이다. 중요한 것은 회사의 근로자들에 대한 CCTV

167 서울 강남경찰서는 2002년 10월 경, 귀가길 여성들을 보호할 목적으로 주택가 골목길에 CCTV를 설치하였다. 대당 가격이 1500만 원에 이르는 강남구의 CCTV는 360도 회전이 가능하며, 12배 이상의 줌인(zoom in)기능을 갖추고 있어 500m앞까지 볼 수 있는 고성능 장비로 알려져 있다. 이는 심야에 귀가하는 여성들을 노린 강도행각이 폭증하자 이들을 보호하기 위한 조치로 강남구청과 공동으로 유흥가에서 주택가로 이어지는 골목길에 폐쇄회로를 설치한 것이다.

168 30인 이상의 사업장은 '근로자참여 및 협력증진에 관한 법률'에 의해 노사협의회를 구성하도록 되어 있고, CCTV 문제도 이를 통해 해결할 것을 명시하고 있다. 문제는 30인 미만의 사업장이다. 이러한 작은 사업장의 경우에는 규정이 없어 대책 없이 당할 수밖에 없는 현실이다.

모니터링을 하기 위해서는 반드시 해당 근로자들의 '동의'를 받아야 한다는 것이다.

'비공개된 장소'라고 할지라도 CCTV로 개인정보를 수집할 경우에는 정보주체의 동의가 필요하다고 규정하고 있는 개인정보보호법 제15조가 사무실의 내부에도 적용되기 때문이다. 즉 사무실 내에 설치할 경우에는 직원 전원의 동의가 필요하고, CCTV설치 전, 출입하는 모든 직원들에 대해 필수로 동의를 받아야 하고, 한 명이라도 반대한다면 설치가 불가능하고, 만약 동의 없이 몰래 설치한다면 CCTV속의 범죄행위가 찍혔다고 해도 증거 효력이 없다.

여기서 동의란, 단순한 동의여부를 묻는 것이 아니라, 반드시 사용 목적을 나열해야 하며(이용목적, 보유기간 등을 명시). 그리고 '동의하지 않을 권리와 동의하지 않았을 경우의 불이익'또한 반드시 함께 고지해야 한다.

CCTV(고정형 영상정보처리기기)설치 가능한 경우(개인정보보호법 제25조)

1. 법령에서 구체적으로 허용하고 있는 경우
2. 범죄의 예방 및 수사를 위하여 필요한 경우
3. 시설의 안전 및 관리, 화재 예방을 위하여 정당한 권한을 가진 자가 설치·운영하는 경우
4. 교통단속을 위하여 정당한 권한을 가진 자가 설치·운영하는 경우
5. 교통정보의 수집·분석 및 제공을 위하여 정당한 권한을 가진 자가 설치·운영하는 경우
6. 촬영된 영상정보를 저장하지 아니하는 경우로서 대통령령으로 정하는 경우

(2) 의무적 설치

자연공원(도시공원 및 녹지 등에 관한 법률 제19조의2), 도시철도(도시철도법 제41조), 사격장(사격 및 사격장 안전관리에 관한 법률 제5조 제2항), 어린이집·유치원(영유아보육법 제15조의4), 초등학교(어린이보호법) 등에는 의무적으로 설치하여야 한다.

(3) 설치 제한

불특정 다수가 이용하는 목욕실, 화장실, 발한실(發汗室), 탈의실 등 개인의 사생활을 현저히 침해할 우려가 있는 장소의 내부를 볼 수 있도록 '고정형 영상정보처리기기(CCTV)'를 설치·운영하여서는 아니 된다. 다만, 교도소, 정신보건 시설 등 법령에 근거하여 사람을 구금하거나 보호하는 시설로서 대통령령으로 정하는 시설에 대하여는 그러하지 아니하다.

(4) 설치시 필요한 조치

고정형 영상정보처리기기(CCTV)를 설치·운영하는 자는 정보주체가 쉽게 인식할 수 있도록 설치 목적 및 장소, 촬영 범위 및 시간, 관리책임자의 연락처, 그 밖에 대통령령으로 정하는 사항포함된 안내판을 설치하는 등 필요한 조치를 하여야 한다. 다만, 「군사기지 및 군사시설 보호법」 제2조제2호에 따른 군사시설, 「통합방위법」 제2조 제13호에 따른 국가중요시설, 그 밖에 대통령령으로 정하는 시설의 경우에는 그러하지 아니하다.

CCTV 설치시 준수 사항

- 범죄예방, 시설안전, 화재예방, 사고예방, 도난방지, 보안 목적으로만 설치
- CCTV 안내판을 알아보기 쉬운 장소에 부착(설치 목적과 촬영 범위, 관리책임자 등을 명시해야 함.
- 녹음 금지 및 임의조작 금지(위에서도 서술한 것처럼, 녹음은 사법처리 대상이다), 영상정보의 무단 유출·공개 금지
- CCTV 운영관리 방침수립·공개(관리책임자와 운영방침을 홈페이지 등에 공개)
- 영상정보의 안전성 확보조치(관리자 외 접근 통제)

3. 수술실 CCTV 설치

(1) 목적

수술실 CCTV 설치 의무화는, 2016년 성형수술 중 사망한 고(故) 권대희 씨 사건 등 의료사고와 대리수술(shadow doctor, 유령의사), 성추행 피해자와 가족들의 투쟁 끝에 2021년 8월 국회 본회의를 통과했고, 2년의 유예기간을 거쳐 2023년 9월 25일부터 본격적으로 시행되었다. 수술실 내에서 발생할 수 있는 불법행위를 효과적으로 예방하고자 하는 것이 주된 목적이다,

(2) 내용 및 요건

모든 의료기관이 CCTV를 설치해야 하는 것은 아니고, 모든 수술 장면을 녹화해야 하는 것도 아니다. 환자의 의식이 없는 상태에서 수술을 시행하는 의료기관만이 대상이다. 구체적으로는 전신마취나 의식하진정(일명 수면마취) 등으로 환자가 상황을 인지하거나 의사를 표현할 수 없는 상태에서의 수술이 해당된다(의료법 제38조의2, 수술실 내 폐쇄회로 텔레비전의 설치·운영). 환자가 마취되는 시점부터 수술실에서 퇴실하는 시점까지 촬영한다. 촬영 정보는 촬영일로부터 30일 이상 보관해야 한다. 다만 열람·제공 요청을 받았다면 30일 지나더라도 영상을 삭

제해선 안 된다.

CCTV는 네트워크 카메라가 아닌, 폐쇄회로 전송로를 통해 특정 장소에 전송하는 장치여야 합니다. 고해상도(HD급) 이상의 성능을 갖추어야 하며, 수술실 내부 전체를 사각지대 없이 촬영할 수 있어야 한다. 의료법 제38조는 수술실 내부에 CCTV를 설치하고, 환자나 보호자 요청이 있는 경우 수술 장면을 촬영토록 규정하고 있다.

따라서 환자나 보호자는 수술 장면 촬영을 요청할 수 있다는 사실을 알지 못한 채 촬영 기회를 놓치는 경우가 빈번하게 발생하고 있으며, 이는 수술실 의료행위 투명성 확보를 저해할 우려가 있다는 지적이 나오고 있다. 특히 해당 병원에서도 사전고지 의무가 없어 유명무실하다는 주장이 제기되고 있다.

이러한 이유로 국회는 최근(2025.1) 수술실 폐쇄회로 텔레비전(CCTV) 설치법 후속으로 환자·보호자에 촬영여부 사전 고지를 의무화하는 법 개정을 추진하고 있다. 즉 수술 장면 촬영 가능성을 알지 못해 요청 기회를 놓치는 일이 없도록 하자는 것이다. 개정안은 의료기관 장이나 의료인이 전신마취 등 환자 의식이 없는 상태에서 수술을 시행하기 전 환자나 보호자에게 수술 장면 촬영이 가능하다는 사실을 사전에 고지하도록 의무화하는 내용을 담고 있다.

한편 촬영된 영상의 열람과 제공은 매우 제한적인 경우에만 가능하고, 수사나 재판을 위해 관계 기관이 요청하는 경우, 의료분쟁조정중재원이 업무 수행을 위해 요청하는 경우, 또는 환자와 수술에 참여한 모든 의료인이 동의하는 경우에만 가능하다.

수술실 CCTV 설치가 의무화되었지만, 모든 수술에 예외 없이 적용되는 것은 아니다. 특정 상황에서는 의료기관이 촬영을 거부할 수 있는 권리가 있다. 예를 들어, 응급의료법에 따른 응급환자 수술의 경우나 환자의 생명에 즉각적인 위협이 되는 고위험 수술의 경우에는 촬영을 거부할 수 있다.

의료기관의 CCTV 촬영 거부 사유(의료법 제38조의 2)

- 수술이 지체되면 환자의 생명이 위험하여지거나 심신상의 중대한 장애를 가져오는 응급 수술을 시행하는 경우
- 환자의 생명을 구하기 위하여 적극적 조치가 필요한 위험도 높은 수술을 시행하는 경우
- 「전공의의 수련환경 개선 및 지위 향상을 위한 법률」 제2조제2호에 따른 수련병원등의 전공의 수련 등 그 목적 달성을 현저히 저해할 우려가 있는 경우
- 그 밖에 제1호부터 제3호까지의 규정에 준하는 경우로서 보건복지부령으로 정하는 사유가 있는 경우

(3) 논쟁

수술실 CCTV 의무화는 의사 단체와 환자 단체 모두 불만을 제기하고 있다. 환자 단체는 대리 수술문제, 공장식 수술, 환자 성폭행 범죄, 의료사고시 의학지식 부족으로 인한 피해자측 소송의 어려움 등을 해결하기 위한 수단으로 실시되고 있지만 실효성이 떨어진다고 지적(사전고지 의무 불인정 등)하고 있고, 이에 반해 의료계에서는 의료계는 의료인 등에 대한 민감한 개인정보 유출, 직업수행의 자유, 초상권 등 헌법상 기본권 침해가 우려되고, 의료행위에 대한 자율성이 침해 및 수술의 두려움 등으로 오히려 환자가 손해를 볼 수 있다고 주장하고 있다.

4. 학교 내 CCTV 설치

(1) CCTV 설치 요건 및 절차

교실과 같은 출입이 통제되는 비공개 장소의 경우, 개인정보 보호법 제15조 제1항에 의거 촬영범위에 포함되는 모든 정보주체(학생, 학부모 및 교직원 등)의 동의를 받거나 법률에서 특별한 규정이 있는 경우에 한해서만 CCTV 설치 운영이 가능하다. 왜냐하면 CCTV 설치가 학생의 인권과 교사의 교권을 침해할 우려가 크다고 보고 있기 때문이다. 따라서 CCTV 설치를 위해서는 학교와 선생님 학부모 학생들의 모든 동의를 얻어야 한다. 하지만 어린이집에서는 의사소통이 어려운 아이들 특성상 2015년부터 CCTV 설치가 의무화되어, 이후 어린이집 내 사건과 사고 발생률이 줄었으며 문제 발생 시에 증거 자료로 활용되고 있다.

학교 내 영상정보처리기기 설치 운영 표준 가이드라인 제8조(사전의견수렴)에 따르면, 학교의 장은 영상정보처리기기를 설치하는 경우에는, 행정절차법에 따른 행정예고의 실시 또는 의견 청취하고, 학교운영위원회의 심의를 한 후, 영상정보처리기기의 설치로 직접 영향을 받는 교사, 학생, 학부모를 대상으로 하는 설명회, 설문조사, 여론조사 등을 거쳐야 한다.

(2) 찬반 논쟁

교내 CCTV 설치 찬성 근거로는 학교안전 강화를 들고 있다. CCTV는 교내 따돌림, 성희롱, 폭력 등의 문제를 해결할 수 있는 수단으로, 학생 간의 발생한 쌍방의 다툼, 교사에 대한 폭언 등에 있어 증거의 역할을 할 수 있다. 이는 마치 차량 블랙박스가 교통사고 예방에 큰 역할을 한 것과 같다는 것이다. 또한 교내 CCTV는 학생들에게 더 안전한 교육 환경을 제공하여, 교육의 질 향상 및 학습 환경 개선 등에 도움을 줄 수 있다.

한편 교내 CCTV 설치 반대 근거로는, CCTV의 지속적인 감시는 학교 교육 환경을 위축시키고 나아가 학생들의 사생활을 침해하여 심리적 안정성을 해칠 수 있다. 나아가 학교가 학습과 성장을 위한 공간에서 감시와 통제가 중심이 되는 공간으로 변호하여 학생들의 자기 주도적 학습 능력과 책임감을 저하시킬 수 있다. 특히 지속적인 감시는 학생들의 심리적 스트레스와 불안을 증가시키며, 이는 궁극적으로 학습 의욕 저하로 이어질 수 있다. 무엇보다 정책의 실효성에 대한 의문을 있다. 즉 CCTV가 실제로 학교 폭력이나 괴롭힘을 줄이는 데 효과적인지에 대한 명확한 증거가 부족하고, 학교 내 문제 해결에 있어서는 감시보다는 교육적 접근과 학생들의 심리적 지원, 폭력 예방 프로그램의 강화가 더욱 중요하다.

5. CCTV설치·운영에 따른 권리 침해의 가능성

(1) 초상권과 개인정보자기결정권 침해의 가능성

정보주체의 동의 없이 개인의 영상정보를 무단으로 촬영하는 경우 초상권을 침해할 우려가 있으므로, CCTV 등 영상정보처리기기를 통한 촬영 여부에 대해 안내판을 통해 사전 고지하는 등 적극적으로 정보주체의 주의를 환기시킬 필요가 있다.

CCTV 등으로 촬영한 이미지를 본인의 동의 없이 공표하거나 임의로 제3자에게 제공하는 경우에는 해당 개인의 초상권 침해는 물론 경우에 따라 개인정보를 침해한 것으로도 볼 수 있다.[169] 공공장소에 설치·운영되는 CCTV는 그 설치지역과 운영방법 등에 따라 개인의 초상뿐만 아니라 특정시간 어디서 어떤 모습으로 누구와 함께 있었는가에 대한 개인정보를 취득하는 것이며, 자신의 행동을 공개할 범위를 내가 아닌 타인이 결정한다는데 문제가 있다. 또 동시에 여러 곳의 모니터에 같은 화면을 송출할 수 있으므로 얼마나 많은 사람이 피촬영자의 행동을 동시에 보게 될지 모른다는 점과, 수집된 자료가 영구적으로 저장 활용될 수 있다는 점, CCTV를 통해 피사체를 인식하는 것도 촬영이라는 개념을 넘어서 개인정보자기결정권의 침해로도 볼 수 있게 된다.[170] 이러한 정보는 법적으로 보호받아야 할 정보이고 헌법적 차원에서는 인권으로 보호받아야 하는 정보이다.

169 김승환, 「CCTV와 인권」, '범죄예방을 위한 CCTV와 인권' 토론회, 2003, 8쪽.
170 이철호, 앞의 논문, 35쪽.

(2) 사생활 침해 가능성

CCTV 등 영상정보처리기기로 정보주체를 촬영하고 그 이미지를 저장하는 것은 개인의 영상정보에 대한 수집·처리의 배제 및 열람·정정 등에 대한 권리를 부당히 제한하고 자기정보에 대한 통제를 무력화할 수 있을 뿐만 아니라, 사생활 내용을 공개당하지 아니할 자유가 침해될 가능성이 높다.[171]

6. CCTV설치에 대한 찬·반론

찬성론자들의 주된 논거로는 방범용 CCTV의 문제는 인권침해의 우려보다 범죄 억제의 효과가 더 크다는 것이다. 심리학적으로는 방범용 CCTV의 설치가 일시적인 범죄억제 효과는 있어도 지속적이지는 못하다고 하지만, 발생한 범죄에 대한 충분한 자료의 확보와 잠재적 범죄자를 추적하는데 효과적인 수단이 된다고 주장한다.

반대하는 입장에서는 촬영된 정보가 범죄예방 및 단속 목적 이외에 사용될 수 있고, 공공의 장소라도 초상권 등은 보호되어야 한다는 점, 그리고 제3자 제공에 대한 규정이 없어 수사기관·정부기관 등에서 요청시 특별한 절차 없이 제공되어 개인정보 유출 우려가 있다는 점을 그 근거로 하고 있다. 또 설치 지역 주민이 동의하였더라도 그곳을 지나는 다른 사람들의 인권은 그 지역 주민이 좌우할 사항이 아니라는 점 등을 들고 있다.[172]

7. 대법원과 국가인권위원회 결정

(1) 판례

우리 판례의 태도는 대체로 '공익 목적' 및 '비례의 원칙' 등 '총체적인 합법성'이 갖추어진 경우 CCTV 등 촬영도구를 이용한 공공장소에서의 공적 촬영행위를 적법하다고 판시하고 있다. 대법원 1988년 10월 11일의 판결은 "헌법 제17조에 의하여 보장되고 있는 사생활의 비밀과 자유 기타 인격적 법익과 다른 한편으로 헌법 제21조에 의하여 보장되고 있는 언론, 출판 등 표현의 자유 등 서로 다른 헌법적 가치가 서로 충돌할 때는 사회적인 여러 가지 이익을 비교하여 달성되는 가치를 형량 하여야 한다"고 판시하고 있다.

171 「CCTV개인영상정보보호 가이드라인 해설서」, 정보통신부, 2007, 8쪽.
172 이철호, 앞의 논문, 36쪽.

(2) 국가인권위원회의 결정

국가인권위원회는 2004년 4월, CCTV의 설치 · 운영이 지방자치단체나 경찰서장의 재량에 의해 이루어지고 있고 장비의 성능이 점차 향상돼 운영방법 등에 따라 국민의 기본권을 침해할 소지가 크다고 판단하면서, 국회의장과 행정자치부 장관에게 CCTV 설치·운영에 관한 법적 기준을 마련할 것을 권고하였다.

또 2004년 7월, 2003년 2월부터 도난사고 발생 등을 이유로 열람실 내부에 CCTV를 설치하여 운영해 온 시흥시립도서관에 대해 모니터 화면을 도서관 현관 통로에 설치해 이곳을 드나드는 일반인이 볼 수 있도록 하고 있는 것은 도서관 이용시민의 초상권 및 사생활의 비밀과 자유 등 기본권을 침해하였다고 결정하였다.[173]

8. CCTV 설치 효과와 인권

우리나라에서는 2002년 10월부터 서울 강남구 논현동 일대에 시범적으로 5대의 CCTV를 설치한 결과 약 43%의 범죄감소 효과를 거두었고, 2000년 3월 서울 종로구 소재 아파트 엘리베이터 안에서 학교수업을 마치고 귀가 중이던 여중생이 누군가에게 흉기로 목을 찔려 살해된 사건에서 아파트 출입구의 CCTV에 녹화된 용의자의 모습을 토대로 경찰이 탐문 수사하여 범인을 검거 하는 등 용의자 확인에 효과가 있는 것으로 보고 있다.

또한 CCTV를 접했을 때 안심이 된다거나 보호받는 느낌이 들어 CCTV가 범죄의 공포를 감소시키는데 효과적이고, 범인의 입장에서도 자신의 모습이 찍힌 화면을 보게 되면 도주 등을 단념하고 수사기관에 자수할 가능성도 높아진다는 것이다.[174]

그러나 방범·단속 등 경고효과가 있는 경우에는 CCTV 설치 등에 대한 적극적인 고지가 이루어지고 있으나, 불특정 소비자들이 이용하는 대형쇼핑몰·백화점, 기업 등의 경우에는 이미지 손상 등을 우려하여 이용자에 대한 고지가 미흡하다. 또 녹화기록의 보관기간 · 파기에 대한 규정이 별도로 없어 불필요하게 장기간 보관을 하는 경우가 있다. 각도조절, 줌인(zoom in)기능 등이 있는 CCTV의 경우, 모니터링 직원의 간단한 조작만으로 목적 외 사용이 가능하나 이에 대한 규제 장치가 없어 인권침해가 우려된다.

173 www.humanright.go.kr.

174 2003년 1월에 발생한 농협 현금카드 위조 인출사건에서, CCTV에 찍힌 자신들의 얼굴이 언론에 보도되자 겁을 먹고 자수하였다.

경찰관이 지켜야 할 10대 인권지침

인권지침 1

경찰관은 모든 사람이 어떤 사유로도 차별받지 않고 동등한 법의 보호를 받을 권리가 있음을 명심하여야 한다. 특히, 폭력과 협박의 위험에 처한 사람은 분명하고 적극적으로 보호해 주어야 한다. 경찰관은 특히 어린이, 노인, 여성, 피난민, 가출인 및 사회적 소수 등 폭력과 협박의 피해에 노출될 우려가 큰 사람들에 대해서는 특별히 더 적극적으로 보호해 주어야 한다.

인권지침 2

경찰관은 모든 범죄 피해자를 '연민과 존중'의 마음을 가지고 대해야 하며, 특별히 그들의 안전과 사생활을 보호해 주어야 한다.

인권지침 3

경찰관은 오직 법이 허용하는 '반드시 필요할 경우'에만 무력을 사용하여야 하며, 사용하더라도 상황에 따른 필요 최소한 정도만을 사용하여야 한다.

인권지침 4

경찰은 불법적이지만 평화적인 집회나 시위를 통제할 때에는 가급적 물리력을 사용하지 않아야 한다. 폭력적인 집회를 해산할 때에도 오직 필요 최소한의 물리력만을 사용하여야 한다.

인권지침 5

경찰관은 '자신이나 타인의 생명을 보호하기 위해 반드시 필요한 경우'를 제외하고는 총기 등 살상용 무기를 사용해서는 안 된다.

인권지침 6

경찰관은 법적인 근거 없이 어느 누구도 체포해서는 안 되며, 체포를 할 경우에는 적법절차를 반드시 준수하여야 한다.

4부

검찰과 인권

검사는 수사의 주재자로서 사법경찰관과 협력하여 수사하고, 공소제기 여부를 결정하는 막강한 권력을 가진 국가기관이다. 하지만 검사는 또한 '인권의 최후보루자', '공익의 대표자', '국민전체에 대한 봉사자'로서 '정의와 인권'의 실현에 앞장설 의무가 있다.

제1장 인권수호기관으로서의 검찰

제1절 검찰의 방향

검사는 범죄의 수사와 사법경찰관과의 협력, 공소의 제기와 유지, 재판집행의 지휘와 감독 등 형사절차의 전(全) 단계에 관여하는 준사법기관이자 단독제의 관청이다. 그리고 각 형사절차 단계에서 피의자의 인권을 보호하고 사법정의를 실현한다는 의미에서 '법치국가에서의 대변인'이라고 부른다.

그러나 검사의 이러한 무소불위의 권한은 인권침해와 연관되는 경우가 적지 않으며 특히 범죄자에 대하여 인권침해의 소지를 많이 가지고 있다고 볼 수 있다.

따라서 오늘날 우리 국민들은 아직 검사를 두려운 존재, 신뢰할 수 없는 사람들로 인식하는 경우가 많으며 아직도 과거 독재권력 시절처럼 '권력의 시녀'·'권력의 충견'의 역할을 한다는 비판을 받고 있다. 그리고 특정 기업으로부터의 속칭 '떡값' 수수 의혹과 해당 그룹의 여러 불법의혹 등에 대한 소극적 태도 등도 검찰에 대한 여러 부정적 이미지를 잘 대변한다고 할 수 있다.

최근 검찰의 개혁으로 과거처럼 피의자의 인권을 유리하는 사태는 많이 줄어들었다고 하지만 여전히 인권침해사례들이 나타나고 있다. 특히 '공익의 대표자,' '국민전체에 대한 봉사자'로서 '인권의 최후보루자'로서의 역할을 할 검사가 피의자를 고문하여 사망하게 한 사건은 충격적이라 하지 아니할 수 없다.

따라서 이러한 문제를 없애기 위해서는 우선 불구속수사 원칙을 준수하여 현재 수사의 관행으로 여겨지고 있는 구속수사를 현저히 줄일 필요가 있다. 물론 최근 많이 개선되었다는 평가를 받고 있지만 여전히 외국과 비교하면 구속수가 많은 편이다. 그리고 구속수사 문제는 구속하지 않아도 될 피의자를 구속함으로써 전관예우 등의 법조비리와도 연결되고 피고인들이 이중삼중의 인권침해를 당하고 있으므로 개선되어야 한다.

또한 검찰의 기소편의주의에 대해서도 민주적 통제를 할 수 있는 제도를 만들어야 한다. 일본처럼 일반 시민들이 참여하는 '검찰심사회'[175]가 좋은 본보기라 할 수 있다. 이는 검찰의 공소권 행사에 대한 시민의 참여라는 차원에서 검찰개혁의 가장 중요한 시금석이 될 것이다. 우리나라도 일본의 '검찰 심사회'와 유사한, '검찰 수사심의위원회'를 2018년 만들었다. 하지만 '검찰 수사심의위원회'는 검찰 수사의 적정성, 기소 여부 등을 외부 전문가들이 검토하는 자문기구로 수사와 기소 여부를 검찰에 권고할 수 있고, 위원회의 권고는 법적 구속력은 없다. 이 점에서 일본의 '검찰 심사회'가 법적인 구속력과 기소를 강제할 수 있는 것과 다르다.

제2절 검사의 권한

검사는 수사단계에서는 수사의 주재자로서 사법경찰관과 협력하여 수사를 한다. 특히 검사는 그 직무를 수행할 때 국민 전체에 대한 봉사자로서 헌법과 법률에 따라 국민의 인권을 보호하고 적법절차를 준수하며, 정치적 중립을 지켜야 하고 주어진 권한을 남용해서는 안된다. 공소제기 단계에서 검사는 재정신청사건과 경찰서장의 즉결심판청구권을 제외하고는 기소권을 독점한다.[176] 또한 기소편의주의[177]를 원칙으로 기소 여부에 대한 광범위한 재량권을 가지고 있다. 즉 검사는 기소독점주의와 기소편의주의에 따라 해당 사건을 기소하거나, 불기소하기도 하고, 기소유예를 하기도 한다.

---

175 검찰심사회(일본어: 検察審査会)는 지방재판소 또는 그 지부의 소재지에 위치한 중의원 선거권자들로 구성된 기구로서 검찰관(검사)의 부당한 불기소 처분을 억제하기 위해 만들어졌다. 중의원 투표권을 가지면서 무작위로 선정된 시민 11명으로 구성되어, 검찰관의 불기소 처분에 대한 심사나 검찰 사무의 개선에 관한 건의 또는 권고를 담당하고 있다. 법적인 구속력을 가져 의결 결과에 따라 기소를 강제할 수 있다. 검찰심사회는 미나마타병 사건, 일본항공 350편 하네다해 추락 사건, 일본항공 123편 점보제트기 추락 사건, 에이즈 혈우병 치료제 사건 등 사회적 이목을 끈 사건을 담당하였다.

176 형사소송법 제246조(국가소추주의) 공소는 검사가 제기하여 수행한다.

177 형사소송법 제247조(기소편의주의) 검사는 형법 제51조(양형의 조건)의 사항을 참작하여 공소를 제기하지 아니할 수 있다.

또한 외국과는 달리 우리나라에서는 검사만이 영장을 청구할 수 있도록 하고 있다. 공판단계에서 검사는 소송의 당사자로서 공소사실을 공판정에 진술하고, 제1차적 입증활동 책임을 진다. 또한 형집행기관으로서 형의 집행을 주재한다. 즉 교정기관에 대한 지휘의 책임과 권한을 갖고 있고, 벌금미납자들을 체포하여 노역장에 유치하는 등, 형 집행에 대한 책임도 검사가 가지고 있다.

검사동일체의 원칙

검사 동일체의 원칙(檢事同一體의 原則)은 검찰 조직 전체가 검찰총장을 정점으로 상명하복 관계를 가지고 검찰 사무를 집행하는 것을 말한다.

구) 검찰청법(2003. 2. 4. 법률 제6855호를 통한 개정 이전) 제7조 (검사동일체의 원칙)

① 검사는 검찰사무에 관하여 상사의 명령에 복종한다.

② 검찰총장, 각급검찰청의 검사장과 지청장은 소속검사로 하여금 그 권한에 속하는 직무의 일부를 처리하게 할 수 있다.

③ 검찰총장과 각급검찰청의 검사장 및 지청장은 소속검사의 직무를 자신이 처리하거나 다른 검사로 하여금 처리하게 할 수 있다.

현) 검찰청법 제7조(검찰사무에 관한 지휘 · 감독)

① 검사는 검찰사무에 관하여 소속 상급자의 지휘·감독에 따른다.

② 검사는 구체적 사건과 관련된 제1항의 지휘 · 감독의 적법성 또는 정당성에 대하여 이견이 있을 때에는 이의를 제기할 수 있다.

2004년 개정된 검찰청 법에서는 “상사의 명령에 복종”이라는 어구를 대신 “상급자의 지휘·감독에 따른다”는 내용을 넣었으며, 제7조2항에서 “검사는 구체적 사건과 관련된 제1항의 지휘·감독의 적법성 또는 정당성 여부에 대하여 이견이 있는 때에는 이의를 제기할 수 있다”는 조항을 두었지만, 그 실효성에 대해서는 여전히 의문이 제기된다. 검사동일체라는 용어가 2004년에 법전에서 자취를 감추었지만, 해당 원칙 자체는 그대로 유지되고 있다는 게 법조계의 공통된 견해이다. 하지만 최근의 검찰 내부의 사태를 보면 정치성향에 따라 검사들 사이에서도 서로 폭행을 하는 등을 보면 검사동일체 원칙은 대폭 완화되었다고 보여진다.

제2장 검찰의 인권침해 유형

제1절 변호인 참여권과 인권

수사기관은 피의자신문을 통하여 피의자의 자백을 얻기 위해 노력하며 진술이 기재된 피의자신문조서는 일정한 요건 하에 증거능력이 인정될 뿐만 아니라 법관의 구속영장발부에 있어서도 중요한 자료로 사용되고 있다. 이는 피의자신문 과정에서 인권침해가 발생할 가능성이 높으며 변호인 참여권이 중요하게 고려되어야 하나 오랜 시간 형사소송법은 피의자신문에 대한 변호인의 참여권을 인정하는 명문의 규정을 두고 있지 않았으며 2007년 형사소송법이 개정되면서 규정되었다.[178]

지금까지 검찰에서는 피의자신문에서 변호인의 참여권을 인정하면 자백을 얻기가 곤란해지고 변호사의 업무가 과중해진다는 것을 근거로 변호인을 참여시키지 않을 것을 주장하였다. 부득이 인정하려고 하려면 사법방해죄 등의 신설을 조건으로 하자는 것이 지배적이었다.

178 형사소송법 제243조의2(변호인의 참여 등) ① 검사 또는 사법경찰관은 피의자 또는 그 변호인·법정대리인·배우자·직계친족·형제자매의 신청에 따라 변호인을 피의자와 접견하게 하거나 정당한 사유가 없는 한 피의자에 대한 신문에 참여하게 하여야 한다.
② 신문에 참여하고자 하는 변호인이 2인 이상인 때에는 피의자가 신문에 참여할 변호인 1인을 지정한다. 지정이 없는 경우에는 검사 또는 사법경찰관이 이를 지정할 수 있다.
③ 신문에 참여한 변호인은 신문 후 의견을 진술할 수 있다. 다만, 신문 중이라도 부당한 신문방법에 대하여 이의를 제기할 수 있고, 검사 또는 사법경찰관의 승인을 얻어 의견을 진술할 수 있다.
④ 제3항에 따른 변호인의 의견이 기재된 피의자신문조서는 변호인에게 열람하게 한 후 변호인으로 하여금 그 조서에 기명날인 또는 서명하게 하여야 한다.
⑤ 검사 또는 사법경찰관은 변호인의 신문참여 및 그 제한에 관한 사항을 피의자신문조서에 기재하여야 한다.

1. 변호인 참여의 의의

피의자신문은 수사기관의 입장에서는 증거를 획득하여 진실을 밝힐 수 있는 기회가 되고, 피의자의 입장에서는 자기에게 유리한 사실을 주장하여 범죄 혐의를 벗을 수 있는 기회가 된다. 그러나 실무에서는 일반적으로 피의자신문에 의해 수사방향이 결정되고, 피의자신문에 의한 자백 및 진술이 공판에서 중요한 증거자료로 사용되고 있을 뿐 피의자의 주장은 대부분 받아들여지지 않는 것이 현실이다.

이처럼 피의자신문은 자백을 얻기 위한 수단으로 악용될 가능성이 있을 뿐만 아니라 고문·폭행·협박 등에 의한 인권침해가 발생할 가능성이 매우 큰 영역이다. 즉 수사단계에 있어서의 신문은 사실상 강제적인 분위기에서 행하여지고 있는 것이 현실이고 대개의 사건은 수사단계에서 이미 결론이 도출된다고 볼 수 있다.

그런데 피의자는 수사기관에 어떠한 정보를 제공하는 것이 자기방어에 유리한 지를 판단하기 어렵고, 변호인의 조언을 받을 수 있을 때 비로소 정보적 자기결정권을 누릴 수 있다. 이러한 의미에서 변호인의 피의자신문 참여는 피의자가 수사기관과의 의사소통에서 자기결정권을 누릴 수 있기 위한 전제가 될 뿐만 아니라 다른 권리들을 보증하는 역할을 한다고 할 수 있다.

물론 자백획득의 곤란이나 변호사 업무의 과중 등을 이유로 변호인의 피의자신문참여에 반대하는 견해도 있다. 하지만 변호인의 피의자신문 참여는 피의자의 인권보장이나 정보적 자기결정권의 관점에서 뿐만 아니라 피의자자백조서의 내용적 진정성립과 자백의 신빙성을 담보하기 위한 장치로서 필수적인 것이라고 볼 수 있다. 피의자신문에 있어서 변호인의 참여는 마치 의사가 환자를 치료하는 것과 같고 한 나라의 법문화 수준을 보여주는 좋은 예가 된다.

2. 변호인 참여권에 대한 찬반론

(1) 찬성론

헌법 제12조 제4항은 헌법에 의하여 누구든지 체포 또는 구속을 당한 때에는 즉시 변호인의 조력을 받을 권리가 보장되어 있으며, 나아가 헌법 제12조 제5항은 변호인의 조력을 받을 권리가 있음을 고지 받지 아니하고는 체포 또는 구속을 당하지 아니한다고 규정하고 있는데 비추어, 체포 또는 구속된 피의자로서는 가장 중요한 시기인 수사기관에서의 피의자 조사 시에 변호인의 참여가 허용되지 않는다면 위 헌법 규정은 그 실질적 의의를 상실하게 된다.

(2) 반대론

피의자신문에 변호인이 참여한다면 수사의 기밀유지가 어렵고 사건관계인들의 명예, 사생활의 비밀 등도 보장될 수 없다. 수사기관의 피의자신문에 참여한 변호인을 통하여 수사내용이나 증거 수집경위 또는 그 내용 등 수사의 기밀이 외부로 유출되어 공범자나 기타 사건관계인들이 피해자나 참고인에 대하여 허위진술 유도, 증거조작과 은닉 등의 행위를 할 수 있고 피의자나 관련자들의 진술내용을 유출하여 보도케 함으로써 수사나 재판에 부당한 영향을 미쳐 실체적 진실을 호도할 수 있는 가능성도 있다. 특히 조직폭력배나 뇌물, 마약, 공안사건 등의 경우에 실체적 진실발견이 어려워지게 될 것이다.

또한 변호인의 피의자신문참여권을 인정한다고 하더라도 사선변호인을 선임할 수 있는 능력이 없는 자는 변호인의 참여 하에 신문을 받을 길이 없어서 사선변호인을 선임할 능력이 있는 자와 비교하면 불평등하다. 이렇게 되면 결국 변호인의 피의자 신문참여권을 인정할 경우 경제적 능력이 있는 자만이 이러한 권리를 향유할 수 있음에 불과하여 사법의 형평성문제가 제기되고 결국 형사사법전반에 대한 불신을 초래할 우려가 높다.

3. 형사소송법 개정

법무부는 2002년 검사의 고문치사사건을 계기로 피의자신문 시 변호인의 참여권을 보장할 것을 주장하였다. 이는 수사과정에서의 인권침해 시비를 줄이고 수사기관이 수사 결과에 대한 신뢰성을 높이고, 신문절차의 적법성과 진술의 임의성 보장, 변호인의 조력을 받을 권리의 충실한 보장을 위한 것으로 보인다. 2007년까지는 법률상의 근거 없이 검찰·경찰에서 자체지침으로 시행하였다. 2008년부터는 형사소송법 제243조의2를 신설[179]하여 피의자신문 때 변호인의 참여권을 원칙적으로 보장하였다.

개정 형사소송법 제243조의2는 "검사 또는 사법경찰관은 피의자 또는 그 변호인·법정대리인·배우자·직계친족·형제자매의 신청에 따라 변호인을 피의자와 접견하게 하거나 정당한 사유가 없는 한 피의자에 대한 신문에 참여하게 하여야 한다"고 하고 있다.

수사과정에서의 변호인 참여권 보장은 검찰 및 경찰 등 수사기관의 신문조서 작성을 비롯한 각 조사단계에서 피의자가 변호인의 조력을 받을 수 있도록 하여 수사관들이 조사과정에

---

179 형소법 243조의2에서 원칙적으로 피의자신문 시 변호인 참여를 인정하되 다만, 증거인멸·공범의 도주, 피해자 등에 대한 위험의 염려가 있거나 변호인의 행동으로 신문이 방해되는 경우에 참여를 제한한다.

서 피의자를 구타하거나 가혹행위를 할 여지를 근본적으로 없앨 수 있을 것으로 기대된다.

4. 검찰과 인권단체의 대립

피의자 신문과정에서의 변호인의 입회·참여권 보장의 범위를 놓고 검찰과 대한변호사협회가 논쟁을 하고 있다. 검찰은 피의자의 인권보호를 위해 도입을 추진 중인 변호인 참여제와 관련, 변호인의 참관은 허용하되 피의자 답변 등에 일일이 개입하지는 못하게 하는 방향으로 형사소송법 개정을 추진할 것을 주장하고 있다. 또한 피의자 신문과정에서 변호사가 개개의 답변에 모두 개입한다면 신문이 차질을 빚을 수밖에 없을 것으로 보고 있다.

따라서 변호사에게는 가혹행위 등이 있었는지 참관하고, 신문이 끝난 뒤 절차상 문제가 없었는지 진술할 수 있는 권리만을 부여하자고 한다. 현재 사법방해죄나 참고인 강제구인제 등 제도적 보완책이 없는 상황에서 변호인참여를 적극 보장한다면 수사력이 위축돼 오히려 국민들에게 피해가 돌아갈 우려가 있다고 한다.[180]

최근에 일부 검사들은 "오늘날 민주화 및 인권의식의 급신장으로 피의자조차도 검찰 소환을 거부하는 분위기에서 참고인이 소환에 불응해도 강제할 방법이 없어 수사의 장기화 등 어려운 점이 많다"며 참고인 강제구인제도의 필요성을 강조하고 있다. 현재 참고인이 법정에 증인으로 출석, 거짓증언을 하면 위증으로 처벌할 수 있지만 수사기관의 조사단계에서 허위진술을 했을 때는 처벌조항이 전혀 없어 수사에 큰 어려움을 겪고 있는 실정이다.

이에 대하여 대한변호사협회는 "법무부가 입법화하기로 한 참고인 허위진술죄와 참고인 구인제도는 인권침해의 우려와 위헌의 소지가 있는 만큼 도입에 신중을 기해야 할 것"이라고 지적하고, "피의자와 피고인의 실질적 방어권 보장을 위해 수사기록 열람권과 등사권을 보장하라"고 요구했다.

5. 판례

2003년 11월 11일 대법원 형사2부는 검찰이 "구속된 재독 사회학자 송두율씨에 대한 피의자 신문 때 변호사 입회를 허용하도록 한 법원결정은 부당하다"며 낸 준항고 인용 결정에 대한

180 법률신문, 2002.12.14.

재항고를 기각했다.[181]

법원은 결정문에서 "현행법상 신체구속을 당한 사람과 변호인 사이의 접견교통을 제한하는 규정은 마련돼 있지 아니하므로 신체구속을 당한 사람은 수사기관으로부터 피의자신문을 받는 도중에라도 언제든지 변호인과 접견교통 하는 것이 보장되고 허용돼야 할 것이고, 이를 제한하거나 거부하는 것은 신체구속을 당한 사람의 변호인과의 접견교통권을 제한하는 것으로서 위법임을 면치 못한다"고 밝혔다.

법원은 또 "형사소송법이 아직은 구금된 피의자의 신문에 변호인이 참여할 수 있다는 명문 규정을 두고 있지는 않지만, 접견교통권이 헌법과 법률에 의해 보장되고 있을 뿐 아니라 누구든지 체포 또는 구속을 당한 때에는 즉시 변호인의 조력을 받을 권리를 가진다고 선언한 헌법 규정에 비춰 구금된 피의자는 형소법 규정을 유추·적용해 피의자신문을 받음에 있어 변호인의 참여를 요구할 수 있고 그러한 경우 수사기관은 이를 거절할 수 없는 것으로 해석하는 것이 인신구속과 처벌에 관해 '적법절차주의'를 선언한 헌법 정신에 부합한다"고 설명했다.

재판부는 이어 "구금된 피의자에 대한 신문 시 무제한적으로 변호인의 참여를 허용하는 것 또한 헌법이 선언한 적법절차의 정신에 맞지 않으므로 신문을 방해하거나 수사기밀을 누설하는 등의 염려가 있다고 의심할 만한 상당한 이유가 있는 때에는 변호인의 참여를 제한할 수 있음은 당연하다"며 "하지만 송씨의 경우 검찰이 변호인의 참여를 불허할 필요가 인정되는 객관적으로 명백한 특별한 사정이 있음을 인정할 만한 아무런 자료를 제출하고 있지 않으므로 변호인의 참여를 불허한 검찰의 처분은 위법하다"고 덧붙였다.

헌법재판소 또한 "불구속 피의자나 피고인의 경우 형사소송법상 특별한 명문의 규정이 없더라도 스스로 선임한 변호인의 조력을 받기 위하여 변호인을 옆에 두고 조언과 상담을 구하는 것은 수사절차의 개시에서부터 재판절차의 종료에 이르기까지 언제나 가능하다. 따라서 불구속 피의자가 피의자신문 시 변호인을 대동하여 신문 과정에서 조언과 상담을 구하는 것은 신문과정에서 필요할 때마다 퇴거하여 변호인으로부터 조언과 상담을 구하는 번거로움을 피하기 위한 것으로서 불구속 피의자가 피의자신문장소를 이탈하여 변호인의 조언과 상담을 구하는 것과 본질적으로 아무런 차이가 없다. 형사소송법 제243조는 피의자신문 시 의무적

181 검찰은 2003년 10월 27일 국가보안법위반 등의 혐의로 구속된 송 씨의 변호인단 45명이 "송씨에 대한 신문 때 변호인 입회를 불허한 검찰의 처분을 취소해 달라"며 낸 준항고를 서울지법이 인용하자 이에 반발, "변호인의 입회권은 현행법에 규정이 없으며, 이를 허용할 경우 수사에 방해를 받을 우려가 있다"며 대법원에 재항고 하였다.

으로 참여하여야 하는 자를 규정하고 있을 뿐 적극적으로 위 조항에서 규정한 자 이외의 자의 참여나 입회를 배제하고 있는 것은 아니다. 따라서 불구속 피의자가 피의자신문 시 변호인의 조언과 상담을 원한다면, 위법한 조력의 우려가 있어 이를 제한하는 다른 규정이 있고 그가 이에 해당한다고 하지 않는 한 수사기관은 피의자의 위 요구를 거절할 수 없다"고 하면서 피의자신문 시 변호인의 참여권을 인정하여야 한다고 한다.[182]

<각국의 피의자신문 시 변호인 참여 여부>

내용 나라	피의자신문 시 변호인 참여 여부		구속기간 장·단기	접견교통권 제한 가부
	경찰 단계	검찰 단계		
일 본	불인정	불인정	단기	가능
미 국	인정 Plea Bargain, 대배심제도, 법방해죄 등으로 보완		사실상 제한 없음	불가
독 일	불인정	인정 테러범죄는 불인정	원칙: 6월 (6월 연장 가능)	가능
프랑스	불인정	수사판사 신문시 인정	경죄: 4월 중죄: 1년 ※ 각 연장가능	가능
영 국	인정 공범도피, 증거인멸, 타인의 위해 우려 등의 경우 제한		원칙: 70일 ※ 연장가능	가능
대 만	인정(광범위한 예외 규정) 참고인 구인제도, 참고인 허위진술죄 처벌		원칙: 2월 (2월 연장 가능)	가능

제2절 진술거부권과 인권

체포 또는 구속된 피의자는 검사와 사법경찰관을 상대로 심리적으로 공포에 사로잡혀 있거나 위축되어 있는 경우가 대부분이다. 그들에게 자기부죄거부특권이 있음을 효과적으로 보장할 수 있는 안전장치를 마련하지 않는다면 헌법이 보장하고 있는 진술거부권은 형식상의 권리로 전락할 것이다.

피의자신문에 있어 '실무 현실'은 사실상 '자백을 강요하는 분위기'이다. 따라서 수사기관이

182 헌법재판소 2004.9.23., 2000헌마138.

피의자신문 시에 피의자의 진술거부권을 진지하고 명백하게 알려주지 않는다면 자백강요의 분위기가 해소될 수 없는 것이 아닌가 하는 의문이 제기된다.

1. 진술거부권의 연혁

진술거부권(right to silent)은 피고인·피의자가 공판절차 또는 수사절차에서 법원 또는 수사기관의 신문에 대하여 진술을 거부할 수 있는 권리를 말한다. 이러한 권리는 국가기관에 의한 자백강요 금지를 위하여 영미법상의 당사자주의 소송구조에서 유래된 피의자의 권리라고 할 수 있다. 영미의 당사자주의 소송구조는 자기부죄금지특권(自己負罪禁止特權, privilege against self~incrimination)과 자백배제법칙(confession rule)을 그 특징으로 하는데, 진술거부권은 자기부죄금지의 특권에서 유래한다. 원래 진술거부권은 영국의 보통법에 그 기원을 두고 있지만, 미국에서는 1791년 미국수정헌법 제5조[183]에 규정됨으로써 인정되기 시작했다.

하지만 미국에 있어서 진술거부권은 수정헌법으로 채택될 당시에는 주의를 끌지 못하다가, 1966년 "Miranda v. Arizona" 판결에 이르러서야 수정헌법 제5조의 자기부죄거부특권의 위반여부가 피의자의 진술을 평가함에 있어서 일반적인 준거틀로 작용하게 되었다. 이때부터 진술거부권의 고지는 형사피고인 및 피의자의 지위를 보전하는 주요한 지주를 형성하게 되었다.

2. 진술거부권 관련 규정

진술거부권의 고지에 대해서 헌법 제12조 제2항은 피의자·피고인의 진술거부권과 그 고지에 대하여 "모든 국민은 고문을 받지 아니하며, 형사상 자기에게 불리한 진술을 강요당하지 아니한다"라고 규정하고 있고, 형사소송법 제200조 제2항과 제289조에서는 "검사 또는 사법경찰관은 수사에 필요한 때에는 피의자의 출석을 요구하여 진술을 들을 수 있고, 진술을 들을 때에는 미리 피의자에 대하여 진술을 거부할 수 있음을 알려야 한다"고 규정하고 있다. 그리고 형사소송규칙 제127조는 "재판장은 인정신문이 끝난 후 또는 검사에게 기소요지의 진술을 하게 한 경우에는 그 진술이 끝난 후 피고인에게 각개의 신문에 대하여 진술을 거부할 수 있고 이익 되는 사실을 진술할 수 있다는 취지를 고지하여야 한다"라고 규정되어 있다. 따라서 수사단계와 재판단계에 상관없이 형사절차의 전 단계에서 진술거부권은 인정되며, 최근

183 미국 수정헌법 제5조는 "누구라도 형사사건에 있어 자기에게 불리한 증언을 강요받지 아니 한다"고 규정하고 있다.

헌법재판소는 헌법 제12조 제2항의 진술거부권은 형사절차 뿐만 아니라 행정절차나 국회의 조사절차에도 적용된다고 함으로써 헌법상의 진술거부권을 넓게 해석하고 있다.[184 185]

한편 시민적·정치적 권리에 관한 국제규약(ICCPR)도 제9조 제2항 (g)호에 "자기에게 불리한 진술 또는 유죄의 자백을 강요당하지 아니할 것"이라는 진술거부권의 보장을 규정하고 있다.

3. Miranda 판결과 대법원 판결

미국의 Miranda 판결은 미국 경찰의 일상 업무의 한 부분으로 받아들일 정도로 범죄수사에 영향을 미쳤다. 이 판결을 계기로 미국 경찰의 피의자신문 행태의 변화, 경찰수사문화의 변화, 시민들의 헌법상의 기본권에 대한 새로운 인식 등의 변화를 가져왔다. 즉 이 판결을 통하여 미국 경찰이 해야 할 일이 무엇인지를 언급했다는 점에서 의의를 두고 있다.

우리나라도 법상으로는 진술거부권 고지가 명문화되어 있었지만 잘 지켜지지 않았으며 판례도 마찬가지였다. 그러나 미국의 Miranda 판결이 도입되기 시작하면서 형사피의자의 기본권 보장의 전환점이 되기 시작하였고 동시에 하나의 패러다임으로의 위치하고 있다.

이러한 계기가 된 것이 1992년의 한국판 미란다 판결이라 할 수 있는 소위 '신이십세기파' 사건 판결에서 검사가 피의자를 신문하기에 앞서 진술거부권을 고지하지 않았다는 이유로 그 자백진술의 증거능력을 부정하여 진술거부권의 고지에 관한 판결이 처음으로 나왔다.
판결의 요지를 보면 "형사소송법 제200조 제2항은 검사 또는 사법경찰관이 출석한 피의자의 진술을 들을 때에는 미리 피의자에 대하여 진술을 거부할 수 있음을 알려야 한다고 규정하고 있는바, 이러한 피의자의 진술거부권은 헌법이 보장하는 형사상 자기에 불리한 진술을 강요당하지 않는 자기부죄거부의 권리에 터잡은 것이므로 수사기관이 피의자를 신문함에 있어서 피의자에게 미리 진술거부권을 고지하지 않은 때에는 그 피의자의 진술은 위법하게 수집된 증거로서 진술의 임의성이 인정되는 경우라도 증거능력이 부인되어야 한다"[186]라고 판시하였다.

또한 대법원은 현행범인을 체포하면서 사법경찰관이 진술거부권 등을 고지하지 않은 경우에

184 헌재 1997.3.7., 96헌가11.

185 그리고 검찰사건사무규칙 별지서식 제34호는 피의자에 대한 체포·구속시, '피체포자·구속자의 자필 서명 또는 날인에 의하여 구속의 이유와 변호인을 선임할 수 있음을 고지 받고 변명의 기회가 주어졌음을 확인하는 확인서를 작성' 하도록 하고 있다.

186 대법원 1992.6.23. 선고 92도682 판결.

피의자 진술의 증거능력을 부정하여 Miranda 판결을 본격적으로 적용하고자 하는 의지를 보이고 있음을 알 수 있다.

"군사법원법 제250조에 의하면, 군사법경찰관리가 현행범인을 체포할 경우에는 동법 제112조 소정의 피의사실의 요지, 진술거부권, 변호인을 선임할 수 있다는 고지를 하도록 규정하고 있으므로, 군사법경찰관리가 현행범인체포 시 이러한 고지를 하지 아니하였다면 그 피의자의 진술은 위법하게 수집된 증거로써 증거능력이 부인 된다"[187]고 판시하였다.

이러한 대법원의 판례는 실무를 담당하고 있는 수사기관에 Miranda 법칙의 중요성을 인식하게 하였을 뿐만 아니라 그들에게 경종을 울렸다는 점에서 형사사법의 큰 성과라 할 수 있다.

제3절 구속영장과 인권

1. 구속과 영장실질심사

구속영장은 피의자나 피고인을 일정한 장소에 구금하기 위해서 사법경찰관의 신청과 검사의 청구로 판사가 발부하는 것을 말한다. 영장주의는 제헌헌법과 1954년의 형사소송법에서 처음으로 도입되었다. 그러나 1996년 까지는 법관수의 부족, 업무량의 과다 등의 원인으로 인하여 검사가 청구하는 구속영장청구서만을 기준으로 영장발부 여부를 심사하는 다소 형식적인 구속영장심사제도가 고착되었다.[188]

즉 법원은 구속의 요건인 증거인멸 또는 도망의 염려를 구속의 기준으로 삼지 않고, 범행의 경위와 결과 및 피해자와의 합의 여부 등 본안에 관련된 사항을 구속의 기준으로 삼았다. 그 결과 수사 및 재판절차의 원만한 진행과 형집행의 확보를 위하여 마련된 구속제도가 피의자·피고인의 신체구금을 통한 징벌로 간주되기에 이르렀다.

187 대법원 2001.3.9. 선고 2001도229 판결.

188 1966년 유엔에서 제정된 "시민적·정치적 권리에 관한 국제규약(B규약)" 제11조 제1항은 "누구나 사법기관 등에 심문을 받지 않고는 구속하여서는 안 된다"고 규정하고 있다. 즉 과거 우리의 영장심사는 이러한 국제규약에 위반되며, 1997년 11월의 개정법도 피의자심문을 필수적인 것이 아니라 '판사의 임의'로 하여 시민적·정치적 권리에 관한 국제조약 제9조 제3호와 제4호의 취지에 미치지 못한다. 그러므로 검사와 사법경찰관은 설사 피의자가 피의자심문을 원하지 아니한다 하더라도 일정범위의 피의자의 친족이 피의자심문을 원하는지 여부를 반드시 확인하여야 한다. 유엔인권이사회(Human Rights Committee)는 제67차 회의에서 한국정부의 제2차 보고서를 검토한(1999년 10월 22일) 결과 형사소송법상의 구속영장실질심사제도가 자유권규약 제9조 제3항에 합치되지 않는다며 해당 법률의 개정을 권고하였다. 이와 함께 2003년 10월까지 영장실질심사제도 개정을 포함한 보고서 제출을 요구하였다.

이러한 피의자·피고인의 인신 구속과 인권침해를 개선하기 위하여 1997년 개정 형사소송법은 구속영장실질심사제도를 도입하였다. 범죄혐의자의 구속은 신체의 자유를 극도로 제약하는 필요악으로 구속은 부득이한 경우에 예외적으로만 허용되어야 한다는 것이 형사사법의 대원칙이다. 이러한 법원칙에 입각하여 피의자의 인신구속을 신중하게 함으로써 헌법의 최고이념인 '인간의 존엄성'을 구현하고자하는 것이 바로 구속영장실질심사제도이다.

2. 구속영장실질심사의 절차

경찰이나 검찰은 범죄 혐의자에 대하여 수사기관에 나오도록 출석요구를 하여 수사를 한다. 그 결과 혐의가 있고 구속을 해야 한다고 생각되면 검사는 법원에 그 범죄혐의자를 구속시켜 달라고 구속영장을 청구한다. 법원은 이에 대하여 구속영장실질심사를 위한 심리기일을 잡고 그 기일에 범죄 혐의자가 출석하여 영장심사판사로부터 구속요건에 대한 심문을 받게 된다.

법원은 수사기록에 의하더라도 구속영장을 발부하거나 청구를 기각할 이유가 명백한 경우를 제외하고는 피의자를 심문하도록 하고 있다. 일과시간 중에 심문하는 경우에는 부장판사인 영장전담판사가 심문하고, 공휴일에는 당직판사가 심문한다.

심문의 과정에는 피해자, 고소인 등 이해관계인은 판사의 허가를 얻어 사건에 관하여 의견을 진술할 수 있고, 체포된 피의자에 대하여 판사의 심문을 신청한 피의자 이외의 사람은 판사의 허가를 얻어 사건에 관한 의견을 진술할 수 있다. 그러나 이 경우는 심문신청인에 대하여 심문기일을 통지하지 않기 때문에 심문신청인이 스스로 출석하여야만 진술이 가능하다.

판사는 심문이 끝나면 구속 여부를 결정하고, 이 경우 판사가 구속사유가 없다고 판단하여 구속영장청구를 기각하면 체포된 피의자는 석방되고,[189] 구속영장이 발부되면 미체포 피의자도 그때부터 구금되게 된다.

그러므로 구속 여부의 재판은 유무죄에 대한 재판이 아니다. 따라서 영장이 기각된 경우라도 검사에 의하여 기소가 되면 재판을 거쳐 유무죄 또는 실형 여부가 결정되고, 석방결정은 사건의 종국적인 결정과는 무관하다.

189 이 때 검사 또는 사법경찰관에 의하여 구속되었다가 석방된 사람에 대하여는 다른 중요한 증거를 발견한 경우를 제외하고는 동일한 범죄사실에 관하여 재차 구속하지 못한다.

3. 구속영장실질심사 도입 배경과 의의

1997년의 개정 형사소송법에는 영장청구를 접수한 '지방법원판사가 구속의 사유를 판단하기 위하여 필요하다고 인정하는 때'에는 피의자를 '심문'할 수 있도록 하는 조항(이른바 '임의적 심문', 법 제201조의2 제1항, 제2항)이 신설되었다. 이 신설조항은 그 당시 '구속영장실질심사제도'로 자리매김하여 피의자의 인권신장에 큰 획을 그은 획기적인 조치로 높게 평가받았다.

1997년 이전에는 구속영장심사는 검사가 제출한 서면자료(수사기록)에만 의존하는 '형식적인 심사'였다. 그러나 이 제도를 도입할 때는 모든 피의자가 원하든 원하지 않든지 간에 의무적으로 실시되었다가, 검찰의 반발로 1997년 11월 시행된 지 1년이 되지 않아 개정되어 2007년까지는 피의자와 그의 일정범위의 친족이 피의자심문을 원하고 법원이 피의자심문이 필요하다고 인정하는 경우에만 피의자심문이 행해질 수 있게 되었다.

하지만 이렇게 피의자와 피의자의 친족 등이 원하는 경우에만 시행된다면 수사과정에서의 검사의 회유, 협박 등으로 인하여 구속영장실질심사 원래의 취지를 살리지 못한다는 법원의 주장에 따라 2008년부터는 다시 피의자 등의 신청과 상관없이 의무적으로 시행되도록 또다시 법이 개정되었다.

이 심문의 과정에 피의자의 가족, 변호인, 검사 등이 참여한다. 2006년까지는 판사가 변호인의 참여 없이 심문을 하였지만, 2007년부터는 변호인의 심문을 반드시 하도록 하고 있다. 보통 공익법무관, 국선변호인들이 참여하고 있다.

과거 구속영장실질심사는 피의자가 원할 때 한하여 시행된 경우도 있지만 2008년부터는 피의자의 의사에 상관없이 시행되고 있다. 이는 그동안 법원과 검찰의 주장이 서로 첨예하게 대립했던 부분이었는데, 결국 피의자의 인권을 고려하여 필수적으로 규정되었다.

구속영장실질심사는 권위주의적인 구시대적 관행을 벗어버리고, 피의자 인권보호위주의 법 집행을 하겠다는 사법부의 의지표현이라 할 수 있다. 특히 힘없는 서민들의 기대에 부응한다는 평가를 받고 있다. 구속이 곧 처벌로 받아들여지는 우리의 법 정서상 앞으로 구속은 신중해야 하며, 구속영장실질심사가 불구속수사 원칙을 제공하는 단초가 되길 바란다.

4. 법규와 판례

현행 형사소송법은 구속영장 청구시의 피의자 심문을 명문으로 규정하여[190] 신속한 심문을 통해 영장발부 여부를 결정하도록 하고 있다. 또한 미체포 피의자의 구인 후 심문과 도주 등 피의자를 심문 할 수 없는 경우 예외적으로 심문하지 않고 구속영장을 발부할 수 있는 근거도 마련하고 있다.[191]

그리고 피의자에 대한 심문절차는 공개하지 않지만 피의자의 친족, 피해자 등 이해관계인의 방청을 허가할 수 있고 피의자의 심문은 법원청사 내에서 하여야 한다. 다만 피의자가 출석을 거부하거나 질병 등 기타 부득이한 사유로 법원에 출석할 수 없는 때에는 경찰서 등 적당한 장소에서 심문할 수 있다.[192][193]

또한 판사는 피의자에게 구속영장청구서에 기재된 범죄사실의 요지와 진술거부권을 알려주어야 하며, 검사와 변호인은 판사의 심문이 끝난 후에 의견을 진술할 수 있다. 그리고 피의자는 판사의 심문 중에도 변호인의 조력을 받을 수 있으며, 판사는 필요하다고 판단되면 심문장소에 출석한 피해자나 제3자를 심문할 수 있다.[194]

---

190 형사소송법 제201조의2(구속영장 청구와 피의자 심문) ① 제200조의2·제200조의3 또는 제212조에 따라 체포된 피의자에 대하여 구속영장을 청구받은 판사는 지체 없이 피의자를 심문하여야 한다. 이 경우 특별한 사정이 없는 한 구속영장이 청구된 날의 다음날까지 심문하여야 한다.

191 형사소송법 제201조의2(구속영장 청구와 피의자 심문) ② 제1항 외의 피의자에 대하여 구속영장을 청구받은 판사는 피의자가 죄를 범하였다고 의심할 만한 이유가 있는 경우에 구인을 위한 구속영장을 발부하여 피의자를 구인한 후 심문하여야 한다. 다만 피의자가 도망하는 등의 사유로 심문할 수 없는 경우에는 그러하지 아니하다.

192 형사소송규칙 제96조의14(심문의 비공개) 피의자에 대한 심문절차는 공개하지 아니한다. 다만, 판사는 상당하다고 인정하는 경우에는 피의자의 친족, 피해자 등 이해관계인의 방청을 허가할 수 있다.

193 형사소송규칙 제96조의15(심문장소) 피의자의 심문은 법원청사 내에서 하여야 한다. 다만, 피의자가 출석을 거부하거나 질병 기타 부득이한 사유로 법원에 출석할 수 없는 때에는 경찰서, 구치소 기타 적당한 장소에서 심문할 수 있다.

194 형사소송규칙 제96조의16(심문기일의 절차) ① 판사는 피의자에게 구속영장청구서에 기재된 범죄사실의 요지를 고지하고, 피의자에게 일체의 진술을 하지 아니하거나 개개의 질문에 대하여 진술을 거부할 수 있으며, 이익 되는 사실을 진술할 수 있음을 알려주어야 한다.
② 판사는 구속 여부를 판단하기 위하여 필요한 사항에 관하여 신속하고 간결하게 심문하여야 한다. 증거인멸 또는 도망의 염려를 판단하기 위하여 필요한 때에는 피의자의 경력, 가족관계나 교우관계 등 개인적인 사항에 관하여 심문할 수 있다.
③ 검사와 변호인은 판사의 심문이 끝난 후에 의견을 진술할 수 있다. 다만, 필요한 경우에는 심문 도중에도 판사의 허가를 얻어 의견을 진술할 수 있다.
④ 피의자는 판사의 심문 도중에도 변호인에게 조력을 구할 수 있다.
⑤ 판사는 구속 여부의 판단을 위하여 필요하다고 인정하는 때에는 심문장소에 출석한 피해자 그 밖의 제3자를 심문할 수 있다.

제4절 변호인의 접견과 인권

1. 변호인 접견의 의의

변호인 접견권은 피고인 또는 피의자가 변호인과 만나 서류 또는 물건을 수수하고, 의사의 진료를 받을 수 있는 권리를 말하며 헌법과 형사소송법에서 보장하고 있으며,[195] [196] 현행법상 변호인의 접견교통권을 제한하는 규정은 없다. 즉, 변호인의 접견교통권은 '자유롭고 감시와 방해를 받지 않은 채 체포 또는 구속된 자와 서면 또는 구술로 의사소통을 할 수 있는 권리'이다. 이와 같은 제한 받지 않는 변호인의 접견교통권은, 변호제도의 핵심적·본질적 요소이자 피의자·피고인의 방어권을 보장받을 수 있게 한다.

특히 변호인접견은 무기대등의 원칙에 따라 검사에 비해 열악한 지위에 있는 피의자·피고인의 정신적·육체적 고통을 최소한도로 감소시켜 원활한 소송을 진행할 수 있게 한다.

2. 변호인접견 시 감시자의 참여여부

변호인과의 접견교통권의 보장은 절대적으로 보장하여야 한다. 즉 접견시 누구도 참석시켜서는 안 된다. 즉 구속된 자와 변호인과의 어떠한 제한, 영향, 압력 또는 부당한 간섭 없이 자유롭게 대화할 수 있게 하여야 한다는 것이다.

형의 집행 및 수용자의 처우에 관한 법률은 미결수용자와 변호인과의 접견은 시간과 횟수를 제한하지 않으며 교도관이 참여하거나 그 내용을 청취 또는 녹취하지 못하며 보이는 거리에서 미결수용자를 관찰할 수 있음을 규정하고 있다.[197]

사실 누구도 참석하지 않고 피구금자와 변호인만이 접견을 통해 대화하고 물건을 수수한다는 것은 위험성이 없지 않다. 따라서 수사기관 측에서는 변호인과 피의자 측의 위험물질의

195 대한민국 헌법 제12조 ④ 누구든지 체포 또는 구속을 당한 때에는 즉시 변호인의 조력을 받을 권리를 가진다. 다만, 형사피고인이 스스로 변호인을 구할 수 없을 때에는 법률이 정하는 바에 의하여 국가가 변호인을 붙인다.

196 형사소송법 제34조(피고인, 피의자와의 접견, 교통, 수진) 변호인 또는 변호인이 되려는 자는 신체구속을 당한 피고인 또는 피의자와 접견하고 서류 또는 물건을 수수할 수 있으며 의사로 하여금 진료하게 할 수 있다.

197 형의 집행 및 수용자의 처우에 관한 법률 제84조(변호인과의 접견 및 서신수수) ① 제41조 제2항에도 불구하고 미결수용자와 변호인(변호인이 되려고 하는 사람을 포함한다. 이하 같다)과의 접견에는 교도관이 참여하지 못하며 그 내용을 청취 또는 녹취하지 못한다. 다만, 보이는 거리에서미결수용자를 관찰할 수 있다.
② 미결수용자와 변호인 간의 접견은 시간과 횟수를 제한하지 아니한다.

교부가 있는지 여부를 감시하여야 할 필요가 있음도 사실이다.[198] [199]

3. 국선변호인제도

(1) 국선변호인

형사절차에서 피고인이 경제적인 이유 등으로 변호인이 없을 때에는 법원은 직권으로 국선변호인을 선정하여야 한다.[200] 그리고 실무상 구속영장실질심사 단계에서 피의자가 변호인이 없을 경우 법원에서 국선변호인을 선정하여 주고 있고, 단기 3년 미만의 범죄 사건의 경우에도 대부분 국선변호인을 선정하여 주고 있으며, 피고인에게 국선변호인을 선택할 기회를 주는 등 피

---

198 형의 집행 및 수용자의 처우에 관한 법률 제41조(접견) ① 수용자는 교정시설의 외부에 있는 사람과 접견할 수 있다. 다만, 다음 각 호의 어느 하나에 해당하는 사유가 있으면 그러하지 아니하다.
1. 형사 법령에 저촉되는 행위를 할 우려가 있는 때
2. 「형사소송법」이나 그 밖의 법률에 따른 접견금지의 결정이 있는 때
3. 수형자의 교화 또는 건전한 사회복귀를 해칠 우려가 있는 때
4. 시설의 안전 또는 질서를 해칠 우려가 있는 때

② 소장은 다음 각 호의 어느 하나에 해당하는 사유가 있으면 교도관으로 하여금 수용자의 접견내용을 청취·기록·녹음 또는 녹화하게 할 수 있다.
1. 범죄의 증거를 인멸하거나 형사 법령에 저촉되는 행위를 할 우려가 있는 때
2. 수형자의 교화 또는 건전한 사회복귀를 위하여 필요한 때
3. 시설의 안전과 질서 유지를 위하여 필요한 때

③ 제2항에 따라 녹음·녹화하는 경우에는 사전에 수용자 및 그 상대방에게 그 사실을 알려 주어야 한다.
④ 접견의 횟수·시간·장소·방법 및 접견내용의 청취·기록·녹음·녹화 등에 관하여 필요한 사항은 대통령령으로 정한다.

199 형의 집행 및 수용자의 처우에 관한 법률 제42조(접견의 중지 등) 교도관은 접견 중인 수용자 또는 그 상대방이 다음 각 호의 어느 하나에 해당하면 접견을 중지할 수 있다.
1. 범죄의 증거를 인멸하거나 인멸하려고 하는 때
2. 제92조의 금지물품을 주고받거나 주고받으려고 하는 때
3. 형사 법령에 저촉되는 행위를 하거나 하려고 하는 때
4. 수용자의 처우 또는 교정시설의 운영에 관하여 거짓사실을 유포하는 때
5. 수형자의 교화 또는 건전한 사회복귀를 해칠 우려가 있는 행위를 하거나 하려고 하는 때
6. 시설의 안전 또는 질서를 해하는 행위를 하거나 하려고 하는 때

200 형사소송법 제33조(국선변호인) ① 다음 각 호의 어느 하나에 해당하는 경우에 변호인이 없는 때에는 법원은 직권으로 변호인을 선정하여야 한다.
1. 피고인이 구속된 때
2. 피고인이 미성년자인 때
3. 피고인이 70세 이상인 때
4. 피고인이 농아자인 때
5. 피고인이 심신장애의 의심이 있는 때
6. 피고인이 사형, 무기 또는 단기 3년 이상의 징역이나 금고에 해당하는 사건으로 기소된 때

② 법원은 피고인이 빈곤 그 밖의 사유로 변호인을 선임할 수 없는 경우에 피고인의 청구가 있는 때에는 변호인을 선정하여야 한다.
③ 법원은 피고인의 연령·지능 및 교육 정도 등을 참작하여 권리보호를 위하여 필요하다고 인정하는 때에는 피고인의 명시적 의사에 반하지 아니하는 범위 안에서 변호인을 선정하여야 한다.

고인의 의사를 존중하고 있다.[201]

현행법에 의하면 대법원이 아닌 제1심, 제2심에서는 변호사가 아니더라도 누구나 변호인이 되어 피의자·피고인의 변호인이 될 수 있다. 이를 특별변호인이라 한다. 하지만 실무상 변호사가 아닌 변호인은 거의 허가하지 않는다. 따라서 여기서의 변호인은 변호사라 하여도 무방하다. 하지만 현재의 우리 현실은 경제적 문제로 변호사를 선임할 수 있는 여력이 없는 자가 상당히 많다. 이러한 문제에 대비하여 국선변호인 제도를 운영하고 있다. 즉 헌법과 형사소송법은 변호인의 조력을 받을 권리를 기본적 인권으로 규정하고, 형사절차상 변호인의 권한과 국선변호제도를 규정하고 있다.

(2) 국선변호인의 문제점과 양적 확대

국선변호인 제도는 형사절차에서 매우 중요한 부분이나 사선 변호인에 비해 보수가 너무 낮아 내실 있는 변호가 이루어지지 못하는 측면이 있다. 물론 피고인 접견, 수사기록 열람 등을 통하여 변론을 준비하는 등 종전보다 질이 많이 향상된 것은 사실이지만 아직까지는 국선변호와 사선변호의 차이가 크다고 인식되고 있고, 피고인들조차 국선변호 활동이 판결에 미치는 영향이 미미하다고 생각할 정도이다. 또한 국선변호 예산은 과거에 비해 상당히 증가하고 있는 편이나 형사사건의 수 등을 고려하면 너무 적은 편이다. 이러한 이유로 개정 '국선변호에 관한 예규'는 국선변호인의 보수증액을 규정하고 있고,[202] 국선변호인이 무죄 선고를 이끌어 내는 경우 등의 추가 보수 지급을 규정하고 있다.[203]

201 국선변호에 관한 예규 제10조(피고인의 국선변호인 선택) ① 각급 법원은 피고인에게 국선변호인을 선택할 기회를 주고, 피고인의 의사를 참작하여 국선변호인을 선정하도록 한다. 다만, 법원장 또는 지원장이 당해 법원의 형사사건의 수, 관할구역 안에 사무소를 둔 변호사의 수, 그 밖에 지역적 특수성 등을 감안하여 적절하지 아니하다고 판단하는 때에는 그러하지 아니하다.

202 국선변호에 관한 예규 제14조(보수의 증액) ① 재판장은 사안의 난이, 국선변호인이 수행한 직무의 내용, 사건처리에 소요된 시간 등을 참작하여 국선변호인의 보수를 증액할 필요가 있다고 인정한 때에는 매년 대법관회의에서 정한 보수액의 5배의 범위 안에서 국선변호인의 보수를 증액할 수 있다.

203 국선변호에 관한 예규 제15조(보수의 증액 등 기준) ①국선변호인에 대한 보수의 증액 또는 감액지급이나 실비변상의 구체적인 기준은 다음 각호와 같다. 다만, 각급법원은 고유의 실정을 고려하여 증액지급의 항목과 기준을 달리 정할 수 있다.

6의1. 피고인에게 무죄가 선고된 경우에는 기본보수액의 100% 범위 내에서 증액하여 지급한다.

7. 재판장은 사안의 난이, 국선변호인이 수행한 직무의 내용, 사건처리에 소요된 시간과 노력 등을 고려하여 기본 보수액의 200%의 범위 내에서 증액하여 지급할 수 있다.

9. 재판장은 위의 각 기준에 불구하고 필요하다고 인정하는 때에는 보수액을 적절히 증감하여 최종보수액을 결정한다.

(3) 국선전담 변호사

국선전담 변호사 제도는 2004년 9월 1일부터 시행되었으며 국선변호 사건과 국가가 변호사 비용 등을 대는 소송구조 사건만을 맡을 수 있으며 개인적으로는 사건을 맡을 수 없다. 법원 행정처장이 위촉하며 2년 단위로 재위촉할 수 있다.[204][205]

적지 않은 시간동안 국선변호인은 사선변호인에 비하여 열의와 관심이 떨어져 피고인을 위한 변호 활동이 충분하지 못하다는 지적을 받아 왔다. 그 원인 중의 하나는 현행 국선변호인은 개인적으로 수임한 사건을 취급하면서 부수적으로 간혹 법원의 선임 결정에 따라 국선변호사건을 담당하게 되는데, 그 기본 보수가 너무 적어 국선변호사건을 상대적으로 소홀히 다루게 되는 것에 기인하고 있다는 지적이다. 이러한 문제점을 해결하고, 국선변호의 질적 수준을 향상시키기 위하여 국선변호 전담변호사 제도를 실시하기로 한 것이다.[206]

4. 판례

변호인을 접견하는 피의자에게 수갑을 채웠다면 국가가 피의자의 정신적 고통에 대해 배상을 하여야 한다. 서울중앙지법 민사71단독사건에서 법원은 "변호인을 접견할 때 경찰이 수갑을 채워 피해를 당했다"며 의료회사 노조원 이모 씨 등 3명이 국가를 상대로 낸 손해배상청구 소송에서 "국가는 이 씨 등에게 각각 2백만 원에서 3백만 원의 위자료를 지급하라"고 판결하였다.

재판부는 "변호인 접견은 피의자의 방어권 행사에 필수적인 절차인데도 경찰이 이 씨 등에게 수갑을 채운 것은 헌법상 보장된 신체의 자유와 변호인 접견교통권을 침해한 행위이고, 이로 인해 이 씨 등이 정신적 고통을 겪은 것은 명백하다"고 판시했다.

대법원은 소위 '일심회' 사건에서 피의자 접견 불허처분 취소에 불복해 검찰이 낸 재항고를 최근 기각하였다.[207] 대법원은 결정문에서 "변호인의 제척(除斥)과 같은 제도가 없는 우리 법

204 국선변호에 관한 예규 제21조(국선전담변호사의 위촉) ① 법원행정처장은 변호사 또는 법무법인·법무법인(유한)·법무조합(이하 "법무법인 등"이라 한다)으로 하여금 각급 법원(이하 지원을 포함한다)의 국선변호사건을 전담하여 처리하도록 위촉할 수 있다.

205 국선변호에 관한 예규 제21조의 1(국선전담변호사의 위촉기간) ① 국선전담변호사의 위촉기간은 2년으로 하되 재위촉할 수 있다.

206 국선전담 변호사는 보편적으로 월 25~30건의 사건을 맡으며 보수는 월 600만~800만 원 정도이다.

207 일심회 사건은 변호인인 김 모 변호사는 일심회 총책인 장모 씨가 작성했다고 의심받고 있는 '대북 보고 문건'에 자신이 거명됐다는 이유로 검찰이 피의자 접견 불허 처분을 내리자 이에 반발해 서울중앙지법에 준항고를 제기했고 법원은 이를 인용하였다. 검찰은 준항고가 받아들여지자 "헌법상 보장된 변호인 접견권과 형사소송법에 인정되는 접견교통권에는 차이가 있다"며 대법원에 재항고한 사건이다.

제 아래에서는 변호인의 접견 상대방인 신체구속을 당한 사람이 그 변호인을 자신의 범죄행위에 공범으로 가담시키려고 했다는 등의 사정만으로 그 변호인의 접견을 금지하는 것은 정당화될 수 없다"고 하였다.

또한 대법원은 "변호인이 신체구속을 당한 사람에게 법률적 조언을 하는 것은 그 권리이자 의무이다. 변호인이 피고인, 피의자에게 적극 허위진술을 하도록 하는 것이 아니라 단순히 헌법상 권리인 진술거부권을 알려주고 행사하도록 권고하는 것을 두고 변호사의 진실의무에 위배된다고 할 수 없다"고 하고 있다.

서울중앙지법 형사합의23부는 검찰이 공판에서 "A법무법인이 사건 관련자에게 수사기관에서 거짓 진술을 할 것을 지시한 내용이 담겨있어, 피고인의 유죄 판단에 중요한 증거"라며 이메일을 제출했고, 변호인 측은 "변호사와 의뢰인의 상담 내용이 증거로 사용될 경우, 형사소송법에 보장된 변호인 교통접견권이 침해될 수 있다"며 재판부에 기각을 요구했다. 이에 대해 법원은 피고인과 변호인이 주고받은 이메일에 대한 검찰의 증거 채택 신청을 기각했다. 하지만 법원은 변호인 상담기록 증거 채택의 위법 여부에 대한 법적 판단은 유보했다.

대법원은 일관되게 검사가 구속 중인 피의자와 그 변호인과의 접견을 불법으로 제한하고 기간 중에 작성한 피의자신문조서는 증거능력이 없다는 점을 판시하고 있다.[208]

헌법재판소는 "구속된 사람을 계호(戒護)함에 있어서도 1988년 12월 9일 제43차 유엔총회에서 채택된 '모든 형태의 구금 또는 수감상태에 있는 모든 사람들을 보호하기 위한 원칙' 제18조 제4항이 '피구금자 또는 피수감자와 그의 변호인 사이의 대담은 법 집행 공무원의 가시거리(可視距離)내에서 행하여 질 수는 있으나 가청거리(可聽距離)내에서 행하여져서는 아니된다'라고 적절하게 표현하고 있듯이 관계공무원은 구속된 자와 변호인의 대담내용을 들을 수 있거나 녹음이 가능한 거리에 있어서는 아니 되며 계호나 그 밖의 구실 아래 대화 장면의 사진을 찍는 등 불안한 분위기를 조성하여 자유로운 접견에 지장을 주어서도 아니 될 것이다"라고 하였다.[209]

208 대법원 1990.8.24. 선고 90도1285 판결.
209 헌법재판소 1992.1.28., 91헌마111.

5부

법원과 인권

떠오르는 태양은 작은 틈새 하나도 놓치지 아니하고 비추며, 흐르는 물은 웅덩이를 채우지 않고는 흘러가지 않는다. '서민의 언덕' 역할을 해야 할 법관이 사사로운 힘이나 권력으로 '유전무죄 무전유죄'의 재판을 해서는 안 된다. 지연된 정의는 불의이며 집행되지 않은 형은 사기이다.

제1장 형사소송의 절차와 이념

검사의 기소로 피의자는 피고인이 되면서 법정에서 재판을 받게 되며 이 단계를 공판단계라 한다. 공판단계에서 피고인은 형사사법의 주체자로서 검사와 대등한 위치에서 법의 심판을 받게 되며 공판단계는 피고인이 객관적 진실을 밝힐 수 있는 마지막 단계이다.

따라서 법원은 사법에 있어 최후의 보루자로서 공정하게 재판을 진행하여야 한다. 공판단계에서는 경찰이나, 검찰단계에서처럼 직접적이고 물리적인 인권침해가 가해질 확률은 적지만 정신적 인권침해를 할 여지가 있다.

최근 여러 사례를 통해 사법피해자들의 절규를 알 수 있다. 과거부터 존재하였던 학연, 지연을 바탕으로 한 판결과 약한 자에게 한없이 강하고 강한 자에게 약한 사법부의 판결은 아직 우리 사법부가 갈 길이 멀다는 것을 알 수 있다. 또한 고위직 공무원이나 대기업 임원 등에게는 집행유예가 자주 선고되나, 말단 공무원이나 일반 시민에게는 실형이 선고되는 현실은 우리의 사법 현실을 잘 대변해 주고 있다.

그러나 법원은 이러한 문제를 극복하고 재판을 통하여 '악한 자에게 준엄하고 약자에게 정의로운 판단'을 하여 사회질서를 바로잡아야 할 막중한 책임을 지고 있는 기관이라는 것을 명심하고 억울한 사법의 피해자가 없도록 하여야 할 것이다.

제1절 공판절차

공판단계는 검사의 공소제기로부터 재판이 확정되기까지의 과정을 의미한다. 형사소송법은 주로 법원의 공판절차를 규정하고 있다. 공판심리는 통상적으로 인정신문, 모두진술, 피고인신문, 증거조사, 최종변론의 순서로 진행된다. 그 중에서 피고인신문과 증거조사가 공판심리의 핵심적 절차이다. 증거재판주의, 자유심증주의, 무죄추정의 원칙은 형사재판의 기본원칙이며, 위법수집증거의 배제법칙, 자백배제법칙, 전문법칙, 자백보강법칙 등은 증거법의 기본원칙이다. 이러한 기본원칙들은 공정한 형사사법의 실현과 피고인의 인권 보장을 위한 것들임은 물론이다.

형사소송의 이념인 실체적 진실주의와 적정절차의 원리야말로 공정한 형사사법의 실현을 위하여 가장 기본적으로 요청되는 형사사법의 운용원리이다. 그 중에서 적정절차의 원리야말로 공판단계에서의 인권보장을 위한 헌법적 요청이다. 헌법은 또한 피고인의 무죄추정권과 신속하고 공정한 재판을 받을 권리 등을 피고인의 기본적인 권리로서 보장하고 있다. 특히 무죄추정권은 피고인뿐만 아니라 피의자에게도 보장되어야 함은 물론이다.

공판절차

- 모두절차: 인정신문 → 검사의 모두진술 → 진술거부권 등의 고지 → 피고인의 모두진술
- 사실심리절차: 피고인신문 → 증거조사 → 최종변론
- 판결선고절차: 형의 선고

제2절 형사소송의 이념

1. 신속·공정한 재판

신속·공정한 재판은 실체적 진실의 발견, 적정절차와 함께 형사소송법이 추구하는 이념이다. 신속한 재판은 피고인의 인권보장을 위해서는 물론 실체적 진실의 발견을 위해서도 요청된다. 왜냐하면 신속한 재판은 피고인의 장기구금을 방지할 수 있고, 증인·참고인 등의 잠적이나 사망 등으로 인한 방어능력의 상실을 방지할 수 있기 때문이다. 그리고 시간의 경과에 따른 증거능력의 감소 역시 고려해야 할 부분이다. 그러나 10년이 넘는 기간에 걸친 장기의 재

판으로 정신적, 물질적 피해를 보고 있는 사례들이 우리 주위에 적지 않게 있으니 엄청난 인권침해가 아닐 수 없다.

이러한 이유로 우리 헌법은 피고인이 신속하게 형사재판을 받을 권리를 보장하고 있으며,[210] 형사소송법, 소송촉진등에관한특례법 등은 형사재판의 신속을 위한 제도를 규정하고 있다. 예컨대, 구속기간의 제한,[211] 판결선고 기간의 제한,[212 213] 상소기간의 제한[214 215] 등은 형사재판의 신속을 도모하기 위한 제도이다.

그 외에도 간접적으로 신속한 재판의 실현과 밀접한 관련이 있는 제도들이 많다. 소송기록에 대한 변호인의 열람권 또는 등사권, 재판장의 소송지휘권, 집중심리주의, 당사자의 증거동의제도, 궐석재판제도, 간이공판절차, 약식절차, 즉결심판절차 등도 형사재판의 신속을 도모하기 위한 제도적 표현이다.

그러나 이러한 노력에도 불구하고 소송의 지연으로 인하여 피고인이 피해를 입고 있는 경우에 어떻게 구제할 것인가에 대한 직접적인 명문규정이 없다. 아직 우리 법원은 재판은 법원의 재량이라는 판례에 근거해 재판을 지연시키는 경우가 많으며, 미국은 공소기각, 일본은 면소, 독일은 양형의 고려사유로 보고 있는 것처럼 양형에서 유리한 효과를 부여하는 것[216]도 하나의 방안이 될 수 있을 것이다.[217]

---

210 대한민국 헌법 제27조 제3항 모든 국민은 신속한 재판을 받을 권리를 가진다.

211 형사소송법 제92조 (구속기간과 갱신) ① 구속기간은 2개월로 한다.
② 제1항에도 불구하고 특히 구속을 계속할 필요가 있는 경우에는 심급마다 2개월 단위로 2차에 한하여 결정으로 갱신할 수 있다. 다만, 상소심은 피고인 또는 변호인이 신청한 증거의 조사, 상소이유를 보충하는 서면의 제출 등으로 추가 심리가 필요한 부득이한 경우에는 3차에 한하여 갱신할 수 있다.

212 소송촉진 등에 관한 특례법 제21조 (판결 선고기간) 판결의 선고는 제1심에서는 공소가 제기된 날부터 6개월 이내에, 항소심 및 상고심에서는 기록을 송부 받은 날부터 4개월 이내에 하여야 한다.

213 소송촉진 등에 관한 특례법 제23조 (제1심 공판의 특례) 제1심 공판절차에서 피고인에 대한 송달불능보고서(송달불능보고서)가 접수된 때부터 6개월이 지나도록 피고인의 소재를 확인할 수 없는 경우에는 대법원규칙으로 정하는 바에 따라 피고인의 진술 없이 재판할 수 있다. 다만, 사형, 무기 또는 장기 10년이 넘는 징역이나 금고에 해당하는 사건의 경우에는 그러하지 아니하다.

214 형사소송법 제358조(항소제기기간) 항소의 제기기간은 7일로 한다.

215 형사소송법 제374조(상고기간) 상고의 제기기간은 7일로 한다.

216 배종대·이상돈, 앞의 책, 21쪽.

217 헌법재판소 1995.11.30. 선고 92헌마44 판결.

신속한 재판에 대한 헌법재판소의 판단[199]

신속(迅速)한 재판(裁判)을 받을 권리(權利)는 주로 피고인(被告人)의 이익(利益)을 보호하기 위하여 인정된 기본권(基本權)이지만 동시에 실체적(實體的) 진실발견(眞實發見), 소송경제(訴訟經濟), 재판(裁判)에 대한 국민의 신뢰와 형벌목적(刑罰目的)의 달성과 같은 공공(公共)의 이익(利益)에도 근거가 있기 때문에 어느 면에서는 이중적(二重的)인 성격을 갖고 있다고 할 수 있어, 형사사법체제(刑事司法體制) 자체를 위하여서도 아주 중요한 의미를 갖는 기본권(基本權)이다.

그리고 공정한 재판은 헌법이나 형사소송법상 명문화된 원칙은 아니지만 법치국가의 원리에 내재하고 있을 뿐만 아니라 헌법상 정당한 재판을 받을 권리[218]로부터 간접적으로 도출된 원칙이다.

한편 피고인에 대한 형식적 보호만으로는 인권침해에 대한 보호로 충분하지 못하다. 그것은 국가권력으로부터 인권의 실질적 보호를 받기 위한 주춧돌에 해당한다. 인권보장은 공정한 재판에서부터 출발하지만, 공정한 재판으로 끝날 성질의 것이 아니다. 영국의 권리장전에서부터 출발하여, 미국헌법 수정 제6조에 등장하였고, 세계인권선언 제10조에도 명확하게 규정되어 있는 것처럼 공정한 재판의 이념은 인권의 초기개념에서부터 출발하였다.

세계인권선언 제10조

모든 사람은 자신의 권리와 의무, 그리고 자신에 대한 형사상의 혐의를 결정함에 있어서, 독립적이고 편견 없는 법정에서 공정하고도 공개적인 심문을 전적으로 평등하게 받을 권리를 가진다.

형사소송법은 형사재판의 공정을 목적으로 한다. 죄 없는 자에게 형벌이 과해지고 죄 있는 자가 무죄가 된다면 이는 사법정의에 역행한다. 죄 있는 자는 처벌하고 죄 없는 자는 처벌하지 아니하는 것이 형사소송법이 추구하는 정의이다.

2. 실체적 진실

실체적 진실주의란 소송의 실체에 대하여 객관적 진실을 발견하여 사안의 진상을 명백히 해야 한다는 형사소송의 요청을 말한다. 실체적 발견주의라고도 하며 과거 형사소송의 유일한

218 대한민국 헌법 제27조 ① 모든 국민은 헌법과 법률이 정한 법관에 의하여 법률에 의한 재판을 받을 권리를 가진다.

목적으로 판단되던 시기도 있을 만큼 형사소송의 첫 번째 이념이라 할 수 있다.

민사소송은 당사자 처분주의가 인정되기 때문에 법원은 당사자의 주장이나 증거 등에 엄격히 구속되어 이들만을 기초로 하여 사실을 확정한다. 그러나 형사소송은 당사자의 주관적인 주장에 따라 진실을 밝히는 것이 아니라 객관적인 진실에 근거하여 국가형벌권이 실현된다. 그리고 실체적 진실주의는 사실을 확정한 결과 죄 있는 자를 빠짐없이 처벌하려는 측면과 죄 없는 자를 처벌하는 일이 없도록 하려는 양 측면이 있다.

즉 실체적 진실주의는 적극적 실체주의와 소극적 실체주의로 나누어 분류할 수 있다. 적극적 실체주의는 범죄의 사실을 밝혀 죄 있는 자는 빠짐없이 벌해야 한다는 것이고, 소극적 실체적 진실주의는 죄 없는 자를 유죄로 하여서는 안 된다는 것으로서 "의심스러울 때는 피고인의 이익으로" 라는 무죄 추정원리를 강조한다. 최근의 형사소송은 소극적 실체 진실주의에 중점을 두며 우리 형사소송법 역시 동일하다.

소극적 실체적 진실주의

- 열 사람의 범인을 놓치는 한이 있더라도 한 사람의 죄 없는 사람을 벌하여서는 안 된다 (Better ten guilty escape than one innocent suffer)
- 의심스러울 때는 피고인의 이익으로(in dubio pro reo)

형사재판의 내용이 공정하기 위해서는 사건의 실체적 진실이 발견되어야 하며 양형이 공평하여야 한다. 실체적 진실의 발견과 양형의 공평은 형사사법을 통한 정의실현을 위해서 필요할 뿐만 아니라, 나아가 형사사법에 있어서의 정의 즉 피고인의 인권과도 직결되는 형사소송의 목적에 해당한다.

실체적 진실의 발견을 위해 우리 법은 법원에 의한 직권조사, 증거재판주의, 자유심증주의, 자백배제법칙, 전문법칙, 상소제도, 재심제도 등을 두고 있다.

3. 적정절차

실체적 진실발견은 형사소송의 존재 의의라고 볼 수 있지만 형사절차에서 유일한 최고의 이념이라 보기는 곤란하다. 형사절차에서 실체적 진실의 발견만을 유일한 목적으로 이해하여 치중하다 보면 수사기관이 실체적 진실을 발견한다는 이유로 피의자의 인권을 침해하는 고문·폭행·협박으로 인권을 무시할 수 있기 때문이다. 따라서 실체적 진실 발견을 제한하고 반면 보완하는 원리로서 적정절차의 원칙이 인정되고 있다.

따라서 헌법과 형사소송법은 적정절차원칙을 실현하기 위하여 당사자주의 소송구조, 법관의 제척·기피·회피, 변호인의 조력을 받을 권리, 진술거부권, 위법수집증거의 배제법칙, 공소장일본주의, 이중처벌 금지의 원칙, 자백배제법칙, 자백보강법칙, 전문법칙, 무죄추정의 원칙, 형사보상청구권 등 다양한 제도와 권리를 보장하고 있으며 이러한 개별 제도를 떠나 적정절차의 원칙은 현대적 의미의 형사소송을 이끄는 지도적 이념이라 할 수 있다.

제2장 법원의 인권침해 유형

제1절 공개재판을 받을 권리

1. 공개재판의 원칙

공개재판은 재판의 전 과정을 일반에게 공개하여 누구나 방청할 수 있도록 허락하는 것을 말한다. 즉 공개재판주의는 심리와 판결을 누구나 방청할 수 있다는 의미이다. 이는 헌법상의 기본권으로 재판의 공정성과 형사사법에 대한 국민의 신뢰를 보장하기 위한 원칙이다.

헌법 제27조 제3항 제2문은 "형사피고인은 상당한 이유가 없는 한 지체 없이 공개재판을 받을 권리를 가진다"라고 명시하고 있다. 그러나 공개재판의 요청은 형사재판뿐만 아니라 모든 유형의 재판에서 요구되는 것이기 때문에 헌법 제109조 제1문에서 "재판의 심리와 판결은 공개한다"라고 규정함으로써 모든 재판은 공개재판을 하여야 한다는 원칙을 천명하고 있다. 다만 헌법 제109조 제2문은 "심리는 국가의 안전 보장 또는 안녕과 질서를 방해하거나 선량한 풍속을 해할 염려가 있을 때에는 법원의 결정으로 심리를 공개하지 않을 수 있다"라고 하여 제한된 범위에서 공개재판에 대한 예외를 인정하고 있다. 또한 법정 안에서의 녹화나 촬영, 중계방송은 재판장의 허가가 있어야 한다.[219]

또한, 법정의 크기에 따라 방청인의 수를 제한하거나, 법정의 질서 유지를 위하여 흉기 소

219 법원조직법 제59조(녹화 등의 금지) 누구든지 법정 안에서는 재판장의 허가 없이 녹화, 촬영, 중계방송 등의 행위를 하지 못한다.

지자의 입정을 금지할 수 있다. 특히 성폭력범죄사건에 대한 심리는 피해자의 사생활보호를 위하여 결정으로 공개하지 아니할 수 있고, 소년보호사건의 심리는 공개하지 않는 것이 원칙이다.[220]

2. 제척·기피·회피

법원의 심리와 재판은 공정해야 한다. 그러나 불공평한 재판을 할 우려가 있는 법관으로 법원이 구성된다면 공정한 재판을 기대할 수 없다. 이에 법원이 공정한 재판부로 기능하기 위한 제도적 담보장치가 요청되며 형사소송법은 제척과 기피 및 회피를 규정하고 있다.[221]

(1) 제척

제척이란 불공정한 재판을 할 우려가 큰 여러 경우를 설정하고 이에 해당하는 경우 법관을 직무에서 배제하는 것을 의미한다.[222] 주된 유형으로는 법관이 피해자이거나, 피해자나 피고인과 친족관계에 있는 경우, 기타 당해 사건과 관련이 있는 경우 등이다.

(2) 기피

기피는 제척사유가 있음에도 법관이 재판에 관여하는 경우나 불공평한 재판을 할 염려가 있는 경우에 법관을 직무에서 배제하는 것으로 재판 당사자인 검사나 피고인이 신청할 수 있

220 소년법 제24조(심리의 방식) ① 심리는 친절하고 온화하게 하여야 한다.
② 심리는 공개하지 아니한다. 다만, 소년부 판사는 적당하다고 인정하는 자에게 참석을 허가할 수 있다.

221 신동운, 간추린 형사소송법, 법문사, 2024, 201면.

222 제17조(제척의 원인) 법관은 다음 경우에는 직무집행에서 제척된다.
1. 법관이 피해자인 때
2. 법관이 피고인 또는 피해자의 친족 또는 친족관계가 있었던 자인 때
3. 법관이 피고인 또는 피해자의 법정대리인, 후견감독인인 때
4. 법관이 사건에 관하여 증인, 감정인, 피해자의 대리인으로 된 때
5. 법관이 사건에 관하여 피고인의 대리인, 변호인, 보조인으로 된 때
6. 법관이 사건에 관하여 검사 또는 사법경찰관의 직무를 행한 때
7. 법관이 사건에 관하여 전심재판 또는 그 기초되는 조사, 심리에 관여한 때
8. 법관이 사건에 관하여 피고인의 변호인이거나 피고인·피해자의 대리인인 법무법인, 법무법인(유한), 법무조합, 법률사무소, 「외국법자문사법」 제2조제9호에 따른 합작법무법인에서 퇴직한 날부터 2년이 지나지 아니한 때
9. 법관이 피고인인 법인·기관·단체에서 임원 또는 직원으로 퇴직한 날부터 2년이 지나지 아니한 때

다.[223]

(3) 회피

법관은 기피에 해당하는 사유가 있다고 판단한 경우에는 회피하여야 한다.[224]

제2절 재심과 인권

대법원에서 형이 확정되면 재심 외에는 무죄를 주장할 수 있는 방법이 없으며, 재심은 유죄의 확정판결에 중대한 사실인정의 오류가 있는 경우에 판결을 받은 자의 이익을 위하여 이를 시정하는 비상구제절차이다.[225]

재심은 법적안정성을 해하지 않는 범위 내에서 실질적 정의를 위하여 판결의 확정력을 제거하는 기능을 한다. 그러나 재심의 요건이 너무 엄격하여 법원에서 받아들여지기가 쉽지 않으며, 인혁당사건 등이 재심에서 무죄 판결이 선고된 것이 대표적이다.

대법원은 재심의 핵심적 이유인 증거의 '신규성'과 '명백성'을 엄격하게 해석한다.[226] 대법원

---

223 제18조(기피의 원인과 신청권자) ① 검사 또는 피고인은 다음 경우에 법관의 기피를 신청할 수 있다.
1. 법관이 전조 각호의 사유에 해당되는 때
2. 법관이 불공평한 재판을 할 염려가 있는 때
② 변호인은 피고인의 명시한 의사에 반하지 아니하는 때에 한하여 법관에 대한 기피를 신청할 수 있다.

224 제24조(회피의 원인등) ① 법관이 제18조의 규정에 해당하는 사유가 있다고 사료한 때에는 회피하여야 한다.
② 회피는 소속법원에 서면으로 신청하여야 한다.
③ 제21조의 규정은 회피에 준용한다.

225 형사소송법 제420조(재심이유) 재심은 다음 각 호의 1에 해당하는 이유가 있는 경우에 유죄의 확정판결에 대하여 그 선고를 받은 자의 이익을 위하여 청구할 수 있다.
1. 원판결의 증거된 서류 또는 증거물이 확정판결에 의하여 위조 또는 변조인 것이 증명된 때
2. 원판결의 증거된 증언, 감정, 통역 또는 번역이 확정판결에 의하여 허위인 것이 증명된 때
3. 무고로 인하여 유죄의 선고를 받은 경우에 그 무고의 죄가 확정판결에 의하여 증명된 때
4. 원판결의 증거된 재판이 확정재판에 의하여 변경된 때
5. 유죄의 선고를 받은 자에 대하여 무죄 또는 면소를, 형의 선고를 받은 자에 대하여 형의 면제 또는 원판결이 인정한 죄보다 경한 죄를 인정할 명백한 증거가 새로 발견된 때
6. 저작권, 특허권, 실용신안권, 의장권 또는 상표권을 침해한 죄로 유죄의 선고를 받은 사건에 관하여 그 권리에 대한 무효의 심결 또는 무효의 판결이 확정된 때
7. 원판결, 전심판결 또는 그 판결의 기초 된 조사에 관여한 법관, 공소의 제기 또는 그 공소의 기초된 수사에 관여한 검사나 사법경찰관이 그 직무에 관한 죄를 범한 것이 확정판결에 의하여 증명된 때 단, 원판결의 선고 전에 법관, 검사 또는 사법경찰관에 대하여 공소의 제기가 있는 경우에는 원판결의 법원이 그 사유를 알지 못한 때에 한한다.

226 대법원 1987.2.11. 선고 86모22판결. 대법원 1999.8.11, 선고 99모93 판결.

의 기존 판례는 무죄를 인정할 새로운 증거란 새롭게 드러난 증거의 증거가치가 기존 재판에서 제출된 증거보다 객관적으로 두드러지게 우위에 있어야 한다는 태도를 견지하고 있다.

그러나 우리나라의 형사사법 체계가 간이공판 등 효율성과 소송경제에 치우쳐 진실 발견 기능을 제대로 수행하지 못하는 현실에서 증거의 명백성을 제한적으로 해석한다면 재심제도는 유명무실해질 것이다. 이는 재심을 인권보장의 유력한 수단으로 적극 활용하고 있는 다른 나라의 추세에 반하는 후진적 사법 현실로 보인다.[227]

재심을 받아들인 사건인 대부분 국가보안법, 긴급조치법 등의 1970~80년대 사건이 대분이다. 예컨대, 민족일보사건, 이수근간첩사건, 강기훈 유서대필사건, 김대중내란음모사건, 인혁당사건, 부림사건, 수지김사건 등을 들 수 있다. 재심을 결정한 사건은 대부분 무죄가 선고되었다.

1. 인혁당사건

인민혁명당사건[228]은 1974년 4월 군사독재에 맞서 대학생들이 궐기하자 당시 중앙정보부가 국가보안법 위반 등의 혐의로 23명을 구속기소했으며 법원은 이 중 8명에게는 사형, 15명에게는 무기징역 및 징역 15년의 중형을 선고한 사건이다. 사형이 선고된 8명은 대법원 상고가 기각된 지 18시간 만에 형이 집행되었다.

당시 대법원은 "우리로서는 최선을 다한 것이다. 이 판결은 대법원이 심혈을 기울여 심리하고 선고한 것이므로 더 이상 불복의 여지가 없다"고 하였다.[229] 그러나 관련자 혐의에 대한 증거가 확보되지 않은데다 조사과정 중 고문사실까지 밝혀져 민주화운동 탄압을 위한 유신정권의 용공조작이라는 의혹이 제기되어왔다.

그 후 '인혁당사건'의 재심 여부를 판단하기 위한 특별 심리가 2003년 11월 24일 열렸다. 이 심리는 의문사진상규명위원회가 2002년 9월 "인혁당사건 관련자들의 신문조서와 진술조서가 위조되는 등 당시 중앙정보부에 의해 조작됐다"고 발표한 후 인혁당사건 유족들이 2002년 12월 법원에 재심을 청구한 이후 처음으로 열린 것이다. 재심 청구인들은 "이 사건은 공판조서 및 피의자 신문조서 변조, 수사관들의 고문 및 가혹행위, 무죄를 입증할 새로운 증거 발

227 국가인권위원회, 『인권백서』, 2004, 180~181쪽.

228 1975년 4월 9일 이날은 국제 법학자협회에 의해 '사법 사상 암흑의 날'로 규정된 날이다. 이른바 '인민혁명당재건위사건' 관련자로 조작된 도○○씨 등 8명이 유신정권의 철저한 조작으로 사법살해 된 날이다.

229 『서울신문』, 1975.4.10.

東亞日報 1975年4月10日

大統領緊急措置 7호 發動

人革黨관련 8명 死刑執行

어제오전 서울拘置所서 교수刑으로

2·15조치로 釋放됐던 民青學聯관련등 12명을 다시收監

高麗大에 休校令、軍進駐

校內集會·示威 일체禁止

8日午後5時

違反者 10~3年懲役刑

令狀 없이 체포·拘禁도

"他校도注視…對處할터"

"北傀誤判막게 團結을"

朴大統領 海士졸업식 致辭

| 인혁당사건 당시의 기사

견 등 재심사유가 충분하며", 또한, "부당한 공권력이 사법절차를 통해 고귀한 생명을 박탈한 반민주적 역사의 청산 계기로 삼아야 할 것"이라고 주장했다.

이러한 과정을 거쳐 2005년 12월 27일 재심을 결정하였고, 2007년 사형선고를 받은 8명 모두에 대해 무죄선고를 내렸고, 2008년 1월 23일 무기징역을 선고받은 14명 모두에게 무죄를 선고하였다. 또한 국가는 유족들에게 245억원의 배상을 하도록 하였다.

법원은 판결문에서 피고인들은 반국가단체를 만들어 조직적인 활동을 했다고 인정할 수 없고, 당시 공소사실을 일부 시인한 법정 진술도 물고문 등 수사기관의 가혹행위에 의해 이뤄진 것으로 증거능력이 없다는 이유로 무죄를 선고하였다.

2. 민족일보사건

민족일보사건은 1961년 군부세력이 혁신계 진보성향의 신문인 민족일보의 조용수 사장을 '간첩혐의자로부터 공작금을 받아 민족일보를 창간하고 북한의 활동을 고무 동조했다'는 혐의로 체포한 뒤 특수범죄처벌에관한특별법을 소급 적용해 처형하고 민족일보를 폐간 조치한 것을 말한다.

이 사건에 대해 진실·화해를 위한 과거사정리위원회는 2006년 11월 민족일보 조용수사건에 대해 진실규명 결정을 내렸고, 법원은 2007년 4월 재심을 결정하였다.

그 후 2008년 1월 28일 재심에서 무죄를 선고하였다. 법원은 일반인이 반국가단체의 활동을 동조하는 행위에 대한 처벌 규정이 없고, 이후 제정된 반공법으로도 피고인을 처벌할 수 없다고 하였다. 이와 함께 특수범죄처벌에관한특별법이 위헌이라는 주장에 대해 법원은 소급 적용 원칙과 평등 원칙 및 명확성 원칙 등에 위배돼 위헌적인 요소가 있다고 판단하면서도 이 법이 1962년 개정된 헌법에 따라 효력이 있다는 내용이 들어 있기 때문에 위헌으로 판결하지는 않았다.

이러한 판결은 당시의 우리 사법부가 '권력의 시녀'였음을 시인하는 것이라 할 수 있다. 당시의 잘못된 판단을 한 재판관들을 단죄할 길은 없지만, 진실은 기억해야 한다. 법원을 비롯한 국가기관은 부당한 권력 앞에 굴복해 죄 없는 이의 목숨을 빼앗는 데 협조한 지난날의 잘못을 뼈저리게 반성해야 한다.

제3절 배심제와 인권

1. 배심제의 의의

배심제란 법률전문가가 아닌 일반 국민들이 재판 또는 기소에 참여하여 사실문제에 관한 평결을 하는 제도이다. 배심제는 배심원이 유무죄 여부만 판단하는 소배심과 피의자를 기소할 것인지에 관하여 배심원이 결정하는 대배심(기소배심)이 있다.[230] 이에 반해 참심제는 사실의 인정은 물론 법률 적용, 판결에까지 법관과 함께 참여하는 것을 말한다. 현재 한국헌법상으로는 배심제 도입은 합헌이나 참심제는 위헌의 소지가 있다.

배심제는 공판중심주의의 실현으로 사법 불신을 극복할 수 있고, 일반인이 쉽게 납득할 수 있는 재판 결과를 기대할 수 있다는 장점이 있다. 이에 반해 비용이 많이 들고, 여론 재판이 우려되며 배심원들의 선입견이 개입될 여지가 있다는 단점이 제기되고 있다.[231]

230 배심제는 12~13세기 영국에서 시작되었다. 현재 배심제를 채택하고 있는 대표적인 국가는 미국으로 배심원은 12명이며 전원일치가 원칙이다. 일본은 1923년에 도입해 1943년에 폐지하였다.

231 미국의 OJ 심슨, 마이클 잭슨 사건처럼 변호사의 능력에 따라 유무죄가 좌우될 수 있다.

이러한 국민의 사법 참여는 재판에 대한 신뢰를 증진시킬 수 있는 방안이 될 수 있다.[232] 그동안 우리 형사사법은 2005년 5월 사법제도개혁추진위원회에서 '공판중심주의적 법정심리절차의 확보방안'을 추진하여 형사절차에서 피고인의 방어권 보장을 강화하고 공판중심주의적 법정심리절차를 확립하기 위하여 형사소송법 개정안을 제시하였다.

이를 계기로 배심제도 도입과 공판중심주의 강화, 재정신청 확대를 골자로 하는 '국민의 형사재판 참여에 관한 법률' 제정안 및 '형사소송법' 개정안이 2005년 4월 30일 국회 본회의를 통과했다. 1954년 형사소송법이 만들어진 이후 53년 만에 개정이 이뤄진 것이다. 즉 일반 국민으로 구성된 '배심원단'이 형사재판 유무죄와 양형 판단 과정에 참여하게 된 것이다. 근대 사법제도 도입 이래 110여 년간 유지해 온 직업법관에 의한 재판제도를 개혁한 것이다.

2. 배심제와 참심제

현재 배심제는 호주, 캐나다, 영국, 뉴질랜드를 포함하여 50여 개국에서 실시되고 있으며 가장 잘 운영되고 있는 국가는 미국이라고 볼 수 있다. 최근 러시아는 민주화의 발판으로 배심제를 재도입하였으며 아시아에서는 홍콩, 스리랑카 등에서 채택되고 있다. 일본은 1929년부터 1943년까지 배심제를 실시하다가 폐지하였지만 최근 사법개혁 논의와 함께 배심제와 참심제를 혼용하는 일본형 참심제를 운영하고 있다.

참심제란 일반 시민이 직업법관과 함께 재판부의 일원으로 참여하여 직업법관과 동등한 권한을 가지고 사실 문제 및 법률 문제를 판단하는 제도를 말한다. 독일, 프랑스, 이탈리아, 스웨덴, 덴마크 등 주로 유럽대륙 국가에서 사용하고 있는 제도이다.

우리의 국민참여재판제도는 배심원이 유무죄를 가리는 미국식 배심제와 형량을 판사에게 제시하는 독일식 참심제를 절충한 형태다. 영미의 배심제는 유무죄 판단을 배심원들에게만 맡기고 있고, 독일에서는 참심원들이 처음부터 법관과 상의하여 다수결로 판결을 내린다. 한국식 배심제는 먼저 배심원들이 유무죄를 판단하고 유죄로 평결되면 법관과 함께 양형을 의논하도록 하고 있다.

232 국민참여재판에 관한 제반사항을 규정하고 있는 국민의 형사재판 참여에 관한 법률은 제1조 목적에서 '사법의 민주적 정당성과 신뢰'를 높이기 위하여 제도를 시행함을 규정하고 있다.

3. 우리나라의 국민참여재판제도

국민참여재판의 대상사건은 사형, 무기 또는 단기 1년 이상의 징역 또는 금고에 해당하는 합의부 관할 사건과 일부 범죄이며, 피고인의 선택에 따라 시행되지 않을 수 있고,[233] [234] 일부 경우에 법원은 배제결정을 할 수 있다.[235] 배심원은 20세 이상의 국민 중에서 선정되며,[236] 배심원의 수는 5인에서 9인이다.[237]

재판장은 변론이 종결된 후 법정에서 배심원에게 공소사실의 요지와 적용법조 등을 설명하여야 하고, 심리에 관여한 배심원은 이러한 설명을 들은 후 유무죄에 관하여 평의하고, 전원의 의견이 일치하면 그에 따라 평결한다. 그리고 배심원은 유무죄에 관하여 전원의 의견이 일치하지 않으면 평결 전에 심리에 관여한 판사의 의견을 들어야 하고 이 경우 유무죄의 평결은 다수결의 방법으로 한다. 또한 평결이 유죄인 경우 배심원은 심리에 관여한 판사와 함께 양형에 관하여 토의하고 그에 관한 의견을 개진하고 재판장은 양형에 관한 토의 전에 처벌의

---

233 국민의 형사재판 참여에 관한 법률 제5조(대상사건) ① 다음 각 호에 정하는 사건을 국민참여재판의 대상사건(이하 "대상사건"이라 한다)으로 한다.
1. 「법원조직법」 제32조제1항(제2호 및 제5호는 제외한다)에 따른 합의부 관할 사건
2. 제1호에 해당하는 사건의 미수죄·교사죄·방조죄·예비죄·음모죄에 해당하는 사건
3. 제1호 또는 제2호에 해당하는 사건과 「형사소송법」 제11조에 따른 관련 사건으로서 병합하여 심리하는 사건

② 피고인이 국민참여재판을 원하지 아니하거나 제9조제1항에 따른 배제결정이 있는 경우는 국민참여재판을 하지 아니한다.

234 이는 참심제 이용의 선택권을 부여하지 않는 독일이나 프랑스와 구별된다. 참심제도와 배심제도를 혼용하고 있는 일본도 피고인에게 선택권을 부여하지 않고 있다.

235 국민의 형사재판 참여에 관한 법률 제9조(배제결정) ① 법원은 공소제기 후부터 공판준비기일이 종결된 다음날까지 다음 각 호의 어느 하나에 해당하는 경우 국민참여재판을 하지 아니하기로 하는 결정을 할 수 있다.
1. 배심원·예비배심원·배심원후보자 또는 그 친족의 생명·신체·재산에 대한 침해 또는 침해의 우려가있어서 출석의 어려움이 있거나 이 법에 따른 직무를 공정하게 수행하지 못할 염려가 있다고 인정되는 경우
2. 공범 관계에 있는 피고인들 중 일부가 국민참여재판을 원하지 아니하여 국민참여재판의 진행에 어려움이 있다고 인정되는 경우
3. 「성폭력범죄의 처벌 등에 관한 특례법」 제2조의 범죄로 인한 피해자(이하 "성폭력범죄 피해자"라 한다) 또는 법정대리인이 국민참여재판을 원하지 아니하는 경우
4. 그 밖에 국민참여재판으로 진행하는 것이 적절하지 아니하다고 인정되는 경우

② 법원은 제1항의 결정을 하기 전에 검사·피고인 또는 변호인의 의견을 들어야 한다.
③ 제1항의 결정에 대하여는 즉시항고를 할 수 있다.

236 국민의 형사재판 참여에 관한 법률 제16조(배심원의 자격) 배심원은 만 20세 이상의 대한민국 국민중에서 이 법으로 정하는 바에 따라 선정된다.

237 국민의 형사재판 참여에 관한 법률 제13조(배심원의 수) ① 법정형이 사형·무기징역 또는 무기금고에 해당하는 대상사건에 대한 국민참여재판에는 9인의 배심원이 참여하고, 그 외의 대상사건에 대한 국민참여재판에는 7인의 배심원이 참여한다. 다만, 법원은 피고인 또는 변호인이 공판준비절차에서 공소사실의 주요내용을 인정한 때에는 5인의 배심원이 참여하게 할 수 있다.
② 법원은 사건의 내용에 비추어 특별한 사정이 있다고 인정되고 검사·피고인 또는 변호인의 동의가 있는 경우에 한하여 결정으로 배심원의 수를 7인과 9인 중에서 제1항과 달리 정할 수 있다.

범위와 양형의 조건 등을 설명하여야 한다. 그러나 이러한 평결과 의견은 법원을 기속(구속)하지 못하고 권고적 효력이 있을 뿐이다.[238]

4. 배심제의 위헌여부

우리 헌법 제27조 제1항은 "모든 국민은 헌법과 법률이 정한 법관에 의하여 법률에 의한 재판을 받을 권리를 가진다"고 규정하고 있다. 따라서 법관에 의한 재판이 아닌 일반국민에 의한 재판은 헌법에 위배된다는 주장이 제기될 수 있으며 이러한 위헌시비를 불식시키고자 배심원의 평결에 권고적 효력만을 인정하고 있다. 그러나 배심제가 우리나라에 정착하려면 일반국민의 법 감정을 반영하고 민주적 정당성을 부여하는 국민참여재판제도 도입의 목적이 달성되도록 배심원의 평결이나 양형에 대해 기속적 효력을 부여해야 한다.

하지만 현재의 권고적 효력도 법관에 대해 간접적으로 영향을 미칠 수 있다. 즉 법관이 배심원의 평결과 다른 판결을 할 경우, 피고인에게 평결결과를 고지하고 그 이유를 설명해야 하기 때문에 법관이 독단적인 판단을 하기 어렵다.

제4절 신속한 재판

1. 재판 기간

앞서 본 형사소송법의 이념의 하나인 신속한 재판은 헌법이 규정한 국민의 권리이자 법원의 의무다. 지연된 정의는 불의이며 집행되지 않은 형은 사기이다. 프랜시스 베이컨은 "사법은 신선할수록 향기가 높다"고 하면서 신속한 재판의 중요성을 강조하였다. 1215년 민주주의의

---

238 국민의 형사재판 참여에 관한 법률 제46조(재판장의 설명·평의·평결·토의 등) ① 재판장은 변론이 종결된 후 법정에서 배심원에게 공소사실의 요지와 적용법조, 피고인과 변호인 주장의 요지, 증거능력, 그 밖에 유의할 사항에 관하여 설명하여야 한다. 이 경우 필요한 때에는 증거의 요지에 관하여 설명할 수 있다.
② 심리에 관여한 배심원은 제1항의 설명을 들은 후 유무죄에 관하여 평의하고, 전원의 의견이 일치하면 그에 따라 평결한다. 다만, 배심원 과반수의 요청이 있으면 심리에 관여한 판사의 의견을 들을 수 있다.
③ 배심원은 유무죄에 관하여 전원의 의견이 일치하지 아니하는 때에는 평결을 하기 전에 심리에 관여한 판사의 의견을 들어야 한다. 이 경우 유무죄의 평결은 다수결의 방법으로 한다. 심리에 관여한 판사는 평의에 참석하여 의견을 진술한 경우에도 평결에는 참여할 수 없다.
④ 제2항 및 제3항의 평결이 유죄인 경우 배심원은 심리에 관여한 판사와 함께 양형에 관하여 토의하고 그에 관한 의견을 개진한다. 재판장은 양형에 관한 토의 전에 처벌의 범위와 양형의 조건 등을 설명하여야 한다.
⑤ 제2항부터 제4항까지의 평결과 의견은 법원을 기속하지 아니한다.

초석이 된 대헌장 '마그나 카르타' 제40조에도 "정의와 사법을 거부하거나 지연시키지 않는다"는 존 왕의 다짐을 보면, 재판 지연에 따른 문제는 오랜 역사를 가지고 있다.

헌법 제27조는 '모든 국민은 신속한 재판을 받을 권리를 가진다'라고 규정하고 있다. 비록 헌법재판소가 1999년 법이 정한 기간 안에 선고하도록 노력해야 한다면서도 "이 기간 내에 반드시 판결을 선고해야 할 법률상 의무가 있다 볼 수 없다"고 하면서 구체적인 입법 형성이 필요하다고 하였다.

우리 형사소송법은 법원의 구속기간을 규정하고 있다. 재판을 위해 구속할 수 있는 기간은 1심 6개월, 2심과 3심 각각 4개월부터 6개월까지 합계 1년 2개월에서 1년 6개월에 이른다. 특히 재구속의 제한이 있기 때문에 검사 또는 사법경찰관에 의해 구속됐다가 석방된 사람은 다른 중요한 증거를 발견한 경우를 제외하고는 동일한 범죄사실로 재차 구속하지 못한다.

특히 선거법 위반 사범에 대한 신속한 재판은 민주주의의 근간이라고 할 수 있다. 만일 부정한 방법으로 선출된 공직자가 재판 지연 덕분에 계속 자리를 유지하거나 끝까지 임기를 채운다면 민주주의 자체를 무너뜨릴 수밖에 없다. 따라서 선거법 위반 사건 사건에 대해서는 15대 국회에서 여야 합의로 '선거범의 재판 기간에 관한 강행 규정'을 둔 이유다.

이른바 공직선거법 270조이다. 이 규정에 따르면 선거법 위반 사건의 1심 재판은 6개월 이내, 2심과 3심 재판은 각각 3개월 이내에 끝내도록 규정하고 있다. 하지만 법원은 이 규정을 제대로 지키지 않고 있다. 재판 기간에 대한 선거법 조항은 지켜도 그만, 안 지켜도 그만인 '훈시 규정'이 전혀 아니다. 분명히 법 조항에 '강행 규정'이란 문구와 '반드시 하여야 한다'는 표현이 들어가 있다.[239] 하지만 대법원은 선거법 조항을 강행규정이 아니라 훈시규정으로 보면서, 기간을 넘겨 선고하더라도 재판이 무효가 아니라고 고 있어 선거법 재판 진행은 제대로 이루어지지 않고 있다. 이러한 이유로 법원은 현재 야당대표를 검찰이 2022년 9월 이 대표를 선거법 위반으로 기소한 지 2년 2개월 만이 1심 판결을 하였다. 법정 기한을 1년 8개월이

239 공직선거법 제270조(선거범의 재판기간에 관한 강행규정) 선거범과 그 공범에 관한 재판은 다른 재판에 우선하여 신속히 하여야 하며, 그 판결의 선고는 제1심에서는 공소가 제기된 날부터 6월 이내에, 제2심 및 제3심에서는 전심의 판결의 선고가 있은 날부터 각각 3월 이내에 반드시 하여야 한다.

나 넘겼다.[240] 형법상 직무유기죄, 국가공무원법상의 성실의무 위반이 될 수도 있다.[241] 법조계 일각에선 법원이 재판을 신속하게 진행하려는 의지가 없기 때문에 이 같은 재판 지연이 반복되는 것이란 비판이 나온다. 반면 방대한 기록에 따른 증거조사 절차 등으로 인해 선거법이 정한 6개월 이내 1심 선고가 현실적으로 어렵다는 의견도 있다.

2. 재판 현황

대법원 법원행정처가 공개한 '2024년 사법연감' 형사편에 따르면, 2023년 1심 공판 합의사건 평균 처리기간은 구속 144.1일로 5개월 정도 소요되었다. 반면 불구속은 228.7일로 8개월가량에 달했다. 불구속 형사재판 기간이 구속보다 약 1.6배 길었다. 형사 단독사건 역시 불구속 재판이 길어지는 양상은 마찬가지다. 단독사건 평균 처리기간은 구속 110.7일(4개월), 불구속 180.7일(6개월)로 각각 나타났다.[242]

구속과 불구속에 있어 크게 차이 나는 이유는 검찰과 법원 모두 피고인이 구속기한 만료로 석방되기 전 형사재판을 마무리해야 한다는 인식으로 보인다. 1심 공판만 2년 넘게 진행되는 비정상적 형사사건이 유독 불구속 재판에서 많은 점 또한 문제라는 지적이 나온다.

2023년 전국 법원에서 1심 형사 합의재판 기간이 2년을 초과한 구속 피고인은 61명에 불과하다. 전체 1심 구속자가 5,353명인 점을 감안할 때 미미한 숫자다. 하지만 2년 이상 불구속 재판을 받은 피고인은 973명으로, 구속과 비교하면 16배나 압도적으로 많았다.

선거범의 재판기간

공직선거법 제270조(선거범의 재판기간에 관한 강행규정)
선거범과 그 공범에 관한 재판은 다른 재판에 우선하여 신속히 하여야 하며, 그 판결의 선고는 제1심에서는 공소가 제기된 날부터 6월 이내에, 제2심 및 제3심에서는 전심의 판결의 선고가 있은 날부터 각각 3월 이내에 반드시 하여야 한다.

240 이른바 '청와대 하명수사 및 울산시장 선거개입' 의혹으로 일컬어지는 선거법 재판은 무려 기소 4년여 만에 1심을 선고하였다. 또한 후원금 횡령혐의로 기소된 윤미향 전(前) 의원도 기소된 지 4년 2개월 만에 당선 무효형인 징역형이 확정되었지만, 의원 임기 4년을 다 채우고 난 뒤였다.

241 공무원이 정당한 이유 없이 그 직무수행을 거부하거나 그 직무를 유기하는 죄이다. 1년 이하의 징역이나 금고 또는 3년 이하의 자격정지에 처한다(대한민국 형법 제122조). 모든 공무원은 법령을 준수하여 성실히 직무를 수행하여야 한다(국가공무원법 제56조와 지방공무원법 제48조).

242 대법원 법원행정처, 사법연감, 2024.

6부

수용자과 인권

제1장 수용자의 인권쟁점
제2장 교정시설의 실태
제3장 수용자의 인권침해 유형

구금시설의 실상은 한 나라의 인권수준을 가늠하는 척도가 된다. '세상 어느 구석에서 고통 받는 사람이 있다면 바로 그가 이 세계의 중심'이라는 말이 있다. 따라서 장벽 너머의 사회와 격리되어 가족과 사회의 시선으로부터 차단되어 있는 수용자일지라도 최소한의 인권은 보장되어야 한다. 수용자가 진정한 의미의 사회구성원으로 통합되기 위해서는 인권의 존중이 모든 행형과정의 공통분모가 되어야 한다.

제1장 수용자의 인권쟁점

제1절 용어의 정의

수형자란 징역형·금고형 또는 구류형의 선고를 받아 그 형이 확정된 사람과 벌금 또는 과료를 완납하지 아니하여 노역장 유치명령을 받은 사람을 말한다. 그리고 수용자란 수형자·미결수용자·사형확정자 등 법률과 적법한 절차에 따라 교정시설(교도소·구치소 등)에 수용된 사람을 말한다.[243]

수용자는 구분수용하며 19세 이상은 교도소, 19세 미만은 소년교도소, 미결수용자는 구치소에 수용한다.[244] 그리고 수형자는 독거수용을 원칙으로 하고 예외적인 경우에만 혼거수용

---

243 형의 집행 및 수용자의 처우에 관한 법률 제2조 (정의) 이 법에서 사용하는 용어의 뜻은 다음과 같다. <개정 2016.12.2.>

1. "수용자"란 수형자·미결수용자·사형확정자 등 법률과 적법한 절차에 따라 교도소·구치소 및 그 지소(이하 "교정시설"이라 한다)에 수용된 사람을 말한다.
2. "수형자"란 징역형·금고형 또는 구류형의 선고를 받아 그 형이 확정되어 교정시설에 수용된 사람과 벌금 또는 과료를 완납하지 아니하여 노역장 유치명령을 받아 교정시설에 수용된 사람을 말한다.
3. "미결수용자"란 형사피의자 또는 형사피고인으로서 체포되거나 구속영장의 집행을 받아 교정시설에 수용된 사람을 말한다.
4. "사형확정자"란 사형의 선고를 받아 그 형이 확정되어 교정시설에 수용된 사람을 말한다.

244 형의 집행 및 수용자의 처우에 관한 법률 제11조 (구분수용) ① 수용자는 다음 각 호에 따라 구분하여 수용한다.

1. 19세 이상 수형자: 교도소
2. 19세 미만 수형자: 소년교도소
3. 미결수용자: 구치소
4. 사형확정자: 교도소 또는 구치소. 이 경우 구체적인 구분 기준은 법무부령으로 정한다.

을 하도록 규정되어 있지만[245] 현실적으로는 혼거수용을 하고 있으며, 소장은 수용자의 거실을 지정하는 경우에는 죄명이나 형기, 수용자의 개인적인 특성 등을 고려하여야 한다.[246] 그리고 수용자는 합리적인 이유 없이 차별받지 않는다.[247]

그리고 수형자와 관련되어 문제되고 있는 것이 미결수용자이다. 미결수용자는 형사피의자 또는 형사피고인으로서 구속영장의 집행을 받은 자를 말하며 이들은 무죄로 추정되나 도주나 증거를 인멸할 우려가 있기에 구속되어 있는 자이다. 그러므로 미결수용자는 구금된 상태이나 일반수형자와 같이 대우해서는 안 된다.

한편 우리나라의 수형자 인권이 열악한 이유는 우선 행형법상 교도소장에게 많은 권한이 부여되어 있어 실제 교도소에서의 인권은 결국 소장에게 달려 있다는 비판이 제기되고 있다. 또한 열악한 재정과 근무환경을 들 수 있다. 이는 교도관들로 하여금 수형자의 인권보다 교도소의 안전에 더 중점을 두는 결과를 초래하여 문제가 되고 있다. 마지막으로 일반 국민들의 무관심이다. 즉 범죄자는 처벌받아야 마땅하며 교도소 내에서의 구타, 폭행은 어느 정도 허용된다는 인식도 문제된다.

제2절 행형법의 개정

법무부는 1950년에 제정된 행형법을 제1차 전부개정인 1961년에 이어 45년 만에 두 번째로 전부 개정(제10차 개정)을 하였다. 이는 학계·법조계·인권단체 등의 다양한 의견을 수렴하여 개정 행형법이 명실상부하게 수용자의 '권리장전' 또는 '대헌장'이 되어야 한다는 목표 하에 전면 개정하였으며 수용자의 획기적 인권신장과 교정행정의 선진화에 도움이 되리라 본다.

개정법의 주요 개정내용을 보면 우선 법률의 명칭이 변경되었다. 즉 그 동안 사용하여 왔던

245 형의 집행 및 수용자의 처우에 관한 법률 제14조 (독거수용) 수용자는 독거수용한다. 다만, 다음 각 호의 어느 하나에 해당하는 사유가 있으면 혼거수용할 수 있다.
1. 독거실 부족 등 시설여건이 충분하지 아니한 때
2. 수용자의 생명 또는 신체의 보호, 정서적 안정을 위하여 필요한 때
3. 수형자의 교화 또는 건전한 사회복귀를 위하여 필요한 때

246 형의 집행 및 수용자의 처우에 관한 법률 제15조 (수용거실 지정) 소장은 수용자의 거실을 지정하는 경우에는 죄명·형기·죄질·성격·범죄전력·나이·경력 및 수용생활 태도, 그 밖에 수용자의 개인적 특성을 고려하여야 한다.

247 형의 집행 및 수용자의 처우에 관한 법률 제5조 (차별금지) 수용자는 합리적인 이유 없이 성별, 종교, 장애, 나이, 사회적 신분, 출신지역, 출신국가, 출신민족, 용모 등 신체조건, 병력, 혼인 여부, 정치적 의견 및 성적 지향 등을 이유로 차별받지 아니한다.

'행형법'이라는 법률의 명칭을 '형의집행및수용자의 처우에관한법률'로 변경하였다. 이는 과거 법률의 명칭인 '행형법'은 형을 집행한다는 의미를 내포하고 있어 수용자의 교화·개선보다는 처벌에 중점을 두는 경향이 있다. 따라서 이는 교정·교화를 목적으로 하고 있는 교정행정의 본래 취지를 온전히 담아낼 수 없는 한계가 있으므로, 개정 법률에서는 교정시설에 수용된 자의 처우 및 인권보호에 관하여 필요한 사항을 정하며, 수형자의 교정·교화와 건전한 사회복귀를 도모함을 목적으로 한다는 의미에서 '형의 집행' 및 '수용자의 처우'를 법률 명칭으로 사용하였다.

그리고 미결수용자는 무죄의 추정을 받으며 그에 합당한 처우를 받도록 하였으며, 수사 및 재판과정에서의 방어권 행사와 관련된 권리를 제한할 수 없도록 하여 미결수용자에 대한 처우를 확고히 하였다. 허가사항이었던 서신, 집필, 접견을 수용자의 기본적 권리로 전환하였고, 특히 서신에 있어 원칙적 검열·예외적 무검열에서 원칙적 무검열·예외적 검열로 변경하여 수용자의 기본적 인권인 외부교통권을 최대한 보장하였다.

신설하는 교정시설은 수용인원이 500명 이내의 규모가 되도록 하고, 거실은 수용자가 건강하게 생활할 수 있도록 적정한 수준의 공간과 채광·통풍·난방을 위한 시설이 갖추어져야 한다고 함으로써 그동안 과밀수용과 열악한 거실의 문제점을 어느 정도 해소하였다.

그러나 구금시설의 안전과 질서를 해하는 행위를 방지하기 위해 전자장비(CCTV)를 개별거실까지 허용하는 것은 주거의 자유에 대한 침해의 가능성이 있다. 특히 자해의 우려가 있는 수용자를 별도의 보호실 등에 수용하지 않고 전자장비의 사용이라는 사생활 침해의 방법으로 목적을 달성하는 것은 문제가 있다.

개정된 형의 집행 및 수용자의 처우에 관한 법률은 앞으로 수용자의 인권 신장, 외부교통권 및 사회적응력 강화, 교정행정절차의 투명성 제고, 수용환경의 개선 등의 면에 있어서는 진일보한 것이라 할 수 있지만 국제 인권 규약에는 미치지 못하는 측면이 있어 앞으로도 많은 관심과 개정이 필요하다.

제2장 교정시설 실태

제1절 과밀수용

현행법에 따르면 모든 재소자는 독방에 수용하는 것이 원칙이다. 그러나 전국의 54개 교도소, 구치소는 모두 정원을 크게 초과하여, 혼거실이 원칙처럼 운영되고 있다.

이렇게 시설의 부족으로 독방 원칙이 지켜지지 않으면서 재소자들은 더 흉폭하게 되고 혼거실에서는 동성 간에 성폭행도 빈번하게 발생하고 있으며, 교도관들도 교화에 중점을 두지 못하고 질서 유지에 많은 곤란을 겪고 있다.

최근 몇 년간 검찰·경찰의 불구속 수사원칙이 확대되면서 수용자의 수가 조금씩 줄고 있으나 여전히 적정 수용인원인 5만여 명을 훨씬 초과하고 있다. 이에 따라 재소자들의 1인당 공간은 0.69평에 지나지 않는다. 독일에서는 1인당 약 3평 이하에 해당하면 수용자의 기본권을 침해한 것이라고 판결하고 있으며, 국가인권위원회는 2004년 교도소 일반 사동이 아닌 징벌방에 대해서도 1인당 0.9평으로 넓힐 것을 권고하였으나 크게 개선된 사항은 없다.

또한 교도관 1명이 담당하는 재소자 수는 선진국에 비해 지나치게 많다. 2018년 기준 교정공무원은 1만 6천여 명으로 평균 5만 명 이상의 수용자를 관리하고 있다. 프랑스, 스웨덴, 일본 등의 선진국은 교도관 1명당 재소자수가 2명을 넘지 않지만, 우리나라는 3명을 넘는 수치에 달한다.

따라서 최근의 수용자 인권 향상과 처우 개선이 급격히 변함에 따라 교정공무원은 과도기적 위기에 처해 있다. 즉 교정공무원은 사회적 인정을 받지 못하고 열악한 근무환경 등으로 직업만족도가 낮다. 그뿐만 아니라 교정이념을 구현할 만한 여건이 충족되지 못한 상태에서 수용자에 대한 통제·관리와 보호·처우라는 모순적인 상태가 종전에 비해 극심하게 나타나고 있어 교정공무원은 근무에 어려움을 겪고 있다.

제2절 열악한 거주조건

법무부는 구금시설에 난방시설을 새로이 설치하는 등 시설 환경을 개선하려는 노력을 해왔다. 그러나 대부분의 구금시설들이 워낙 낙후한 상태에 있기 때문에 일반 시민의 평균적인 주거시설과 비교할 때 아직까지도 열악한 거주조건 속에 있다. 대부분의 구금시설에 새로이 설치된 난방장치는 단지 복도난방을 위함이다. 거실 자체는 난방이 되지 않아 추운 겨울철 거실에 부속되어 있는 화장실의 물이 꽁꽁 얼 정도로 춥다. 특히 안양교도소는 지금까지도 복도조차 난방시설이 되어 있지 않다.

국가인권위원회는 2004년 3월 "동료 수용자가 관규를 위반했을 때 연대책임을 물어 같은 거실 수용자들에게도 TV시청 및 선풍기 사용을 제한하는 것은 인권침해"임을 인정하고 관규위반에 대해 직접 책임이 없는 수용자가 TV시청 및 선풍기 사용에 있어 불이익을 받는 일이 없도록 TV시청 제한 기준을 개정하고 선풍기 사용 제한 조치를 폐지할 것을 대구교도소장에게 권고했다.

그러나 최근 문을 연 포항교도소는 최첨단 전자감시시스템과 수형자들을 위한 최신 시설을 갖춰 그동안 제기되었던 주거환경을 개선하였다. 또한 이 교도소는 우리나라 최초로 감시대가 없는 교도소라는 데에 그 의의가 있다. 하지만 거실내의 CCTV의 설치는 개인사생활이 침해될 염려가 있다는 비판이 제기되고 있다.

제3절 교정시설 통계

법무부의 전국 54개 교정시설의 통계(2024년 11월 기준)를 보면, 전국 교정시설 수용인원은 6만 3천명을 넘어섰다. 5만250명 정원보다 1만 3천명 초과해 수용하고 있다. 2021년 5만2,368명, 2022년 5만1,117명, 2023년 5만6,577명, 2024년 6만3,200명이다. 신축 교정시설의 평균 수용 인원이 500명 수준인 점을 고려하면 과밀 해소를 위해선 26개 시설이 추가로 필요하다. 1,000명 규모 교정시설 기준으로는 13개, 1,500명 규모 교정시설은 8.8개를 더 지어야 한다. 하루평균 수용 인원이 6만 명을 넘어선 것은 2002년(6만1084명) 이후 22년 만이다. 이러한 과밀화는 범죄로부터 사회 안전을 높이는 대신 범죄자들이 적정 수용 인원을 초과해 수용되는 과밀화 문제로 이어지고 있다.

전국 교정시설 평균 수용률(하루평균 수용 인원/수용 정원)은 2024년 11월 기준 125.9%에 달했다. 100명을 수용할 수 있는 공간에 126명이 수감돼 있다는 의미다. 2021년 106.9%, 2022년 104.3%, 2023년 113.3%에서 꾸준히 상승하는 추세다. 수용 정원이 가장 많은 서울구치소는 152.6%에 달한다.[248]

한편 2023년 재소자가 징벌을 받은 전체 건수는 3만323건으로, 2021년 2만1460명에 비해 41.3%가 크게 증가했다. 구체적인 징벌 사유별로는 △입실거부(8,402건) △수용자 간 폭행(6,166건) △기타(4,953건) △수용 생활 방해(3,943건) △일과 방해(2,185건) △물품 수수(1,339건) △직원 폭행 등(848건) 순으로 많았다. 이 가운데 입실거부가 가장 많은 이유는 교정시설의 과밀수용이 그 원인이다.

과밀수용은 수용자들을 감염병에 취약하게 만들 뿐 아니라 수용 환경 저하 등 교화에도 전반적인 악영향을 끼쳐, 사회로 복귀해야 하는 수용자의 재사회화에 큰 걸림돌이 되고 있다.

헌법재판소는 2016년 "과밀 수용은 인권침해"라며 위헌 결정을 내리고 1인당 수용면적 2.58㎡(0.78평) 이상을 확보하라고 촉구했지만(2013헌마142),[249] 지켜지지 않고 있다. 국가인권위원회 또한 2023년 교정시설 과밀수용이 인간 존엄성에 반하는 비인도적 처우라며 법무부 장관에게 교정시설의 1인당 적정 수용 면적을 법령에 규정하고 원칙적으로 과밀 수용을 금지하는 규정을 마련하라고 권고했다. 대법원도 2022년 7월 교정시설 과밀수용에 대한 국가배상 책임을 인정하는 판결을 내렸다.

248 법무부, 교정통계연보, 2024.

249 헌법재판소는 당시 구치소 1인당 수용면적이 1㎡ 남짓인 0.3평에 불과한 것은 위헌이라고 판단했다.

대법원 "수용자 1인당 2㎡ 미만 과밀수용은 위법"

국가가 인간 생존에 필요한 필수적이면서 기본적인 시설이 갖춰지지 않은 교정시설에 수용자를 수용하는 행위는 수용자의 인간으로서의 존엄과 가치를 침해하는 것으로서 위법한 행위가 될 수 있고, 수용자 1인당 도면상 면적이 2㎡ 미만인 거실에 수용되었는지를 위법성 판단의 기준으로 삼아 원고들에 대한 국가배상책임을 인정한다. 예상 밖의 수용률 폭증 때문에 잠시 과밀수용 상태가 된 것과 같은 특별한 사정이 없다면 과밀수용은 그 자체로 인권침해다(대판 2020다253287).

제3장 수용자의 인권침해 유형

제1절 보호장비 사용과 인권

1. 보호장비의 의의

수용자의 도주·폭행·소요 또는 자살의 방지 기타 교도소 등의 안전과 질서 유지를 위하여 필요한 경우에 사용하는 도구를 말한다. 계구로는 포승, 수갑, 사슬, 안면보호구가 있다. 계구는 징벌의 수단으로 사용하여서는 아니된다. 개정법에는 계구라는 단어 대신에 보호장비라는 단어를 사용하면서, 보호장비를 수갑, 머리보호장비, 발목보호장비, 보호대(帶), 보호의자, 보호침대, 보호복, 포승 등으로 열거하고 있다. 따라서 현재의 사슬, 안면보호구 등은 제외되었다.

피구금자 처우에 관한 최저기준규칙은 수갑, 사슬, 차꼬 및 구속복 등 계구는 결코 징벌의 수단으로 사용되어서는 안 되며, 특히 사슬과 차꼬는 계구로서 사용되어서는 안 된다고 하고 있다.

국가인권위원회 또한 2003년 7월 14일 사슬은 수용자의 기본적인 인간의 존엄성에 반한다고 하면서 사용하지 못하도록 권고하였지만 지금까지 법무부는 법을 개정하지 않고는 불가능하다는 입장을 취하였다.

2. 관련법규 및 판례

행형법은 "교도관은 수용자의 도주·폭행·소요 또는 자살의 방지 기타 교도소등의 안전과 질서 유지를 위하여 필요한 경우에는 계구를 사용할 수 있다"고 규정하고 있다. 계구는 당해 소장의 명령 없이 사용하지 못한다. 다만, 긴급을 요하는 때에는 사용 후 즉시 소장에게 보고하여야 한다. 계구는 교정사고의 방지를 위하여 필요한 최소한의 범위 내에서 사용하여야 한다. 교정사고의 위험이 없다고 인정될 때에는 지체 없이 계구의 사용을 중지하여야 한다.

계구의 사용은 사용 목적과 필요성, 그 사용으로 인한 기본권의 침해정도, 목적달성을 위한 다른 방법의 유무 등 제반 사정에 비추어 상당한 이유가 있는 경우에 한하여 그 목적달성에 필요한 최소한의 범위 내에서만 허용 된다"고 판시하고 있다.[250] 아울러 판례는 9일 동안 계속하여 계구를 사용한 경우라든지 소년수용자에 대해 27시간 동안 계구를 사용한 조치를 위법하다고 판시한 바 있다.[251]

헌법재판소는 계구는 수용자에 대한 직접강제로 작용하므로 이것이 사용되면 수용자는 팔다리 등 신체의 움직임에 큰 지장을 받게 되고 육체적·정신적 건강을 해칠 가능성이 높다고 지적하였다. 따라서 계구의 사용은 무엇보다 수용자들의 육체적·정신적 건강 상태가 유지되는 범위 내에서 이루어져야 하고 시설의 안전과 구금생활의 질서에 대한 구체적이고 분명한 위험이 임박한 상황에서 이를 제거하기 위하여 제한적으로 필요한 만큼만 이루어져야 한다. 그 경우에도 가능한 한 인간으로서의 기본적인 품위를 유지할 수 있도록 하여야 한다.

또한 헌법재판소는 피청구인이 수용시설의 안전과 질서 유지를 책임지는 교도소의 소장으로서 청구인의 도주 및 자살, 자해 등을 막기 위하여 수갑 등의 계구를 사용한 목적이 정당하고 이 사건 계구 사용 행위가 이를 위한 적합한 수단이라고 보았다. 그러나 청구인은 1년이 넘는 기간 동안 일주일에 1회 내지 많으면 수회, 각 약 30분 내지 2시간 동안 탄원서나 소송서류의 작성, 목욕, 세탁 등을 위해 일시적으로 해제된 것을 제외하고는 항상 이중금속수갑과 가죽수갑을 착용하여 두 팔이 몸에 고정된 상태에서 생활하였고 이와 같은 상태에서 식사, 용변, 취침을 함으로써 일상생활을 정상적으로 수행할 수 없었으므로 그로 인하여 신체적, 정신적으로 건강에 해를 입었을 가능성이 높고 인간으로서 최소한의 품위유지조차 어려운 생활을 장기간 강요당했다.

그리고 적어도 기본적인 생리현상을 해결할 수 있도록 일시적으로 계구를 해제하거나 그 사용을 완화하는 조치가 불가능하였다고 볼 수도 없고, 청구인에게 도주의 경력이나 정신적

250 대법원 1998.1.20., 96다18922.

251 대법원 1998.1.20., 96다18922. 대법원 1998.11.27., 98다17374.

불안과 갈등으로 인하여 자살, 자해의 위험이 있었다 하더라도 그러한 전력과 성향이 1년 이상의 교도소 수용기간동안 상시적으로 양팔을 몸통에 완전히 고정시켜둘 정도의 계구 사용을 정당화 할 만큼 분명하고 구체적인 사유가 된다고 할 수 없다. 따라서 이 사건 계구 사용행위는 기본권 제한의 한계를 넘어 필요 이상으로 장기간, 그리고 과도하게 청구인의 신체 거동의 자유를 제한하고 최소한의 인간적인 생활을 불가능하도록 하여 청구인의 신체의 자유를 침해하고, 나아가 인간의 존엄성을 침해한다고 결정하였다.[252]

특히 문제되는 것은 중형선고가 예정되는 미결수용자에게 자살·자해의 우려가 있다는 이유로 계구를 장기간 사용하는 것이 문제이다. 국가인권위원회는 미결수용자에게 약 6개월 동안 계속하여 금속수갑을 착용하게 한 것은 헌법 제10조의 인간의 존엄성 및 행복추구권을 침해하는 것이라며 법무부장관에게 시정을 권고하였다.

유엔의 피구금자최저기준규칙 제33조 제3호는 "피구금자가 자기 또는 타인에게 침해를 가하거나 재산에 손해를 주는 것을 다른 수단으로써는 방지할 수 없어서 소장이 명령하는 경우, 이 경우 소장은 지체없이 의사와 상의하고 상급행정관청에 보고하도록"하고 있으며, 또한 제34조에서는 "계구의 제식 및 그 사용방법은 중앙행형당국이 정하여야 한다. 이러한 계구는 엄격히 필요한 시간을 초과하여 사용되어서는 안 된다"고 하고 있다. 따라서 계구는 짧은 시간내에 필요최소한도의 범위 내에서 보충적으로 사용하여야 한다.

계구사용 국가인권위원회 결정(07진인1300)

진정인 ○○○은 2006. 11. 15 동료수용자와 싸움 중 교도관의 제지에 의해 중단된 후 관구실에서 조사를 받았는데, 조사 중 아무런 난폭행위나 흥분상태를 보이지 않고 조용히 조사를 받았으나 조사가 끝난 후 '만성설사증후군' 및 '공황장애'가 있는 진정인을 피진정인 ○○○ 관구계장이 수갑과 긴사슬로 묶어 7일간 식사시간에도 풀어주지 않으며, 피진정인 ○○○ 보안관리과장과 ○○○이 수시로 징벌사동에 와서 수갑과 긴사슬에 조금만 틈이 있어도 꽁꽁 묶고 조이는 가혹행위를 하였으며, 진정인이 '만성설사증후군'으로 7일간 15회 정도 화장실을 가야 하는데도 긴사슬을 채운 것은 과도한 계구를 사용한 것이다.

252 헌법재판소 2003.12.18., 2001헌마163.

제2절 징벌과 인권

1. 징벌의 의의

징벌은 수용자가 교도소 내에서 자해 행위를 하거나, 작업·교육 등을 거부하거나, 흉기·주류 등을 소지하는 경우에 교도소장이 내리는 일종의 벌이다. 징벌의 종류는 경고, 1월 이내의 신문 및 도서열람의 제한, 2월 이내의 신청에 의한 작업의 정지, 작업상여금의 전부 또는 일부의 삭감, 2월 이내의 금치를 규정하고 있다. 또한 징벌은 동일한 행위에 대하여 거듭하여 부과할 수 없으며, 행위의 동기 및 경중, 행위 후의 정황 기타 사정을 참작하여 수용 목적을 달성하는 데 필요한 최소한도에 그쳐야 한다.

2004년 5월 안동교도소에서 징벌을 부과 받은 재소자가 자살한 사건이 발생한 이후, 법무부 장관은 일선 교도소에 '연속 징벌을 금지하라'는 지침이 전달되었다고 한다. 그러나 연속 징벌이 행형법상의 모호하게 규정되어 지금까지 관행으로 되어 왔다. 따라서 모함이나 허점에서 비롯된 현장에서의 관행이었던 만큼 국제법과 기준에 근거한 현행법령의 개정이 절실하다.

2. 징벌의 원칙

징벌은 일사부재리원칙에 따라 동일한 행위에 대하여 거듭하여 부과될 수 없다. 그러나 행형법상의 징벌을 받은 자에 대한 형사처벌이 일사부재리의 원칙에 위반되는지에 관하여 판례는 "피고인이 행형법에 의한 징벌을 받아 그 집행을 종료하였다고 하더라도 행형법상의 징벌은 수형자의 교도소 내의 준수사항위반에 대하여 과하는 행정상의 질서벌의 일종으로서 형법 법령에 위반한 행위에 대한 형사책임과는 그 목적, 성격을 달리하는 것이므로 징벌을 받은 뒤에 형사처벌을 한다고 하여 일사부재리의 원칙에 반하는 것은 아니다."라고 하고 있다.[253]

또한 징벌은 행위의 동기 및 경중, 행위 후의 정황 등을 참작하여 수용목적을 달성하는 데 필요한 최소한도에 그쳐야 한다. 특히 징벌수단으로서는 가장 중한 징벌인 '금치'는 징벌의 최후수단으로 사용해야 한다. 즉 금치의 부과는 수용목적을 달성하기 위하여 불가피한 경우에 한하며, 징벌기간도 가능한 한 길지 않아야 한다.

253 대법원 2000.10.27. 선고 2000도3874 판결.

3. 금치

금치는 징벌을 받은 재소자를 징벌방에 수감하여 서신·접견 등 외부와의 교통을 완전히 차단하여 독서·운동·작업 등의 일상생활을 금지 하는 것을 말한다.

따라서 금치 명령은 '감옥 안의 감옥'으로 불릴 만큼 매우 고통스러운 형벌이라 할 수 있다. 그러나 금치 징벌의 고통스러움과 비인간성에도 불구하고 교도소 재소자들에게 집행된 징벌 가운데 1~2개월의 금치가 다수이다. 이는 금치 징벌이 재소자에게 미칠 정신적·신체적 고통에 대한 고려 없이 너무 쉽게 결정하지 않았나 하는 의심이 생긴다.

4. 인권보장을 위한 직무지침

우리나라는 1995년 '고문, 기타의 잔인하고 비인도적인 행위, 또는 처벌을 금지'하는 것을 내용으로 한 유엔 고문방지조약(CAT)에 서명·비준했다. 하지만 교도소 현장에서의 연속 징벌의 관행은 오랫동안 방치되어 왔었다. 오히려 현행법에 따르면 동일행위에 대한 중복 처벌이 아닌 이상 연속 징벌도 가능하다는 법무부의 해석에 따라 사실상 연속 징벌이 관행적으로 이루어져 왔다.

연속 징벌은 그동안 심각한 문제들을 야기해 왔다. 지난 10년 동안 평균 8~9명의 교도소 재소자들이 징벌기간 동안 자살했다. 또한 최고의 중징계라 할 수 있는 금치처분이 사소한 질서 위반에도 사용되어 왔다. 부산 교도소에서의 자살사건도 모두 사소한 질서 위반과 소란 등으로 인한 연속된 금치징벌이 원인이었다.

피구금자처우최저기준규칙 제31조는 "체벌과 암실구금, 그리고 모든 잔인하고 비인도적인, 또는 치욕적인 징벌은 규율위반에 대한 징벌의 수단으로 절대 사용될 수 없다"고 규정하고 있다. 피구금자처우최저기준규칙 제30조 제1항은 "어떠한 피구금자도 법령에 의하지 아니하는 사유로 징벌을 받아서는 안 된다"고 규정하고 있어 행형법이 정하고 있는 5가지 사유 이외의 다른 사유로 징벌을 부과해서는 안 된다.

한편 징벌은 과잉금지(비례성)원칙과 징벌의 부과 이외에 달리 다른 방법으로는 수용질서와 안전을 확보할 수 없는 불가피한 경우에만 사용되어야 한다. 특히 금치는 가장 강력한 징벌 수단이므로 가능한 수용질서 확립의 마지막 수단으로 사용하여야 하겠다.

또한 징벌기간 동안 수갑이나 쇠사슬을 재소자에게 장기간 채워놓는 행위는 개인의 존엄성과 이에 따른 신체적 정신적 결함을 초래할 수 있다. 아울러 징벌기간 도중 재소자의 최소한의 여가활동 마저 금지하고 있다. 따라서 이러한 관행들은 징벌자의 인권과 자살방지를 위

해서도 반드시 시정되어야 한다.[254]

개정 형의 집행과 수용자 처우에 관한 법률의 징벌 내용

경고, 50시간 이내의 근로봉사, 3개월 이내의 작업장려금 삭감, 30일 이내의 공동행사 참가 정지, 30일 이내의 신문 열람 제한, 30일 이내의 텔레비전 시청 제한, 30일 이내의 자비구매물품(의사가 치료를 위하여 처방한 의약품을 제외한다)사용 제한, 30일 이내의 작업 정지, 30일 이내의 전화통화 제한, 30일 이내의 집필 제한, 30일 이내의 서신수수 제한, 30일 이내의 접견 제한, 30일 이내의 실외운동 정지, 30일 이내의 금치(禁置)

254 우리 정부가 가입한 유엔의 '고문방지협약(CAT)'은 징벌기간동안 재소자에게 최소한의 옥외활동 등을 허가할 것을 명시하고 있다.

7부

사회이슈와 인권

사회정의와 인간의 존엄성 가운데 무엇이 우선일까? 흉악범에게도 인권이 존재할까? 사람은 피해를 입으면 누구나 원한과 복수심이 생긴다. 범죄자를 죽인다고 원한과 복수심이 치유될까? 진정 범죄자와 피해자의 인권을 동시에 보장할 수 있는 방법은 없을까? 그것은 궁극적으로 용서와 화해일 것이다.

제1장 청소년범죄와 인권

1. 청소년범죄의 개념

과거 소년범죄를 성인범죄와 구분하지 않았던 시기도 있었지만 중세를 거쳐 근대부터는 소년범죄를 구분하였으며, 현대적인 의미의 소년사법은 20세기 이후 미국에서 관련 법규의 탄생 등으로 발달하기 시작하였고 우리나라는 1958년 소년법이 제정되었다.

소년범죄에 대한 정의나 규정은 국가별로 조금씩 차이가 있지만 우리나라의 경우 형법과 소년법 등에 의하면 소년범죄는 14세 이상 19세 미만의 소년에 의한 범죄행위와 10세 이상 14세 미만의 소년에 의한 범죄행위를 의미한다.

2. 소년 비행의 원인

일반적으로 1990년대 이후 소년범죄가 급격하게 증가하며 사회문제화 되었다고 보는 경우도 있지만 특정 시점에 갑자기 소년범죄가 증가하였다고 보기에는 무리가 있다. 다만 과거에도 있었던 보편적이고 일시적으로 볼 수 있는 소년 비행이 사회의 변화에 따라 건수도 증가하며 범죄로 발전된 경우가 많아졌다고 판단된다.

즉 급격한 도시화로 공동체 구성원의 사회적 연대감이 상실되어 공동체의 비행통제기능이 약화되었으며, 핵가족화에 의한 가정기능의 약화, 인성교육의 장이 되어야 하는 학교의 기능 저하, 그리고 가치관의 변화와 다양화, 매스컴의 발달[255] 등이 소년 비행과 소년범죄에 큰 영

255 박상기·손동권·이순래, 『형사정책』, 한국형사정책연구원, 2013, 514~516 참조.

향을 미쳤다고 볼 수 있다. 특히 이러한 요인 중 청소년에게 큰 파급효과가 있는 매스컴의 발달은 긍정적인 측면보다 폭력과 선정성 등 부정적인 측면으로 영향을 미친것으로 파악된다.

3. 청소년범죄의 실태와 특징

소년범죄를 바라보는 시각에는 악화론과 안정화론이 있다. 악화론에 의하면 소년범죄는 질적으로나 양적으로 점차 악화되어 소년범죄를 저지르는 연령이 점차 낮아지고 그 내용도 폭력적이 되어가며 소년범죄의 발생건수도 급격히 증가하고 있다는 시각이다. 이와 달리 안정화론에 따르면 소년범죄의 실상은 급격한 증가추세의 경향에 있는 것이 아니며 다만 언론보도 등으로 인하여 사회적으로 위험하게 인식되고 있을 뿐이라는 시각이다.[256]

최근 통계의 주요한 측면을 보면, 2016년 기준으로 소년범죄자는 총 76,000명으로 몇 년간 큰 등폭은 없는 것으로 볼 수 있다. 그러나 그중 4대 강력 범죄가 3,343건이며 중학교 재학 중인 소년이 12,594명, 고등학교 재학 중인 소년이 31,454명이다. 즉 전체건수는 변화가 없지만 적지 않은 강력 범죄가 소년에 의해 발생하고 있으며 일반적으로 소년범죄를 학교를 다니지 않은 특별한 소년에 의해 범해지는 범죄로 인식하기 쉬우나 다수가 학교를 다니는 학생에 의해 발생하고 있다는 것을 알 수 있다. 그리고 여러 통계를 보면 연령이 조금씩 낮아진 것은 사실이며 소년범죄 중 전과는 26,260건[257]으로 역시 적지 않은 수치를 보이고 있다. 이러한 측면에서 소년범죄는 심각성을 가지고 접근할 필요가 있으며 조치결과[258]를 보더라도 최근 제기되고 있는 소년법 개정논의와 연결되어 향후 깊은 고민이 필요한 부분이다.

4. 소년법 검토

소년법은 반사회성 있는 소년의 품행교정을 위한 보호처분과 형사처분에 관한 특별조치를 규정하여 소년이 건전하게 성장하도록 돕는 것을 목적으로 한다.[259] 그리고 보호의 대상으로 죄를 범한 소년과 형벌 법령에 저촉되는 행위를 한 10세부터 14세까지의 소년, 그리고 여러

256 박상기·손동권·이순래, 위의 책, 509쪽.

257 이상의 자료는 대검찰청의 2016년『범죄백서』(668~719쪽)를 참고한 자료이다.

258 소년보호송치가 20,597건, 불기소처분이 32,235건이다.

259 소년법 제1조(목적) 이 법은 반사회성이 있는 소년의 환경 조정과 품행 교정을 위한 보호처분 등의필요한 조치를 하고, 형사처분에 관한 특별조치를 함으로써 소년이 건전하게 성장하도록 돕는 것을 목적으로 한다

요인으로 향후 형벌 법령에 저촉되는 행위를 할 우려가 있는 10세 이상의 소년을 규정하고 있으며,[260] 이를 각각 범죄소년, 촉법소년, 우범소년이라 한다.

또한 보호처분은 소년을 보호할 수 있는 자에게의 감호위탁부터 수강명령이나 사회봉사명령, 그리고 보호관찰과 소년원 송치 등 총 10개가 규정되어 있다.[261]

이러한 소년법의 여러 규정들은 비록 범죄와 연관되기는 하였지만 일차적으로 소년을 처벌의 대상이 아닌 보호의 대상으로 보고 장기적으로 성인범죄자가 되지 않도록 지도, 교화시키는 것에 그 주된 목적이 있으며 적지 않은 연구와 고민에 의한 결과물이라고 볼 수 있다.

그러나 소년법의 이러한 취지와 여러 노력에도 불구하고 소년범죄는 개선이 되고 있지 않으며, 최근의 여러 소년범죄는 사회구성원 다수의 분노와 연결되어 소년법 개정과 폐지 주장에 까지 이르는 광범위한 비난을 받고 있으며 형법상 형사미성년자 규정도 개정에 대한 요구가 강한 실정이다.

특히 최근 소년범죄의 흉포화, 증가로 인한 소년법 개정에 대한 논쟁이 뜨겁다. 현행 소년법상으로는 14세미만자에 대해서는 형사처벌을 할 수 없는데, 이에 대하여 형사처벌 연령을 낮추자는 주장이 제기되고 있다. 이에 대하여 범죄예방을 위해 14세에서 13세나 12세로 하향조정하자는 주장과 이렇게 낮춘다 하더라도 범죄예방의 효과는 미미하고 오히려 소년에 대

260 소년법 제4조(보호의 대상과 송치 및 통고) ① 다음 각 호의 어느 하나에 해당하는 소년은 소년부의 보호사건으로 심리한다.

1. 죄를 범한 소년
2. 형벌 법령에 저촉되는 행위를 한 10세 이상 14세 미만인 소년
3. 다음 각 목에 해당하는 사유가 있고 그의 성격이나 환경에 비추어 앞으로 형벌 법령에 저촉되는 행위를 할 우려가 있는 10세 이상인 소년
   가. 집단적으로 몰려다니며 주위 사람들에게 불안감을 조성하는 성벽이 있는 것
   나. 정당한 이유 없이 가출하는 것
   다. 술을 마시고 소란을 피우거나 유해환경에 접하는 성벽이 있는 것

261 소년법 제32조(보호처분의 결정) ① 소년부 판사는 심리 결과 보호처분을 할 필요가 있다고 인정하면 결정으로써 다음 각 호의 어느 하나에 해당하는 처분을 하여야 한다.

1. 보호자 또는 보호자를 대신하여 소년을 보호할 수 있는 자에게 감호 위탁
2. 수강명령
3. 사회봉사명령
4. 보호관찰관의 단기 보호관찰
5. 보호관찰관의 장기 보호관찰
6. 「아동복지법」에 따른 아동복지시설이나 그 밖의 소년보호시설에 감호 위탁
7. 병원, 요양소 또는 「보호소년 등의 처우에 관한 법률」에 따른 소년의료보호시설에 위탁
8. 1개월 이내의 소년원 송치
9. 단기 소년원 송치
10. 장기 소년원 송치

해서는 처벌보다는 교화가 중심이 되어야 한다는 주장이 맞서고 있다. 특히 소년법 개정에 반대하는 견해들은 범죄예방을 위해서는 현재 보호관찰관 1명이 평균 134명을 보호관찰 청소년을 관리하고 있는 이러한 현실을 바꾸는 것이 무엇보다 중요하다고 한다. 현재 법무부는 소년범죄 예방을 위한 대책으로 형사처벌의 연령을 14세 미만에서 13세미만으로 낮추는 것을 골자로 하는 소년법 개정을 추진하고 있다.

<국가별 형사책임 최저연령>

연령	국가수	주요국가
18세 미만	5	룩셈부르크, 벨기에 등
16세 미만	14	스페인, 포르투갈, 아르헨티나, 중국(마카오) 등
15세 미만	8	덴마크, 핀란드, 스웨덴, 체코 등
14세 미만	40	한국, 독일, 일본, 이탈리아, 오스트리아, 중국, 러시아, 대만, 북한 등
13세 미만	18	프랑스, 우즈베키스탄, 알제리 등
12세미만	17	캐나다, 네덜란드, 영국(북아일랜드), 브라질, 이스라엘 등
11세미만	2	터키, 멕시코
10세미만	18	호주, 뉴질랜드, 말레이시아, 스위스, 중국(홍콩), 영국(웨일즈 포함) 등
9세미만	6	필리핀, 방글라데시 등
8세미만	10	인도네시아, 케냐, 영국(스코틀랜드) 등
7세미만	32	태국, 인도, 싱가포르, 카타르, 이집트, 사우디아라비아 등
없음	7	이란, 이라크, 코스타리카 등

UN아동인권위원회, 『형사정책연구』, 2012.

제2장 성범죄와 인권

2000년대 이후 성범죄는 광범위하게 증가하였고 최근의 미투운동 등 다양한 측면에서 사회문제화 되었다고 볼 수 있다. 과거 성범죄가 특별하게 인식되지 않은 이유는 성 자체가 금기시된 우리 풍토와 적지 않은 관계가 있지만 인터넷 등 각종매체의 발달은 성범죄를 수면 위로 올렸음은 물론 다양한 성범죄와 연관되기도 하였다. 그리고 일부 언론의 자극적인 기사는 성범죄에 대한 심각성을 필요 이상으로 부각시키기도 하였고 이에 따른 사회적 분노는 성범죄에 대한 여러 제도를 탄생시키기에 이르렀다. 그러나 성범죄 억제를 위한 여러 제도가 합리적으로 운용되고 있는지, 그리고 다른 범죄와의 형평성에 문제는 없는지는 항상 고려하여야 한다. 특히 외국의 제도를 무분별하게 도입한 것은 아닌지, 그리고 각종 제도의 부가적 처분이 죄형법정주의의 적정성의 원칙에 반하는 것은 아닌지 깊은 고민이 필요할 것이다.

제1절 신상공개제도

1. 신상공개제도의 개념 및 찬반론

각종 성범죄를 범하여 유죄판결이나 약식명령이 확정된 자, 그리고 공개명령이 확정된 자는 신상정보등록대상자가 되며 대상자는 판결 확정 30일 이내에 신상정보를 제출하여야 한다.[262] 본 제도는 미국의 메건법[263]을 시초로 하며 1990년대 이후 인터넷의 급속한 보급과 함께 청소년 성매매, 즉 원조교제가 문제되어 2000년 7월 청소년 성보호에 관한 법률의 시행에 따라 우리나라에 도입되었으며 현재 성폭력범죄의 처벌 등에 관한 특례법으로 규정되어 있다.

이러한 신상공개제도에 관하여 찬성하는 입장에서는 초기의 목적처럼 청소년 대상 성범죄의 근절을 위한 불가피한 조치로 보며 최근 적용이 확대된 부분도 성범죄에 대한 강력한 대응 및 사회 보호차원에서 필요성이 있다고 한다. 그리고 이중처벌 논란에 대해서는 형벌이 아니고 범죄예방 수단이라는 점에서 이중처벌로 볼 수 없으며 오히려 보다 강력한 제도의 보완을 주장하고 있다.

이에 반해 반대하는 입장에서는 신상공개제도가 당사자의 인격권을 침해할 뿐만 아니라, 이중처벌에 해당하여 헌법에 위반된다고 본다. 더구나 아무런 죄 없는 가족들도 죄 값을 받아야 하는 것은 헌법이 금하는 새로운 형태의 연좌죄라고 비판한다. 그리고 신상공개제도를 통하여 성범죄율이 감소되지 않는다는 점도 반대논거로 제시되며, 성범죄의 우발성과 정신적인 측면에서의 일반 범죄와의 차이점 등을 문제로 제기하기도 한다.

2. 헌법재판소의 판단

2002년 7월 헌법재판소는 신상공개제도에 대하여 입법 목적이 해당 범죄인의 신상과 범죄행위를 공개함으로써 일반 국민에게 경각심을 주어 유사한 범죄를 예방하여 그 정당성 및 수단의

262 성폭력범죄의 처벌 등에 관한 특례법 제43조(신상정보의 제출 의무) ① 등록대상자는 제42조 제 1항의 판결이 확정된 날부터 30일 이내에 다음 각 호의 신상정보(이하 "기본신상정보"라 한다)를 자신의 주소지를 관할하는 경찰관서의 장(이하 "관할경찰관서의 장"이라 한다)에게 제출하여야 한다. 다만, 등록대상자가 교정시설 또는 치료감호시설에 수용된 경우에는 그 교정시설의 장 또는 치료감호시설의 장(이하 "교정시설등의 장"이라 한다)에게 기본신상정보를 제출함으로써 이를 갈음할 수 있다. <개정 2014.12.30., 2016.12.20.>

1. 성명
2. 주민등록번호
3. 주소 및 실제거주지
4. 직업 및 직장 등의 소재지
5. 연락처(전화번호, 전자우편주소를 말한다)
6. 신체정보(키와 몸무게)
7. 소유차량의 등록번호

263 1994년 7월 New Jersey 해밀턴타운에 살던 7살 소녀 메간 니콜 칸카(Megan Nicole Kanka)는 강아지를 주겠다는 이웃 사람의 꼬임에 그의 집에 들어갔다가 잔인하게 강간·살해되어 시체가 근처 공원에 유기 되었다. 이 범죄자는 두 번이나 유죄판결을 받은 성범죄자였고 이에 Megan의부모는 만약 그 남자가 성범죄 전과자라는 사실을 알았더라면 혼자 보내지 않았을 것이라고 주장하면서 성범죄자의 신상을 공개할 수 있는 입법의 제정을 주장한 결과 뉴저지 주에서 이른바 Megan's Law라 불리게 된 법령이 제정되었다.

적합성도 인정되어 합헌이라고 판시하였다.[264]

구체적으로 이중처벌 문제에 관하여는 헌법상 '처벌'이 국가가 행하는 일체의 제재나 불이익처분을 모두 포함하는 것은 아니며 공개되는 신상과 범죄 사실은 이미 공개재판에서 확정된 유죄판결의 일부로서 공익 목적을 위하여 이를 공개하는 과정에서 부수적으로 수치심 등이 발생된다고 하여 이것을 기존의 형벌 외에 또 다른 형벌로서 수치형이나 명예형에 해당한다고 볼 수는 없어 이중처벌금지 원칙에 위배되지 않는다고 판단하였다. 그리고 신상공개제도로 인하여 기본권 제한상의 차별을 초래하나, 그 입법 목적과 이를 달성하려는 수단 간에 비례성을 벗어난 차별이라고 보기 어렵고, 달리 평등권을 침해한 것이라고 볼 수 없다고 판단하였다.

그러나 위헌으로 판단한 재판관 5인은 신상공개제도는 사회적 인격상에 관한 자기결정권을 현저하게 제한함으로써 범죄인의 인격권에 중대한 훼손을 초래하고 소위 '현대판 주홍글씨'에 비견할 정도로 수치형과 매우 흡사한 특성을 지니며 이는 인간으로서의 기본적인 존엄과 가치를 보장하는 것이 국가적 의무임을 천명한 우리 헌법의 이념에 정면으로 배치되는 것이며, 일반 범죄자 등과 청소년 성매수자를 차별할 만한 다른 합리적 이유는 찾기 어렵고, 그 차별의 이유와 차별의 내용 사이의 적절한 균형관계를 인정할 수 없으므로 평등원칙에 위배된다고 보았다.

또한 형벌은 개인의 자유와 안전에 대한 중대한 침해를 가져오는 탓에 국가적 제재의 최후수단(ultima ratio)으로 평가되나 이미 그러한 형벌까지 부과된 마당에 형벌과 다른 목적이나 기능을 가지는 것도 아니면서 형벌보다 더 가혹할 수도 있는 신상공개를 하도록 한 것은 국가공권력의 지나친 남용이며 신상공개로 인해 공개대상자의 기본적 권리가 심대하게 훼손되는 데에 비해 그 범죄억지의 효과가 너무도 미미하거나 불확실한 바, 이러한 점에서도 법익의 균형성을 현저히 잃고 있다고 판단하였다.[265]

264 헌재 2003.6.26., 2002헌가14.

265 다수의 재판관이 이렇게 위헌판단을 하였지만 위헌결정이 나려면 재판관 6인 이상이 위헌결정을 하여야 한다.

제2절 위치추적 전자장치

위치추적 전자장치는 성범죄를 포함한 특정범죄를 저지른 사람에게 위치추적장치(일명 전자발찌-발목에 착용)를 부착하며 재범 방지를 도모하는 제도이다.[266]

성폭력범죄로 징역형을 선고받은 사람이 종료 후 10년 이내에 성폭력범죄를 저지르거나 부착 받은 전력이 있음에도 다시 성폭력범죄를 저지른 경우, 성폭력범죄를 2회 이상 범하여 습벽이 인정되거나 19세 미만에 대한 성폭력범죄나 장애가 있는 사람에게 성폭력범죄를 저지른 경우 검사는 부착 명령을 법원에 청구할 수 있다.[267]

그리고 법원은 부착 명령을 선고하며 야간 등 특정시간대의 외출제한, 특정지역 출입금지, 주거지역의 제한, 피해자 등에 대한 접근금지, 치료프로그램의 이수 등을 부과할 수 있으며,[268] 피부착자는 전자장치를 임의로 분리, 손상하거나 전파방해 등으로 그 효용을 해하여서

266 특정 범죄자에 대한 보호관찰 및 전자장치 부착 등에 관한 법률 제1조(목적) 이 법은 특정범죄를 저지른 사람의 재범방지를 위하여 형기를 마친 뒤에 보호관찰 등을 통하여 지도하고 보살피며 도움으로써 건전한 사회복귀를 촉진하고 위치추적 전자장치를 신체에 부착하게 하는 부가적인 조치를 취함으로써 특정범죄로부터 국민을 보호함을 목적으로 한다.

267 특정 범죄자에 대한 보호관찰 및 전자장치 부착 등에 관한 법률 제5조(전자장치 부착명령의 청구) ① 검사는 다음 각 호의 어느 하나에 해당하고, 성폭력범죄를 다시 범할 위험성이 있다고 인정되는사람에 대하여 전자장치를 부착하도록 하는 명령(이하 "부착명령"이라 한다)을 법원에 청구할 수있다.

1. 성폭력범죄로 징역형의 실형을 선고받은 사람이 그 집행을 종료한 후 또는 집행이 면제된 후 10년 이내에 성폭력범죄를 저지른 때
2. 성폭력범죄로 이 법에 따른 전자장치를 부착받은 전력이 있는 사람이 다시 성폭력범죄를 저지른 때
3. 성폭력범죄를 2회 이상 범하여(유죄의 확정판결을 받은 경우를 포함한다) 그 습벽이 인정된 때
4. 19세 미만의 사람에 대하여 성폭력범죄를 저지른 때
5. 신체적 또는 정신적 장애가 있는 사람에 대하여 성폭력범죄를 저지른 때

268 특정 범죄자에 대한 보호관찰 및 전자장치 부착 등에 관한 법률 제9조의2(준수사항) ① 법원은 제9조 제1항에 따라 부착명령을 선고하는 경우 부착기간의 범위에서 준수기간을 정하여 다음 각 호의 준수 사항 중 하나 이상을 부과할 수 있다. 다만, 제4호의 준수사항은 500시간의 범위에서 그 기간을 정하여야 한다.

1. 야간 등 특정 시간대의 외출제한
2. 특정지역·장소에의 출입금지

2의 2. 주거지역의 제한

3. 피해자 등 특정인에의 접근금지
4. 특정범죄 치료 프로그램의 이수
5. 그 밖에 부착명령을 선고받는 사람의 재범방지와 성행교정을 위하여 필요한 사항

는 안 되며 주거이전과 7일 이상의 여행, 출국 시에는 보호관찰관의 허가를 받아야 한다.[269]

위치추적 전자장치는 성범죄 관련제도 중 가장 실효성이 있다고 평가되는 제도이다. 그러나 신상공개제도와 마찬가지로 이중처벌 문제가 제기되고 있으며 기본권 침해에 관한 논란도 지속되고 있다. 무엇보다 실효성이 장점으로 인식되고 있지만 장치를 훼손하고 도주 후 다시 성범죄를 저지르는 경우와 장치를 부착한 상태에서도 성범죄를 저지르는 사례가 있어 제도 자체에 대한 회의적인 시각도 적지 않다.

제3절 성충동 약물치료

성충동 약물치료는 성폭력범죄를 저지른 성도착증 환자가 성폭력범죄를 다시 저지를 위험성이 있다고 인정되는 경우 성충동을 억제하는 약물치료를 실시하는 제도로,[270] 성도착증 환자는 정신건강의학과 전문의의 감정에 의하여 성적 이상 습벽으로 인하여 자신의 행위를 스스로 통제할 수 없다고 판명된 사람이다.[271]

약물치료의 요건은 비정상적 성적 충동, 욕구를 억제하거나 완화하기 위한 의학적 방법으로 과도한 신체적 부작용을 초래하지 않아야 하며 의학적으로 알려진 방법대로 시행되어야

---

269 특정 범죄자에 대한 보호관찰 및 전자장치 부착 등에 관한 법률 제14조(피부착자의 의무) ① 전자장치가 부착된 자(이하 "피부착자"라 한다)는 전자장치의 부착기간 중 전자장치를 신체에서 임의로 분리·손상, 전파 방해 또는 수신자료의 변조, 그 밖의 방법으로 그 효용을 해하여서는 아니 된다.
② 피부착자는 특정범죄사건에 대한 형의 집행이 종료되거나 면제·가석방되는 날부터 10일 이내에 주거지를 관할하는 보호관찰소에 출석하여 대통령령으로 정하는 신상정보 등을 서면으로 신고하여야 한다. <신설 2010.4.15., 2017.12.12.>
③ 피부착자는 주거를 이전하거나 7일 이상의 국내여행을 하거나 출국할 때에는 미리 보호관찰관의 허가를 받아야 한다.

270 성폭력범죄자의 성충동 약물치료에 관한 법률 제1조(목적) 이 법은 사람에 대하여 성폭력범죄를 저지른 성도착증 환자로서 성폭력범죄를 다시 범할 위험성이 있다고 인정되는 사람에 대하여 성충동 약물치료를 실시하여 성폭력범죄의 재범을 방지하고 사회복귀를 촉진하는 것을 목적으로 한다.

271 성폭력범죄자의 성충동 약물치료에 관한 법률 제2조(정의) 이 법에서 사용하는 용어의 뜻은 다음과 같다.
1. "성도착증 환자"란 「치료감호 등에 관한 법률」 제2조제1항제3호에 해당하는 사람 및 정신건강의학과 전문의의 감정에 의하여 성적 이상 습벽으로 인하여 자신의 행위를 스스로 통제할 수 없다고 판명된 사람을 말한다.

하며,[272] 검사는 성도착증 환자로서 성폭력범죄를 다시 범할 위험성이 인정되는 19세 이상의 사람에 대하여 정신건강의학과 전문의의 진단이나 감정을 받은 후 법원에 약물치료명령을 청구할 수 있다.[273]

---

272 성폭력범죄자의 성충동 약물치료에 관한 법률 제3조(약물치료의 요건) 약물치료는 다음 각 호의 요건을 모두 갖추어야 한다.

1. 비정상적 성적 충동이나 욕구를 억제하거나 완화하기 위한 것으로서 의학적으로 알려진 것일 것
2. 과도한 신체적 부작용을 초래하지 아니할 것
3. 의학적으로 알려진 방법대로 시행될 것

273 성폭력범죄자의 성충동 약물치료에 관한 법률 제4조(치료명령의 청구) ① 검사는 사람에 대하여 성폭력범죄를 저지른 성도착증 환자로서 성폭력범죄를 다시 범할 위험성이 있다고 인정되는 19세 이상의 사람에 대하여 약물치료명령(이하 "치료명령"이라고 한다)을 법원에 청구할 수 있다.
② 검사는 치료명령 청구대상자(이하 "치료명령 피청구자"라 한다)에 대하여 정신건강의학과 전문의의 진단이나 감정을 받은 후 치료명령을 청구하여야 한다.

제3장 국가보안법과 인권

제1절 국가보안법의 제·개정사

국가보안법은 자본주의의 이식, 사회주의자에 대한 탄압의 필요성, 반공이데올로기의 유지 등의 목적이 결합되어 형법이 제정되기 훨씬 이전인 1948년 12월 1일 그 저주스러운 탄생의 눈물을 뿌렸다. 이 법을 가장 필요로 한 것은 일제하에서 민족의 이익을 배반하고 변신한 이승만 정권하의 친미 반공세력이다. 여순항쟁으로 위협을 느낀 이들 친미 반공세력은 서둘러 국가보안법을 제정하였으니, 이 법의 반민족·반민주성은 여기에서 비롯된다. 이 법은 사사오입 개헌 이후 위기에 처한 이승만 정권에 의해 1958년 12월 24일 경찰이 동원된 가운데 개악되었다.

한국전쟁을 거쳐 진행된 분단의 고착화는 국가보안법의 고착화의 역사이다. 4·19혁명으로 탄생한 제2공화국 하에서 극히 부분적으로 개정이 이루어지긴 했지만, 곧 이어 5·16군사쿠데타로 성립한 국가재건최고회의에서 반공법의 제정으로 더욱 강화된다. 1960년대 이후 수출주도형 경제성장 과정 속에서 제국주의국가의 요구라는 외적 요인과 근대화 및 반공주의라는 군사파시즘의 정당성 확보의 과정 속에서 반공법과 국가보안법은 중앙정보부와 함께 법이라기보다는 공포의 상징물로 국민들의 뇌리에 각인되었다. 물론 이 과정에서 반대자에 대한 용공조작을 통하여 숱한 '관제공산주의자'를 배출하여 법에 의한 테러로서 국가권력의 정당성을 확보했던 것은 물론이다.

그리고 이 법은 1980년대에 들어와 5·17군사쿠데타 세력이 주도하는 '국가보위입법회의'에서 박정희 정권하에서의 반공법을 통합해서 현재의 '국가보안법'으로 개정되었다. 이것은 외형적으로는 그동안 국제적 비난을 면치 못했던 반공법의 폐지라는 모습을 띠었지만, 실제로는 반공법의 내용을 그대로 국가보안법에 흡수한 것이었다. 그러나 1980년대 후반 이후 고양된 민주화운동의 열기는 국가보안법의 위력을 둔화시키기에 충분하였고, 그러한 사정과 동구권의 몰락을 포함한 정세의 변화와 1990년 헌법재판소의 한정합헌 판결을 계기로 하여 1991년 날치기 국회에서 일부 개정되긴 하였지만 그 골격에 있어서는 군부독재 시절의 그것과 마찬가지인 채로 오늘에 이르고 있다.

제2절 국가보안법의 적용 경향

국가보안법이 제정될 당시 그 주된 적용대상은 북한과 남로당의 지하세력이었다. 국가보안법이 제정된 바로 다음 해인 1949년 한 해 동안 국가보안법으로 처벌된 인사가 11만 8천여 명에 이르렀던 것은 당시의 시대적 상황을 웅변적으로 증명해주는 단적인 예이다. 한국전쟁의 과정을 거치면서 50년대 중반 이후 남한 내의 무장세력이 거의 완전하게 궤멸되고 내란적 상황이 종식된 후에는 그 존재의의가 약화되었음에도 불구하고, 반공이데올로기를 유일한 정당성의 기반으로 삼았던 이승만 정권은 국가보안법을 악용하여 진보당사건과 같은 크고 작은 조작사건을 만들어 권력유지를 위한 수단으로 삼았다.

박정희 정권이 등장한 이후 군부독재의 위력에 짓눌려 시민사회의 정치력, 조직력이 미약했던 70년대 말까지 국가보안법과 반공법은 어떠한 기능을 하였는가. 인민혁명당사건(1964. 8.), 통일혁명당사건(1967. 8.), 인민혁명당재건위원회사건(1974. 4.), 남조선민족해방전선준비위원회사건(1979. 10.) 등에서 반정부적 조직들이 양 법에 의하여 파괴되었을 뿐만 아니라, 단순한 반대파 정치인이나 소위 '재야인사'의 발언과 활동도 반공과 분단이라는 성역을 조금이라도 훼손할 경우에는 이 법으로 탄압받았다. 그리고 학생운동은 물론 반공이데올로기를 훼손하는 언론인, 작가의 활동도 타격을 받았다. 이 뿐만 아니라 대학교수의 강의 내용, 고등학교 교사의 수업내용까지도 문제삼아 처벌하였다. 심지어는 "6.25 도발은 소련놈과 미국놈의 책동에 의한 것이다", "공산주의는 목적은 나쁘지만 그 방법은 나쁘지 않다"는 등의 조금이라도 반공·분단이데올로기에서 일탈하는 사안은 처벌되었으며, 전문 우표수집가가 북한의 선전문구가 있는 우표를 매입, 취득한 경우까지도 양 법은 놓치지 않고 처벌하였다. 게다가 경찰관의 부당한 처사에 항의하면서 "우리나라 법이 빨갱이 법보다 못하다"라고 발언한 경우조차도 구속될 정도였다.

80년대 전반기에도 독재정권은 국가보안법으로 미국의 광주항쟁에 대한 책임을 묻는 행위까지도 가혹하게 처벌하였다. 그리고 체제에 대한 비판학습을 하는 소모임 들이 처벌되었으며 소위 불온서적을 출판·판매하는 경우는 말할 것도 없고 단지 소지하고 있는 경우에도 처벌되었다. 85년대 중반 이후 국가보안법은 적용대상을 보다 분명히 하여 일련의 사회운동조직들을 파괴하고, 진보적 사상을 전파하려는 활동들을 탄압하였다. 또한 국가보안법은 88년 중반이후로 촉발된 민중주도의 통일운동 및 '북한바로알기운동'에 대하여도 분단이데올로기의 약화를 방지하기 위하여 탄압하였다. 문익환 목사, 임수경 양, 문규현 신부, 황석영 씨 등의 경우가 대표적인 예이다. 특히 최근에 들어와서는 비합법적 노동운동 조직은 물론 합법적인 제도권 내의 노동운동 진영에까지 국가보안법은 무차별적으로 적용되고 있다.

국가보안법은 세계적으로 냉전 체제가 종식되었음에도 불구하고, 남북 간의 '분단 상황'과 이를 정치적으로 이용해 온 정권에 의해 지속적으로 남용되어 온 측면이 있다. 남북간의 적대와 대결을 전제로 해온 국가보안법의 적용 실태는 2000년 6월의 남북정상회담 이후 적지 않은 변화가 나타났다. 가장 큰 변화는 6.15공동선언 이후 구속자수가 대폭 감소했고, 실형 선고율이 현저히 감소했다는 점이다.

즉 국가보안법에 의한 구속자 수나 실형 선고가 대폭 줄어드는 등 국보법이 사실상 사문화하고 있는 것으로 드러났다. 법무부가 2004년 법무부 국정감사의 국가보안법 위반사범 현황에 따르면 국보법 위반사범은 1999년 506명에서 2004년 7월 현재, 75명으로 크게 줄어든 것으로 집계됐다. 이중 구속된 사범 역시 1999년 312명에서 2000년 130명, 2001년 126명, 2002년 131명, 2003년 84명으로 줄어들어 구속율도 99년 61.7%에서 2003년 50.9%, 2004년 37.3%로 확연한 감소세를 보였다.

보안법 사범에 대한 법원의 판단도 관대해졌다. 즉 2000년 1심 법원에 접수된 법위반 사범은 196건이었으나 이중 실형은 31건(15.8%)에 머물렀다. 2001년 116건 접수에 실형은 25건(21.6%), 2002년 140건 중 14건(10.0%), 2003년은 93건 중 9건(9.7%)에 그쳤다. 나머지는 대부분 집행유예였다.

내용면에서 대부분의 보안법 사범은 대표적 독소조항으로 지적돼온 국가보안법 제7조(이적단체, 찬양고무, 이적표현물 소지 등) 위반자들이다. 동법 제7조 위반자는 1999년 447명으로 전체의 88.3%를 차지했고, 2000년에는 254명(88.8%), 2001년 224명(90.7%), 2002년 219명

(94.8%), 2003년 145명(87.9%), 2004년 상반기 68명(90.7%)이었다.

인권단체들은 "보안법 사범 중 70% 이상이 한총련 관련인 점을 감안하면 국보법은 이제 한총련을 제어하기 위한 법으로 전락한 셈"이라고 말하고 있다.

사실상 사문화한 국가보안법을 폐지론자들은 '껍데기'에 불과한 보안법은 없어져야 한다는 쪽이고, 존치론자들은 실질적 폐해가 없는 만큼 상징적으로 놔두자는 주장이다. 하지만 법이 탄생, 성장, 소멸한다는 법정신에 비춰볼 때 사문화된 법은 폐지해야 한다는 것이 법조계의 지적이다.[274]

제3절 국제사회의 권고

그동안 국가보안법에 대한 문제는 국내외 시민사회를 넘어 국제NGO 및 국제기구에서도 계속적으로 제기되어 왔다. 대표적인 국제인권단체인 국제사면위원회(Amnesty International)는 말할 것 없고, 유엔인권위원회(Commission on Human Rights)와 자유권 규약위원회(Human Rights Committee)도 한국정부에 국가보안법을 폐지하라는 의견을 수차 밝혀왔다. 심지어 미국정부마저 미 국무부가 해마다 발표하는 연례 세계인권보고서를 통해 국가보안법의 반인권성과 문제점을 여러 차례 지적해 왔다. 예컨대, 유엔인권위원회는 1995년 11월 21일 인권특별보고관의 '대한민국에 관한보고'를 통해 국가보안법의 입법과 적용상의 문제점을 강하게 비판하면서 그 폐지를 강력히 권고하였고, 자유권규약위원회도 1992년 7월 29일 '시민적, 정치적권리에관한국제규약(International Covenant on Civil and Political Rights)'에 관한 한국정부의 최초 보고서를 심의한 후 "국가보안법이 국제인권규약에 명시된 권리들을 완전히 실현시키는 데 있어 주요 걸림돌"이라고 지적하면서 "국가보안법을 점진적으로 폐지하기 위한 진지한 시도가 있어야 한다"고 권고하였으며, 1999년 11월 1일 한국정부의 2차보고서에 대한 논평에서도 한국정부가 국가보안법을 단계적으로 폐지해야 한다고 권고하였다. 자유권규약위원회는 그 외, 국가보안법 피해자들의 개인통보(Individual Communication)사건(박○○ 씨, 사건번호 628~1995; 김○○씨, 사건번호 674~1994; 신○○씨 사건, 사건번호 926~2000) 157)에서도 이들을 국가보안법으로 처벌한 것은 국제인권규약 위반이라고 결론 내리면서 이들에게 적절한 보상

274 『동아일보』, 2004.9.16.

을 포함한 효과적인 구제조치를 취할 의무가 있다고 결정한 바 있다. 이처럼 국제인권기구를 비롯한 국제사회의 의견은, 국가보안법은 한국 인권분야의 최대 문제점으로 국제인권기준에 크게 미달하므로 폐지되어야 한다는 것이고, 그 근거로는 국가보안법이 국제인권규약에 위배되고 형사법의 대원칙인 죄형법정주의의 명확성 원칙에 위배된다는 점과 오남용 및 한국정부의 대북화해협력 정책과의 모순성 등을 지적했다.

제4절 국가보안법의 문제점

북한이 '반국가단체', '적'이 아니고 '평화애호국' 내지 '국가'임이 인정된 이상 기타의 국가보안법 상의 조항 모두 그 존립근거를 상실하게 된다. 반국가단체 구성·가입(제3조), 목적수행(제4조), 자진지원·금품수수(제5조), 잠입·탈출(제6조), 찬양·고무·동조(제7조 제1항),[275] 이적단체 구성·가입(제7조 제3항), 이적표현물 제작·배포(제7조 제5항), 회합·통신(제8조), 편의제공(제9조), 불고지(제10조)[276] 등의 각종 조항들도 또한 존립근거를 잃을 수밖에 없다. 그렇기 때문에 그러한 조항들에 대한 법이론적 분석을 하는 것 자체가 불필요한 측면이 없지 않지만, 국가보안법의 위헌성을 확인하는 차원에서 개괄적으로만 고찰하고자 한다.

첫째로, 전술한 바대로 국가보안법은 헌법 제4조의 평화통일 조항에 위배된다. 이 점에 대해서는 헌법 제3조와의 관련에서 어느 조항이 우월한가의 논의가 있지만, 헌법 제3조의 영토조항은 사문화된 명목상의 조항에 불과하며, 결코 제4조의 평화통일조항에 우선할 수 없다고 보아야 한다. 국가보안법은 헌법이 지향하고 선언한 평화적 통일 노력을 국민들에게 포기하도록 강요하는 법이기 때문에 당연히 위헌적인 법률인 것이다.

275 국가보안법 제7조는 헌법상의 언론, 출판, 학문, 예술과 관련된 표현의 자유 및 양심의 자유를 위축시킬 염려와 형벌 과잉을 초래할 염려가 있다는 점, 국가안전보장이나 자유민주적 기본질서의 수호와 관계없는 경우까지 확대 적용될 만큼 불투명하고 구체성이 결여되어 헌법 제37조 제2항의 한계를 넘는 제한인 점, 법집행자의 자의적 집행을 허용할 소지가 있는 점, 죄형법정주의에 위배된다는 점 등으로 인해 심각한 반인권적 조항이라고 볼 수 있다

276 침묵의 자유 혹은 묵비의 권리는 인간의 가장 내밀한 내심의 영역을 외부의 간섭으로부터 보호하고자 하는 인간 본연의 존엄과 가치에 대한 존중으로부터 나오는 인권이다. 우리 헌법재판소도 이러한 입장에 따라 "양심의 자유에는 널리 사물의 시시비비나 선악과 같은 윤리적 판단에 국가가 개입해서는 안 되는 내심적 자유는 물론, 이와 같은 윤리적 판단을 국가권력에 의하여 외부에 표명하도록 강제 받지 않는 자유 즉 윤리적 판단사항에 관한 침묵의 자유까지 포괄한다고 할 것이다"(헌재1991.4., 89헌마160)고 선언한 바 있다. 현행법상 제10조(불고지)를 대체할 만한 명시 규정은 없으나 내란, 외환, 간첩죄 등에 대한 '방조'에 해당하는 행위를 '불고지죄'로 처벌하는 것은 과잉처벌이라고 보는 것이 형법학계의 일치된 견해이다.

둘째로, 국가보안법은 그 구성요건의 내용이 불명확하고 추상적이며 불확정적이기 때문에 헌법상의 죄형법정주의 원칙에 정면으로 위배되는 위헌법률이다. 여기에 해당하는 것은 제2조의 '반국가단체', '정부참칭', '국가변란', 제3조의 '수괴의 임무', '간부 기타 지도적 임무', 제4조의 '국가기밀', '기타 중요시설', '기타 물건', '목적수행을 위한 행위', 제4조와 제7조의 '사회질서의 혼란을 조성할 우려가 있는 사항', '사실을 왜곡', 제5조와 제6조의 '지령', 제6조의 '협의', 제7조의 '찬양·고무·동조·기타의 방법으로 반국가단체를 이롭게 한', '기타의 표현물', 제8조의 '기타의 방법', 제9조의 '기타의 무기', '기타 재산상의 이익' 등 국가보안법의 실체적 규정의 대부분이 모두 이에 해당한다.

셋째로, 국가보안법의 규정은 행위의 가벌성의 정도에 비하여 너무나 과중한 형량이 규정되어 죄와 형의 균형을 요구하는 적정성의 원칙이라는 죄형법정주의의 파생원칙을 위배한 위헌법률이다. 이러한 죄형 균형의 상실은 국가보안법의 적용에 있어서 구성요건의 확장·유추해석과 결부되어 그 남용의 극치를 이루었다. 최고형이 사형인 조항만도 수두룩한 국가보안법은 잔학하고 비인도적인 법률의 극치를 이루는 반인도적·반문명적 법률이며, 법의 가면을 쓴 적나라한 폭력이다. 그러기에 국가보안법은 또한 인간의 존엄과 가치에 관한 헌법상의 근본규범에 위배된다.

넷째로, 국가보안법은 학문·예술의 자유 및 언론·출판·집회·결사 등 표현의 자유를 유린하는 위헌법률이다. 제4조 제1항 제6호의 "제1호 내지 제5호의 행위를 선전·선동하거나 사회질서의 혼란을 조성할 우려가 있는 사항에 관하여 허위사실을 날조·유포한 때에는", 제7조 제1항의 '반국가단체나 그 구성원 또는 그 지령을 받은 자의 활동에 대한 찬양·고무·동조', 제4항의 '이적단체 구성원의 허위사실 날조·유포', 제5항의 '문서, 도서 기타 표현물의 제작·수입·복사·운반·반포·판매·취득' 등의 매우 추상적인 개념을 사용하여 학문 및 예술과 표현의 자유를 심각하게 침해하는 위헌법률이다.

마지막으로, 국가보안법은 반공 및 반북이데올로기를 강요함으로써 헌법상 기본권의 본질적 내용에 해당하는 사상 및 양심의 자유를 근본적으로 짓밟는 위헌법률이다. 사상의 자유가 외부적으로 표현되는 단계에 이를 때는 일정한 제한을 받을 수밖에 없다는 다수 헌법학자들의 학설을 용인하더라도 동시에 그 제한은 최소한에 그쳐야 하며 기본권의 본질적 내용을 침해할 수 없다. '명백하고 현존하는 위험'이 없는 이상 표현의 자유에 대한 제한은 허용되지 않으며, 따라서 이러한 제한의 한계를 일탈할 수밖에 없는 규정인 위의 조항들은 명백하게 위헌이다.

제5절 국가인권위원회의 폐지 권고 내용

국가인권위원회는 출범 이전부터 국내외적으로 사회적 관심사항이었던 국가보안법 문제에 대하여 어떻게 접근할 것인가를 고민해 왔으며, 2003년 국가보안법 TFT를 구성하여 연구하기 시작하였다. 2003년 실시한 인권상황 실태조사, 2004년 공청회, 그리고 역사적·법적·현실적 측면에서 검토한 결과, 위원회는 2004년 8월 23일 '국가보안'에 대하여 아래와 같이 권고하였다.[277]

첫째, 국가보안법은 그 제정과정에서부터 태생적인 문제점을 안고 있을 뿐만 아니라, 국가의 기본법인 형법이 제정된 이후에 이루어진 수차례의 개정도 국민적 합의 없이 절차적 정당성을 결한 채 이루어졌다. 따라서 국가보안법은 법률의 규범력이 부족한 법으로서 그 존재 근거가 빈약한 반인권적 법이라고 본다.

둘째, 국가보안법은 행위형법 원칙에 저촉되고 죄형법정주의에 위배되며, 사상과 양심의 자유, 표현의 자유 등 인간의 존엄성을 해할 소지가 많다. 셋째, '국가안보'관련 사안은 형법 등 다른 형벌 법규로 의율이 가능하여 국가보안법이 폐지되더라도 처벌 공백이 거의 없다고 볼 수 있다. 단 필요시 미흡한 부분에 대해서는 형법의 관련 조문을 개정·보완하는 방안을 강구할 수도 있을 것이다.

마지막으로, 우리나라는 국제사회의 일원으로서 국제사회의 여론과 결정을 수용할 필요가 있으며, 시대적 환경변화에 부응하는 자세로 북한에 대한 대응책을 마련해야 한다. 국가보안법은 몇 개 조문의 개정으로는 이상에서 지적한 문제점들이 치유될 수 없고, 그 법률의 자의적 적용으로 인한 인권침해와 역사, 법 규정 자체의 인권침해 소지로 인해 끊임없이 논란을 일으키고 있는 만큼 '전면 폐지'하는 것이 시대적 요구라고 판단된다. 이에 국가인권위원회법 제19조 제1호의 규정에 의하여 국회의장과 법무부장관에 국가보안법의 폐지를 권고한다.

277 이날 국가인권위원회 전원위원회에서는 총 10명의 위원 중 2명이 소수의견을 제출하였다. 소수의견의 내용은 국가보안법은 여전히 국가안보를 위해서 필요하다는 점, 국가보안법 폐지시 형법 등 다른 법률로 처벌할 수 없는 처벌의 공백 부분이 상존하므로 대법원과 헌법재판소 결정을 존중해야 한다는 취지에서 국가보안법 완전폐지 보다는 일부 조항을 개정해야 한다는 입장을 표시하였다.

제4장 양심적 병역거부와 인권

제1절 양심적 병역거부[conscientious objector, 良心的兵役拒否]의 의의

최근 양심적 병역거부자의 처벌에 대한 논란이 뜨겁게 진행되고 있다. 양심적 병역거부란 넓게는 종교적 신앙이나 개인적인 신념 때문에 군복무를 거부하는 것을 말한다. 좁게는 병역은 인정하지만 집총(執銃)을 스스로의 양심에 따라 거부하는 것을 말한다. 대부분 양심적 병역거부라 함은 광의의 의미를 말한다. 우리나라의 기준으로는 헌법 19조에 보장된 '양심의 자유'를 근거로 군에 입대하는 것에 대하여 또는 병역의 의무 전반에 대하여 거부권을 행사하는 행위를 이른다.

제2절 양심적 병역거부의 형태 및 특징

양심적 병역거부는 그 형태에 따라 보편적 거부, 선택적 거부, 집총 거부, 회색 거부, 완전 거부 등으로 분류된다. 보편적 거부란 모든 형태의 전쟁 수행을 거부하는 것을 말하고, 선택적 거부는 특정 전쟁 수행을 거부하는 것을 말한다. 또한 집총 거부는 군복무 자체는 받아들이지만 총기를 다루는 것을 거부하는 것을 말하고, 회색 거부는 해외 국적 취득, 비전투병과 지원 등의 방식으로 합법적으로 군복무를 피하는 것을 말한다. 우리나라 고위공직자의 자녀, 가수 유승준 등이 외국 국적 취득으로 인해 합법적으로 군복무를 피한 것을 들 수 있다. 마지막으로 완전 거부는 군복무 뿐만 아니라 대체복무까지 거부하는 것을 말한다.

오늘날 일반화되어 가는 추세에 있는 양심적 병역거부권은 각국의 특수한 여건이나 상황에 따라 그 구체적인 내용에 차이가 있으나, 기본적으로는 다음과 같은 경향을 보여주고 있다. ① 양심적 병역거부의 근거가 종교적인 이유 이외로도 확대되고 있고, ② 양심적 병역거부자들이 과연 진실로 양심에 따라 병역이나 집총을 거부하는 것인가의 여부를 심사하는 심사기관을 설치하고 있으며, ③ 양심적 병역거부권을 인정하는 거의 모든 국가에서 대체역무(代替役務)를 과하고 있다는 점이다.

제3절 병역거부의 연혁

역사에 기록된 최초의 양심적 병역 거부자는 로마시대로 거슬러 올라간다. 빅토르(Fabius Victor)의 아들 '막시밀리아누스(Maximilianus)'는 기독교인으로서 군복무를 할 수 없다고 병역을 거부하여 참수형을 당하였다. 미국 의회는 1863년 남북전쟁의 시기에 '징병법'을 통해, 자신을 대신해 복무할 사람을 데려오거나, 300달러를 낸다면 누구든지 군복무를 면제받을 수 있었다. 20세기 이전의 양심적 병역거부는 대부분 종교적인 이유로 행하여졌다. 종교가 아닌 정치적, 평화적 신념에 의한 양심적 병역거부는 제1차 세계 대전 이후이다. 한편 영국은 1916년 병역법을 개정하여 대체복무를 인정하였다. 일본은 제국주의 시대에 전쟁 반대자들이나 병역 거부자들을 엄하게 처벌하였으며, 1939년 일본 제국은 일본, 대만에 이어 조선에서도 여호와의 증인들에 대한 대대적인 체포를 단행했다(일명 등대사 사건)[278]. 나치 독일에서 양심적 병역거부자들은 탈영병으로 취급되어 대부분의 수용소에 구금되고, 처형되었다. 베트남 전쟁은 미국 역사상 가장 병역거부운동이 극심하게 벌어졌던 시기이다. 수많은 청년들이 미국 전역에서 반전집회를 펼쳤으며, 공공연하게 병역거부를 선언하였다. 베트남 전쟁 기간 미국의 징병대상자 2만~3만 여 명이 징병을 피해 캐나다로 이주했다. 캐나다는 이들을 난민이 아닌, 정식 이민자로 간주하였다. 미국 정부는 여러 차례 이들을 미국으로 송환할 것을 요청했지만 캐나다 정부는 이를 거부했다.

병역거부자에 대한 유연한 태도는 최근에 들어와서이다. 많은 국가들이 징병제 자체를 폐

278 경성지역에서 총 31명의 여호와의 증인들이 검거하여 투옥한 사건을 말한다.

지하거나, 징병제를 하더라도 양심적 병역거부를 허용하고 있다. 그러나 우리나라는 여전히 양심적 병역거부를 불법으로 규정하고 있다. 2013년 6월 유엔 인권위원회(UNHRC)가 발표한 「양심에 따른 병역거부에 관한 분석 보고서」에 따르면 종교와 신념 등을 이유로 군복무를 거부해 수감 중인 사람은 전 세계에서 723명이며, 그 중 669명이 한국인이다. 즉 지구상에 수감된 병역거부자들의 92.5%가량이 한국인이다. 그러나 2018년 6월 우리나라 헌법재판소는 대체복무제를 규정하지 않은 병역법 제5조 제1항에 대해 헌법불합치 결정을 내렸다. 따라서 앞으로 양심적 병역거부자들이 대체복무를 통해 구제받을 길이 생겼다.[279]

제4절 병역거부자 처벌 및 이유

과거 우리나라의 병역거부자들에 대해서는 강제입영이 다수를 점하고 있었으나 최근에는 강제입영 대신에 병역법에 따라 처벌하고 있다. 즉 사법부는 양심적 병역거부자들의 반복처벌을 막기 위해 대체로 1년 6개월 형을 선고하고 있다. 이유는 1년 6개월 이상의 징역의 실형을 선고받은 경우에 현역병이 아닌 제2국민역으로 편입되어 재 징집을 면할 수 있기 때문이다. 대부분의 양심적 병역거부자들은 모범수로서, 형량의 75%를 채운 1년 2개월 시점에서 가석방된다. 대부분의 병역거부는 종교와 관련이 있다. 2010~2016년 3,700여 명의 병역거부자 중 99.8% 이상이 여호와의 증인이다. 그러나 최근에는 소수이지만 종교와 관련 없는 양심적 병역거부자도 나오고 있다. 2018년 4월 현재 양심적 병역거부로 인한 수감자는 약 235명이며 연평균 약 570여 명의 병역거부자가 나오고 있다. 과거 누적 총계는 약 19,300명가량이다.

병무청 통계자료에 따르면 2013년부터 2018년 헌법재판소의 헌법불합치 결정이 나기 전까지 56년간 병역거부 혐의로 재판에 넘겨져 형이 확정된 사람은 1,790명이다. 966명이다. 같은 기간 입영 및 집총을 거부해 수사기관에 고발된 사람은 총 2756명인데, 이 중 여호와의 증인 신도가 2,739명으로 대다수를 차지한 것으로 나타났다.

2004년 양심적 병역거부에 대해 1심 재판부가 처음으로 무죄 판결을 내린 후 2017년에는 45건의 무죄 선고가 있었고, 2018년 상반기 까지 1심에서 무죄 판결이 난 사건이 21건에 이르는 등 증가 추세에 있다.

279 https://namu.wiki

제5절 대법원 판결

양심적 병역거부에 관하여 우리 대법원이 "그리스도인의 양심상의 결정으로 군복무를 거부하는 행위는 병역법의 규정에 따른 처벌을 받아야 하며, 양심상의 결정은 헌법에서 보장하는 양심의 자유에 속하는 것이 아니다"라고 판시한 바 있으며,[280] 이후 2004년 조금 더 상세한 판시를 하였다.[281]

1. 양심 실현의 자유 제한 가능 여부

양심 실현의 자유도 결국 그 제한을 정당화할 헌법적 법익이 존재하는 경우에는 헌법 제37조 제2항에 따라 '법률에 의하여 제한될 수 있는 상대적 자유'라는 전제를 우선하였다.

또한, 병역법 제88조 제1항은 ① 가장 기본적인 국민의 국방의 의무를 구체화하기 위하여 마련된 것이고, ② 병역의무는 궁극적으로는 국민 전체의 인간으로서의 존엄과 가치를 보장하기 위한 것이며, ③ 양심적 병역거부자의 양심의 자유가 위와 같은 헌법적 법익보다 우월한 가치라고는 할 수 없으니, 헌법 제37조 제2항에 따라 피고인의 양심의 자유를 제한한다 하더라도, 이는 헌법상 허용된 정당한 제한이라고 하였다.

2. 대체복무를 인정하지 않은 것이 헌법 위반인지 여부

병역의무의 이행을 확보하기 위하여 현역입영을 거부하는 자에 대하여 형벌을 부과할 것인지, 대체복무를 인정할 것인지 여부에 관하여는 입법자에게 광범위한 입법재량이 유보되어 있기 때문에, 현역입영을 대체할 수 있는 특례를 두지 아니하고 형벌을 부과하는 병역법 제88조 제1항이 과잉금지의 원칙 등을 위반한 것은 아니라고 보았다.

따라서 양심적 병역거부자에게 그의 양심상의 결정에 반하는 적법행위를 기대할 가능성이 있으므로 처벌이 가능한지에 대하여 위 판례는 긍정하였다. 다만 대법관의 반대의견으로 이 같은 적법행위(병역)를 할 것을 양심적 병역거부자에게 기대할 수 없으므로, 이를 처벌해서는 안 된다는 의견이 있었다.[282]

---

280 대법원 1969.7.22. 선고 69도 934 판결.

281 대법원 2004.7.15. 선고 2004도2965 전원합의체 판결.

282 대법관 이강국의 반대의견.

3. 대체복무를 인정하지 않은 것이 관련 국제규약 위반인지 여부

2004년 전원합의체 판결 이후, 양심적 병역거부자에게 병역의무 면제나 대체복무의 기회를 부여하지 아니한 채 병역법 제88조 제1항 위반죄로 처벌하는 것이 '시민적·정치적 권리에 관한 국제규약'에 반하는지 여부가 문제된 판례가 하나 더 나왔다(대법원 2007.12.27. 선고 2007도7941 판결). 이는 2004년도 판례가 양심적 병역거부자에게 대체복무제를 도입하지 않은 것이 헌법에 위반되지 않는지 만을 검토하였기 때문에, 이후 체약국으로서 국내법이 국제규약에 위반되지 않는지가 추가적으로 문제 되었다.

2007년도 판례에서는, 대체복무제를 두지 아니한 것 그 자체를 규약 위반으로 평가할 수는 없고, 대체복무제의 도입 여부 등에 관하여는 가입국의 입법자에게 광범위한 재량이 부여되어야 하는 바, 현재로서는 대체복무제를 도입하기는 어렵다고 본 입법자의 판단이 현저히 불합리하다거나 명백히 잘못되었다고 볼 수 없다고 하여, 종전과 동일한 입장을 고수하였다.[283]

그러나 2018년 헌법재판소의 대체복무제의 규정이 없는 것에 대한 헌법불합치결정에 따라 대법원은 앞으로 병역법 개정 전까지 기존 판례를 변경할지 여부에 대해 관심이 집중되고 있다. 사안에 따라 다르지만 신념에 따른 병역거부자로 확인되면 대체적으로 무죄를 선고하고 있다.

제6절 헌법재판소의 판단

헌법재판소 역시 병역법 제88조 제1항 자체에 대하여 위헌제청사건(2002헌가1)이 합헌이라는 선고가 내려졌고, 2004년 8월 26일, 위헌소원사건(2004헌바61,62,75)이 뒤이어 10월 28일 동일하게 합헌으로 선고되었다. 이후 동일한 법조에 대하여 2008헌가22(병합) 사건에 대한 선고가 2011년 8월 30일에 내려졌으나, 다시 합헌 선고가 내려졌다. 위 헌법재판소의 결정들의 핵심은 다음과 같다.

① '양심적 병역거부자에게 대체복무제를 허용하더라도 국가안보라는 중대한 공익의 달성에 아무런 지장이 없는지 여부'에 대한 판단의 문제로 귀결되는 바, 공익 달성에 지장이 없다

283 대법원 2004.07.15. 선고 2004도2965 전원합의체 판결.

는 판단을 내리기 힘들고, 이 사건 추구되는 공익이 '국가안보' 및 '병역의무의 공평한 부담'이라는 대단히 중요한 공익이며, 대체복무 인정 시 사회적 파급효과가 상당히 크기 때문에 형사처벌 외에 대체복무제가 없더라도 헌법상 '최소침해의 원칙'과 '법익균형의 원칙'에 반하지 않는다는 것이다.

② 평등 원칙과 관련, 법률 조항은 병역거부를 일률적으로 규제하는 것일 뿐, 양심이나 종교를 사유로 차별을 가하는 것도 아니므로 평등원칙에 위반되지 아니한다고 판단하였다.

③ 대법원의 국제인권규약 관련 판시와의 차이점은, 해당 국제규약의 효력에 대한 것이다. 헌법재판소는 해당 규약에 가입하였다고 바로 양심적 병역거부권이 인정되거나 양심적 병역거부에 관한 법적인구속력이 발생한다고 보기 곤란하다고 보았다. 양심적 병역거부권을 명문으로 인정한 국제인권조약은 아직까지 존재하지 않으며, 유럽 등의 일부 국가에서 양심적 병역거부권이 보장된다고 하더라도 전 세계적으로 양심적 병역거부권의 보장에 관한 국제관습법이 형성되었다고 할 수 없어 양심적 병역거부가 일반적으로 승인된 국제법규로서 우리나라에 수용될 수는 없다고 보았다. 그러므로 이 사건을 법률조항에 의하여 양심적 병역거부자를 형사처벌한다고 하더라도 국제법 존중의 원칙을 선언하고 있는 헌법 제6조 제1항에 위반된다고는 할 수 없다고 판단하였다.

그러나 2018년 헌법재판소(헌법재판소 2018.6.28., 2011헌바379.)는 양심적 병역거부 처벌 판결에서 비록 현재의 병역법이 헌법에 합치되지만 대체복무제를 규정하고 있지 않는 것에 대해서는 헌법불합치 판결을 하여 그동안의 판결과는 반대되는 결정을 하였다.

헌법재판소가 2018년 6월 28일 병역법 제88조 제1항의 위헌 여부를 판단해 달라며 양심적 병역거부자와 법원이 낸 헌법소원·위헌법률심판 사건에서 재판관 4(합헌) 대 4(위헌) 대 1(각하) 의견으로 합헌 결정했다. 즉, 종교적 신념이나 양심을 이유로 입영을 거부한 사람을 처벌하는 병역법 조항이 헌법에 어긋나지 않는다는 판결을 내린 것이다. 병역법 제88조 제1항은 현역입영 또는 사회복무요원 소집 통지서를 받은 사람이 정당한 사유 없이 입영일이나 소집기일부터 3일이 지나도 불응할 경우 3년 이하의 징역에 처하도록 규정하고 있다. 양심적 병역거부 처벌조항이 헌법에 어긋나지 않는다는 헌재의 결정은 이번이 네 번째다.

헌법재판소는 다만 대체복무제를 병역의 종류로 규정하지 않은 같은 법 5조는 헌법에 합치되지 않는다고 결정했다.[284] 그리고 "대체복무제가 규정되지 않은 상황에서 양심적 병역거부

284 헌법재판소 2018.6.28., 2011헌바379.

자를 처벌한다면 과잉금지원칙을 위반해 양심의 자유를 침해하는 것"이라며, 병역의 종류를 현역·예비역·보충역·병역준비역·전시근로역 등으로만 규정한 병역법 5조를 2019년 12월 31일까지 개정하라고 판시했다. 따라서 개선입법이 이뤄질 때까지는 이 조항의 효력은 계속 유지된다. 그러나 기한까지 대체복무제가 반영되지 않으면 2020년 1월 1일부터 효력이 상실된다. 입영을 위한 신체검사는 물론, 징병 자체가 불가능하게 될 수 있게 되었다. 이런 헌법재판소의 결정에 따라 국회는 무조건 대체복무를 도입할 법적 의무가 있게 되었고(헌법재판소법 제47조 제1항), 만약 도입하지 않을 경우 징병 마비라는 혼란이 불가피한 상황이 되었다.

이러한 헌법불합치 결정 당시 헌법재판소는 앞으로 대법원이 양심의 대체복무제가 도입되기 전이라 하더라도 입영거부 또는 소집불응 행위에 '정당한 사유'가 있음을 이유로 무죄를 선고할 것으로 기대하였다.

제7절 대체복무제

1. 대체복무제 현황

현재 징병제를 실시하는 국가 중 대체복무를 인정하는 나라는 25개국이다. 2018년 OECD 회원국 중 징병제를 채택하고 있는 나라에서 대체복무를 실시하는 나라는 9개국이다. 2013년 6월 유엔 인권위원회(UNHRC)가 발표한 '양심에 따른 병역거부에 관한 분석 보고서'에 따르면 종교와 신념 등을 이유로 군복무를 거부해 수감 중인 사람은 전 세계에서 723명이다. 그 중 669명이 한국인이다. 2018년 현재 OECD국가에서 대체복무를 완전히 인정하지 않았던 나라는 우리나라가 유일하고, 대체복무를 명시하지 않은 국가에서도 법적인 처벌을 가하는 나라는 거의 없다.

2. 대체복무 기간의 위헌성 여부

유럽평의회 사회권위원회는 2008년 대체복무 기간은 현역 군 복무기간에 비해 지나치게 길어선 안되고 1.5배를 넘어서는 안 된다는 점을 채택하였다. 독일, 대만, 덴마크, 스웨덴은 현역 복무와 동일하고 그리스, 스페인은 1.5배를 복무하고 있다.

헌법재판소는 2018년 6월 28일 '양심적 병역거부' 문제를 해결하기 위해 병역기피자를 처벌하는 병역법 제88조 1항에 대해 합헌 결정을 내리는 대신 병역의 종류를 정하면서 대체복무제를 규정하지 않은 같은법 5조가 위헌임을 선언하고 헌법불합치 결정을 내렸다. 이에 정부와 국회는 2019년 '대체역의 편입 및 복무 등에 관한 법률'을 제정하여, 2020.1.1.부터 시행하였다. 2020년 도입된 '대체복무역법'은 36개월 복무, 합숙 복무, 교정시설(교도소, 구치소) 복무 등을 규정하고 있다.

하지만 양심적 병역거부자로 교정시설에서 대체복무 중인 자들은 복무하는 기간, 방식, 기관에 대해 규정한 조항들이 그들의 기본권을 침해한다며 지난 2021년 헌법소원심판을 청구했다. 청구인들은 "이 조항들은 대체로 복무요원에게 과도한 복무 부담을 주고 대체역을 선택하기 어렵게 만드는 것으로서, 양심의 자유를 침해한다"고 주장했다.

이에 헌법재판소는 평화적·종교적 신념에 따른 양심적 병역거부자들이 교도소 등에서 일반병사들보다 길게 복무하도록 한 대체복무제도가 합헌이라는 결정을 하였다. 교정시설 등 복무 기관의 제한, 일반 병사들보다 긴 복무기간, 합숙생활 의무 등이 국가의 안전보장과 국민의 기본권 보호라는 헌법적 법익을 실현하는 데 부합하다는 것이다. 즉 대체복무역법이 규정하는 대체복무요원들의 불이익에 보다 이 법으로 실현하는 국가 안전보장과 국민의 기본권 보호 헌법적 이익이 더 크다는 것이다.

헌법재판소의 다수 의견은 "현역병은 원칙적으로 합숙복무를 하고, 대체복무에는 군사훈련이 없고, 대체복무요원 외에도 복무기간이 36개월인 병역(일부 보충역)들이 있는 점 등을 고려할 때, 교정시설에서 36개월 동안 합숙 복무하도록 하는 것이 입법목적 달성에 기여하고 있다"고 했다.

반면 소수의견(4인)은 "복무기관을 교정시설로 한정한 것은 현역병과의 형평성 내지 현역병의 상대적 박탈감만을 지나치게 고려한 것이고, 36개월 대체복무기간 또한 현역병의 복무기간의 최대 1.5배를 넘지 않을 것을 요구하는 국제인권기준에도 부합하지 않는다"며 "병역기피자의 증가 억지와 현역병의 박탈감을 해소하는 데만 치중해 양심적 병역거부자에 대해 사실상 징벌로 기능하는 대체복무제도를 구성함으로써 과잉금지원칙을 위반해 청구인들의 양심의 자유를 침해한다"는 반대의견을 냈다.

제8절 외국의 병역거부 입법례

미국·영국·프랑스·독일·스웨덴·노르웨이·핀란드·네덜란드·이스라엘·캐나다·호주·뉴질랜드 등은 헌법 또는 법률로서 양심적 병역거부권을 인정하고 있다. 특히 독일은 그 기본법 제4조 3항에서 '누구든지 양심에 반하여 집총·병역을 강제 받지 아니한다'라고 규정하고 있다.

<국가별 대체복무제 비교>

국가	복무기관	복무기간 (현역대비)	형태	관할	심사방식·기타
한국	교정시설	36개월 (2배)	합숙	법무부	심사제
독일	보건·복지시설	9개월 (동일)	출·퇴근	연간민간 복무청	신청제·2011년 모병제 전환
대만	소방서, 양로원 등 공익시설	4개월 (동일)	합숙	내정부 역정서 (병무청)	심사제·2018년 모병제 전환
핀란드	교육·보건·복지 등 공익시설	12개월 (2배)	출·퇴근	고용경제부	신청제
스위스	보건복지 등 공익시설	390일 (1.5배)	출·퇴근	연방경제부	신청제
그리스	비전투 군사복무 또는 공공기관	15개월 (1.7배)	출·퇴근	국방부	심사제
우크라이나	거리 청소 또는 보건 등 공공기관	27개월 (1.5배)	출·퇴근	노동사회 정책부	심사제

출처: 국가인권위, 병역거부유럽사무국(EBCO)

우리나라와 비슷한 환경에 처해 있는 타이완(중화민국)은 2000년에 '체대역'이라는 이름으로 신념에 따른 병역 거부에 대해 3년간의 대체복무를 허용하고 있다. 신념에 따른 병역 거부자에 대해 양로원 등 사회 봉사가 필요한 분야에서 근무를 하며, 전원 합숙생활을 한다. 2년 이상의 신앙생활을 신청자가 증명해야 하며, 대체복무 결정이 나더라도 후에 허위로 판명이 나면 대체복무가 취소된다.

제9절 병역거부 관련 헌법 및 법률

(1) 헌법 제6조

① 헌법에 의하여 체결, 공포된 조약과 일반적으로 승인된 국제법규는 국내법과 같은 효력을 가진다.

② 외국인은 국제법과 조약이 정하는 바에 의하여 그 지위가 보장된다.

(2) 헌법 제19조

모든 국민은 양심의 자유를 가진다.

(3) 헌법 제37조

① 국민의 자유와 권리는 헌법에 열거되지 아니한 이유로 경시되지 아니한다.

② 국민의 모든 자유와 권리는 국가안전보장, 질서 유지 또는 공공복리를 위하여 필요한 경우에 한하여 법률로써 제한할 수 있으며, 제한하는 경우에도 자유와 권리의 본질적인 내용을 침해할 수 없다.

(4) 헌법 제39조

① 모든 국민은 법률이 정하는 바에 의하여 국방의 의무를 진다.

② 누구든지 병역 의무의 이행으로 인하여 불이익한 처우를 받지 아니한다.

(5) 병역법 제88조(입영의 기피 등)

① 현역입영 또는 소집 통지서(모집에 의한 입영 통지서를 포함한다)를 받은 사람이 정당한 사유 없이 입영하지 아니하거나 소집에 응하지 아니한 경우에는 3년 이하의 징역에 처한다.

제5장 범죄피해자와 인권

형사절차는 범죄자와 피해자 사이에서 벌어진 갈등과 다툼의 해결이다. 따라서 범죄의 해결은 범죄자와 피해자의 문제로서 해결되어야 한다. 그럼에도 불구하고 현대의 형사사법은 범죄를 국가와 범죄자만의 문제로 인식하여 범죄피해자는 형사사법의 장에서 잊혀진 존재, 주변적 존재로 취급되면서 형사절차에서 당사자가 아닌 단순한 증거 수집의 대상으로 취급되기에 이르렀다.

최근 여러 강력 범죄 피해를 당한 피해자 가족들의 처절한 절규는 오늘날 우리 형사사법의 현실을 잘 대변해주고 있다. 이렇게 강력사건이 발생할 때마다 학계나 실무계에서는 범행동기, 살해방법 등 가해자의 인권에만 초점이 맞추어졌을 뿐 정작 피해자의 인권에는 관심이 없었다.

물론 지금까지 우리나라에서 범죄피해자에게 배려가 없었던 것은 아니었다. 세계 최초로 헌법에 범죄피해자 보호를 규정하였고, 각종 법률에서도 피해자를 보호하는 규정을 두고 있었다. 그러나 대부분 엄격한 요건, 예산의 부족 등으로 제대로 시행되지 못하였다.

이러한 이유로 대부분의 범죄피해자들은 형사절차에 개입하여도 이익 되는 것이 없다는 사고가 팽배하여 수사와 재판에 협조하지 않는 것이 현실이다.[285] 따라서 이러한 문제들을 구체적으로 실현하기 위하여 경찰과 검찰 등 관련기관에서는 피해자보호를 위한 개선방안들을

285 이러한 이유는 신고하여도 어차피 원상회복은 불가능하며 오히려 2차 피해를 입을 수 있다는 이유에서이다. 우리나라의 범죄신고율은 22.7%로서 영국의 58.7%, 프랑스의 60.8%, 독일의 48%에 비하여 현저히 낮다.

연구하고 있다.

이러한 정부의 노력은 그동안 국가와 형사사법 기관의 피해자보호·지원에 대한 반성에서 비롯되었다고 본다. 즉 범죄자의 권리보호만 중요시한 나머지 진정 보호해야 할 피해자는 방치하였던 결과 범죄 예방에 실패하고 재범을 초래하게 된 것이다.

피해자를 제외한 범죄해결은 실패하기 마련이다. 최근 우리나라에서도 시대의 변화에 따라 형사사법의 시스템도 변화되어야 한다는 주장이 제기되고 있다. 그 중 하나가 피해자의 권리보호라 할 수 있다. 즉 피해자는 범죄자의 그늘에 숨어 고통을 받는 존재가 아니라 당당하게 자신의 권리를 주장하고 보호받아야 할 존재라는 것이다. 물론 형사사법은 피해자만을 보호하는 제도는 아니다. 실체적 진실 발견과 적정절차로서 가해자의 인권을 보장하는 것이 우선이다. 그렇다고 해서 피해자의 권리를 무시해서는 안 된다.

범죄피해자는 형사절차에서 실체적 진실을 발견하기 위한 증거방법의 하나로 인식되어, 고소권자, 증인으로서의 지위만을 가지고 있었다. 특히 범죄피해자는 스스로 피해를 배상받으려면 민사소송을 다시 거쳐야 하고, 가해자가 내는 벌금도 피해자가 아닌 국고로 들어가는 현실에서 피해자는 또다시 정신적·물질적 피해를 입어 왔다. 더욱이 국가는 범죄자에게 형벌을 가함으로써 피해자가 손해배상을 받을 수 있는 여지를 방해하기도 한다. 따라서 형사사법의 '주변적 존재'에 머물고 있는 피해자의 지위를 주체적 지위로 전환하여 입었던 손해를 회복하게 하는 제도가 절실히 요구된다.

제1절 공판절차에서의 피해자 진술권

종래(형사소송법 개정 전) 피해자는 법원이 직권으로 증인으로 채택하지 않는 한 공판절차에서 의견을 진술할 권리가 인정되지 않았다. 즉, 검사, 피고인, 변호인에게만 증인신청권이 인정되었다. 그러나 형사소송법 제294조2[286]의 규정으로 피해자도 자신이 피해자인 사건에 관하

286 형사소송법 제294조의2(피해자등의 진술권) ① 법원은 범죄로 인한 피해자 또는 그 법정대리인(피해자가 사망한 경우에는 배우자·직계친족·형제자매를 포함한다. 이하 이 조에서 "피해자등"이라 한다)의 신청이 있는 때에는 그 피해자등을 증인으로 신문하여야 한다. 다만, 다음 각 호의 어느 하나에 해당하는 경우에는 그러하지 아니하다.

2. 피해자등 이미 당해 사건에 관하여 공판절차에서 충분히 진술하여 다시 진술할 필요가 없다고 인정되는 경우
3. 피해자등의 진술로 인하여 공판절차가 현저하게 지연될 우려가 있는 경우

② 법원은 제1항에 따라 피해자등을 신문하는 경우 피해의 정도 및 결과, 피고인의 처벌에 관한 의견, 그 밖에 당해 사건에 관한 의견을 진술할 기회를 주어야 한다.

여 공판정에서 진술할 기회를 가지게 되었다. 가정폭력방지법도 형소법과 유사하게 피해자의 의견진술권을 규정하고 있다.

이렇게 이론상으로는 범죄로 인하여 피해를 입은 사람이 당해 사건의 공판절차에 참여하여 의견을 제시함으로써 자신의 이익을 지킬 수 있게 되었다. 즉 피해자는 공판정에 적극적으로 참여할 기회를 갖게 되었으며 그만큼 피해자의 지위가 개선되었다고 볼 수 있다. 동시에 실체적 진실의 발견 또는 양형의 적정을 위해서도 반드시 필요한 제도라 할 수 있겠다.

그러나 현실적으로 범죄피해자로서 진술권을 행사하는 경우는 많지 않다. 왜냐하면 진술권을 행사하는데 필요한 요건이나 행사 방법 및 절차가 마련되어 있지 않고, 피해자의 공판절차진술권을 무제한적으로 허용하게 되면 소송지연으로 인하여 신속한 재판의 이념에 반할 수 있다. 또한 피해자의 개인적 감정에 의해 재판이 좌우되거나 악의의 피해자가 진술권을 남용할 우려가 있기 때문이다.

제2절 변호인의 조력을 받을 권리

헌법은 피고인과 피의자의 방어권 보장을 위하여 변호인의 조력을 받을 권리를 보장하고 있고 형사소송법에서 이를 구체화하고 있다. 즉 변호인의 조력을 받을 권리는 법률상 피의자와 피고인에 대체적으로 한정되고 있다. 그러나 범죄 피해 후 깨어진 평온상태를 수습하기에 여념이 없는 피해자도 피의자나 피고인과 마찬가지로 법률상 문외한임에 틀림없는 것은 사실이다. 따라서 형사절차에서 자기에게 인정된 권리를 적절히 행사하고 심리적 안정상태에서 진술을 할 수 있도록 하는 변호인 선임권이 필요하다고 본다.

법원은 공평한 제3자의 지위에서 실체적 진실을 밝히는데 여념이 없어 피해자의 고통과 피해자가 극복해야 할 어려움은 헤아리기 힘들다. 검사 또한 수사와 공소제기에만 전념하고 한편으로는 피의자나 피고인에 이익이 되는 진술도 하여야 함으로 피해자 보호와는 상당한 거리가 있다고 볼 수 있다. 변호인 역시 의뢰인의 실질적 이익을 위해 최선을 다하여야 하므로 오히려 피해자를 범죄 유발자로 매도하기까지 한다.

따라서 이러한 위치에 있는 피해자는 형사사법의 전 단계의 문제를 스스로 해결할 수밖에 없다. 즉 피해자는 소송주체인 피고인을 보조하는 형사변호인과 소추이익과 관련한 객관의무를 실현하는 검사 사이에서 보호의 공백 상태에 빠져 미아가 되어버린다. 즉 또 다른 소송주체인 피해자를 보호하기 위한 제도가 바로 범죄피해자변호인제도이다.

피해자들이 법률전문가의 조력을 받을 수 있도록 제도적 장치를 마련하는 것은 법치국가의 당연한 귀결이다. 즉 형사절차 내에서 피해자의 적극적인 이익을 대변해 줄 수 있는 계기를 마련하여 그것이 현실화 될 수 있도록 하는 것이 오늘날 형사정책이 지향해야 할 지표라고 할 수 있다. 따라서 피해자가 형사절차에 있어서 참고인 내지 증인의 지위에서 벗어나 적극적으로 보호를 받기 위해서는 변호인의 조력을 받을 권리를 인정하여야 한다.

제3절 관련 법규 및 제도

1. 범죄피해자보호법

범죄피해자보호법은 2005년 12월 제정되었다. 범죄피해자에 대한 보호와 지원, 구조 등으로 범죄피해자의 복지 증진에 기여함을 목적으로 하며, 범죄피해자의 인간의 존엄성 보장과 명예, 사생활 평온, 각종 법적절차에 참여할 권리를 기본이념으로 한다.[287]

그리고 피해자보호를 위한 국가와 지방자치단체, 국민의 책무를 규정하고 있으며 범죄피

287 범죄피해자 보호법 제2조(기본이념) ① 범죄피해자는 범죄피해 상황에서 빨리 벗어나 인간의 존엄성을 보장받을 권리가 있다.
② 범죄피해자의 명예와 사생활의 평온은 보호되어야 한다.
③ 범죄피해자는 해당 사건과 관련하여 각종 법적 절차에 참여할 권리가 있다.

해에 관한 구제금에 있어 지급요건[288]과 종류,[289] 범위와 순위[290] 등을 세밀하게 규정하고 있다.

또한 피해자보호법은 형사조정을 규정하여 당사자 사이에 형사분쟁을 공정하고 원만하게

---

288 범죄피해자 보호법 제16조(구조금의 지급요건) 국가는 구조대상 범죄피해를 받은 사람(이하 "구조 피해자"라 한다)이 다음 각 호의 어느 하나에 해당하면 구조피해자 또는 그 유족에게 범죄피해 구조금(이하 "구조금"이라 한다)을 지급한다.

1. 구조피해자가 피해의 전부 또는 일부를 배상받지 못하는 경우
2. 자기 또는 타인의 형사사건의 수사 또는 재판에서 고소·고발 등 수사단서를 제공하거나 진술, 증언 또는 자료제출을 하다가 구조피해자가 된 경우

289 제17조(구조금의 종류 등) ① 구조금은 유족구조금 · 장해구조금(장해등급 1-14등급) 및 중상해구조금(최소 2개월 이상 치료)으로 구분한다. 〈개정 2024. 9. 20.〉 기존의 "일시금으로 지급한다"를 삭제하고 ④으로 이동하고 보충

② 유족구조금(사망 당시의 월급액이나 월실수입액 또는 평균임금의 24개월 이상 48개월 이하)은 구조피해자가 사망하였을 때 제18조에 따라 맨 앞의 순위인 유족에게 지급한다. 다만, 순위가 같은 유족이 2명 이상이면 똑같이 나누어 지급한다.

③ 장해구조금 및 중상해구조금(신체에 손상을 입은 당시의 월급액이나 월실수입액 또는 평균임금의 2개월 이상 40개월 이하)은 해당 구조피해자에게 지급한다. 다만, 장해구조금 또는 중상해구조금의 지급을 신청한 구조피해자가 장해구조금 또는 중상해구조금을 지급받기 전에 사망(해당 구조대상 범죄피해의 원인이 된 범죄행위로 사망한 경우는 제외한다)한 경우에는 제18조에 따라 맨 앞의 순위인 유족에게 지급하되, 순위가 같은 유족이 2명 이상이면 똑같이 나누어 지급한다. 〈개정 2024. 9. 20.〉

④ 구조금은 일시금으로 지급한다. 다만, 구조피해자 또는 그 유족이 연령, 장애, 질병이나 그 밖에 대통령령으로 정하는 사유로 구조금을 관리할 능력이 부족하다고 인정되는 경우로서 다음 각 호의 어느 하나에 해당하는 경우에는 대통령령으로 정하는 바에 따라 구조금을 분할하여 지급할 수 있다. 〈신설 2024. 9. 20.〉

1. 구조피해자나 그 유족이 구조금의 분할 지급을 청구하여 제24조제1항에 따른 범죄피해구조심의회가 구조금의 분할 지급을 결정한 경우
2. 제24조제1항에 따른 범죄피해구조심의회가 직권으로 구조금의 분할 지급을 결정한 경우[시행일: 2025. 3. 21.] 제17조

290 제18조(유족의 범위 및 순위) ① 유족구조금이나 제17조제3항 단서에 따라 유족에게 지급하는 장해구조금 또는 중상해구조금(이하 "유족구조금등"이라 한다)을 지급받을 수 있는 유족은 다음 각 호의 어느 하나에 해당하는 사람으로 한다. 〈개정 2024. 9. 20.〉

1. 배우자(사실상 혼인관계를 포함한다) 및 구조피해자의 사망 당시 구조피해자의 수입으로 생계를 유지하고 있는 구조피해자의 자녀
2. 구조피해자의 사망 당시 구조피해자의 수입으로 생계를 유지하고 있는 구조피해자의 부모, 손자 · 손녀, 조부모 및 형제자매
3. 제1호 및 제2호에 해당하지 아니하는 구조피해자의 자녀, 부모, 손자·손녀, 조부모 및 형제자매

② 제1항에 따른 유족의 범위에서 태아는 구조피해자가 사망할 때 이미 출생한 것으로 본다.

③ 유족구조금등을 받을 유족의 순위는 제1항 각 호에 열거한 순서로 하고, 같은 항 제2호 및 제3호에 열거한 사람 사이에서는 해당 각 호에 열거한 순서로 하며, 부모의 경우에는 양부모를 선순위로 하고 친부모를 후순위로 한다. 〈개정 2024. 9. 20.〉

④ 유족이 다음 각 호의 어느 하나에 해당하면 유족구조금등을 받을 수 있는 유족으로 보지 아니한다. 〈개정 2024. 9. 20.〉

1. 구조피해자를 고의로 사망하게 한 경우
2. 구조피해자가 사망하기 전에 그가 사망하면 유족구조금등을 받을 수 있는 선순위 또는 같은 순위의 유족이 될 사람을 고의로 사망하게 한 경우
3. 구조피해자가 사망한 후 유족구조금등을 받을 수 있는 선순위 또는 같은 순위의 유족을 고의로 사망하게 한 경우[시행일: 2025. 3. 21.]

해결하여 범죄피해자가 입은 피해를 실질적으로 회복하는 것을 도모하고 있다.[291] 부산, 울산, 경남의 경우 10개의 '범죄피해자지원센터'가 있으며, 부산(햇살), 부산동부(광명), 진주(등불)의 경우 사단법인의 형태로 운영하고 있다. 범죄피해를 입은 피해자들은 이곳에서 범죄피해에 대한 경제적 지원 등[292]의 도움을 받을 수 있다. 범죄피해를 안 날로부터 3년, 발생일로부터 10년 안에 신청하여야 한다.

최근 범죄피해자 보호법 개정 주요 내용

[일부개정]

◇ 개정이유

매년 1주간을 범죄피해자 인권 주간으로 정하고, 구조금의 지급 범위를 확대하며, 구조금 분할지급 제도를 신설하고, 범죄피해구조심의회가 손해배상청구권 대위 업무와 관련하여 가해자의 재산에 관한 자료를 조사할 수 있는 법적 근거를 마련하는 등 현행 제도의 운영상 나타난 일부 미비점을 개선·보완함.

◇ 주요내용

가. 범죄피해자 인권 주간 신설(제11조의2 신설)

범죄피해자에 대한 사회적 관심을 높이고 범죄피해자의 복지를 증진하기 위하여 매년 1주간을 범죄피해자 인권 주간으로 정함.

나. 장해·중상해구조금 지급 범위 확대(제17조제3항 단서 신설)

장해구조금 또는 중상해구조금을 신청한 구조피해자가 구조금을 지급받기 전에 사망하더라도 그 유족에게 구조금을 지급할 수 있도록 구조금의 지급 범위를 확대함.

다. 구조금 분할 지급 제도 신설(제17조제4항 신설)

구조금은 일시금으로 지급하되, 구조피해자나 유족의 신청 또는 직권으로 범죄피해구조심의회가 구조금의 분할 지급을 결정한 경우에는 구조금을 분할 지급할 수 있는 근거를 마련함.

라. 외국인에 대한 구조범위 확대(제23조)

291 범죄피해자 보호법 제41조(형사조정 회부) ① 검사는피의자와 범죄피해자(이하 "당사자"라 한다) 사이에 형사분쟁을 공정하고 원만하게 해결하여 범죄피해자가 입은 피해를 실질적으로 회복하는 데 필요하다고 인정하면 당사자의 신청 또는 직권으로 수사 중인 형사사건을 형사조정에 회부할 수 있다. ② 형사조정에 회부할 수 있는 형사사건의 구체적인 범위는 대통령령으로 정한다. 다만, 다음 각호의 어느 하나에 해당하는 경우에는 형사조정에 회부하여서는 아니 된다.

1. 피의자가 도주하거나 증거를 인멸할 염려가 있는 경우
2. 공소시효의 완성이 임박한 경우
3. 불기소처분의 사유에 해당함이 명백한 경우(다만, 기소유예처분의 사유에 해당하는 경우는 제외한다)

292 범죄피해자에 대한 경제적 지원 업무처리 지침[시행 2015. 1. 20.] [대검찰청예규 제767호, 2015. 1. 20., 제정] 참조.

구조피해자 또는 그 유족이 외국인인 때에는 대한민국 국민의 배우자이거나 대한민국 국민과 혼인관계에서 출생한 자녀를 양육하고 있는 사람으로서 「출입국관리법」상 일정한 체류자격을 가지고 있는 경우에도 이 법을 적용함.

마. 손해배상청구권 대위 행사를 위한 가해자의 재산 관련 자료 제공 요청 등(제29조의2 및 제29조의3 신설)

1) 범죄피해구조심의회는 손해배상청구권 대위에 관한 업무와 관련하여 가해자의 손해배상금 지급능력을 조사하기 위하여 필요한 경우 관계 기관의 장에게 토지 및 건물의 등기정보자료 등 가해자의 재산에 관한 자료의 제공 등을 요청할 수 있도록 함.

2) 범죄피해구조심의회는 손해배상청구권 대위에 관한 업무와 관련하여 가해자에 대한 금융정보에 의하지 아니하고는 가해자의 손해배상금 지급능력이나 재산은닉 여부를 확인할 수 없다고 인정하는 경우에는 금융회사 등의 장이나 특정점포에 가해자에 대한 금융정보 등의 제공을 요청할 수 있도록 함.

[시행 2025. 3. 21.] [법률 제20433호, 2024. 9. 20., 일부개정]

2. 형사조정

(1) 개념 및 연혁

형사조정제도는 일정한 형사사건에 대하여 피해자와 가해자가 서로 화해와 조정을 통해 해결을 도모하는 제도이다. 이러한 형사조정제도는 국가기관이 아닌 중립적인 조정위원과 사건 당사자가 참여하고 그 조정의 결과가 사건처리에 반영된다. 2007년 전국 지방검찰청 범죄피해자지원센터를 중심으로 시행된 형사조정제도는 2010년 범죄피해자보호법에 명문화되어 관할 지방검찰청의 형사조정위원회에서 조정업무를 맡고 있다.[293]

1969년 미국 필라델피아에서 경미한 폭력범죄, 재산범죄를 해결하기 위하여 처음으로 도입되었고, 필라델피아 지방 검찰청과 법원, 미국중재협회가 공동으로 필라델피아 중재법정을 설치하였다. 오하이오주 콜럼버스시 검찰청에서도 필라델피아 중재법원과 유사하게 형사절차에 조정을 도입하였다. 두 지역의 사례들이 지역사회 분쟁프로그램으로 미국 전역으로 확산되었다. 이것이 피해자-가해자 조정프로그램(Victim-Advertiser Mediation Program)으로 발전되었고, 1985년 유엔에서 형사조정에 대한 기본원칙이 결의되면서부터 세계 각국으로 파급되었다. 2001년 3월 유렵연합(EU)은 형사조정제도 등 범죄피해자 보호와 지원을 위한 결의안

293 형사조정이란 피의자 및 범죄피해자(피고소인, 범죄피해자인 고소인을 포함, 이하 "당사자"라 함)간 형사 분쟁에 대해 공정하고 원만한 해결을 통해 범죄피해자의 피해를 실질적으로 회복하고, 지역사회의 동참을 통한 형사 분쟁의 자율적 해결을 촉진하기 위한 제도이다(「형사조정 실무운용 지침」 제1조).

을 채택하여, 영국, 프랑스, 독일 등의 국가에서 시행하고 있다.[294]

(2) 회부권자

검사는 범죄피해자가 입은 피해를 실질적으로 회복하고 분쟁을 원만하게 해결하기 위해 필요하다고 인정하면 당사자의 신청 또는 직권으로 수사 중인 형사사건을 형사조정에 회부할 수 있다「범죄피해자 보호법」 제41조제1항).

(3) 형사조정에 회부할 수 있는 사건

다음 중 어느 하나에 해당하는 형사사건은 형사조정에 회부할 수 있다(「범죄피해자 보호법 시행령」 제46조 및 「형사조정 실무운용 지침」 제3조제1항).

① 차용금, 공사대금, 투자금 등 개인 간 금전거래로 인해 발생한 분쟁으로서 사기, 횡령, 배임 등으로 고소된 재산범죄 사건

② 개인 간의 명예훼손·모욕, 경계 침범, 지식재산권 침해, 의료분쟁, 임금체불 등 사적 분쟁에 대한 고소사건

③ ① 및 ②의 사건 외에 형사조정에 회부하는 것이 분쟁 해결에 적합하다고 판단되는 고소사건

④ 고소사건 이외의 일반 형사사건으로서 1.에서 3.까지에 준하는 사건

(4) 형사조정에 회부할 수 없는 사건

다음 중 어느 하나에 해당하는 경우에는 형사조정에 회부할 수 없다(「범죄피해자 보호법」 제41조제2항 단서).

① 피의자가 도주나 증거인멸의 염려가 있는 경우

② 공소시효 완성이 임박한 경우

③ 불기소처분의 사유에 해당함이 명백한 경우(기소유예처분의 사유에 해당하는 경우는 제외)

(5) 형사조정위원회

형사조정을 위하여 관할 지방검찰청(지청)에 형사조정위원회를 두고 있으며, 형사조정위원회

294 형사조정의 이론과 실무, 대검찰청, 2024, 15쪽 참조

는 2명 이상의 형사조정위원으로 구성한다. 형사조정위원은 형사조정에 필요한 조정능력 및 법적지식 등의 전문성과 학식·덕망을 갖춘 사람으로서 관할 지방검찰청(지청)의 장이 위촉하는 사람으로 한다. 이 경우 그 임기는 2년으로 하되, 연임할 수 있다.[295] 형사조정위원회의 위원장은 관할 지방검찰청(지청)의 장이 형사조정위원 중에서 위촉한다. 이 경우 그 임기는 2년으로 하되, 연임할 수 있다.

(6) 형사조정 성립된 경우 처리절차

검사는 형사조정 회부를 결정하는 경우 당사자에게 형사조정제도의 취지와 사건진행 예정사항을 설명하고, 형사조정 회부 의사를 확인한다. 형사조정 회부를 원하는 당사자는 형사조정 신청서(형사조정신청서 작성을 위한 출석이 곤란한 사정이 있는 경우에는 형사조정회부동의서)를 검사에게 제출하여야 한다(「형사조정 실무운용 지침」 제11조).

형사조정 회부에 동의하지 않는 당사자는 제1회 형사조정절차 개시 이전까지 출석 또는 전화, 우편, 팩스, 그 밖의 방법으로 자신의 의사를 밝힐 수 있으며, 이 경우 형사조정위원회는 담당검사에게 사건을 회송해야 한다(「범죄피해자 보호법 시행령」 제52조제2항).

형사조정위원회는 형사조정이 회부되면 지체 없이 형사조정 절차를 진행해야 하며, 필요한 경우에 형사조정의 결과에 이해관계가 있는 사람의 신청 또는 직권으로 이해관계인을 형사조정에 참여하게 할 수 있다(「범죄피해자 보호법」 제43조제2항 및 제3항).

형사조정위원회는 조정기일마다 형사조정의 과정을 형사조정조서로 작성하고, 형사조정이 성립되면 그 결과를 형사조정결정문으로 작성하여 해당 형사사건을 형사조정에 회부한 검사에게 보내야 한다(「범죄피해자 보호법」 제45조제1항, 제3항, 제5항 및 「범죄피해자 보호법 시행규칙」 제15조).

형사조정이 성립되면 해당 사건은 아래와 같이 처리된다(「형사조정 실무운용 지침」 제22조제1항, 제27조제1항 및 제29조제2항).

295 참고적으로 창원지방검찰청 진주지청(진주, 사천, 남해, 하동, 산청 관할)의 경우 36명의 형사조정위원들이 활동하고 있다.

<형사조정이 성립된 경우 처리>

사건구분	형사조정의 결과	사건처리 방법
검사가 접수한 고소사건 및 송치된 고소사건	친고죄 또는 반의사불벌죄 등에서 고소가 취소되거나 합의서가 작성된 경우	각하(공소권 없음 처분대상사건이 아닌 경우)
	범죄혐의가 있다고 생각하는 경우	수사 진행(처벌시 감경할 수 있음)
일반형사사건 (고소사건 제외)	합의서 또는 처벌불원서가 작성된 경우	종국처분
	범죄혐의가 있다고 생각하는 경우	수사 진행 (처벌시 감경할 수 있음)

(7) 형사조정 성립되지 않은 경우 처리절차

형사조정위원회는 조정기일마다 형사조정의 과정을 서면으로 작성하고, 형사조정 과정에서 증거위조나 거짓 진술 등의 사유로 명백히 혐의가 없는 것으로 인정하는 경우에는 담당검사와 협의하여 형사조정을 중단하고, 담당 검사에게 회송해야 한다(「범죄피해자 보호법」 제45조제1항 및 제2항).

형사조정위원회는 당사자 사이에 합의가 성립되지 않은 경우 또는 성립된 합의내용이 위법하거나 선량한 풍속, 그 밖의 사회질서에 위반된다고 인정되는 경우에는 형사조정 불성립 결정을 하고 담당검사에게 해당 사건을 회송해야 한다(「범죄피해자 보호법 시행령」 제54조).

형사조정이 성립되지 않으면 해당 사건은 아래와 같이 처리된다(「형사조정 실무운용 지침」 제22조제2항, 제27조제1항 및 제29조제2항).

<형사조정이 불성립된 경우 처리>

사건구분	형사조정의 결과	사건처리 방법
검사가 접수한 고소사건	각하, 혐의없음, 죄가안됨 또는 공소권없음이 명백하거나 피고소인의 소재불명이 확인된 경우	불기소 또는 기소중지
	형사조정이 성립되지 않은 경우	수사 진행
일반형사사건 (고소사건 제외)	형사조정이 성립되지 않은 경우	수사 진행

3. 한국범죄피해자지원중앙센터

동 센터는 2004년 10월에 전국 검찰청의 주도로 범죄피해자 보호지원을 위한 전담검사 및 담당관을 지정하여 범죄피해자를 보호·지원하기 시작하였으며,[296] 2025년 2월 현재 전국에 62개의 센터[297]가 있다.

센터에서는 피해자에 대한 경제 지원, 심리 지원, 법률 지원, 주거 지원, 기타 지원 등을 주요사업으로 하고 있으며 가장 중요한 문제는 예산 확보라고 볼 수 있다. 대부분 재정이 열악하여 지방자치단체로부터 보조금을 받는 경우가 많다.[298]

• 부산지역범죄피해자지원센터
부산범죄피해자지원센터 "햇살"(사단법인)(금정구, 동래구, 연제구, 부산진구, 동구, 영도구, 중구)
부산광역시 연제구 법원로 15 부산지방검찰청 117호

• 부산동부범죄피해자지원센터 "광명"(사단법인)(남구, 수영구, 해운대구, 기장군)
부산광역시 해운대구 재반로112번길19부산지방검찰청 부산동부지청 417호

• 부산서부범죄피해자지원센터(사상구, 사하구, 북구, 강서구, 서구)
부산시 강서구 명지국제7로 67 부산지검 서부지청 413호

• 울산범죄피해자지원센터
• 울산범죄피해자지원센터(남구, 동구, 북구, 울주군, 중구, 양산시)
울산광역시 남구 법대로 45 울산지방검찰청 별관 122호
※ 양산은 울산범죄피해자지원센터에서 담당

• 경남지역범죄피해자지원센터
• 진주지역범죄피해자지원센터 "등불"(사단법인)(진주시, 사천시, 남해군, 하동군, 산청군)
경상남도 진주시 진양호로 301(신안동) 진주검찰청 207호

296 대검찰청은 2004년 10월 1일부터 범죄로 인해 피해를 입은 사람이 수사와 재판과정에서 입게 되는 2차 피해를 방지하고 피해회복과 형사사법 절차에의 참여를 확대 보장하기 위해 일선 지검·지청에 피해자지원담당관제도, 피해자지원실 설치 등 범죄피해자를 지원하기 위한 검찰 내부시스템을 마련, 운영하고 있다.

297 센터는 크게 순수 민간 주도형과 관 주도형으로 구분되며 양 모델 모두 지역 센터의 성격, 기능, 역할 등에 있어서 장·단점을 가지고 있다. 순수 민간형은 민간주도로 설립·운영하고 검찰 등은 후견자적 역할을 담당하는 것으로 민간인의 자원봉사활동이라는 본연의 모습에 충실하나, 우리나라와 같이 자원봉사풍토가 미약한 현실에서는 예산·인력확보 등의 어려움으로 자생력을 갖추기가 어렵다. 반면 관 주도형은 사회 각 계층을 대표하는 전문가들과 연합하여 지원센터를 설치하는 것으로 관변단체라는 오해의 소지가 있으나, 설립·운영이 쉽고 검찰 등과의 원활한 협조관계로 피해자를 보호·지원하는데 있어서는 오히려 민간형태의 모델보다 좋다는 장점이 있다. 우리나라의 여러 여건을 감안할 때 당분간은 관 주도형으로 운영하고, 시민의식 등이 성숙되면 민간 주도형의 모델로 나아가는 것이 바람직하다고 본다.

298 대부분 지자체의 보조금이 60%, 법무부보조금과 센터 임원들의 기부금이 38%, 후원금이 2%로 나타나고 있다.

• **통영·거제·고성범죄피해자지원센터(거제시,통영시,고성군)**
경남 통영시 용남면 동달안길67창원지방검찰청 통영지청 10

• **밀양·창녕 범죄피해자지원센터(밀양시,창녕군)**
경남 밀양시 밀양대로1993-20 창원지방검찰청 밀양지청 212호

• **거창·합천·함양범죄피해자지원센터(거창군,합천군,함양군)**
경남 거창군 거창읍 죽전1길31 창원지방검찰청 거창지청 별관

• **마산·함안·의령범죄피해자지원센터(창원시마산합포구,창원시마산회원구,함안군,의령군)**
창원시 마산합포구 중앙동로 21 (검찰청 402호)
※ 위 외의 지역은 한국범죄피해자지원중앙센터 홈페이지 참조

<범죄피해자지원센터 지원내용>

종류	지원내용
긴급구호	범죄피해자지원센터 상근직원 또는 자원봉사자가 범죄현장에서 상담, 피해자 보호, 병원후송, 가족 등 보호자 연락, 범죄현장정리(청소) 등 피해 초기에 신속한 긴급구호 실시
신변보호	보복범죄 대비 위치확인장치 지급, 법정동행 및 수사기관 동행, 임시 주거시설 연계
주거지원	임대주택 연계 지원
치료비	범죄피해로 인해 지출한 신체적·정신적 치료 관련 의료비 지원(5주 미만)
심리치료비	피해자가 임상심리상담사 등 전문가로부터 심리상담 서비스를 이용하여 발생한 실비 지원
간병비 등	• 간병비: 피해자가 입원 치료를 받는 동안 간병할 가족이 없거나 생계 등의 사유로 가족이 간병하기 어려운 경우, 간병 비용 지원 • 기타 부대 비용: 의료보조기구가 필요하거나, 원거리 치료 시설 이용이 필요하여 교통비, 숙박비, 식비를 지출한 경우 비용 지원 • 돌봄 비용 지원: 범죄피해로 인해 만 12세 이하 아동가정의 양육공백이 발생하지 않도록 본인부담금 실비 지원
생계비 등	달리 부양을 제공할 친족 등이 없는 피해자가 생계비, 학자금, 장례비 지원을 필요로 하는 경우 비용 지원
현장정리비	피해자가 주거·관리하는 정주 가능한 건조물이 범죄피해로 오염·훼손되어 이를 정리할 필요가 있는 경우 실비 지원
취업지원비	피해자 본인이 신체·정신 피해를 입은 후 구직하고자 하거나, 가족 등 기타 범죄피해자가 새롭게 생계를 떠맡게 되어 구직하여야 할 때 그 훈련비 및 부대 비용 지원
기타	범죄피해자 상담(심리, 법률상담) 및 정보제공(피해자 구조 제도 안내 등). 법정 모니터링

제4절 향후 과제

1. 피해자의 형사절차 주체로 편입

앞서 본 바와 같이 그동안 피해자는 실체적 진실 발견을 위한 증거방법의 하나로만 간주되어 소위 '잊혀진 존재' 또는 '주변적 존재'로 평가되어 온 것이 사실이다. 그렇다보니 피해자는 고소권자 또는 증인의 지위에 불과하여, 제2의 피해까지 입고 있는 것이 현실이다. 즉 피해 후의 수사단계, 언론에 의한 보도, 공판정에서의 증언, 지역사회에서의 대인관계 등의 정신적 피해를 받는 일이 적지 않다. 따라서 피해자가 앞으로 형사절차의 주체로 편입하여 외국의 경우처럼 직접 범죄자를 기소할 수 있는 소위 '사인소추권' 등을 부여하여야 한다고 본다.

2. 국가지원의 필요성

범죄피해자는 범죄피해자구조법에 의하여 피해의 구조를 받을 수 있지만 여전히 예산의 부족으로 제대로 실현되지 못하고 있다.[299] 법무부는 구조금의 지급 범위를 치료비와 장해로 인한 소득상실분, 사망 피해자의 장례비, 유족의 생계비 등으로 종류를 늘리고 연금 방식을 도입하는 등 구조금 제도를 개선하는 방안을 제시하고 있지만, 장기 과제로 검토하고 있는 수준에 머물고 있다.

이러한 열악한 지위에 있는 피해자를 조금이나마 돕고자 하는 것이 바로 범죄피해자보호법이며, 국가는 범죄피해자지원단체를 통하여 지원하도록 하고 있다. 그러나 우리나라는 유교적 권위주의, 국가 주도의 근대화, 시민사회 활동의 미성숙 등으로 공공의 이익에 대한 시민의식이 낮다. 뿐만 아니라 비영리단체가 제대로 발달할 수 있는 정치사회적인 여건이 미약하여 대중적 기반을 구축하기가 쉽지 않다. 이러한 이유로 단시일 내에 지원센터 스스로가 재원을 마련하기가 어렵다고 볼 때, 국가의 지원은 필수적이다. 따라서 앞으로 국가가 피해자를 진정으로 보호하고자 하는 목적이 있다면 보조금의 액수를 증액할 필요가 있다고 본다.

이러한 열악한 재정 지원을 국가는 대부분 지방자치단체에게 맡기고 있다. 그렇다보니 지방자치단체의 재정 상황에 따라 범죄피해자의 지원이 다르다. 따라서 같은 피해를 입고도 혜택은 다르게 받고 있다는 결론이 나온다.[300] 그리고 이러한 지원도 범죄피해자보호법 제4조

299 살인자 정남규에게 살인을 당한 두 딸의 아버지가 보조받은 것은 서울남부범죄피해자지원센터로 부터 받은 몇 십만 원에 불과하다.

300 그나마 진주지역은 범죄피해자지원센터의 적극적인 활동으로 전국 평균을 훨씬 능가하는 실적을 보이고 있다.

에 국가의 재원조달에 대한 책무만 규정하고 있고 구체적인 방안은 제시하지 않고 있다. 따라서 앞으로 일본처럼 지방자치단체의 조례로서 규정하여 명확한 근거규정을 두어야 하겠다. 2020년부터 2023년 7월까지 부산지역에서 지급된 유족구조금은 49건 32억7,026만 원으로 건당 평균 6,674만 원이었다. 같은 기간 전국에서는 485건 301억4,180만 원, 건당 6,214만 원이 지급됐다. 유족구조금 외에 장해, 중상해를 입은 피해자에게 지급되는 구조금 역시 적다. 4년간 부산에서 지급된 장해구조금은 5건·1억105만 원으로 평균 2,021만 원, 중상해구조금은 5건·8,249만 원으로 평균 1,649만 원이다. 검찰은 구조금 외에 치료비·심리치료비·생계비 지급 등을 하지만 이 역시 300만 원 안팎에 그치고 있다.

범죄피해자보호법 제5조(지방자치단체의 책무)[301]에 근거하여 관할 범죄피해지원센터에 예산을 지원할 수 있다. 하지만 현재 지자체에서 예산을 현실성 있게 지원하고 있는 곳은 거의 없다. 2023년 9월 현재 부산 16개 구·군 중 10곳뿐이다. 부산진구·금정구 등에서 최근 조례를 제정하여 범죄피해자 지원에 나서기로 했다는 것은 고무적이다. 범죄피해자보호법 제5조(지방자치단체의 책무) ① 지방자치단체는 범견죄피해자 보호·지원을 위하여 적극적으로 노력하고, 국가의 범죄피해자 보호·지원 시책이 원활하게 시행되도록 협력하여야 한다.

② 지방자치단체는 제1항에 따른 책무를 다하기 위하여 필요한 재원을 조달하여야 한다.

에 근거하여 관할 범죄피해지원센터에 예산을 지원할 수 있다. 하지만 현재 지자체에서 예산을 지원하고 있는 곳은 거의 없다. 2023년 9월 현재 부산 16개 구·군 중 10곳 뿐이다. 부산진구·금정구 등은 최근 조례를 제정하여 범죄피해자 지원에 나서기로 했다는 것은 고무적이다.[302]

구체적인 방안으로는 복권 기금과 기업 협찬금, 벌과금을 모으거나 사회 공공단체로부터 기금을 확보하는 방안 등을 생각할 수 있다.[303] 현재 범죄자들로부터 거둬들인 벌금의 8%를 피해자 기금으로 활용하고 있지만 턱없이 부족한 실정이다. 미국은 범죄자들로부터 벌금, 보석보증금 등으로 기금을 마련하고 있다. 연간 1억2천5백만 달러(약 1천 4백억)의 기금 중 약 6천만 달러(약 700억)를 범죄피해자기금으로 사용하고 있다.

301 제5조(지방자치단체의 책무) ① 지방자치단체는 범죄피해자 보호 · 지원을 위하여 적극적으로 노력하고, 국가의 범죄피해자 보호 · 지원 시책이 원활하게 시행되도록 협력하여야 한다.
② 지방자치단체는 제1항에 따른 책무를 다하기 위하여 필요한 재원을 조달하여야 한다.

302 국제신문, "턱없이 적은 '범죄피해 구조금'…유족은 두 번 운다". 2023.09.25. 기사 참조.

303 영국의 '피해자보호협회'(Victim Support: VS)에서는 기금마련을 위해 축구경기, 크리스마스 카드판매, 책 구입 등의 행사를 개최하고 있다.

제6장 사형과 인권

사형제도는 인류의 형벌 역사상 가장 오래된 제도 중 하나이다. 근대국가 이전에는 위하력을 발휘하기 위해 사형을 형벌의 중심에 위치시킴으로써 국가의 목적 수행에 유용한 수단으로 여겼다. 그리고 1764년 베카리아가 '범죄와 형벌'에서 사형폐지를 주장한 이래 오늘날까지 현대국가의 형벌로서의 사형제도가 가지는 유효성에 관해 사형 존폐논쟁이 지속되고 있다.

우리나라에서는 과거 제15대 국회에서부터 지속적으로 의원입법으로 사형제폐지 특별 법안이 제출되었으나 모두 반대 여론에 의해 자동 폐기되었다. 각 법안들은 조금씩 차이가 있으나 대체적으로 법정형으로 사형을 정하고 있는 형법 등 개별 법률의 관련규정을 일괄 폐지하고 그 대신 가석방이나 감형이 없는 절대적 종신형 제도를 도입하는 것이었다.

사형제도에 대해 우리 학계에서는 사형의 본질, 범죄억지력, 오판가능성 등을 중심으로 다양한 견해가 제시되고 있다. 전체적으로 보면 사형폐지론과 존치론이 대립하고 있는 듯 보이나, 사형폐지론이 점차 다수를 점해가고 있다. 우리나라는 1948년 정부 수립 후 사형수 1,310명에 대한 사형이 집행되었고, 1997년 23명의 사형집행이 마지막이었다. 김대중정부 이후 2025년 2월 현재까지 사형집행이 이뤄지지 않았으며, 이에 따라 국제사면위원회로부터 '실질적 사형폐지국'으로 분류되고 있다. 그러나 아직 형법에는 사형이 규정되어 있고[304] 선고되는

304 형법상 사형범죄는 내란죄, 외환죄, 여적죄, 간첩죄, 폭발물사용죄, 현주건조물방화치사죄, 살인죄, 존속살해죄, 강간살인죄, 강도살인죄, 해상강도치사·강간죄 등이 있다. 특히 이 가운데 형법 제93조(여적죄)는 법정형으로 사형만을 규정하고 있는 가장 무거운 범죄이다.

경우도 있어 현재 65명의 사형수가 집행 대기 중에 있다.[305]

국내 여론도 김길태 사건 등 잔혹한 사건이 있었던 경우를 제외하고는 종교계를 선두로 하여 대체로 사형제도의 폐지를 원하는 국민들이 과거에 비해 늘어나는 추세인 것으로 나타나고 있다.

제1절 사형제도 존치론과 폐지론의 대립

현대에 들어와서 세계 여러나라에서는 엄벌주의를 지향했던 근대사법체계에서 벗어나 범죄자의 처벌에서 교화를 중심으로 하는 인권문제가 부각됨에 따라 사형제에 관한 찬·반양론이 부각되고 있다. 사형제를 폐지한 나라에서는 부활을, 사형제를 유지하고 있는 나라에서는 폐지를 요구하는 목소리가 나오고 있다. 특히 최근 들어 잔혹한 범죄자들이 늘어나자 사형제도 부활에 대한 논의가 재점화되고 있다. 아래에서는 사형에 대한 찬·반론에 대하여 살펴보고자 한다.

1. 사형존치론

사형존치론자들은 우선 사형제도의 범죄 억지력을 주장의 근거로 삼는다. 타인에게 해악을 가한 자에 대해 생명을 박탈하는 사형이야 말로 범죄를 억제한다는 측면에서 가장 큰 위력으로 작용하고, 처벌의 확실성은 범죄예방에 긍정적 영향을 미친다고 본다. 그리고 사형제도는 응보의 수단으로서 가해자에 대한 강력한 응징이나 보복으로서 정당화 될 수 있으며, 피해자나 그 가족의 감정을 해소해 준다는 것이다.

또 극악한 범죄자를 사회로부터 영원히 격리함으로써 범죄자로부터 선량한 시민을 보호하는 효과가 있으며, 흉악범이 증가하는 현 상황에서 범죄자의 생명만을 보장할 수는 없고, 국민의 법의식이나 사회적 여건상 사형을 폐지 할 수 없다는 주장도 있다.[306]

한편 사형은 종신형보다 인간적이며, 심지어 경제학적 관점에서 볼 때 훨씬 경제적이라는

305 건국 이래 1948년 살인범 1명과 살인범 3명에게 처음으로 사형이 선고된 이후 마지막으로 사형이 집행된 1997년까지 우리나라에서 사형이 집행된 건수는 모두 923건으로 매년 평균 20명이었다. 박선영, 「사형제도 존폐논의에 관한 헌법학적 고찰-헌법적 정의의 관점에서-」, 『인권법연구』 제1호, 2005, 244쪽.

306 박기석, 「사형제도에 관한 연구」, 『형사정책연구』 제12권 제3호(통권 제47호), 2001, 76쪽.

논거가 제시되기도 한다. 범죄자를 평생토록 감옥에 가두어 두는, 사형폐지론자들이 주장하는 가석방, 감형 없는 종신형이 오히려 비인간적일 뿐만 아니라 비용도 더 많이 든다고 보는 견해도 있다.[307]

<가석방, 감형없는 종신형 도입 비용 검토> (단위: 억 원)

구분	비용	비고
독거수용시설비용 (수형자 200명 기준)	346	• 종신수형자 200명 • 관용부 150명 • 20명 수용사동 10개동 기준
운영비	120	• 1인당 수용경비 년간 3,400만 원 • 종신형 수형자
합계	466	• 1인당평생 예산(3,400만 원×35.5세=12억 원)

※자료: 법무부

2. 사형폐지론

사형폐지론자들은 사형이 일반인이 기대하는 것처럼 위하적 효력을 가지지 못한다고 주장한다. 사형이 위하력을 가졌다면 사형을 폐지한 국가에서 사형에 해당하는 중죄가 폐지 전 또는 존치하고 있는 국가에 비해 많이 발생해야 함에도 불구하고 그렇지 않다는 것을 논거로 제시한다.

또 모든 재판에는 오판이 있을 수 있으므로 만에 하나 있을 오판에 의하여 사형이 집행된 경우 회복할 수 없는 형벌로서 법관의 오판 가능성을 배제할 수 없다는 문제가 있다는 점을 주장한다.

그리고 사형은 야만적이고 잔혹한 형벌이며, 인간의 존엄과 가치의 전제가 되는 생명권을 침해하는 것이므로 헌법에 반하는 형벌로서 허용될 수 없을 뿐만 아니라, 사형을 집행하는 공무원은 자신의 직무상 어쩔 수 없이 살인에 가담하지만 한 생명을 단절 시킨다는 것은 결코 작은 고통이 아니며, 인간의 존엄성이나 행복추구권을 침해한다고 보기도 한다.[308]

그밖에도 어떤 제도든 악용가능성이 있지만 사형만큼 정치적으로 악용될 가능성이 큰 제도가 없다는 점이 사형제도의 약점으로 제기되고 있다. 정치적으로 불안정한 시기에는 사형

307 이준일,『인권법-사회적이슈와 인권』, 홍문사, 2007, 13쪽.

308 김종덕,「사형제도 폐지해야 하는가?」,『계명법학』제9집 2005, 109쪽. 박기석, 앞의 논문, 97쪽.

이 언제든지 남용될 가능성이 있기에 일체의 사형을 폐지할 필요가 있다는 것이다.[309] 그리고 사형을 통하여 사회로부터 격리되는 범죄자의 범죄에 대한 책임은 범죄자 개인이 아니라 사회 전체의 책임일 수 있다는 견해도 있다.[310]

3. 시기상조론(절충론)

한편 사형을 폐지하는 것이 타당하지만 현재로서는 시기상조라는 입장도 있다. 중도론 혹은 시기상조론이라는 이 입장에서는 사형이란 궁극적으로 폐지되어야할 제도지만 우리나라의 정치적·사회적 상황, 문화수준, 국민감정이나 시민의식 등이 사형을 폐지할 수 있을 만큼 성숙되어 사회의 완력적 요소가 감소되면 사형은 폐지되어야 한다고 주장한다.[311] 한편 헌법재판소는 지금까지 사형제도에 대한 심리를 2번 하였다. 2번 모두 합헌 결정이 있었고, 다만 위헌의견이 증가하는 추세에 있다(95헌바1. 합헌 7 : 위헌 2, 2008헌가23. 합헌 5 : 위헌 4)

제2절 사형제도에 관한 헌법재판소와 대법원의 입장

1. 헌법재판소의 견해

헌법재판소는 생명권 역시 헌법 제37조 제2항에 의한 일반적 법률유보의 대상이 될 수밖에 없는 것이나, 생명권에 대한 제한은 곧 생명권의 완전한 박탈을 의미한다 할 것이므로, 사형이 비례의 원칙에 따라서 최소한 동등한 가치가 있는 다른 생명 또는 그에 못지아니한 공공의 이익을 보호하기 위한 불가피성이 충족되는 예외적인 경우에만 적용되는 한, 그것이 비록 생명을 빼앗는 형벌이라 하더라도 헌법 제37조 제2항 단서에 위반되는 것으로 볼 수는 없다고 보았다.[312]

사형은 이를 형벌의 한 종류로 규정함으로써, 국민일반에 대한 심리적 위하를 통하여 범죄의 발생을 예방하고, 이를 집행함으로써 특수한 사회악의 근원을 영구히 제거하여 사회를 방

309 김종덕, 앞의 논문, 140쪽.

310 이준일, 앞의 책, 14쪽.

311 박기석, 앞의 논문, 77쪽. 한편 헌법재판소는 지금까지 사형제도에 대한 심리를 2번 하였다. 2번 모두 합헌 결정이 있었고, 다만 위헌의견이 증가하는 추세에 있다(95헌바1. 합헌 7 : 위헌 2, 2008헌가23. 합헌 5 : 위헌 4)

312 헌법재판소 1996.11.28., 95헌바1.

어한다는 공익상의 목적을 가진 형벌로써, 모든 인간의 생명을 자연적 존재로서 동등한 가치를 갖는다고 할 것이나 그 동등한 가치가 서로 충돌하게 되거나 생명의 침해에 못지아니한 중대한 공익을 침해하는 등의 경우에는 국민의 생명·재산 등을 보호할 책임이 있는 국가는 어떠한 생명 또는 법익이 보호되어야 할 것인지 그 규준을 제시할 수 있다는 것이다.

인간의 생명을 부정하는 등의 범죄행위에 대한 불법적 효과로서 지극히 한정적인 경우에만 부과되는 사형은 죽음에 대한 인간의 본능적 공포심과 범죄에 대한 응보욕구가 서로 맞물려 고안된 '필요악'으로서 불가피하게 선택된 것이며 지금도 여전히 제 기능을 하고 있다는 점에서 정당화될 수 있고, 따라서 사형은 이러한 측면에서 헌법상의 비례의 원칙에 반하지 아니한다 할 것이고, 적어도 우리의 현행 헌법이 스스로 예상하고 있는 형벌의 한 종류이기도 하므로 아직은 우리의 헌법 질서에 반하는 것으로 판단되지 아니한다고 보고 있다.[313]

헌법재판소의 사형제도에 대한 결정문

2007년 일명 '보성어부 살인사건'의 피고인 오종근(당시70세, 최고령 사형수)은 보성으로 여행을 온 20대들을 자신의 배에 태운 후 성범죄 목적으로 4명을 살해하고, 사체를 유기한 사건으로 사형을 선고받자, 헌법소원을 청구하였다.

사형제도가 위헌인지 여부의 문제는 성문 헌법을 비롯한 헌법의 법원을 토대로 헌법규범의 내용을 밝혀 사형제도가 그러한 헌법규범에 위반하는지 여부를 판단하는 것으로서 헌법재판소에 최종적인 결정권한이 있는 반면, 사형제도를 법률상 존치시킬 것인지 또는 폐지할 것인지의 문제는 사형제도의 존치가 필요하거나 유용한지 또는 바람직한지에 관한 평가를 통하여 민주적 정당성을 가진 입법부가 결정할 입법정책적 문제이지 헌법재판소가 심사할 대상은 아니다. (중략) 부연하건대, 사형제도의 폐지 또는 유지의 문제는 헌법재판소의 위헌법률심사를 통하여 해결되는 것보다는 향후 입법자에 의한 입법의 개폐 여부에 의하여 해결되어야 할 문제라고 할 것이다. 위헌법률심사는 입법자가 국민의 대표로서 선택한 결과인 입법을 헌법적 관점에서 용인할 것인지 여부의 문제이고, 입법자가 내외의 의견수렴과 토론을 거쳐 입법적으로 개폐하는 것은 입법부를 통한 국민의 선택과 결단이기 때문이다.

(헌법재판소 2010. 2. 25. 2008헌가23 결정이유 중)

313 헌법재판소 1996.11.28., 95헌바1.

2. 대법원의 견해

대법원은 사형제도 존치의 합헌판결을 4회나 하였다(1963년, 1983년, 1987년, 1991년). 그 중 1991년 2월 26일 판결에서 "헌법 제12조 제1항에 의하면 형사처벌에 관한 규정이 법률에 위임되어 있을 뿐 그 처벌의 종류를 제한하지 않고 있으며 현재 우리나라의 실정과 국민의 도덕적 감정 등을 고려하여 국가의 형사정책으로 질서 유지와 공공복리를 위하여 형법 등에 사형이라는 처벌의 종류를 규정하였다 하여 이것이 헌법에 위반된다고 할 수 없다"고 판시하여 사형제도의 합헌을 재확인하였다.

또 1994년 12월 19일 사형의 위헌신청에 대해 "형법 제250조 제1항 (살인, 존속살해)과 제41조 제1호(형의 종류 중 사형)등 사형이라는 형벌을 규정한 형법규정이 헌법위반의 법률이라 할 수 없고 사형의 집행을 규정한 형법 제66조(사형은 교도소에서 교수로 집행)와 행형법 제57조 제1항(사형은 교도소 내 사형장에서 집행) 역시 헌법에 위배되지 않는다"고 판시하여 위헌제청을 기각하였다.[314]

3. 최근의 정부 동향

우리나라는 1997년 12월 이후 현재까지 사형을 집행하지 않고 있다. 그러나 정부는 공식적으로 집행 중단 방침을 밝힌 적은 없으며 사형제 폐지에도 보수적인 입장을 유지하고 있다. 즉 정부는 사형 폐지 여부를 사형의 형사 정책적 기능, 국민 여론과 법 감정, 국내외 상황 등을 종합적으로 고려해 신중하게 검토할 필요가 있다고 하고 있다. 여론도 여전히 흉악 범죄의 증가, 범죄 예방 등을 이유로 사형 제도를 유지해야 한다는 것이 우세하다.

하지만 독립 기구인 인권위는 정부보다 전향적으로 사형제 폐지를 주장한다. 인권위는 2005년 국회의장에게 사형제도 폐지 관련 의견을 표명했고, 2009년에는 헌법재판소에 사형제도 폐지 의견도 제출했다. 특히 국가인권위원회는 "사형폐지를 위한 시민적 및 정치적 권리에 관한 국제규약 제2 선택의정서'에 가입도 검토하고 있다.

우리나라처럼 법적으로 사형 제도를 유지하는 국가는 2025년 2월 현재 91개국이고, 사형제도를 완전히 폐지한 국가는 104개국으로 통념과 달리 유지국이 훨씬 많다. 세계에서 인구가 가장 많은 나라 10개국인 미국, 중국, 러시아, 인도, 인도네시아, 브라질, 파키스탄, 나이지리아, 방글라데시, 멕시코 가운데 러시아와 브라질, 멕시코를 빼고 모두 사형제가 존재한

314 허주욱, 앞의 논문, 243쪽.

다. 특히 연방제인 미국은 50개 주 가운데 32개 주에서는 사형이 존속하고 있고 18개 주에서는 사형이 폐지되었다. 그러나 결정적으로 연방정부에서는 사형을 선고·집행하고 있다. 또한 사형제가 없는 주에서 발생한 범죄도 테러 등 일부 범죄에 대해 연방 정부 차원에서 직접 재판하거나 사형제가 있는 주에서 재판하여 사형 폐지를 무력화하고 있다.[315]

4. 국민여론

민주화 이후 사형제도가 독재정권의 도구로 악용되기도 했던 어두운 과거와 인권에 대한 인식의 향상으로 한때 존치, 폐지, 무응답이 5:4:1정도로 비등했던 시기도 있었으나, 2000년 이후 부터는 민주주의 향상과 범죄자 인권 중시, 질 나쁜 흉악범죄가 증가하는 등의 이유로 사형에 대해 찬성하는 주장이 더 늘어나고 있다.

최근 여론은 사형 존치에 찬성하는 비율이 높으며 사형수들이 교도소 공간만 차지하니 사형을 진행해 빈 공간에 범죄자를 넣어야 한다는 주장이 높아지고 있다. 특히 보수와 진보 성향을 가리지 않고 사형에 대한 지지가 높다.[316]

한국갤럽이 2021년 9월 실시한 여론조사에서는 사형제 유지 찬성은 77.3%, 사형제 유지 반대는 18.7%로 나타났다. 2022년 7월에도 실시한 여론 조사에서도 응답자의 69%가 사형제 유지를 찬성했다. 폐지는 23%에 불과했다.[317]

5. 가석방 없는 종신형 제도 도입

법무부는 2023년 8월 서울 신림동과 분당 서현동 등에서 '묻지마 칼부림' 사건 등 흉악범죄가 잇따라 터지면서 '가석방 없는 무기징역(종신형)' 추진을 공식화했다. 현재 '가석방 없는 무기형'을 운영 중인 대표적인 나라는 미국과 영국 등이다. 앞서 본 바와 같이 우리나라는 1997년 이후 26년간 사형을 집행하지 않아 '실질적 사형 폐지국'으로 불리지만, 헌법재판소는 1996년과 2010년 두 차례에 걸쳐 합헌 결정을 내린 바 있다. 현재는 3번째로 위헌 심판대에 오른 사형제도를 현재 심사 중이다.

---

315 일본에서도 80년대에 제국은행 강도살인사건의 사형수 히라사와가 집행 시효인 30년을 넘겨 구금한 국가에 손해배상을 청구하는 상황이 발생했다. 당시 일본 법원은 청구를 기각했으나 추가적인 혼란을 미연에 방지하고자 일본은 지난 2010년 형법을 개정해 사형에 대한 시효를 없앴다. 법률신문, 2025.1.31.

316 네이버 나무위키 참조

317 한국갤럽 홈페이지 참조

국회입법조사처가 발간한 『가석방 없는 종신형 제도 도입의 전제』를 다룬 'NARS 현안분석' 보고서에서도 그동안 사형의 대체형벌로 가석방 없는 종신형 제도 도입이 논의되었다.[318] 상당수 국민은 이에 긍정적 태도를 보이고 있다. 최근에는 각종 흉악범죄의 발생으로 사형과 병존하는 형태의 가석방 없는 종신형 제도 도입 논의가 진행되고 있다.

찬성론은 종래부터 사형에 필적할 만한 응보와 예방 방안으로 가석방 없는 종신형 도입을 주장해 왔다. 반대론은 가석방 없는 종신형은 느린 사형에 불과하며, 최소한의 인권조차 보장하지 않는 제도라는 비판을 제기하고 있다.[319]

문제는 비용이다. 법무부에 의하면 2023년 8월 현재 사형수를 비롯한 재소자 한 명을 관리하는 데 드는 비용은 급식비, 의료비와 같은 직접 비용과 시설 비용, 인건비 등 간접 비용을 모두 포함해 연평균 3,100여만원이 들어간다고 한다. 이는 9급 공무원 연봉보다 훨씬 높은 금액이다. 특히 수십 년간 수감비용이 드는 가석방 없는 종신형이 도입된다면 세 부담 증가는 불가피할 수 밖에 없다. 이러한 이유로 2023년 입법예고된 형법개정안(제42, 제72조, 가석방 없는 종신형 제도 도입)은 표류하고 있다.

제3절 대체형벌

사형폐지에 대한 여론이 높아짐에 따라 이를 대체할 형벌에 대한 논의도 필요하다. 앞서 본 바와 같이 감형이나 사면 또는 가석방 없는 절대적 종신형의 도입이 제기되고 있지만 평생을 가두는 것이 사형에 비해 오히려 더 잔인하다는 의견이 있는가 하면[320], 국민의 세금으로 운영되는 교도소에 많은 비용을 들이는 것은 불합리하다는 주장도 제기되고 있다.

특히 무기자유형은 피해자 가족의 감정에도 합치하지 않는다는 문제점이 지적되고 있다. 앞서 본 2003년 미국 일리노이주의 경우 사형수들에 대해 가석방 없는 종신형으로의 감형으로 인해 이와 관련한 피해자의 가족들은 경악을 금치 못하였다고 한다. 우리의 경우 이에 따라 최소한 20년 이상을 복역해야 가석방이 가능하도록 하는 특별무기자유형이나 상대적 종신형으로 법률을 개정하는 대안이 제시되기도 하고, 이 경우 특별무기자유형을 포함한 무기

318 보고서는 국회입법조사처 '연구 보고서'(http://nars.go.kr/report/view.do?)에서 확인할 수 있다.
319 국회입법조사처, 가석방 없는 종신형 제도 도입의 전제, 2023.
320 김선택, 앞의 논문, 166쪽.

형의 병과가 가능하도록 하자는 견해도 제기되고 있다.[321]

특히 사형 제도와 관련해 '형의 시효'를 둘러싼 논란이 되고 있다. 형법 제77조는 '형을 선고받은 사람에 대해서는 시효가 완성되면 그 집행이 면제된다'고 규정하면서, 제78조에서 사형의 경우 재판이 확정된 후 그 집행을 받지 않고 30년이 지나면 시효가 완성된다고 정하고 있다. 2005년 2월 현재 가장 오래 수감중인 사형수의 복역 기간이 29년 4개월이다. 6개월 후면 형법 제78조가 정한 사형의 시효인 30년에 이른다. 문제는 형법이 사형수의 구금기간에 대한 명시적 규정을 두지 않고 있어 문제이다. 이대로 시효가 지나면 사형수를 구금할 법적 근거가 사라진다는 주장과 사형 집행을 위해 구금된 사형수의 경우에는 시효가 진행되지 않는다는 주장이 대립하고 있다. 형법 개정을 통해 사형에 대한 시효를 연장·배제하는 등의 조치가 필요하다고 본다.[322]

321 이훈동, 앞의 논문, 443쪽.

322 일본에서도 80년대에 제국은행 강도살인사건의 사형수 히라사와가 집행 시효인 30년을 넘겨 구금한 국가에 손해배상을 청구하는 상황이 발생했다. 당시 일본 법원은 청구를 기각했으나 추가적인 혼란을 미연에 방지하고자 일본은 지난 2010년 형법을 개정해 사형에 대한 시효를 없앴다. 법률신문,

제7장 장애인과 인권

제1절 장애인 인권(Disability rights)이란?

장애인 인권(Disability rights, 障礙人權)은 장애인이 차별을 받지 않고, 신체적 어려움을 사회적 차별로부터 보호받을 권리를 의미한다. 이는 장애인이 비장애인과 동등한 대우를 받기 위한, 인권의 확장된 개념이다. 이러한 권리에는 교육, 고용, 주거, 접근성, 의료 서비스 등이 있다. 하지만 장애인은 건강권, 거주이주권, 접근권, 및 생활권, 노동권, 교육권, 이동권 및 보행권, 보육권, 문화향유권, 선거권 등 기본적인 권리들이 제대로 대우 받지 못하고 있는 것이 현실이다. 장애인의 인권을 증진하기 위한 사회 운동을 장애인 운동, 장애인 인권운동이라고 한다.

제2절 장애인 인권 연원

장애인들은 사회의 여러 가지 편견과 차별대우, 장애인에 대한 법적 보호의 미흡 등에도 불구하고 '존엄한 인간'임을 확인받기를 원하고 있다. 이에 부응하기 위하여 1975년 12월 9일 국제연합 총회에서 장애인 권리 선언을 채택하였다. 유엔은 1981년을 '세계장애인의 해'로 정하고 1983년부터 1992년을 세계장애인 10년으로 선포하여 장애인에 대한 관심을 세계적으로 높였다. 이에 우리나라에서도 1981년 「심신장애자 복지법」을 제정하였으며 또한 국가 차원에서 장애인 복지를 담당하는 부서를 공식적으로 보건복지부 내에 설치하면서 장애인 복지정책이 본격적으로 실시되는 계기가 마련되었다. 특히 1988년 서울 장애인올림픽은 단순히 스포츠의 차원을 넘어서 장애와 장애인에 대한 관심을 사회에 확산시키는 또 하나의 주요한 계기가 되었다. 그 이후에 「심신장애자 복지법」이 「장애인 복지법」으로 개정되고,323 「장애인 고용촉진법」324이 제정되었다.

하지만 장애인 법률의 제정 등으로 장애인 복지가 국가 차원의 정책영역이 되었다고는 하지만 1990년대까지도 장애인 문제는 여전히 소수의 문제로 인식하는 경향이 강했다. 그러나 1990년대에 들어서면서 장애인의 사회 참여가 확대되었다. 특히 1997년은 여러 국가에서 장애인 접근성 관련 법률이 중요한 전환점을 맞이한 시기라 할 수 있다. 우리나라도 「편의증진법」325을 포함한 다양한 관련 법률이 제정되어 제도적 차원에서 사각지대에 있었던 장애인 복지의 틀이 정비되었고, 이러한 일련의 계기로 1998년 12월 9일 우리나라 국회는 '장애인 인권 헌장을 선포'하였다.

2000년에 들어와서 교통약자의이동편의증진법(약칭: 교통약자법)326이 제정되어 교통약자가 안전하고 편리하게 이동할 수 있는 계기가 마련되었다.

1. 정신지체인 권리 선언(精神遲滯人 權利宣言, 1971년)

정신지체인의 복지와 재활을 위하여 1971년 12월 20일 유엔총회에서 선언한 것이다. 인간의 존엄성과 가치, 평화, 사회적 정의, 권리와 기본적 자유를 보장하기 위한 유엔의 국제연합헌장 및 세계인권선언 등의 원칙을 근간으로 하고 있다. 신체적, 정신적 장애를 예방할 뿐만 아니라 정신지체인들의 사회통합을 증진하고 그들의 잠재력을 다양한 영역에서 최대한 개발하기 위한 지원의 필요성을 강조하고 있다.

323 1981년 UN이 정한 세계장애자의 해를 맞이하여 '심신장애자 복지법'이라는 제명으로 5월 19일 국회 본회의를 통과함으로써 제정되었고, 1989년 12월 30일 지금의 제명으로 전부 개정되었다.

324 장애인이 그 능력에 맞는 직업생활을 통하여 인간다운 생활을 할 수 있도록 장애인의 고용촉진과 직업재활 및 직업안정을 도모함을 목적으로, 1990년 1월 13일 제정되고, 1991년 1월 1일부터 시행되었다. 현재 장애인고용촉진 및 직업재활법(약칭: 장애인고용) 제명으로 전부 개정되었다.

325 편의증진법(시행 1998. 4. 11. 법률 제5332호, 1997. 4. 10., 제정, 약칭: 장애인등편의법)은 정식 명칭이 "장애인·노인·임산부 등의 편의증진 보장에 관한 법률"로, 장애인, 노인, 임산부 등 이동과 접근에 어려움을 겪는 사람들의 편의를 증진하기 위한 법률이다.

326 2006. 1. 28. 시행, 법률 제7382호, 2005. 1. 27., 제정.

2. 장애인 권리 선언 (1975년)

장애인 권리 선언은 국제연합 헌장과 세계 인권 선언(1948)의 정신에 입각하여 심신 장애인의 권리를 보호하고 존중하자는 취지를 담고 있는 선언으로서, 1975년 12월 9일 국제 연합 총회에서 만장일치로 채택되었다.

3. 세계 장애인의 해(1981년)

유엔은 1981년을 '세계 장애인의 해'로 정하고, 이후 1983년부터 1992년까지를 '장애인의 10년'으로 선포하여 장애인 권리 증진을 위한 다양한 활동을 전개하였다. 세계 장애인의 날은 이러한 노력의 연장선상에서 장애인의 사회 참여를 촉진하고, 장애인에 대한 차별을 없애기 위한 목적으로 제정되었다. 우리나라에서도 1981년「심신장애자 복지법」을 제정하였으며 또한 국가 차원에서 장애인 복지를 담당하는 부서를 공식적으로 보건복지부 내에 설치하면서 장애인 복지정책이 본격적으로 실시되는 계기가 마련되었다.

또한 UN이 '세계 장애인의 해'로 지정한 1981년에 보건사회부(현재 보건복지부)는 4월 20일을 '제1회 장애자의 날'로 정하고 기념하였다. 1989년 12월 30일「장애인복지법」,「장애인복지법시행령」에 의해 4월 20일을 '장애인의 날'로 정하였으며, 1994년 3월「각종 기념일 등에 관한 규정」에 포함되었다.

4. 장애인에 관한 세계 행동 계획(1982년)

장애인에 관한 세계 행동 계획(World Programme of Action Concerning Disabled Persons)은 1982년에 유엔(UN) 총회에서 채택된 문서로, 장애인의 권리 향상과 삶의 질 개선을 목표로 하는 국제적인 지침서이다. 이 계획은 장애인이 사회의 모든 측면에 완전히 참여하고 평등하게 기여할 수 있도록 환경을 조성하는 것을 목표로 하고 있다.

주요 내용에는 장애인에 대한 인식 제고, 평등한 기회 제공, 접근성 향상, 교육 및 고용 기회 확대 등이 포함됩니다. 이 행동 계획은 각국 정부와 국제 기구가 장애인 정책을 수립하고 실행하는 데 있어 중요한 기준이 되어 왔으며, 장애인에 대한 차별을 줄이고 사회적 통합을 촉진하는 데 기여하고 있다.

5. 국제 연합 장애인의 해 10년(1983년~1992년)

국제 연합 장애인의 해 10년(1983년~1992년)은 장애인의 권리 증진과 복지 향상을 위한 전 세계적인 노력이 집중된 기간이었다. 이 기간은 1981년 유엔이 '세계 장애인의 해'를 선포한 후, 장애인의 삶의 질을 개선하고 사회 통합을 촉진하기 위한 장기적인 계획의 일환으로 설정되었다. 이 10년 동안, 유엔은 각국 정부와 협력하여 장애인에 대한 인식을 제고하고, 장애인 정책을 강화하며, 장애인이 겪는 다양한 문제를 해결하기 위한 국제적 기준과 지침을 마련하였다. 결국, 이 10년은 장애인 권리에 대한 국제적 관심을 높이고, 장애인에 대한 차별을 줄이며, 보다 포용적인 사회를 만들기 위한 중요한 기반을 마련하는 데 기여하였다.

6. 장애인의 기회 평등화에 관한 기본 규칙(1993년)

장애인의 기회 평등화에 관한 기본 규칙은 1993년에 유엔 총회에서 채택된 문서로, 장애인이 사회의 모든 측면에서 기회를 평등하게 누릴 수 있도록 보장하기 위한 지침이다. 구체적으로 장애인의 권리보장, 접근성 보장, 동등한 교육 기회 보장, 고용 기회 장려, 경제적, 사회적 안정 보장, 정치적 참여 등이다. 이 규칙은 장애인의 권리 증진과 관련된 국제적 기준을 설정하고, 장애인 권리에 관한 여러 국제협약과 법률의 기초가 되었다.

7. 대한민국 한국 장애인 인권 헌장 선포(1998년)

장애인 권리 헌장(障碍人 權利 憲章)은 1998년에 선포된 문서로, 장애인의 인권을 보호하고 증진하기 위한 기본원칙과 가치를 명확히 하는 데 목적이 있다. 이 헌장은 대한민국 내에서 장애인의 권리를 보호하고 증진하기 위한 법적, 제도적 근거를 제공하며, 장애인에 대한 사회적 인식을 개선하는 데 중요한 역할을 하고 있다.

제3절 장애인 정의 및 분류

1. 장애인 정의

장애인의 정의에 관해서는 장애인복지법 제2조에 구체적으로 규정하고 있다.

(1) "장애인"이란 신체적·정신적 장애로 오랫동안 일상생활이나 사회생활에서 상당한 제약을 받는 자를 말한다. 장애인을 종종 '장애우'로 잘못 표기하는 경우가 여전히 존재하고 있다. 1989년 '심신장애자복지법'이 '장애인복지법'으로 바뀌면서 '장애인'이란 말이 법적 용어로 정착되었다. '장애우'란 표현은 1980년대 말 심신장애자복지법 속 '장애자(者)'

란 단어가 '놈 자'자를 사용하기에 다른 단어로 대체 되어야 한다는 주장이 나오면서 등장하였고, 당시 일부 단체가 친구라는 뜻을 담은 '벗 우(友)' 자를 써 '장애우'란 단어를 만들었다. 정작 장애 당사자들은 '장애우'란 단어에 거부감을 느끼고 있고, 장애인도 남녀노소 다양한 개인이 있는데 어른이고 아이고 모두 친구로 명명(命名)되고 있다. 한국장애인단체총연합회 등 관련 단체들도 "장애우란 단어는 친밀감이 드는 것이 아니라, 친구가 필요하고 도움이 필요한 대상자로 전락시킨다"며 부정적 입장을 유지해오고 있다.

(2) "신체적 장애"란 주요 외부 신체 기능의 장애, 내부기관의 장애 등을 말한다.

(3) "정신적 장애"란 발달장애 또는 정신 질환으로 발생하는 장애를 말한다.

(4) "장애인학대"란 장애인에 대하여 신체적·정신적·정서적·언어적·성적 폭력이나 가혹행위, 경제적 착취, 유기 또는 방임을 하는 것을 말한다.

(5) "장애인학대관련범죄"란 장애인학대로서 「형법」 제2편 제24장-33장, 36장-42장, 형법 제86조제1항·제2항, 같은 조 제3항제3호, 같은 조 제4항제2호 및 같은 조 제5항의 죄, 「성매매알선 등 행위의 처벌에 관한 법률」 제18조 및 제23조(제18조의 죄에만 해당한다)의 죄, 「장애인차별금지 및 권리구제 등에 관한 법률」 제49조제1항의 죄, 「정보통신망 이용촉진 및 정보보호 등에 관한 법률」 제70조제1항 및 제2항의 죄, 「정신건강증진 및 정신질환자 복지서비스 지원에 관한 법률」 제84조제1호 및 제11호의 죄 등을 말한다.

2. 장애비하 단어

(1) 시각장애인: 소경, 장님, 맹인, 맹아, 애꾸, 봉사, 실명인

(2) 청각장애인: 귀머거리, 농아인(청각과 언어 장애인), 농아(聾啞)

(3) 지체장애인: 지체부자유자, 불구자, 앉은뱅이, 곰배팔이, 병신, 불구, 곰뱅이

(4) 언어장애인: 벙어리, 아인, 아(啞)

(5) 지적장애인 및 정신장애인: 저능아, 정신지체, 정신박약아(정박아), 정공, 우둔, 노둔, 치우, 백치, 천치, 빡대가리, 바보, 멍청이, 머저리 등

(6) 학습장애인 및 자폐성 장애(발달장애)인: 지진아, 자폐아, 백치, 천치, 바보, 멍청이 등

3. 장애인 수

UN은 전 세계 인구의 10%를 장애인으로 보고 있고, 북유럽은 총 인구의 20%을 장애인으로 본다. 국가마다 장애 기준이 다르기 때문에 장애인 비율도 다르다. 예컨대, 북유럽은 해당 국

가 공용어를 모르는 사람이 여행이나 이주를 할 경우 공용어를 모르는 경우 '언어 장애인'으로 분류하고 있다.

우리나라 2023년 말 기준 등록장애인은 2,641,896명이다. 2023년 한 해 동안 새롭게 등록된 장애인이 86,287명이었고, 사망 등으로 등록장애인에서 제외된 장애인이 92,815명으로 2022년 말 등록장애인보다 6,528명이 감소하였다. 전체 인구의 감소로 등록장애인의 비율은 5.1%를 유지하였다.

15개 장애유형별 비중은 지체장애(43.7%), 청각장애(16.4%), 시각장애(9.4%), 뇌병변장애(9.1%), 지적장애(8.7%) 순으로 2022년과 같았으나, 장애유형별 비중의 변화 추이를 보면 지체장애와 뇌병변장애는 감소세를 보였으며, 청각장애, 발달장애(지적장애와 자폐성장애), 신장장애는 증가세를 보였다. 2023년에 새로 등록한 장애인(86,287명) 중에서는 청각(31.2%), 지체(16.7%), 뇌병변(15.3%), 신장(10.7%)순으로 비중이 컸다. 등록장애인의 연령대별 비중은 60대(627,665명, 23.8%), 70대(571,828명, 21.6%), 80대(454,555명, 17.2%) 순이다.[327] 등록장애인 중 65세 이상의 비율은 꾸준히 증가하여 53.9%(1,425,095명)로 나타났다.[328]

<2023년 장애인 등록수>[329] (단위: 천명)

장애유형 합계	지체	청각	시각	뇌병변	지적	신장	정신	자폐성	언어	장루요루	간	호흡기	뇌전증	심장	안면
2,642	1,154	433	248	241	230	109	104	43	23	17	16	11	7	5	3
100.0%	43.7%	16.4%	9.4%	9.1%	8.7%	4.1%	3.9%	1.6%	0.9%	0.6%	0.6%	0.4%	0.3%	0.2%	0.1%

4. 장애인 분류

장애인복지법과 장애인 등에 대한 특수교육법(이하 '장특법')과 법 체계가 달라 명칭이나 장애 종류도 다르다. 예를 들어서 일반적인 안면변형장애의 경우 장특법에서 규정하는 특수교육대상자가 될 수 없으며, 반대로 장애인복지법에는 없지만 학습에 심각한 결손이 발생하는 학습장애라는 장애는 장특법에서 규정되어 특수교육대상자가 될 수 있다. 그리고 후각장애의 경우에는 장애인복지법과 장특법에는 관련 규정이 없어 장애인으로도 인정이 되지도 않고 특

327 보건복지부 보도자료, 2024-04-18.

328 등록장애인 중 65세 이상의 비율은 ('14년) 41.4% → ('20년) 49.9% → ('23년) 53.9%로 계속 증가하고 있다.

329 보건복지부 누리집(www.mohw.go.kr)과 KOSIS 국가통계포털(www.kosis.kr)

수교육대상자가 될 수 없다. 또한 지적장애, 정신장애, 자폐성장애 같은 정신적 장애가 생후 직전부터 발견 될 경우에 장애라는 용어를 사용하는 것 대신 '발달 가능성이 있으니 지켜본다'는 의미의 발달지체라는 용어를 장특법에서는 사용한다.[330]

〈장애인 등록수장애인복지법과 장애인 등에 대한 특수교육법에 따른 장애인 분류〉

<table>
<tr><th>대분류</th><th>중분류</th><th>소분류</th><th>세분류</th><th>장특법</th></tr>
<tr><td rowspan="12">신체적 장애</td><td rowspan="6">외부신체 기능장애</td><td>지체장애</td><td>절단장애, 관절장애, 지체기능장애, 변형등의 장애,복합부위 통증 증후군</td><td rowspan="2">지체장애</td></tr>
<tr><td>뇌병변 장애</td><td>중추신경의 손상으로 인한 복합적인 장애</td></tr>
<tr><td>시각장애</td><td>시력장애, 시야결손장애</td><td>시각장애</td></tr>
<tr><td>청각장애</td><td>청력장애, 평형기능장애</td><td>청각장애</td></tr>
<tr><td>언어장애</td><td>언어장애, 음성장애, 구어장애</td><td>의사소통장애</td></tr>
<tr><td>안면장애</td><td>안면부의 추상, 함몰, 비후 등 변형으로 인한 장애</td><td>해당없음</td></tr>
<tr><td rowspan="6">내부기관 장애</td><td>신장장애</td><td>투석치료 중이거나콩팥을 이식받은 경우</td><td rowspan="6">건강장애</td></tr>
<tr><td>심장장애</td><td>일상생활이 현저히 제한되는 심장기능 이상</td></tr>
<tr><td>간장애</td><td>일상생활이 현저히 제한되는 만성·중증의 간기능 이상</td></tr>
<tr><td>호흡기장애</td><td>일상생활이 현저히 제한되는 만성·중증의 호흡기 기능 이상</td></tr>
<tr><td>장루 · 요루장애</td><td>일상생활이 현저히 제한되는 결장루, 회장루, 요루</td></tr>
<tr><td>뇌전증장애</td><td>일상생활이 현저히 제한되는 만성 · 중증의간질</td></tr>
<tr><td rowspan="3">정신적 장애</td><td rowspan="2">발달장애</td><td>지적장애(舊정신박약,정신지체)</td><td>지능지수(IQ)가 70이하인 경우</td><td>정신지체 혹은 발달지체</td></tr>
<tr><td>자폐성 장애(舊발달장애)</td><td>자폐증, 고기능 자폐증,아스퍼거 증후군, 레트 증후군, 아동기 붕괴성 장애가 등록 대상</td><td>자폐성 장애혹은 발달지체</td></tr>
<tr><td colspan="2">정신장애</td><td>정신분열병, 분열형 정동장애,양극성 정동장애, 반복성 우울장애,투렛 증후군</td><td>정서·행동장애 혹은 발달지체</td></tr>
</table>

5. 장애인 의무 고용 현황

법정 의무고용률은 정부부문(공무원)·정부부문(근로자)·공공기관 3.6%, 민간기업 3.1%이다. 노동부의 2023년 장애인 의무고용현황을 보면 상시근로자가 50명 이상인 3만2천316곳의 공공과 민간 기업에서 장애인 고용률은 평균 3.17%이다. 공공 부문에 비해 민간의 고용률이 낮았고, 특히 민간에서도 대기업의 경우 의무고용률에 한참 못 미치는 것으로 나타났다.

330 네이버 나무위키 참조.

<2023년도 장애인 의무고용 현황표 (단위: 개소, 명, %, %p)>

구분			2022년 12월 (A)				2023년 12월 (B)				증 감 (B-A)	
			대상 사업체	상시 근로자	장애인	고용률	대상 사업체	상시 근로자	장애인	고용률	장애인	고용률
합계			31,455	8,936,761	278,823 (213,653)	3.12	32,316	9,175,615	291,323 (221,522)	3.17	12,500 (7,869)	▲0.05
정부부문	공무원	소계	317	954,759	27,998 (23,856)	2.93	318	968,828	27,707 (23,558)	2.86	-291 (-298)	▼0.07
		중앙행정기관	53	202,342	7,402 (6,209)	3.66	54	207,070	7,338 (6,138)	3.54	-64 (-71)	▼0.12
		헌법기관	4	24,988	719 (637)	2.88	4	25,163	720 (637)	2.86	1 (0)	▼0.02
		지방자치단체	243	309,179	11,858 (9,979)	3.84	243	314,623	11,655 (9,802)	3.70	-203 (-177)	▼0.14
		교 육 청	17	418,250	8,019 (7,031)	1.92	17	421,972	7,994 (6,981)	1.89	-25 (-50)	▼0.03
	근로자	소 계	306	403,286	24,852 (18,256)	6.16	307	412,689	25,346 (18,946)	6.14	494 (690)	▼0.02
		중앙행정기관	42	72,905	2,281 (1,923)	3.13	43	73,761	2,300 (1,941)	3.12	19 (18)	▼0.01
		헌법기관	4	3,103	106 (87)	3.42	4	3,485	99 (85)	2.84	-7 (-2)	▼0.58
		지방자치단체	243	138,674	15,129 (11,388)	10.91	243	148,441	15,646 (12,040)	10.54	517 (652)	▼0.37
		교 육 청	17	188,604	7,336 (4,858)	3.89	17	187,002	7,301 (4,880)	3.90	-35 (22)	▲0.01
공공기관		소 계	790	594,568	22,835 (18,994)	3.84	794	590,925	23,075 (19,159)	3.90	240 (165)	▲0.06
		공기업	36	151,800	5,834 (5,138)	3.84	32	150,151	6,070 (5,266)	4.04	236 (128)	▲0.20
		준정부기관	94	130,714	5,785 (4,615)	4.43	55	118,547	5,100 (4,154)	4.30	-685 (-461)	▼0.13
		기타공공기관	208	176,586	6,183 (5,052)	3.50	249	183,338	6,582 (5,327)	3.59	399 (275)	▲0.09
		지방공기업	152	81,159	3,256 (2,813)	4.01	153	82,946	3,472 (2,988)	4.19	216 (175)	▲0.18
		출자·출연기관	300	54,309	1,777 (1,376)	3.27	305	55,943	1,851 (1,424)	3.31	74 (48)	▲0.04

구분		2022년 12월 (A)				2023년 12월 (B)				증 감 (B-A)	
		대상 사업체	상시 근로자	장애인	고용률	대상 사업체	상시 근로자	장애인	고용률	장애인	고용률
민간 기업	소 계	30,042	6,984,148	203,138 (152,547)	2.91	30,897	7,203,173	215,195 (159,859)	2.99	12,057 (7,312)	▲0.08
	100인 미만	16,054	1,114,072	25,518 (19,391)	2.29	16,664	1,162,155	25,473 (19,571)	2.19	-45 (180)	▼0.10
	100~299인	10,223	1,680,980	53,745 (40,739)	3.20	10,357	1,709,052	56,613 (42,456)	3.31	2,868 (1,717)	▲0.11
	300~499인	1,758	667,817	21,713 (16,468)	3.25	1,809	686,425	23,406 (17,251)	3.41	1,693 (783)	▲0.16
	500~999인	1,163	799,322	26,794 (20,228)	3.35	1,198	828,469	28,556 (21,731)	3.45	1,762 (1,503)	▲0.10
	1,000인 이상	844	2,721,957	75,368 (55,721)	2.77	869	2,817,072	81,147 (58,850)	2.88	5,779 (3,129)	▲0.11
	대기업집단	954	1,440,404	33,889 (25,651)	2.35	1,003	1,531,967	37,291 (27,658)	2.43	3,402 (2,007)	▲0.08

제4절 형사사법상 인권침해

경찰과 검찰 수사, 재판단계에 있어 장애인은 특히 인권을 보장되어야 함에도 불구하고 현실은 그렇지 않다. 특히 발달장애인은 외관이 남들과 다르고 언어 구사가 유창하지 못해 범죄자로 지목되고 있고, 나이에 상관없이 체포나 수사과정에서 반말을 사용하는 등 함부로 대하는 경우가 많다. 조사과정에서 수사관의 강압적인 태도로 인해 사실이 아닌 경우에도 발달장애인은 동의하는 대답을 하는 경우가 많으며, 피해자의 경우에도 피해에 대한 인식부족으로 가해자를 처벌하지 못하는 경우가 자주 발생하고 있다.

또한 정신적 장애는 장애 특성상 방어권을 제대로 행사하지 못하여 무고한 피의자가 되어 처벌을 받을 가능성이 높다. 지적장애인은 범죄의 대부분이 지적장애의 특성에 기인한 것이나 심신상실이나 심신미약이 인정되는 예가 드물고, 수사초기단계부터 지적장애인의 권리가 보장되어야 하나 대부분이 수사가 진척된 이후 신뢰관계인 동석이 이루어지고 있다. 특히 발달장애인전담수사관도 절대 부족하며 전문성도 떨어진다.

법적 문제점은 신뢰관계자(부모, 생활시설 봉사자 등 유대관계가 있는 자)의 동석(형사소송법 제163조 제2항, 제244조의 5)을 법률로 규정하고 있지만, 장애인에게 정서적으로는 안정감을 줄 수 있지만 실제로 진술을 구체화하는 데는 큰 도움이 되지 못하고 있다.

장애인이 피해자인 경우(형사소송법)

제163조의2(신뢰관계에 있는 자의 동석)

① 법원은 범죄로 인한 피해자를 증인으로 신문하는 경우 증인의 연령, 심신의 상태, 그 밖의 사정을 고려하여 증인이 현저하게 불안 또는 긴장을 느낄 우려가 있다고 인정하는 때에는 직권 또는 피해자 · 법정대리인·검사의 신청에 따라 피해자와 신뢰관계에 있는 자를 동석하게 할 수 있다.

② 법원은 범죄로 인한 피해자가 13세 미만이거나 신체적 또는 정신적 장애로 사물을 변별하거나 의사를 결정할 능력이 미약한 경우에 재판에 지장을 초래할 우려가 있는 등 부득이한 경우가 아닌 한 피해자와 신뢰관계에 있는 자를 동석하게 하여야 한다.

장애인이 피의자인 경우(형사소송법)

제244조의5(장애인 등 특별히 보호를 요하는 자에 대한 특칙) 검사 또는 사법경찰관은 피의자를 신문하는 경우 다음 각 호의 어느 하나에 해당하는 때에는 직권 또는 피의자·법정대리인의 신청에 따라 피의자와 신뢰관계에 있는 자를 동석하게 할 수 있다.

1. 피의자가 신체적 또는 정신적 장애로 사물을 변별하거나 의사를 결정·전달할 능력이 미약한 때

제5절 장애인 장애인차별금지 및 권리구제 등에 관한 법률상의 차별(장차법)

1. 개요

장애를 이유로 차별을 받는 경우 이를 구제할 수 있는 법적 근거로 「장애인 장애인차별금지 및 권리구제 등에 관한 법률, 이하 장차법」이 있다. 장차법은 2007년 4월 11일에 제정되어 2008년 4월 11일부터 시행되고 있는 법률로, 장애를 이유로 한 차별을 금지하고 장애인의 권리를 보호하기 위해 만들어졌다. 장차법은 장애인의 권리를 침해하는 행위를 금지하고, 차별 시도에 대한 신고 및 구제를 받을 수 있도록 하고 있고, 구체적으로 교육, 고용, 재화와 용역의 제공 및 이용 등 6가지 주요 영역에서의 차별을 금지하고 있다. 또한 국가인권위원회와 같은 기관을 통해 차별 신고 및 구제를 요청할 수 있다. 국가인권위원회는 장애인 차별에 대한 신고를 접수하여 조사하고, 필요한 경우 시정명령을 내릴 수 있다.

2. 인권침해 사례

장애인은 다양한 곳에서 인권침해를 당하고 있다. 병원에서의 진료 거부 사례, 발달장애 학

생이 대학 입학 면접에서 장애를 이유로 부당한 질문을 받는 경우, 시각장애인이 안내견과 함께 지하철을 이용하려다 제지를 당한 경우, 직장에서의 고용 차별 사례, 발달장애인이 아파트 임대를 거부당한 경우, 사건이 있었습니다. 법적 대응을 통해 임대인은 장애인에 대한 차별이 금지됨을 인지하게 되었으며, 자폐 스펙트럼을 가진 학생이 학원에서 수업 등록을 거부당한 사건, 정신장애인이 채용 과정에서 장애와 관련된 건강 진단서를 제출 요구, 발달장애인이 식당 출입금지, 청각장애인이 스포츠센터에 회원 등록을 거부 등을 들 수 있다.

3. 장애인 차별

(1) 차별행위

장차법 제4조에서 차별행위를 다음과 같이 규정하고 있다.

① 장애인을 장애를 사유로 정당한 사유 없이 제한·배제·분리·거부 등에 의하여 불리하게 대하는 경우

② 장애인에 대하여 형식상으로는 제한·배제·분리·거부 등에 의하여 불리하게 대하지 아니하지만 정당한 사유 없이 장애를 고려하지 아니하는 기준을 적용함으로써 장애인에게 불리한 결과를 초래하는 경우

③ 정당한 사유 없이 장애인에 대하여 정당한 편의 제공을 거부하는 경우

④ 정당한 사유 없이 장애인에 대한 제한·배제·분리·거부 등 불리한 대우를 표시·조장하는 광고를 직접 행하거나 그러한 광고를 허용·조장하는 경우. 이 경우 광고는 통상적으로 불리한 대우를 조장하는 광고효과가 있는 것으로 인정되는 행위를 포함한다.

⑤ 장애인을 돕기 위한 목적에서 장애인을 대리 · 동행하는 자(장애아동의 보호자 또는 후견인 그 밖에 장애인을 돕기 위한 자임이 통상적으로 인정되는 자를 포함한다. 이하 "장애인 관련자"라 한다)에 대하여 제1호부터 제4호까지의 행위를 하는 경우. 이 경우 장애인 관련자의 장애인에 대한 행위 또한 이 법에서 금지하는 차별행위 여부의 판단대상이 된다.

⑥ 보조견 또는 장애인보조기구 등의 정당한 사용을 방해하거나 보조견 및 장애인보조기구 등을 대상으로 제4호에 따라 금지된 행위를 하는 경우

(2) 정당한 편의

"정당한 편의"라 함은 장애인이 장애가 없는 사람과 동등하게 같은 활동에 참여할 수 있도록 장애인의 성별, 장애의 유형 및 정도, 특성 등을 고려한 편의시설·설비·도구·서비스 등 인

적·물적 제반 수단과 조치를 말한다.

(3) 차별로 보지 않은 경우.

위 ①~⑥에서 금지된 차별행위를 하지 않음에 있어서 과도한 부담이나 현저히 곤란한 사정 등이 있는 경우 및 금지된 차별행위가 특정 직무나 사업 수행의 성질상 불가피한 경우. 이 경우 특정 직무나 사업 수행의 성질은 교육 등의 서비스에도 적용되는 것으로 본다. 장애인의 실질적 평등권을 실현하고 장애인에 대한 차별을 시정하기 위하여 이 법 또는 다른 법령 등에서 취하는 적극적 조치는 이 법에 따른 차별로 보지 아니한다.

장애인차별금지 및 권리구제 등에 관한 법률(약칭: 장애인차별금지법)

제26조(사법·행정절차 및 서비스 제공에 있어서의 차별금지) ① 공공기관 등은 장애인이 생명, 신체 또는 재산권 보호를 포함한 자신의 권리를 보호·보장받기 위하여 필요한 사법 · 행정절차 및 서비스 제공에 있어 장애인을 차별하여서는 아니 된다.

② 공공기관 및 그 소속원은 사법·행정절차 및 서비스의 제공에 있어서 장애인에게 제4조제1항제1호·제2호 및 제4호부터 제6호까지에서 정한 행위를 하여서는 아니 된다.

③ 공공기관 및 그 소속원은 직무를 수행하거나 권한을 행사함에 있어서 다음 각 호에 해당하는 차별행위를 하여서는 아니 된다.

1. 허가, 신고, 인가 등에 있어 장애인을 정당한 사유 없이 장애를 이유로 제한·배제·분리·거부하는 경우
2. 공공사업 수혜자의 선정기준을 정함에 있어서 정당한 사유 없이 장애인을 제한·배제·분리·거부하거나 장애를 고려하지 아니한 기준을 적용함으로써 장애인에게 불리한 결과를 초래하는 경우

④ 공공기관 및 그 소속원은 사법·행정절차 및 서비스를 장애인이 장애인 아닌 사람과 실질적으로 동등한 수준으로 이용할 수 있도록 제공하여야 하며, 이를 위하여 정당한 편의를 제공하여야 한다.

⑤ 공공기관 및 그 소속원은 장애인이 사법 · 행정절차 및 서비스에 참여하기 위하여 장애인 스스로 인식하고 작성할 수 있는 서식의 제작 및 제공 등 정당한 편의 제공을 요구할 경우 이를 거부하거나 임의로 집행함으로써 장애인에게 불이익을 주어서는 아니 된다.

⑥ 사법기관은 사건관계인에 대하여 의사소통이나 의사표현에 어려움을 겪는 장애가 있는지 여부를 확인하고, 그 장애인에게 형사사법 절차에서 조력을 받을 수 있음과 그 구체적인 조력의 내용을 알려주어야 한다. 이 경우 사법기관은 해당 장애인이 형사사법 절차에서 조력을 받기를 신청하면 정당한 사유 없이 이를 거부하여서는 아니 되며, 그에 필요한 조치를 마련하여야 한다. <개정 2010. 5. 11., 2012. 10. 22.>

⑦ 사법기관은 장애인이 인신구금·구속 상태에 있어서 장애인 아닌 사람과 실질적으로 동등한 수준의 생활을 영위할 수 있도록 정당한 편의 및 적극적인 조치를 제공하여야 한다.
⑧ 제4항부터 제7항까지의 규정에 필요한 사항은 대통령령으로 정한다.

4. 장차법상의 차별

(1) 고용에서의 차별 금지 (제10조, 제11조, 제12조)

사용자는 모집·채용, 임금 및 복리후생, 교육·배치·승진·전보, 정년·퇴직·해고에 있어 장애인을 차별하여서는 아니 된다. 노동조합은 장애인 근로자의 조합 가입을 거부하거나 조합원의 권리 및 활동에 차별을 두어서는 아니 된다.

따라서 청각장애인이 면접을 보았으나, 청각장애를 이유로 채용을 거부하는 경우, 시각장애 직원이 근무성과가 우수함에도 불구하고 장애를 이유로 승진에서 배제하고, 정신적 장애를 가진 직원이 장애를 이유로 능력에 맞지 않는 단순 업무에만 배치된 경우 등은 모두 고용에서의 차별에 해당한다.

특히 사용자는 채용 이전에 장애인 여부를 조사하기 위한 의학적 검사를 실시하여서는 아니 된다. 다만, 채용 이후에 직무의 본질상 요구되거나 직무배치 등을 위하여 필요한 경우에는 그러하지 아니하다(제12조). 이 경우 의학적 검사를 실시할 경우 그 비용은 원칙적으로 사용자가 부담한다.

(2) 교육에서의 차별 금지 (제13조)

교육책임자는 장애인의 입학 지원 및 입학을 거부할 수 없고, 전학을 강요할 수 없으며, 「영유아보육법」에 따른 어린이집, 「유아교육법」 및 「초·중등교육법」에 따른 각급 학교는 장애인이 당해 교육기관으로 전학하는 것을 거절하여서는 아니 된다. 또한 교육책임자는 당해 교육기관에 재학 중인 장애인 및 그 보호자가 편의 제공을 요청할 때 정당한 사유 없이 이를 거절하여서는 아니 되고, 특정 수업이나 실험·실습, 현장견학, 수학여행 등 학습을 포함한 모든 교내외 활동에서 장애를 이유로 장애인의 참여를 제한, 배제, 거부하여서는 아니 된다.

따라서 자폐 스펙트럼 장애를 가진 학생이 교육 기관 입학을 신청했으나, 장애를 이유로 거부한 경우, 청각장애 학생에게 시험 시 문자 통역 지원을 요청했으나 거부된 경우, 시각장애 학생에게 점자 교과서를 제공하지 않아 학습에 어려움을 겪은 경우, 청각장애 학생이 수업 중 수어 통역을 요청했으나 제공되지 않은 경우, 지체장애 학생이 체육 수업에 참여할 수 있도록 휠체어 접근 시설이 제공되지 않은 경우 등은 교육에서의 차별사례에 해당한다.

(3) 재화와 용역의 제공 및 이용 차별(제15조)

장애인이 상업적 서비스나 제품을 이용할 때 불이익을 받지 않도록 하며, 필요한 편의를 제공해야 하는 것을 말한다. 구체적으로 재화·용역 등의 제공에 있어서의 차별금지(제15조), 토지 및 건물의 매매·임대 등에 있어서의 차별금지(제16조), 금융상품 및 서비스 제공에 있어서의 차별금지(제17조), 시설물 접근·이용의 차별금지(제18조), 이동 및 교통수단 등에서의 차별금지(19조), 정보접근에서의 차별금지(제20조), 정보통신·의사소통 등에서의 정당한 편의제공의무(제21조), 체육활동의 차별금지(제25조) 등을 들 수 있다.

따라서 휠체어를 사용하는 사람이 상점에 들어가려 했으나 경사로가 없어 출입이 불가능한 경우(서비스 이용 제한), 시각장애인이 이용하는 ATM에 음성 안내 기능이 없어 금융 거래가 어려운 경우(음성 안내 미제공), 발달장애인이 보호자와 식당을 방문했으나, 장애인을 불편하게 여긴다는 이유로 출입이 거부된 경우(식당에서 출입 제한), 청각장애인을 위한 정보 접근성이 부족한 공공장소의 서비스 제공(편의시설 부재), 시각장애인에게 점자 또는 음성 서비스로 제공되지 않은 제품 설명(사용 설명서 미제공) 등은 재화와 용역의 제공 및 이용 차별에 해당한다.

(4) 사법·행정절차 및 서비스와 참정권 차별

공공기관 등은 장애인이 생명, 신체 또는 재산권 보호를 포함한 자신의 권리를 보호 · 보장받기 위하여 필요한 사법·행정절차 및 서비스 제공에 있어 장애인을 차별하여서는 아니 된다. 국가 및 지방자치단체와 공직선거후보자 및 정당은 장애인이 선거권, 피선거권, 청원권 등을 포함한 참정권을 행사함에 있어서 차별하여서는 아니 된다.

공직선거법 제157조 제 6항은 투표시 "시각 또는 신체의 장애인만 보호자를 동반할 수 있다"고 규정되어 있고, 발달장애인이 쉽게 이해할 수 있는 선거공보물 제작·제공에 관해서는 어떤 규정도 없다. 실제로 발달장애인이 부모와 함께 투표소 책임자는 공직선거법 제 157조 제 6항에 규정된 "시각 또는 신체의 장애인만 보호자를 동반할 수 있다"는 규정을 들며 발달장애인은 해당사항이 없다며 보호자의 동행을 제한하여 투표를 하지 못하였다. 발달장애인이 온전한 참정권 행사를 하기 위한 제도적 마련이 필요하다고 본다.

참정권과 관련하여 시각장애인, 청각장애인, 발달장애인, 신체장애인 등에 대한 많은 부분에서 차별이 시정되고 있지만 요전히 선거 전 과정에서 참정권을 제대로 행사할 수 없다.

(5) 가족·가정·복지시설, 건강권 등의 차별

가족·가정 및 복지시설 등의 구성원은 장애인의 의사에 반하여 과중한 역할을 강요하거나 장애를 이유로 정당한 사유 없이 의사결정과정에서 장애인을 배제하여서는 아니 된다(제30조, 가족·가정·복지시설 등에서의 차별금지). 의료기관 등 및 의료인 등은 장애인에 대한 의료행위에 있어서 장애인을 제한·배제·분리·거부하여서는 아니 된다(제31조, 건강권에서의 차별금지). 장애인은 성별, 연령, 장애의 유형 및 정도, 특성 등에 상관없이 모든 폭력으로부터 자유로울 권리를 가진다(제32조, 괴롭힘 등의 금지)

장애인 선거관련 이슈 사건

사건개요: 중증 뇌병변장애인인 정 씨는 제19대 대통령선거일인 지난 2017년 5월 9일 인천 계양구 계산3동 제4투표소에서 활동보조인 1인만을 동반해 기표소에 들어가려고 했다. 하지만 공직선거법 제157조 제6항 후단에서 투표보조인이 가족이 아닌 경우 2인을 동반하도록 규정하고 있어 투표소에 있던 투표관리관에 의해 제지당했고, 결국 투표권을 행사하지 못하고 돌아와야 했다. 이에 정 씨는 헌법소원을 제기하였다.

결과: 헌법재판소는 재판관 6:3 의견으로 신체에 장애가 있는 선거인에 대해 투표보조인이 가족이 아닌 경우 반드시 2인을 동반하도록 한 공직선거법 제157조 제6항이 헌법에 위반되지 않는다고 결정, 정명호 씨가 제기한 헌법소원심판 청구를 기각했다.

기각이유: 헌법재판소는 비밀선거의 원칙이 자유선거의 원칙을 보장하는 전제조건으로 기능하고 있고, 민주주의 아래에서 선거권이 지니는 중요한 의미를 고려, 심판대상조항(공직선거법 제157조 제6항 후단)과 같이 비밀선거의 원칙에 대한 예외를 정하는 것은 필요하고 불가피한 예외적인 경우에만 허용될 수 있다.

소수의견(재판관 3인): 재판관 3인은 "선거권이 정치적 자기결정권이라는 점을 고려해 신체에 장애가 있는 선거인이 투표 내용을 공개할 범위를 스스로 정하고, 궁극적으로 스스로 기표행위를 할 수 있도록 보장되어야 하므로 심판대상조항이 헌법에 합치되지 않는다"는 반대의견을 냈다.

제6절 디지털포용법

인공지능(AI)·디지털 기술의 발전으로 인해 발생하는 사회·경제적 차별을 예방·해소해 모든 국민이 디지털 기술의 혜택을 누릴 수 있는 기반을 조성하기 위한 목적으로, 기존의 '지능정보화 기본법'을 통한 정보격차 해소 위주의 정책으로는 한계가 있다는 사회적 공감대를 바탕으로 별도의 법률로 제정됐다. 2024년 12월 26일 국회를 통과하여, 2026년 1월1일부터 시행 예정이다.

특히 장애인, 고령자 등으로 한정하던 디지털 취약계층의 정의를 확대해 디지털 사용에 어려움을 느끼는 국민 누구나 지원을 받을 수 있도록 규정하고 있다. 디지털에 어려움을 겪는 지역 주민들의 디지털역량 함양을 지원하기 위해 디지털역량센터를 지정하고, 수준 높은 교육 제공을 위해 표준교재 및 프로그램을 개발하여 보급하며, 종합정보시스템을 구축하여 교육 관련 정보를 체계적으로 운영할 수 있도록 하고 있다.

또한 디지털 전환으로 급격하게 확대된 키오스크(무인정보단말기)의 편리한 사용을 위한 실효성 있는 조치로, 키오스크 제조·임대사업자의 이용 편의 제공 의무화가 신설됐다.

기존에는 키오스크 설치·운영자 또는 재화용역의 제공자에게 '배리어프리 키오스크'를 설치할 의무를 부과하고 있었는데 이제부터 키오스크 제작의 책임이 있는 제조사와 임대업자에게도 의무를 부과한 것이다.

제8장 스토킹과 인권

제1절 서론

스토킹은 1990년대부터 미국을 비롯한 세계 여러 국가에서 새로운 사회 문제로 대두되어 오늘날 대부분의 국가에서는 범죄로 규정하고 처벌하고 있다. 특히 최근에는 스토킹으로 인한 정신적·신체적 피해를 입는 사례가 증가하고 있다. 사실 스토킹범죄를 보면 스토킹 초기에는 단순히 이성 간의 애정행각으로 시작되다가 어느 순간 살인, 폭행, 상해 등 강력범죄로 이어져 사회문제가 되었다. 2009년 경산 임산부 스토킹 살인사건, 2021년 노원구 세 모녀 스토킹 살인사건, 2022년 신당역 스토킹 살인사건 등이 대표적이다.

2013년 3월부터 스토킹을 경범죄처벌법, 경범죄처벌법시행령 등에서 상대방의 의사를 무시하고 지속적으로 접근을 시도하거나 면회 또는 교제를 요구하거나, 지켜보는 행위, 따라다니는 행위, 잠복해 기다리는 행위 등을 하는 자를 벌금 10만 원 이하(경범죄처벌법), 범칙금액 8만 원(경범죄처벌법시행령규칙)으로 처벌하였다. 하지만 이러한 처벌로는 스토킹 행위가 근절되지 않았고 오히려 점차 증가하는 추세에 있다. 외국과 비교해도 약한 처벌이었다.

이에 정부와 국회는 사회문제화 되고 있는 스토킹범죄를 대처할 수 없다는 인식하에 새로운 법을 만들기 시작하였다. 새로운 법은 1999년 제15대 국회에서 처음 발의된 이후 논란과 폐기를 거듭하다가 20여 년이 지난, 2021년 3월 21일 '스토킹범죄의 처벌 등에 관한 법률'(법률 제18083호, 이하 "스토킹처벌법"이라 한다)이라는 이름으로 제저되었고, 주지기간을 거쳐 2021년 10월 21일부터 시행되었다.

이에 따라 스토킹발생 초기 단계에서부터 피해자를 보호하고, 스토킹이 더욱 심각한 범죄로 이어지는 것을 방지하는 데 있어 일조를 하고 있다. 여성계와 법조계는 스토킹을 범죄 행위로 규정하고 처벌한다는 점에서 스토킹 처벌법은 진일보한 것이라 평가하면서도 여전히 가해자에 대한 처벌은 있지만, 피해자에 대한 보호조치가 부족하다는 이유에서 환영하지 않고 있다. 특히 반의사불벌죄, 피해자보호명령청구, 법원전담소설치 등에 대해 문제를 제시 및 비판을 하고 있다.

제2절 스토킹범죄의 특징 및 유형

1. 스토킹의 개념

스토킹 개념에 대해서는 다양한 의견들이 제시되고 있지만 일반적으로 스토커(stalk)를 하는 행위를 스토킹(stalking), 그리고 스토커하는 사람을 스토커(stalker)로 통칭하고 있다. 福鳥章(1997)는 "스토커 자신이 점찍은 상대에게 일방적 또는 병적으로 집착해 따라나닌 끝에 최악의 경우에는 살인까지 이르는 망상(妄想) 범죄의 일종"으로 정의하고 있다. 미국은 주마다 약간 다르긴 하지만, California 주 법에서는 스토킹 정의를 "계획적으로, 악의적으로, 반복적으로 타인에게 치근대거나 괴롭힘을 주는 행위(willful, malicious, and repeated following and harassing of another person)"로 규정하고 있다(Meloy J. Reid, 1998). 형사정책연구원의 연구보고서에 의하면(형사정책연구원, 2000), 상대방이 싫다고 하는데도 불구하고 의도적이고 계속적으로 반복해서 따라다니거나 물건을 보내거나 하는 등의 행위를 하는 것을 말한다.

스토킹범죄의 처벌 등에 관한 법률에서는 '스토킹행위'(Stalking)란 상대방의 의사에 반(反)하여 정당한 이유 없이 상대방 또는 그의 동거인, 가족에 대하여 접근하거나 따라다니거나 진로를 막아서는 행위 등을 하여 상대방에게 불안감 또는 공포심을 일으키는 것으로 정의하고 있다.

2. 스토킹의 특징

스토킹은 사랑하는 대상을 소유하려는 집착성이 심하고, 자기만의 생각에 사로잡혀 있고, 상대방에 대한 배려가 없고 자기 생각만 하는 경우가 많다. 대개 위협 및 협박을 많이 하며, 위협을 현실화하려는 경우도 있다. 상대방을 불안과 공포에 떨게 하면, 자신이 상대방을 통제할 수 있다고 믿는다. 거절과 무시당하는 것에 예민한 반응을 하고, 특히 어린 시절 부모에게 버림받거나 학대받은 상처가 있는 경우가 있는 경우에는 거절을 수용하는 것을 죽기보다 어려워한다.

스토킹은 성 중립적인 범죄로 남성, 여성 모두 가해자인 동시에 피해자가 될 수 있다. 하지만 대부분의 스토커(stalker)들은 여자보다 남자들이 대다수이고, 형사정책연구소 연구보고서(2000)에 의하면 스토킹(stalking) 사건의 75~80%가 남자가 여자를 스토킹한 것으로 나타났다. 한편 스토커(stalker)들은 대체적으로 평범한 사람에서부터 정신병적 질환 환자에 이르기까지 매우 다양하다. 정신적으로 문제가 있는 경우가 다수이지만 보통사람들도 상당하다.[331]

3. 스토킹의 유형

스토킹 행위자(stalker)는 일반적으로 비정상적인 사람들이 많으며, 처음에는 폭력이나 육체적인 접촉의 형태로 나타나지 않고, 교활한 행동을 통한 피해자의 심리를 이용하는 경우가 대부분이다. 스토킹의 대상자는 대체적으로 인기 연애인, 유명인, 옛 연인 등 다양한 사람들이다. 전문가들은 스토커를 대체적으로 아래와 같이 세 가지로 분류하고 있다.

첫째, 피해자가 Stalker 본인을 사랑하고 있다고 착각하고 있는 연애 '망상자 또는 이상성욕자'(Erotomania), 둘째, 피해자에 대해서 사랑과 증오의 감정 사이를 전전(轉轉)하면서 애정에 집착하는 '애정집착자(Love Obsessional)', 셋째, 처음부터 피해자와 잘 아는 사이로 시작하여 그 관계가 끝나면 스토킹을 시작하면서 사랑을 되찾거나 복수를 위한 위협을 시도하는 '단순집착자'(Simple Obsessional) 등으로 분류하고 있다.

(1) 일반 스토킹(general stalking)

일반 스토킹 행위자(stalker)들은 보통사람들과 구별이 잘 안되며, 자존심이 세고 자기중심적인 사고형으로 상대방의 말을 잘 듣지 않는다. 특히 고가의 선물 공세, 사랑의 메시지 전달, 흑백논리, 개인신상 정보수집 등 다양한 활동을 한다. 하지만 어느 순간 자기 스스로 통제력을 상실하면 스토커로 나아간다. 또한 이러한 유형의 스토킹은 배려심 및 자기의 행동이나 감정을 자제할 능력이 부족하여 일방적으로 자기주장을 피해자에게 주입시키려고 한다.[332]

331 전수영, 스토킹범죄, 서울:한국학술정보(주), 2009, 33-37쪽.

332 전수영, 스토킹범죄, 서울:한국학술정보(주), 2009, 33-37쪽.

(2) 정신질환 스토킹(mental disorder stalking)

정신질환 스토커들은 대체적으로 조현병(schizophrenia) 증세를 겪고 있는 경우가 많다, 조현병은 망상, 환청, 와해된 언어, 와해된 행동, 정서적 둔마 등의 증상이 주로 나타나고, 사회적 기능에 장애를 일으킬 수도 있는 질환이다. 이들은 자기만의 환상이나 망상에 빠져 외부인과의 접촉을 끊고 살며, 어떠한 계기로 상대방에게 연애 감정을 품으면 대담하고 직설적이어서 피해자에게 육체적, 정신적으로 고통을 주는 스토커 중 가장 위험한 스토커라할 수 있다(전수영, 2009). 대표적인 예로 평상시 특정 사람을 지속적으로 괴롭히면서 조현병을 앓고 있던 '안인득'이 2019년 4월 진주아파트 방화, 흉기 난동 사건으로 5명을 살해한 사건을 들 수 있다.

(3) 편집증 스토킹(paranoia stalking)

편집증 스토커들은 상대방에게 적의가 숨어 있다고 판단하여 끊임없이 자기중심적으로 해석한다. 배우자가 바람을 피운다고 의심하거나, 누군가 자신을 미행하거나 감염시키려 한다고 믿고, 상대방이 나를 사랑하고 있다고 착각하는 전통적 유형이다. 사춘기 학생, 독거자, 성적 불만자, 고독한 여성들에게 특히 많게 나타나고 있다. 조현병과는 달리 망상을 제외하고는 정상인과 같다. 특히 이 유형의 스토커는 논리적이고 체계적으로 사회적으로 상당한 지위에 있는 사람들에게도 자주 나타나, 피해자들은 좀처럼 이 굴레에서 벗어나기 힘들며, 거절하면 신체적인 훼손이 아닌 당신의 아이를 가졌다는 등의 정신적인 형태로 복수하는 경향이 있다.

(4) 경계성 스토킹((borderline personality disorder stalking)

이 유형은 '사랑의 열정'과 '왜곡된 사랑'을 구별하지 못하는 상태에서 스스로 그 두 가지의 경계선을 넘나들며 피해망상에 빠져드는 경계성 성격장애자들에게 나타나는 스토킹으로 스토커 중에서도 가장 위험하다. 정서가 불안정하여 무슨 일을 저지를지 주위 사람들을 불안정하게 하고, 일단 화가 나면 참지 못하고 자해도 하며 때론 상대방이 거절하면 무서운 공격을 한다. 문제는 평소에는 극히 정상적이라는 것이다.

(5) 자기애성 스토킹(narcissistic personality stalking)

자기애성의 성격자는 자기중심적이고 자부심이 강하여 스스로 자기 자신의 유능성에 빠져 있다. 이들은 상대방이 거절하면 이에 대한 충격보다는 스스로 자존심 손상에 대한 상실감으로 인해 원한으로 나아간다. 특히 이들은 자기 스스로에 도취한 나머지 남들이 나를 싫어하는 것을 용납하지 않아 상대방의 행동에 간섭하거나 공격을 가한다.

제3절 스토킹 실태 및 스토킹 입법 과정

1. 스토킹 실태

여성가족부(2021)의 여성폭력 실태조사(전국 만 19세 이상 성인 여성 7,000여 명 대면조사 및 유치조사, 2021.9.22-11.30)를 보면,[333] 스토킹 가해자 유형(중복응답)은 전혀모르는 사람 35%, 과거 연인사이 20%, 학교나 직장 구성원 14%, 친구 14%, 당시 배우자(사실혼 포함) 7%로 나타나, 전혀 모르는 사람도 많았고, 직장 구성원도 10명 중 1명 이상으로 상당히 많다는 것을 알 수 있다. 평생 스토킹 피해를 한 번이라도 경험한 비율은 전체 여성의 2.5%로 20대 여성(4%)이 다른 연령보다 상대적으로 높았다(30대 3%, 40대 3%, 50대 2%, 60세 이상 1%). 가장 심각한 스토킹 피해의 경우는 '20대' 때가 65%로 압도적으로 많아, 심각한 스토킹 피해가 주로 20대 여성에게서 나타났다. 스토킹 피해 지속 기간은, '1개월 미만'인 경우가 37%로 가장 많았으나, 3개월 이상 지속된 경우도 40%로 10명 중 4명은 '장기적'으로 스토킹 피해를 입는 것으로 나타났다. 스토킹 피해로 인한 영향으로는, 10명 중 6명(60%)은 '타인에 대한 신뢰 감소'를 꼽았고, '우울, 불안, 수면장애, 음주나 흡연 의존 등 정서적 영향'은 48%, '또 다른 폭력의 대상이 될 것 같은 두려움 증가' 42%, '비슷한 어려움을 겪는 사람의 입장에 대한 이해' 33% 등의 순으로 나타나 '정신 및 신체 건강' 전반에 대한 부정적 영향으로 이어졌다.

한편 경찰청(2022) 통계를 보면,[334] 2022년 1~6월 스토킹 신고자 1만3,097명(성별 불상 제외) 가운데 73.7%인 9,647명이 여성이었다. 여성의 스토킹 112신고가 2022년 상반기 하루 평균 53.3건이었다. 스토킹처벌법 시행 뒤 발생한 스토킹범죄의 가해자 특징을 보면, 스토킹처벌법이 시행된 2021년 10월21일부터 2022년 8월까지 발생한 스토킹범죄의 가해자 7,152명 가운데 '회사원'을 포함한 피고용자가 1,925명(26.9%)으로 가장 많았다. '신당역 스토킹 살인 사건'의 전주환(서울교통공사 소속)이 대표적이다. 기타 1,789명(25%), 무직 1,783명(24.9%)이 그 뒤를 이었다. 다음으로는 자영업자 1004명(14%), 전문직 272명(3.8%)이 많았다. 가해자·피해자

333 여성가족부, 『2021년 여성폭력 실태조사』, 서울: 여성가족부, 2021.

334 경찰청, 『연도별 스토킹 112신고 현황』, 서울: 경찰청, 2022.

관계를 보면, 전체 7,152명 가해자 가운데 피해자를 알고 있는 '면식범' 비율은 47.1%(2,985명), 피해자가 타인이나 기타인 비율이 58.3%(4,167명)로, 스토킹범죄가 친밀한 관계에서 많이 발생하는 것을 알 수 있다. 면식범 가운데 가해자가 피해자의 애인이었던 비율이 52.6%(1,555명)로 가장 많았다. 다음으로는 지인 등이 10.7%(320명), 친족(동거·비동거 포함)이 8%(240명) 순으로 많았다. 그 뒤는 '직장 동료'였다. 가해자가 피해자의 직장 동료인 경우는 2.7%(81명)로 나타났다.

2. 스토킹처벌법 입법 과정

1999년 5월 24일 제15대 국회에서 제안된 '스토킹처벌에관한특례법안'(국회의안정보시스템, 김병태의원 등 13인 외 21인, 이하 "스토킹법")은 스토킹 관련 최초로 발의된 법률안으로, 스토킹을 "특정한 사람을 그 의사에 반하여 반복적으로 미행하거나 편지, 전화, 모사전송기, 컴퓨터통신 등을 통해 반복하여 일방적으로 말이나 글 또는 사진이나 그림을 전달함으로써 심각한 공포심이나 불안감을 유발하는 행위"로 정의하였다. 하지만 1999년 8월10일 스토킹 처벌에 관한 특례법안을 논의하던 15대 국회 여성특별위원회에서 스토킹범죄의 심각성을 인정했지만 기존 다른 법과의 충돌, 스토킹 행위에 대한 명확한 정의, 사회적 공감대 등을 이유로 결론을 내리지 않았다. 법안을 만드는 데 신중한 논의는 필수적이나 이후 더 진전된 논의가 사실상 없었고, 회기가 종료되면서 '스토킹처벌에관한특례법안'은 폐기되었고, 이후 20여년 넘게 스토킹처벌법안은 '발의-폐기'과정을 반복하면서 스토킹 가해자를 양산하였다.

계속하여 스토킹범죄가 증가하자 정부와 국회는 '경범죄처벌법'(시행 2013. 3. 22. 법률 제11401호, 2012. 3. 21., 전부개정)을 개정하면서 시대에 맞게 비밀춤 교습 및 장소제공 등의 범죄는 삭제하고, 새롭게 처벌할 필요가 있는 '지속적 괴롭힘'(스토킹이라는 외래어 대신)을 경범죄로 추가하였다. 즉 '상대방의 명시적 의사에 반하여 지속적으로 접근을 시도하여 면회 또는 교제를 요구하거나 지켜보기, 따라다니기, 잠복하여 기다리기 등의 행위를 반복하여 하는 사람(지속적 괴롭힘, 경범죄처벌법 제3조 제41호)'라고 정의 하면서 가해자에게 10만원 이하의 벌금 부과하도록 하였다. 당시 경찰은 일선에 '거절 의사를 분명하게 밝혔는데도 3번 이상 만남이나 교제를 요구하면, 요구 횟수가 2회더라도 상대방에게 공포나 불안감을 주는 명백한 사유가 있다면 처벌 대상'이라는 지침을 내렸다. 하지만 이러한 약한 처벌로는 스토킹범죄를 제어할 수 없었고, 오히려 수많은 피해자들을 옭아맸다. 결국 직장여성을 살해하는 스토킹 살인사건이 발생하면서, '스토킹범죄 처벌 등에 관한 법률'은 2021년 3월 24일, 국회 본회의를 통과했고,

2021년 10월21일, 1999년 처음 발의된 이후 마침내 시행되었다(시행 2021. 10. 21., 법률 제18083호, 2021. 4. 20., 제정)

22년 만의 의미 있는 진전이지만 가해자를 피해자와 격리하는 긴급응급조치·잠정조치의 실효성에 대한 의문이 있고, 처벌 여부를 피해자의 의사에 따르는 '반의사불벌죄'를 적용한 것에 대한 우려가 있다는 비판이 제기되고 있다.

한편 경범죄처벌법(제3조)은 정당한 이유 없이 다른 사람에게 전화·문자메시지·편지·전자우편·전자문서 등을 여러 차례 되풀이하여 괴롭힌 사람, 상대방의 명시적 의사에 반하여 지속적으로 접근을 시도하여 면회 또는 교제를 요구하거나 지켜보기, 따라다니기, 잠복하여 기다리기 등의 행위를 반복하여 하는 사람, 그리고 정보통신망 이용촉진 및 정보보호 등에 관한 법률 제44조의7에서 '누구든지 정보통신망을 통한 공포심이나 불안감을 유발하는 부호·문언·음향·화상 또는 영상을 반복적으로 상대방에게 도달하도록 하는 내용의 정보를 유통하는 자'를 스토킹범으로 처벌하고 있다.

제4절 스토킹처벌법의 내용 및 처벌

1. 목적 및 정의

본 법은 단순히 스토킹범죄를 처벌하는 것에만 목적을 두지 않고 많은 부분을 스토킹범죄 피해자 보호에 할애하고 있는 것이 특징이다. 또한 현재의 경범죄처벌법은 상대방의 '명시적 의사'에 반하여 지속적으로 괴롭히는 것을 대상으로 하고 있는데 반해, 스토킹처벌법은 상대방의 의사에 반하기만 하면 족하다. 따라서 '묵시적'의사도 스토킹행위에 포함된다. 경범죄처벌법은 따라다니거나, 단순히 지켜보는 등을 반복적으로 하는 것만 규정하고 있으나, 스토킹처벌법은 접근하거나 따라다니거나 진로를 막아서는 행위, 주거, 직장, 학교, 그 밖에 일상적으로 생활하는 장소 또는 그 부근에서 기다리거나 지켜보는 행위도 대상에 포함하고 있어 그 범위를 확대하였다. 그리고 그동안 정보통신망법 위반, 주거침입죄, 손괴죄 등의 형법으로 처벌하던 범죄를 스토킹행위에 포함하였다(스토킹처벌법 제2조 1의 다, 라, 마). 경범죄처벌법상 지속적 괴롭힘과 달리 스토킹처벌법은 스토킹 행위로 피해를 보는 사람을 그 상대방으로만 한정하지 않고 그의 동거인, 가족까지 포함하고 있다.

2. 내용

스토킹법에 의하면 "스토킹행위"란 상대방의 의사에 반(反)하여 정당한 이유 없이 상대방 또는 그의 동거인, 가족(이하 "상대방등"이라 한다)에게 접근하거나 따라다니거나 진로를 막아서는 행위, 상대방 등의 주거, 직장, 학교, 그 밖에 일상적으로 생활하는 장소(이하 "주거등"이라 한다) 또는 그 부근에서 기다리거나 지켜보는 행위하여 상대방에게 불안감 또는 공포심을 일으키는 행위 등을 말한다(스토킹법 제2조).

스토킹범죄의 처벌 등에 관한 법률

제2조(정의) 이 법에서 사용하는 용어의 뜻은 다음과 같다.

1. "스토킹행위"란 상대방의 의사에 반(反)하여 정당한 이유 없이 상대방 또는 그의 동거인, 가족에 대하여 다음 각 목의 어느 하나에 해당하는 행위를 하여 상대방에게 불안감 또는 공포심을 일으키는 것을 말한다.

   가. 상대방 또는 그의 동거인, 가족(이하 "상대방등"이라 한다)에게 접근하거나 따라다니거나 진로를 막아서는 행위

   나. 상대방등의 주거, 직장, 학교, 그 밖에 일상적으로 생활하는 장소(이하 "주거등"이라 한다) 또는 그 부근에서 기다리거나 지켜보는 행위

   다. 상대방등에게 우편 · 전화 · 팩스 또는 「정보통신망 이용촉진 및 정보보호 등에 관한 법률」 제2조제1항제1호의 정보통신망(이하 "정보통신망"이라 한다)을 이용하여 물건이나 글·말·부호·음향·그림·영상·화상(이하 "물건등"이라 한다)을 도달하게 하거나 정보통신망을 이용하는 프로그램 또는 전화의 기능에 의하여 글·말·부호·음향·그림·영상·화상이 상대방등에게 나타나게 하는 행위

   라. 상대방등에게 직접 또는 제3자를 통하여 물건등을 도달하게 하거나 주거등 또는 그 부근에 물건등을 두는 행위

   마. 상대방등의 주거등 또는 그 부근에 놓여져 있는 물건등을 훼손하는 행위

   바. 다음의 어느 하나에 해당하는 상대방등의 정보를 정보통신망을 이용하여 제3자에게 제공하거나 배포 또는 게시하는 행위

   1) 「개인정보 보호법」 제2조제1호의 개인정보

   2) 「위치정보의 보호 및 이용 등에 관한 법률」 제2조제2호의 개인위치정보

   3) 1) 또는 2)의 정보를 편집·합성 또는 가공한 정보(해당 정보주체를 식별할 수 있는 경우로 한정한다)

   사. 정보통신망을 통하여 상대방등의 이름, 명칭, 사진, 영상 또는 신분에 관한 정보를 이용하여 자신이 상대방등인 것처럼 가장하는 행위

2. "스토킹범죄"란 지속적 또는 반복적으로 스토킹행위를 하는 것을 말한다.
3. "피해자"란 스토킹범죄로 직접적인 피해를 입은 사람을 말한다.

4. “피해자 등”이란 피해자 및 스토킹행위의 상대방을 말한다.

제18조(스토킹범죄) ① 스토킹범죄를 저지른 사람은 3년 이하의 징역 또는 3천만원 이하의 벌금에 처한다.
② 흉기 또는 그 밖의 위험한 물건을 휴대하거나 이용하여 스토킹범죄를 저지른 사람은 5년 이하의 징역 또는 5천만원 이하의 벌금에 처한다.

스토킹 범죄 유형

- 상대의 견해에 반하여 정당한 사유 없이 접근하거나 따라다니는 행위로 진로를 막았을 시
- 생활 반경 혹은 그 근처에서 기다리거나 지켜봤을 시
- 정보통신망을 이용해 물건이나 말, 글, 음향, 그림 등을 도달하게 했을 시
- 직접 또는 제3자를 통해 물건 등을 도달하거나 전달했을 시
- 택배 등 피해자의 물건을 훼손하였을 시
- 상대방의 개인정보를 정보통신망을 이용해 타인에게 배포 및 게시했을 시
- 획득한 피해자의 신상 자료를 이용해 당사자인 것처럼 행사했을 시

한편 최근 스토킹법의 개정으로 ‘온라인 스토커’로 당사자가 원치 않는 글/이미지/음향과 같은 메시지를 온라인 공간에서 반복적으로 보내는 것, 피해자에 대한 자료를 취득하여 함부로 사용하거나 유포하는 것이 추가되었다. 따라서 직접 주거지나 생활 반경 근처로 가는 것뿐만 아니라 문자, 통화, SNS 등까지 범위가 확대되었다.

3. 처벌

스토킹 혐의가 인정될 경우 「스토커 처벌법」에 따라 3년 이하의 징역 또는 3천만 원 이하의 벌금이 선고되고, 범행 당시 ‘위험한 물건’을 휴대하거나 이용했다면, 5년 이하의 징역 또는 5천만 원 이하의 벌금에 처할 수 있다.

특히 성과 관련된 사안은 법정형뿐만 아니라 여러 불이익이 함께 병과 될 수 있다. 즉 100m 이내 접근금지 명령, 정보통신망을 이용한 연락도 금지된다. 만약 이를 어길 시, 1년 이하의 징역 또는 1천만 원 이하의 벌금이 부과될 수 있다. 또한 전자발찌 부착 의무가 부과될 수도 있다. 따라서 스토킹 범죄는 초범이라고 해서 스토킹범죄 형량의 무게가 가볍지 아니하고, 형사 처벌뿐만 아니라 행정 처분까지 함께 부과될 수 있다.

하지만 법무부(2022) 통계에 의하면,[335] 스토킹처벌법이 시행된 2021년 10월 21일부터 2022년 6월까지 검찰이 처분한 스토킹 사건 3,182건 중 피의자가 구속된 건 4.8%(154건)에 불과하다. 이는 전체 범죄의 평균 구속률(2022년 3월 기준 1.5%가량)에 비해선 높지만, 스토킹범죄의 특수성을 감안할 필요가 있다. 한편 긴급응급조치로 '100m 이내 접근 금지' 처분을 받아도, 어기면 1,000만원 이하의 과태료만 내면 되고, 실제 가해자들은 이를 어긴 뒤 '돈 내면 그만 아니냐' '신고할 테면 해봐라' 등의 태도를 보이고 있다는 것이 실무를 담당하고 있는 경찰의 의견이다. 따라서 긴급응급조치를 어긴 경우 과태료가 아닌 징역형이나 벌금형으로 처벌할 수 있는 대안이 필요하다고 본다.

용혜인 기본소득당 의원실이 공개한 경찰청과 법무부 자료에 의하면,[336] 경찰 신고가 스토킹 가해자에 대한 구속영장 신청으로 이어진 경우는 1.4%, 검찰이 가해자를 재판에 안 넘기고 벌금형만 내린 경우는 62%로 대부분을 처지하였다. 검찰이 스토킹처벌법 시행 이후부터 2022년 8월까지 스토킹 가해자를 구속 상태로 재판에 넘긴 건(구속구공판)은 9%에 불과하고, 불구속 상태로 재판에 넘긴 경우(불구속구공판)는 28.7%, 재판 없이 벌금형(구약식 기소)은 62%였다. 재판까지 가도 벌금 평균액은 279만원, 징역 평균은 13개월에 그쳤다.

4. 최근 법률개정

2023년 6월 21일 스토킹 및 성폭력 피해자 보호를 강화하는 '스토킹 범죄의 처벌 등에 관한 법률' 개정안이 국회를 통과하였다. 개정의 이류를 보면, 그동안 스토킹범죄는 감금, 납치 등 강력범죄를 동반하는 경우가 많고 살인 등 흉악범죄로 이어질 가능성도 높아 스토킹 단계에서부터 행위자를 엄정하게 처벌하고 강력하게 피해자를 보호하는 방안이 필요하다는 것이 끊임없이 제기되었다.

법무부는 그간의 법 시행 경과와 국민적 요구를 반영해 스토킹범죄의 반의사불벌죄를 폐지하고 위치추적 전자장치 부착 도입, 신변안전조치 등 피해자 보호를 위해 다양한 제도를 도입하는 내용의 스토킹처벌법, 전자장치부착법 개정안을 마련하였다.

335 법무부, 『통계자료』, 서울: 법무부, 2022.

336 용혜인, 『용혜인 국회의원실자료』, 서울:국회, 2022.

스토킹범죄의 처벌 등에 관한 법률 주요 개정 내용

- 현행법상 반의사불벌죄 규정에 따라 가해자가 합의를 빌미로 2차 스토킹범죄 또는 보복 범죄를 저지르는 사건이 빈발함에 따라 피해자 의사와 무관하게 스토킹행위 가해자를 처벌할 수 있도록 반의사불벌죄 조항이 삭제되었다.
- 온라인에서 상대방의 개인정보, 개인위치정보 등을 제3자에게 제공·배포·게시하거나 상대방의 신분에 관한 정보를 이용해 상대방인 것처럼 가장하는 행위도 스토킹 행위 유형으로 추가되었다.
- 살인·성폭력·강도·미성년자 유괴범죄에 대해서만 가능한 전자장치 부착명령이 스토킹범죄까지 확대되었다. 즉 접근금지 조치의 실효성을 높이기 위해서는 잠정조치에 가해자에 대한 위치추적 전자장치 부착을 도입, 가해자의 피해자에 대한 접근 여부를 실시간으로 감시할 수 있도록 하였다.
- 긴급응급조치 위반 시(스토킹행위의 상대방등이나 그 주거등으로부터 100미터 이내의 접근 금지, 스토킹행위의 상대방등에 대한 「전기통신기본법」 제2조제1호의 전기통신을 이용한 접근 금지) 제재는 과태료 1000만 원 이하에서 징역 1년 이하, 벌금 1,000만원 이하로 처벌이 강화되었다.
- 스토킹행위자가 피해자의 가족, 동거인에게 접근하는 것을 방지하기 위해서 접근금지 등 긴급응급조치·잠정조치 보호 대상에 피해자의 동거인과 가족도 포함되었다.
- 수사·재판 과정에서 장기간 피해자 보호가 가능하도록 접근금지 등 잠정조치 기간도 현행 기본 2개월(2회 연장 가능, 최장 6개월)에서 기본 3개월(2회 연장 가능, 최장 9개월)로 연장되었다.

제5절 스토킹 범죄 이슈 사건

1. 층간소음 사건

대법원은 아래층에 사는 임차인이 도구로 여러 차례 벽 또는 천장을 두드려 '쿵쿵' 소리를 내어 위층에 살던 임대인의 의사에 반하여 임대인에게 도달한 행위가 객관적·일반적으로 볼 때 이를 인식한 상대방으로 하여금 불안감 또는 공포심을 일으키기에 충분한 정도라고 평가될 수 있다면 현실적으로 상대방이 불안감 내지 공포심을 갖게 되었는지 여부와 관계없이 '스토킹 행위'에 해당하고, 나아가 그와 같은 일련의 스토킹행위가 지속되거나 반복되면 '스토킹범죄'가 성립한다고 판단하였다(대법원 2023. 12. 14. 선고 2023도10313 판결).

2. 스토킹 보복 살인사건

2024년 11월, 구미에서 서0하는 헤어진 연인 A씨와의 교제 종료 이후 지속적으로 그녀의 집과 직장을 찾아가며 스토킹을 이어오다가 A씨의 신고에 앙심을 품고 계획적인 살인을 하였다. 사건 당일, 서동하는 A씨가 거주하던 아파트의 지하 주차장에 숨어 있다가 피해자의 모친을 발견, 뒤따라가며 아파트 현관에서 A씨와 마주쳤다. 말다툼 끝에 서동하는 미리 준비한 흉기로 A씨를 무려 55차례 찌르는 끔찍한 살인을 저질렀고, 이를 막으려던 A씨의 어머니에게도 공격을 가했으나 살해에는 이르지 못했다.

검사는 2025년 1월 7일 '스토킹 살인사건'의 피의자 서0하에게 사형과 전자장치 부착 30년과 보호관찰 명령을 요청했다. 헤어진 연인을 55차례 흉기로 찔러 살해하고 피해자의 어머니까지 살해하려 한 혐의를 받는 서0하의 범행은 잔혹성과 계획성을 이유로 법정 최고형이 구형된 사례로 남게 되었고, 앞으로 법원의 판결이 주목(注目)되고 있고, 법조계는 이번 사건이 스토킹과 연계된 보복살인의 처벌 기준을 명확히 세우는 판례로 자리 잡을 가능성을 주의 깊게 바라보고 있다.

3. 의료파업 미동참자 명단 공개 사건

서울 소재 '빅5 병원' 영상의학과 3년 차 전공의인 류씨는 지난 8~9월 의료계 집단행동에 동참하지 않은 약 2900여 명의 명단을 수집해 해외사이트 '페이스트빈' 등에 게시하였다. 명단에는 이름과 함께 나이, 소속기관 등 개인정보들이 포함되어 있었다.

이에 검찰은 의료계 집단행동에 동참하지 않는 의사 · 의대생 등 명단, 이른바 '의료계 블랙리스트' 명단을 해외사이트에 수차례 게시한 30대 사직 전공의 류모 씨에 대해 스토킹범죄의처벌등에관한법률위반 등 혐의로 구속 기소했다. 앞으로 법원의 판결이 기대된다.

4. 스토킹 살인사건

전주환은 피해자를 불법촬영 및 스토킹한 혐의(2018년 입사 동기였던 피해자를 2019년 11월부터 3년 가까이 350여 회 이상 전화와 문자를 보내는 등) 스토킹로 피소되어 직위해제된 후 불구속 재판을 받는중, 1심 선고공판을 단 하루 앞두고 2022년 9월 14일 20시 56분, 서울 지하철 2호선 신당역 여자화장실에서 서울교통공사 입사 동기였던 28세 여성 역무원을 과도로 찔러 살해하였다. 대법원은 무기징역을 선고하였다(대법원, 2023도10638).

8부

인권침해에 대한 구제방법과 인권운동

과거 인류의 역사가 그러했듯이, 앞으로도 평화와 행복이 보장되는 인권이 충만한 사회를 향한 그 길은 멀고 험난하다. 하지만 가야할 길은 가야 한다. 진정한 인권운동은 저항권의 행사 그 자체이다.

제1장 헌법재판소에 의한 인권보장

제1절 개요

제6공화국 헌법에 의하여 1988년 헌법재판소가 창설되었다. 헌법재판소는 법원의 제청에 의한 법률의 위헌여부의 심판, 탄핵의 심판, 정당의 해산심판, 국가기관 상호간 등의 권한쟁의 심판, 법률이 정하는 헌법소원에 관한 심판권을 행사한다(헌법 제111조 제1항). 그중 법원의 제청에 의한 법률의 위헌여부의 심판, 법률이 정하는 헌법소원에 관한 심판권 행사는 개인의 인권보장과 관련된다. 헌법재판소법 제68조 제1항은 "공권력의 행사 또는 불행사로 인하여 헌법상 보장된 기본권을 침해받은 자는 법원의 재판을 제외하고는 헌법재판소에 헌법소원심판을 청구할 수 있다. 다만 다른 법률에 구제절차가 있는 경우에는 그 절차를 모두 거친 후가 아니면 청구할 수 없다"고 규정하고 있다.

제2절 헌법재판소의 구성과 권한

1. 헌법재판소구성

재판관은 총 9명이다. 대통령과 국회, 그리고 대법원장이 각각 3명씩 선출하고 대통령이 임명한다(헌법 제111조 제2항 및 제3항). 재판관은 국회의 인사청문을 거쳐 임명·선출 또는 지명하여야 한다(헌법재판소법 제6조 제2항). 헌법 재판소장은 대통령이 국회의 동의를 얻어 임명한다(헌법 제111조 제4항).

헌법재판소재판관은 탄핵 또는 금고 이상의 형의 선고에 의하지 아니하고는 파면되지 않고(헌법 제112조 제3항), 정당에 가입하거나 정치에 관여할 수 없다(헌법 제112조 제2항).

이렇게 신분이 보장되고 위상을 가진 헌법재판소 구성원(9명)이 그 정치적 성향 때문에 논란이 되고 있다. 헌법재판소나 재판관은 정치행위를 해선 안 된다. 헌법 제112조 2항엔 '헌법재판소 재판관의 정치 관여 금지'를 규정하고 있고, 헌법재판소법 제9조에도 똑같은 조항이 있다. 헌재와 재판관의 정치 관여 금지는 '정언명령'이다. 하지만 지금 헌재에서는 정치 관여, 특정 정파를 향한 선택적 헌법 해석과 법 적용이 다반사로 일어나는 중이다. 다양한 계층을 대변하기 위하여 정부, 국회, 법원에서 각각 3명을 추천하여 대통령이 임명하고 있지만, 대통령 탄핵을 앞두고 특정한 성향을 가진 재판관(우리법연구회, 국제인권법연구회 등)이 다수를 차지하고 있어 공정성과 투명성에 다수의 국민들은 의문을 제기하고 있다. 대통령 탄핵 심판이라는 역사적 사건을 앞둔 상황에서 헌법재판소가 공정성을 유지하지 못한다면, 그 결정이 국민에게 신뢰받기 어려울 것이다.

헌법재판소는 국민들로부터 민주주의 수호, 국민 기본권 보호, 법치주의 실현이라는 중대한 임무를 부여받았다. 따라서 헌법재판소는 정치적 독립성과 공정성을 입증할 수 있도록 제도를 보완하고, 국민이 신뢰할 수 있는 기관으로 거듭나야 한다. 이를 위해서는 재판관 개개인의 자정 노력뿐만 아니라, 법적 기준을 강화하는 방안도 함께 검토되어야 하겠다.

이렇게 신분이 보장되고 위상을 가진 헌법재판소 구성원(9명)이 그 정치적 성향 때문에 논란이 되고 있다. 헌법재판소나 재판관은 정치행위를 해선 안 된다. 헌법 제112조 2항엔 '헌법재판소 재판관의 정치 관여 금지'를 규정하고 있고, 헌법재판소법 제9조에도 똑같은 조항이 있다. 헌재와 재판관의 정치 관여 금지는 '정언명령'이다. 하지만 지금 헌재에서는 정치 관여, 특정 정파를 향한 선택적 헌법 해석과 법 적용이 다반사로 일어나는 중이다. 다양한 계층을 대변하기 위하여 정부, 국회, 법원에서 각각 3명을 추천하여 대통령이 임명하고 있지만, 대통령 탄핵을 앞두고 특정한 성향을 가진 재판관(우리법연구회, 국제인권법연구회 등)이 다수를 차지하고 있어 공정성과 투명성에 다수의 국민들은 의문을 제기하고 있다. 대통령 탄핵 심판이라는 역사적 사건을 앞둔 상황에서 헌법재판소가 공정성을 유지하지 못한다면, 그 결정이 국민에게 신뢰받기 어려울 것이다.

헌법재판소는 국민들로부터 민주주의 수호, 국민 기본권 보호, 법치주의 실현이라는 중대한 임무를 부여받았다. 따라서 헌법재판소는 정치적 독립성과 공정성을 입증할 수 있도록 제도를 보완하고, 국민이 신뢰할 수 있는 기관으로 거듭나야 한다. 이를 위해서는 재판관 개개인의 자정 노력뿐만 아니라, 법적 기준을 강화하는 방안도 함께 검토되어야 하겠다.

2. 헌법재판소의 권한

소원할 수 있는 심판의 종류로는 헌법소원심판, 위헌법률심판, 탄핵심판, 정당해산심판, 권한쟁의심판 등이 있다.

헌법소원심판은 국가권력이 헌법이 국민에게 보장한 기본권을 침해할 경우 그 행위가 헌법을 위반하는지의 여부를 가리는 심사이다. 법률이 헌법에 위반되는지 여부가 재판의 전제가 된 때에 당사자가 위헌제청신청을 하였으나 그것이 법원에 의하여 기각된 때에는 그 신청을 한 당사자는 헌법재판소에 헌법소원심판을 청구할 수 있다.[337] 법률과 동일한 효력이 있는 조약과 국제법규가 헌법상 보장되는 기본권을 침해하거나 헌법에 위배되는 경우에도 헌법소원심판청구 또는 위헌여부심판제청신청이 가능하다.

헌법소원의 인용결정은 모든 국가기관과 지방자치단체를 기속하고(헌법재판소법 제75조 제1항), 기본권 침해를 이유로 하여 공권력의 행사를 취소하거나 그 불행사가 위헌임을 확인할 수 있으며(동조 제3항), 불행사에 대한 헌법소원을 인용하는 결정에 대하여는 피청구인이 결정 취지에 따라 새로운 처분을 하여야 한다(동조 제4항). 특히 공권력의 행사 또는 불행사가 위헌인 법률 또는 법률조항에 기인한 것이라고 인정되면 당해 법률 또는 법률의 조항이 위헌임을 선언할 수 있고(동조 제5항), 이 경우 그 결정된 날부터 효력을 상실하며, 형법에 관한 것은 소급하여 효력을 상실한다(동조 제6항, 제47조 제2항).

위헌여부심판청구가 인용된 경우 및 헌법재판소법 제68조 제2항에 의한 헌법소원심판사건에서 청구가 인용되는 경우에도 그 결정은 법원 및 지방자치단체를 기속하고, 위헌으로 결정된 법률 또는 법률의 조항은 그 결정이 있는 날로부터 효력을 상실하며, 다만 형벌에 관한 것은 소급하여 효력을 상실한다(헌법재판소법 제47조 제1, 2항). 그러므로 헌법재판소는 기본권보장기관이고, 행정기관이나 사법기관에 의하여 기본권이 구제될 수 없는 경우에 최후로 할 수 있는 최종적 기본권보장기관이다. 이 점에서 한국의 위헌법률심사제도는 오스트리아식의 헌법재판소형을 원칙으로 하되 명령·규칙·처분에 대하여는 대법원에 위헌심사권을 부여함으로써 미국식 사법재판소형을 가미한 혼합형에 속한다고 하겠다.

337 헌법재판소법 제68조 제2항.

위헌법률심판은 법률이 헌법을 위반하는지의 여부를 가리는 심사이다. 우리나라는 독일식의 헌법재판소제도를 두어 위헌법률심판을 하되 추상적 규범통제는 하지 않고 구체적인 규범통제만 하는 것이 특징이다.[338] 헌법재판소법 제45조 위헌결정에 따르면 제청된 법률 또는 법률조항의 위헌여부만을 결정한다. 다만 법률조항의 위헌결정으로 인하여 당해 법률 전부를 시행할 수 없다고 인정될 때에는 그 전부에 대하여 위헌의 결정을 할 수 있다고 되어 있다. 위헌불선언결정, 한정합헌결정, 한정위헌결정, 질적 일부위헌결정, 양적 일부위헌결정, 조건부위헌결정, 헌법불합치결정 등의 결정을 내릴 수 있다.

탄핵심판은 일반적인 징계로 처벌할 수 없는 고위 공무원이나 특수한 위치에 있는 공무원을 국회가 탄핵소추한 후에 그 공무원을 탄핵할 것인지의 여부를 가리는 심사이다. 탄핵 절차를 가지는 공무원에는 대통령, 국무총리, 헌법 재판소 재판관 등이 있다. 탄핵결정은 공직으로부터 파면함에 그치나, 민사상·형사상의 책임을 면제하는 것은 아니다(제65조 4항).

정당해산심판은 어떤 정당의 목적이나 활동이 헌법이 정하는 질서를 위배할 경우 그 정당을 해산할지의 여부를 가리는 심사이다. 헌법재판소가 정당해산을 결정하면 정당을 해산되고, 대체정당의 구성은 금지된다(헌법 제8조 4항, 헌법재판소법 제59조).

권한쟁의심판은 국가기관이나 지방자치단체 사이에 권한에 대한 분쟁이 있을 경우 이를 조정하는 심사이다.

제3절 국제인권규약의 헌법률 해당성

법률 및 조약이 헌법에 위배되면 헌법소원의 대상이 된다. 그런데 국제인권규약은 헌법률에 해당하므로 이에 위배되는 법률이나 다른 조약도 위헌이 될 수 있다는 주장이 있다. 국제인권규약은 국제연합이 규약의 가입에 각 정부의 비준을 요구하고, 우리 헌법이 그러한 비준에 국회의 동의를 요구한 측면에서, 조약의 성격을 띠고 있다. 국제인권규약은 조약에 해당하고, 조약의 내용이 일반적으로 승인된 국제법규로 인정될 때 헌법률의 효력을 갖는다고 인정하더라도 과연 국제인권규약이 헌법률로서의 효력을 갖는다고 할 수 있을 것인지 의문이 있다.

독일 연방헌법재판소는 유럽인권규약에 대하여 조약은 연방법률의 지위를 갖는다고 하는

338 김철수, 『헌법개설』, 박영사, 2007, 420쪽.

독일 기본법 제59조 제2항 소정의 연방법률로서의 효력만을 인정하고 있고, 미국의 경우 국제관습법은 연방법률보다 우월할 수는 없고 주법률보다는 우월하다고 보고 있을 뿐이다. 이상과 같은 사정에 비추어 볼 때 우리나라에서 국제인권규약을 헌법률과 같은 효력을 갖는다고 인정할 수는 없다고 하겠다. 그러므로 법률이나 명령, 규칙, 처분 등이 국제인권규약을 위배하였다는 이유로 헌법소원을 제기하거나 법률에 대한 위헌여부심판제청신청을 할 수는 없다. 다만 국제인권규약상의 내용이 우리 헌법 제37조 제1항의 헌법에 열거되지 아니한 기본권으로 인정될 정도에 이르면, 헌법 제37조 제1항에 의하여 보장되는 기본권이라는 주장을 내세워 헌법소원 또는 위헌여부심판제청신청을 할 수 있을 것이다.

제4절 보충성 문제와 국가인권위원회 및 국제인권기구에 의한 권리 구제

헌법소원심판을 청구하기 위하여서는 다른 법률에 의한 구제절차를 거쳐야 한다. 그런데 뒤에서 살펴보는 바와 같이 국가인권위원회에 의하여서도 인권침해의 구제를 구할 수 있고, 국제인권기구를 통하여서도 인권구제를 받을 가능성이 있다. 그런 점에서 이와 같은 구제절차를 거쳐야만 기본권 침해를 이유로 한 헌법소원심판을 청구할 수 있는지가 문제된다.

헌법재판소는, 전심절차로서 권리가 구제될 가능성이 거의 없거나 권리구제절차가 허용되는지의 여부가 객관적으로 불확실하거나, 헌법소원심판청구인에게 대단히 우회적 절차를 요구한 것 밖에 되지 않는 등 전심절차이행의 기대가능성이 없는 경우에는 예외적으로 다른 구제절차를 거침이 없이 직접 헌법소원심판청구를 할 수 있다고 판시하고 있다. 생각건대 국가인권위원회는 인권침해가 인정되는 경우에도 당사자 사이의 합의를 권고하고 조정절차에서 당사자 사이의 합의에 의한 조정 또는 강제조정을 할 수 있을 뿐이고, 관련 당사자의 의사에 관계없이 독자적으로 인권을 구제하는 최종적인 조치를 취하지는 못하므로 국가인권위원회에 의한 인권구제 여부는 객관적으로 불확실한 경우에 해당하므로, 이는 기본권이 침해되었다고 주장하면서 헌법소원심판을 청구하는 데 필요한 전심절차에 해당한다고 볼 수 없다고 하겠다.

또한 국제인권기구에 의한 인권침해구제도 국제인권기구의 결의가 국가나 개인에 대하여 기속하지 못하고 있는 현실에 비추어 볼 때 이는 대단히 우회적이고도 간접적인 절차에 불과하므로 역시 헌법소원심판을 청구하는데 필요한 전심절차에 해당한다고는 볼 수 없다고 하겠다.

제5절 법원의 재판과 원행정처분의 헌법소원 대상성 문제

1. 재판의 헌법소원 대상성

헌법재판소법 제68조 제1항 본문이 법원의 재판을 헌법소원의 대상에서 제외하고 있다. 그럼에도 불구하고 법원의 재판을 대상으로 한 헌법소원사건이 있었지만 헌법재판소는 헌법재판소법 제68조 제1항의 명문규정에 반한다는 이유로 각하를 해오면서도 위 법규정 자체에 대한 위헌주장이 포함되어 있는 경우에는 그 판단을 유보해 오다가, 제2기 재판부에 이르러 1997년 12월 24일 96헌마172·173(병합) 사건에서 "헌법소원이 언제나 법원의 재판을 그 심판의 대상에 포함하여야만 비로소 헌법소원제도의 본질에 부합한다고 단정할 수는 없으나, 헌법재판소가 위헌으로 결정하여 그 효력을 상실한 법률을 적용하여 한 법원의 재판은 헌법소원의 대상이 될 수 있다"고 결정하였다.

이에 대하여는, 각급 법원의 재판은 대법원이 이를 최종적으로 심사하는 방법에 의하여서만 통제를 받을 뿐이고(헌법 제101조), 헌법상 대법원과 헌법재판소는 규범통제에 관한 최종적 심사권을 분장하고 있는 독립기관이며(헌법 제107조 제2항, 제111조 제1항 참조), 헌법에 명문의 규정이 없는 한 한쪽이 다른 쪽의 권한행사를 통제할 수 없으므로 법원의 재판은 헌법소원의 대상이 될 수 없다는 비판이 있다.

2. 원행정처분의 헌법소원대상성

헌법재판소는 위 1997년 12월 24일, 96헌마172 결정에서, 헌법재판소가 위헌으로 결정한 법령을 적용한 법원의 재판에 대하여는 예외적으로 헌법소원심판청구가 허용되어 그 재판이 헌법재판소법 제75조 제3항에 따라 취소되는 경우에는 원행정처분에 대한 헌법소원은 허용된다고 판시하면서 대법원 판결을 취소하는 외에 재판의 대상이었던 행정처분도 취소한다는 결정을 하였다.

이후 1998년 5월 28일, 91헌마98, 93헌마253(병합) 사건에서는, 원행정처분에 대하여 법원에 행정소송을 제기하여 패소판결을 받고 그 판결이 확정된 경우 당사자는 그 판결의 기판력에 의한 기속을 받게 되므로, 별도의 절차에 의하여 위 판결의 기판력이 제거되지 아니하는 한, 행정처분의 위법성을 주장하는 것은 확정판결의 기판력에 어긋나므로 원행정처분은 헌법소원심판의 대상이 되지 아니한다고 할 것이며, 그 뿐만 아니라 원행정처분에 대한 헌법소원심판청구를 허용하는 것은, “명령·규칙 또는 처분이 헌법이나 법률에 위반되는 여부가 재판의 전제가 된 경우에는 대법원은 이를 최종적으로 심사할 권한을 가진다”고 규정한 헌법 제107조 제2항이나, 원칙적으로 헌법소원심판의 대상에서 법원의 재판을 제외하고 있는 헌법재판소법 제68조 제1항의 취지에도 어긋난다고 판시하였다. 결국 헌법재판소는 법원이 위헌으로 결정한 법령을 적용한 경우에 한하여 예외적으로 원행정처분에 대한 헌법소원을 인정한다는 입장을 유지하고 있는 것으로 보인다.

그러나 이에 대하여 재판권은 법원에 전속된다고 규정한 헌법 제101조 제1항 및 명령·규칙·처분이 헌법 또는 법률에 위반되는지 여부가 재판의 전제가 된 경우에 대법원은 이를 최종적으로 심사할 권한을 갖는다고 규정한 헌법 제107조 제2항에 위배되므로 원행정처분을 헌법소원의 대상으로 하는 것은 헌법에 위배된다는 비판이 있다.

제2장 국가인권위원회에 의한 인권보장

제1절 국가인권위원회의 설치

1. 국가인권위원회의 설치 배경

국가인권기구의 문제는 1946년 유엔 경제사회이사회에서 처음으로 논의되었고, 1978년 9월 제네바에서 개최된 "인권의 증진과 보호를 위한 국가 및 지역기구에 관한 세미나"에서는 "인권기구의 기능과 구제에 대한 지침"을 채택하였다. 그 후 1980년대에는 여러 나라에서 상당수의 국내인권기구가 설립되었으며, 1990년대에 이르러 유엔은 인권기구의 설립에 관한 원칙을 세웠다. 1991년 10월 7일부터 9일까지 유엔 인권위원회는 인권증진과 보호와 관련된 국가 및 지역기구들이 참가하는 워크샵을 개최하고 "국내인권기구의 지위에 관한 원칙"을 제정하였으며, 1993년 총회 결의로 이를 승인하였다.

우리나라에서는 국내인권위원회의 설립에 관한 논의가 진행되다가 1998년 9월 법무부가 인권법안을 발표하였으나 인권위원회의 위상, 기능 및 권한에 관하여 정부와 인권 및 시민단체 간에 첨예한 의견대립이 있었고 인권법안은 제15대 국회의 폐회로 자동 폐기되었다. 2000년 8월 법무부가 수정된 인권법안을 제출하여 2001년 5월 24일 국가인권위원회 설치의 근거가 되는 국가인권위원회법이 제정되었다.

2. 국가인권위원회의 조직

국가인권위원회(이하 '위원회'라 한다)는 위원장 1인과 3인의 상임위원을 포함한 11인의 인권위원으로 구성되고 그중 4인은 국회에서 선출하고, 4인은 대통령이 지명하며, 3인은 대법원장이 지명하며, 위원 중 4인 이상은 여성으로 임명한다(국가인권위원회법제5조 제1, 2, 5항, 이하 '법'이라 한다). 인권위원장과 위원의 임기는 3년이고 1차에 한하여 연임할 수 있으며, 금고 이상의 형의 선고에 의하지 아니하고는 그 의사에 반하여 면직되지 아니한다(법 제7조 제1항, 제8조). 위원회는 위원 3인 이상으로 구성되는 소위원회를 둘 수 있고(법 제12조), 위원회는 특별한 규정이 없는 한 재적위원 과반수의 찬성으로 의결하고, 다만 소위원회는 전원의 출석과 전원의 찬성으로 의결한다(법 제13조). 위원회는 그 권한에 속한 업무를 독립하여 수행한다(법 제3조 제2항). 위원회는 국가인권위원회법에 의하여 설립된 독립된 국가기관이라고 하겠다.

제2절 국가인권위원회의 업무

1. 인권 신장을 위한 일반적 업무

(1) 관련 업무 내용

인권에 관한 법령·제도·정책·관행의 조사와 연구 및 그 개선이 필요한 사항에 관한 권고 또는 의견의 표명, 인권상황에 대한 실태조사, 인권에 관한 교육 및 홍보, 인권침해의 유형·판단기준 및 그 예방조치 등에 관한 지침의 제시 및 권고, 국제인권조약에의 가입 및 그 조약의 이행에 관한 연구와 권고 또는 의견의 표명, 인권의 옹호와 신장을 위하여 활동하는 단체 및 개인과의 협력, 인권과 관련된 국제기구 및 외국의 인권기구와의 교류·협력, 그밖에 인권의 보장과 향상을 위하여 필요하다고 인정하는 사항에 관한 업무를 수행한다(법 제19조 제1, 3 내지 제10호).

(2) 국가인권위원회가 취할 수 있는 조치

위원회는 그 업무를 수행하기 위하여 필요한 경우 관계기관의 장에게 협의를 요청할 수 있고(법 제20조), 필요한 경우 관계기관 등에 자료제출을 요구하며, 사실조회를 할 수 있고(법 제22조), 청문회를 개최할 수도 있다(법 제23조). 또한 위원회는 의결을 거쳐 구금·보호시설을 방문하여 조사할 수 있다(법 제24조). 그 외 위원회는 관계기관 등에 정책과 관행의 개선 또는 시정을 권고하거나 의견을 표명할 수 있고(법 제25조), 인권교육과 홍보를 하여야 한다(법 제26조).

위원회는 인권의 보호와 향상에 중대한 영향을 미치는 재판이 계속 중인 경우 법원 또는 헌법재판소의 요청이 있거나 필요하다고 인정하는 때에는 법원의 담당재판부 또는 헌법재판소에 법률상의 사항에 관하여 의견을 제출할 수 있고(법 제28조 제1항), 위원회가 조사 또는 처리한 내용에 관하여 재판이 계속중인 경우, 위원회는 법원 또는 헌법재판소의 요청이 있거나 필요하다고 인정하는 때에는 법원의 담당재판부 또는 헌법재판소에 사실상 및 법률상의 사항에 관하여 의견을 제출할 수 있다(동조 제2항).

위원회는 해마다 전년도 활동내용과 인권상황 및 개선대책에 관한 보고서를 작성하여 대통령과 국회에 보고하여야 하고(법 제29조 제1항), 국가의 안전보장, 개인의 명예 또는 사생활의 보호를 위하여 필요하거나 다른 법률에 의하여 공개가 제한된 사항이 아닌 한 이를 공개하여야 한다(동조 제3항).

위원회로부터 정책과 관행의 개선 등을 권고 받은 기관의 장은 그 권고내용을 이행하기 위하여 노력하여야 하고, 이를 이행하지 아니할 경우 문서로 위원회에 설명하여야 한다(법 제25조 제2, 3항).

2. 인권침해의 구제업무

(1) 구제대상

위원회의 업무에 관하여 법 제19조 제2, 3호는 인권침해행위와 차별행위에 대한 조사와 구제를 포괄적으로 규정하고 있다. 그러나 법 제30조는 위원회의 조사대상을 ① 국가기관, 지방자치단체 또는 구금·보호시설의 업무수행(국회의 입법 및 법원·헌법재판소의 재판을 제외한다)과 관련하여 헌법 제10조 내지 제22조에 보장된 인권을 침해당한 경우, ② 법인, 단체 또는 사인에 의하여 평등권침해의 차별행위[339]를 당한 경우로 한정하고(법 제30조 제1항), 인권을 침해당한 사람 또는 그 사실을 알고 있는 사람이나 단체는 위원회에 그 내용을 진정한 경우에 조사를 할 수 있음이 원칙이지만, 그러한 진정이 없는 경우에도 인권침해가 있다고 믿을 만한 상

339 평등권침해의 차별행위에 대하여 국가인권위원회법 제2조는 다음과 같이 규정하고 있다. 평등권침해의 차별행위라 함은 합리적인 이유없이 성별, 종교, 장애, 나이, 사회적 신분, 출신지역, 출신국가, 출신민족, 용모 등 신체조건, 혼인여부, 임신 또는 출산, 가족상황, 인종, 피부색, 사상 또는 정치적 의견, 형의 효력이 실효된 전과, 성적 지향, 병력을 이유로 한 다음 각호의 1에 해당하는 행위를 말한다. 다만, 다른 법률에서 특정한 사람(특정한 사람들의 집단을 포함한다. 이하 같다)에 대한 우대를 차별행위의 범위에서 제외한 경우 그 우대는 차별행위로 보지 아니한다. 1. 고용(모집, 채용, 교육, 배치, 승진, 임금 및 임금외의 금품 지급, 자금의 융자, 정년, 퇴직, 해고 등을 포함한다)에 있어서 특정한 사람을 우대·배제·구별하거나 불리하게 대우하는 행위, 2. 재화·용역·교통수단·상업시설·토지·주거시설의 공급이나 이용에 있어서 특정한 사람을 우대·배제·구별하거나 불리하게 대우하는 행위, 3. 교육시설이나 직업훈련기관의 이용에 있어서 특정한 사람을 우대·배제·구별하거나 불리하게 대우하는 행위.

당한 근거가 있고 그 내용이 중대하다고 인정할 때에는 이를 직권으로 조사할 수 있도록 규정하고 있다(동조 제3항). 그러므로 구체적인 구제대상은 위 각 경우에 한한다고 하겠다.

(2) 인권구제절차

① 조사

위원회의 조사는 국가기관의 기능수행에 지장을 초래하지 않도록 유의하여야 하고, 그 조사가 개인의 사생활을 침해하거나 계속 중인 재판 또는 수사 중인 사건의 소추에 부당하게 관여할 목적으로 하여서는 아니 된다(법 제35조).

조사는 진정인·피해자·피진정인 또는 관계인에 대한 출석요구 및 진술청취 또는 진술서 제출요구, 이들에게 관련자료 제출요구, 관련 장소 등에 대한 실지조사, 조사사항과 관련이 있다고 인정되는 사실 또는 정보에 대한 조회 등의 방법으로 한다(법 제36조 제1항). 정당한 사유 없이 이에 응하지 아니하면 1,000만 원 이하의 과태료에 처하게 하여(법 제63조 제1항 제1, 2호), 간접적으로 조사의 실효성을 확보하고 있다. 필요한 경우 관계인들에게 질문하거나 서류 등을 검사할 수 있다(법 제37조).

다만 위원회가 자료·물건 또는 시설 등의 실지조사 또는 감정을 하려는 당해 자료 등이 ① 국가안전보장 또는 외교관계에 중대한 영향을 미치는 국가기밀사항인 경우, ② 범죄수사나 계속 중인 재판에 중대한 지장을 초래할 우려가 있는 경우에는, 관계 국가기관의 장이 위원회에 소명하고 그 자료 등에 대한 실지조사 또는 감정을 거부할 수 있다. 이 경우 위원회는 관계 국가기관의 장에게 필요한 사항의 확인을 요구할 수 있으며, 요구를 받은 국가기관의 장은 이에 성실히 응하여야 한다(법 제36조 제7항). 위원회에 강제수사권은 인정되지 않는다.

② 진정의 처리

진정의 내용이 다른 법률에 정한 권리구제절차에 따라 권한을 가진 국가기관에 제출하고자 하는 것이 명백한 경우에는 위원회가 지체 없이 그 진정을 그 다른 국가기관에 이송하여야 하고(법 제33조 제1항), 진정에 대한 조사를 시작한 후 진정의 원인이 된 사실과 동일한 私人(사인)에 관하여 피해자의 진정 또는 고소에 의하여 수사가 개시된 경우에는 그 진정을 관할 수사기관에 이송하여야 한다(동조 제2항).

접수한 진정이 다음 중 하나에 해당하는 경우에는 그 진정을 각하한다. ① 진정의 내용이 위원회의 조사대상에 해당하지 아니하는 경우, ② 진정의 내용이 명백히 거짓이거나 이유 없다고 인정되는 경우, ③ 피해자가 아닌 자가 한 진정에 있어서 피해자가 조사를 원하지 않는 것이 명백한 경우, ④ 진정원인이 된 사실이 발생한 날부터 1년 이상 경과하여 진정한 경우, 다만 진정원인이 된 사실에 관하여 공소시효 또는 민사상 시효가 완성되지 아니한 사건으로서 위원회가 조사하기로 결정한 경우에는 그러하지 아니하다. ⑤ 진정이 제기될 당시 진정의 원인이 된 사실에 관하여 법원 또는 헌법재판소의 재판, 수사기관의 수사 또는 그 밖의 법률에 따른 권리구제절차가 진행 중이거나 종결된 경우, 다만 수사기관이 인지하여 수사 중인 형법 제123조 내지 제125조의 죄(직권남용, 불법체포·불법감금, 폭행·가혹행위)에 해당하는 사건과 동일한 사안에 대하여 위원회에 진정이 접수된 경우는 제외한다. ⑥ 진정이 익명 또는 가명으로 제출된 경우, ⑦ 진정이 위원회가 조사하는 것이 적절하지 아니하다고 인정되는 경우, ⑧ 진정인이 진정을 취하한 경우, ⑨ 위원회가 기각한 진정과 동일한 사실에 관하여 다시 진정한 경우, ⑩ 진정의 취지가 당해 진정의 원인이 된 사실에 관한 법원의 확정판결이나 헌법재판소의 결정에 반하는 경우(법 제32조 제1항)이다.

진정의 원인이 된 사실이 범죄행위에 해당된다고 믿을 만한 상당한 이유가 있고, 그 혐의자의 도주 또는 증거의 인멸 등을 방지하거나 증거의 확보를 위하여 필요하다고 인정할 경우에 위원회는 검찰총장 또는 관할 수사기관의 장에게 수사의 개시와 필요한 조치를 의뢰할 수 있다(법 제34조 제1항). 진정을 접수한 후 조사대상 인권침해행위가 계속 중에 있다는 상당한 개연성이 있고, 이를 방치할 경우 회복하기 어려운 피해발생의 우려가 있다고 인정할 때에는 그 진정에 대한 결정 이전에 진정인이나 피해자의 신청에 의하여 또는 직권으로 피진정인, 그 소속기관 등의 장에게 인권침해행위의 중지 등 필요한 조치를 하도록 권고할 수 있다(법 제48조 제1항). 이를 방해하는 자에 대하여는 1년 이하의 징역 또는 500만 원 이하의 벌금에 처한다(법 제60조).

조사 중이거나 조사가 끝난 진정에 대하여 사건의 공정한 해결을 위하여 필요한 구제조치를 당사자에게 제시하고 합의를 권고할 수 있고(법 제40조), 인권침해가 인정되고 당사자 사이에 합의도 이루어지지 아니한 경우에는 당사자의 신청 또는 직권에 의하여 진정을 국가인권위원회내의 조정위원회에 회부하여 조정절차를 개시할 수 있다(법 제42조 제1항). 조정절차에서 당사자의 합의에 의하여 조정이 성립되지 아니하면 조정위원회는 사건의 공정한 해결을 위하여 조정에 갈음하는 결정을 할 수 있다.

조정에 갈음하는 결정에는 조사대상 인권침해행위의 중지, 원상회복 등 필요한 구제조치,

동일 또는 유사한 인권침해행위의 재발을 방지하기 위하여 필요한 조치 등을 포함시킬 수 있다(동조 제4항). 조정에 갈음하는 결정에 대하여 당사자가 결정서를 송달받은 날부터 14일 이내에 이의를 신청하지 아니하면 조정을 수락한 것으로 본다(동조 제6항). 당사자 간의 합의에 의한 조정 및 조정에 갈음하는 결정은 재판상의 화해와 같은 효력이 있다(법 제43조).

조사결과 인권침해가 일어났다고 판단하는 때에는 피진정인, 소속기관 등의 장에게 구조조치의 이행·법령·제도·정책·관행의 시정 또는 개선을 권고할 수 있다(법 제44조 제1항). 또한 조사결과 진정의 내용이 범죄행위에 해당하고 이에 대하여 형사처벌이 필요하다고 인정할 때에는 검찰총장에게 그 내용을 고발할 수 있고, 피고발인이 군인 또는 군무원인 경우에는 소속 군 참모총장 또는 국방부장관에게 고발할 수 있으며, 피진정인 또는 인권침해에 책임이 있는 자에 대한 징계를 소속기관 등의 장에게 권고할 수 있다(법 제45조 제1, 2항).

제3절 국가인권위원회의 진정사건처리

국가인권위원회의 조사 대상, 시설 수용자의 진정권 보장, 조사의 방법 등이 국가인권위원회법 제30조 이후 조항에 제시되어 있다. 조사대상으로 국가권력 또는 공권력에 의한 인권침해뿐만 아니라 사인에 의한 인권침해, 즉 평등권 침해의 차별행위까지 포함하고 있다.

위원회는 초기부터 전화, 방문(대면), 우편, 팩스, 이메일 등 다양한 경로를 통해 진정 접수를 받았으며, 면전 진정 제도를 통해 구금·보호시설에 있는 수용자들을 직접 방문하여 상담하고 진정을 접수하는 등 현장 중심의 권리구제 체계의 기반을 다졌다. 또한 위원회의 역할 및 업무 영역에 대한 국민들의 요구 사항과 문제 제기를 수용하고, 안내 및 회신을 통해 필요한 정보를 최대한 제공하는 등 민원 안내와 인권 상담 기능을 강화하였다.

제4절 국내외 협력

국가위원회법은 인권의 옹호와 신장을 위하여 활동하는 단체 및 개인과의 협력 및 인권과 관련된 국제기구 및 외국의 인권기구와의 교류·협력사항을 명시하고 있다.

2003년 5월에는 부산·광주·전주 및 대전 지역의 인권 시민단체들과 순회간담회를 통하여 해당 지역의 인권 현안과 지역단체들로부터 다양한 의견을 수렴할 수 있는 자리를 마련하였고, 위원장을 비롯한 위원회 정책 결정자들이 현장감 있는 인권정책 개발과 인권실태를 파악하기 위해 생활 속에 소외된 약자 및 소수자의 인권취약 현장을 직접 방문하였다. 또한, 지역단체 활동가에 대한 '인권교육 강좌 프로그램'을 공동으로 기획·운영하여 실무능력을 함양시키고 위원회와 상호 실질적인 협력방안을 논의하는 자리를 마련하였다.

국제적으로는 다른 국가인권기구와 국제인권단체들의 상호 협력체계 구축에 위원회가 능동적으로 대처했다. 몽골 국가인권위원회 방문, 아·태지역국가인권기구포럼(APF) 사무국지역 국가인권기구와 협력관계를 더욱 돈독히 하였으며, 국내적으로는 외국인 노동자의 인권보호 방안을 논의하기 위한 송출국 주한대사 초청간담회 개최, 태국 국가인권위원회의 독립성 촉구 연대활동 참여 등 위원회의 활동영역을 한층 넓혔다. 특히 위원회의 국제인권자료집 발간사업의 일환으로 발간된 '국제인권조약 국내이행자료집'은 유엔 조약감시기구의 심의자료 등 유엔 문서를 국내에 번역·배포함으로써 유엔의 권고사항에 대한 이해를 높이고 국내 인권 정보의 다양화에 크게 기여하였다.

제3장 국제인권기구에 의한 인권보장

제1절 개요

1. 국제인권기구의 개념

국제인권기구란 인권의 보장과 증진을 위해 국제인권법의 국내적 실효성 제고를 목적으로 하는 인권전담 국가기구를 말한다.340

국제인권기구로는 I.L.O (International Labour Organization, 국제노동기구), 고문방지위원회(Committee against Torture), 국가인권기구(National Human Rights Institution), 인종차별철폐위원회(Committee on the Elimination of Racial Discriminations), 아시아 태평양지역 국가인권기구 포럼(Asia Pacific Forum of National Human Rights Institutions ; APF), 국제형사재판소(ICC) 등이 있다.

2. 대표적인 국제인권기구

(1) 고문방지위원회

고문방지위원회는 고문방지협약 제17조에 따라 1987년에 설치되었다. 위원들은 협약 당사국에 의해 선출된 10인으로 구성되며, 출신국을 대표하지 않은 개인자격으로 임무를 수행한다. 고문방지위원회는 고문방지협약을 비준한 국가의 협약상의 이행의무를 감시하기 위해 만들어졌다.

340 한상진, 『현대사회와 인권』, 나남출판, 2003, 512쪽.

위원회의 업무로는 국가보고서(당사국이 협약에서 보장하고 있는 인권보호를 위해 취해온 조치들과 경과에 대해 보고하는 일)검토, 국가 간 청원 심리, 개인 청원 심리를 다룬다. 고문방지위원회는 협약 제20조에 따라 조사에 착수할 권리를 가진다. 이점은 다른 규약감시위원회와 구별되는 고문방지위원회 특유의 기능으로(여성차별철폐협약 선택의정서에 따른 여성차별철폐위원회의 조사기능과 유사) 어떤 당사국이 그 영토 내에서 조직적으로 고문을 행하고 있다는 정보를 입수한 경우 위원회는 자발적으로 조사에 착수할 수 있다. 단, 이 경우 '당사국의 협조'를 얻어야 하며, 조사는 비공개여야 한다. 고문방지위원회는 조사가 끝나면, 그 조사내용을 관계국과 유엔총회에 제출한다. 그러나 당사국은 이 조항도 유보수단에 의해 회피할 수 있다.

(2) 인종차별철폐위원회

1965년에 결성된 유엔의 인권위원회 산하기구로써 인종차별에 대한 비난, 차별정책의 비합법화 등 27개 항목의 조문으로 되어있다. 인종차별철폐에 관한 국제협약(이하 '인종차별철폐협약' 이라 한다)에 의하여 인종차별철폐위원회가 설치되어 있고(협약 제8조), 동위원회는 각국이 협약을 실시하기 위한 조치 등에 관하여 제출하는 보고서를 심의하여 일반적인 권고를 하고(협약 제9조), 체약국 사이의 분쟁을 조정한다(협약 제12조). 협약상의 권리위반으로 인한 피해자로부터 제출된 통보에 대하여 가능한 국내구제조치를 완료하였음을 확인한 후 심의하고, 필요한 경우 체약국과 통보자에게 제의와 권고를 하며, 위원회는 연례보고서 속에 통보에 관한 사건처리 개요를 포함시킨다(협약 제14조).

3. 국제인권체제(International Human Rights Regime)

인권보호를 위한 국제적 협약이 성실히 이행되고 있는지를 감시하는 국제인권체제(International Human Rights Regime)는 크게 정부간 기구(Intergovernmental Organization, IGO)와 비정부기구(Non-governmental Organization, NGO)로 나눌 수 있다. 정부 간 기구의 가장 대표적인 것은 UN이다. UN은 국제인권규약을 제정하여 보편성에 기초한 국제적 인권보호를 추진하고 있는데, 현재 세계적으로 90여 개의 주제별, 지역별 국제인권규약과 선언문이 국가 간의 합의로 존재하며, 그 가운데 57개가 UN을 통해 산출되었다. 인권규약에 근거하여 UN은 각종 위원회를 설치하고 인권규약 이행여부를 감시한다. 뿐만 아니라 UN은 산하에 유엔인권위원회와 인권고등판무관 등 인권문제를 취급하는 전문기관을 확보하고 있으며 총회, 안전보장이사회, 경제사회이사회(ECOSOC) 유엔기구를 통해 전 세계적 차원에서 인권문제를 다루고 있다.

UN 다음으로 정부 간 기구의 중요한 부분을 차지하는 조직은 각 지역별로 형성되어 있는 지역별 인권체제이다.[341]

제2절 국제인권기구에 의한 인권구제 절차

1. 유엔 경제사회이사회의 1503호 절차

유엔 경제사회이사회는 1970년 1503호 결의로 '중대하고 계속적인 인권침해가 일어난 상황'에 관한 민간 측 주장에 대하여 유엔 인권위원회(Commission on Human Rights)와 인권소위원회에서 비공개회의로 이를 다룰 수 있도록 하였다. 즉 그러한 상황을 알고 있는 개인이나 단체가 그와 같은 상황을 유엔에 통보(communication)할 수 있다. 이러한 통보는 원칙적으로 당사국 내의 모든 권리구제절차를 거친 사건에 한하여 심리될 수 있다. 통보가 심리를 위한 요건을 갖추면 인권소위원회에서 먼저 심사하여 합리적인 근거가 있다고 판단되면 인권위원회에 사건을 회부하고, 인권위원회에서 그와 같은 상황이 있는 것으로 판단하면 이를 경제사회이사회에 회부한다. 이때 경제사회이사회와 유엔총회는 당사국이 이를 시정하고 인권을 침해해서는 안 된다고 하는 유엔헌장을 준수할 것을 요구하는 적절한 결의를 할 수 있다.

2. 유네스코 집행위원회의 결정

유네스코는 교육·과학·문화 및 정보의 분야에서 유네스코의 권한에 포함되는 인권의 침해에 관한 개인의 통보(communication)를 심사하는 절차를 마련하고 있는 바, 이를 1978년 104EX/3.3 결정이라 한다. 이 제도상의 통보는 피해를 입은 개인뿐 아니라 그 침해에 대하여 믿을 만한 정보를 가지고 있는 개인, 집단과 비정부민간기구 등 누구든지 할 수 있다. 통보는 조약 및 권고위원회(Committee on Conventions and Recommendations)에서 심사하여 통보에 대한 심사를 허용하기로 결정하면 통보의 사본을 당사국 정부에 송부하고 답변을 요청한다. 위원회의 결정은 유네스코집행위원회에 보고한다.

341 www.humanright.go.kr.

3. B규약 제1선택의정서에 의한 개인통보제도

B규약 제1선택의정서에 의하면, B규약에 열거된 어떤 권리가 침해되었다고 주장하는 개인들이 모든 이용 가능한 국내적 구제조치를 완료하였을 경우, B규약에 규정된 임무를 이행하기 위하여 설치된 인권이사회(Human Rights Committee, B규약 제28조 이하)에 심리를 위한 서면통보(written communication)를 제출할 수 있고(의정서 제2조), 인권이사회는 개인 및 관련당사국으로부터 입수된 모든 서면정보를 참고하여 사건을 심리한다(의정서 제5조 제1항). 인권이사회는 그 활동에 관하여 연례보고서를 경제사회이사회를 통하여 유엔총회에 제출하는데(B규약 제45조), 위 사건과 관련되는 활동의 개요를 그 연례보고서에 포함시키고 있다(의정서 제6조).

지금까지 우리나라는 구노동쟁의조정법상의 '제3자개입금지'위반으로 형사처벌을 받은 자가 이는 B규약 제19조 제2항 상의 표현의 자유를 침해하였다고 주장하면서 1992년 7월 7일 유엔 인권이사회에 개인통보서를 제출한 사건, 국가보안법 위반으로 형사처벌을 받은 자가 국가보안법 제7조 제1항 및 제3항은 B규약 제18조 제1항, 제19조 제1항 제2항 및 제26조를 위반하였다고 주장하면서 1994년 8월 11일 유엔 인권이사회에 개인통보서를 제출한 사건 및 국가보안법 등을 위반하여 형사처벌을 받은 자가 국가보안법 제7조 제1항 및 제5항은 B규약 제19조 제2항에 위반된다는 이유로 1993년 9월 27일 유엔 인권이사회에 개인통보서를 제출한 사건에서 이 제도를 이용하였다.

제3절 국제인권기구에 의한 인권구제의 실효성

유엔 경제사회이사회의 1503호 절차, 유네스코 집행위원회, 고문방지위원회, 인종차별철폐위원회에 대한 통보 즉 청원에 따른 각 위원회의 결정은 당사국에 대하여 법적구속력이 인정되지 아니한다. 그리고 보고서 제도도 그 내용이 당사국에 대하여 법적구속력이 없다. 그러나 위와 같은 결정이나 보고서내용은 외교적으로 당해 국가에 정치적 부담을 주기 때문에 장기적으로는 인권침해를 구제하거나 더 이상의 인권침해를 예방하는 효과를 가져 올 것이다.

특히 B규약 제2조 제1항은 당사국이 규약에서 인정하는 권리 또는 자유를 침해당한 사람에 대하여 효과적인 구제조치를 받도록 노력하여야 하고, 제2항은 그러한 구제조치를 청구하는 개인에 대하여 권한 있는 당국에 의하여 그 권리가 결정될 것을 확보하고 사법적 구제조치의 가능성을 발전시키며, 제3항은 그러한 구제조치가 허용되는 경우 권한 있는 당국이 이를 집행하도록 확보할 것을 약속한다고 규정하고 있다. 그러나 B규약에 대하여도, 당사국의 정부나 법원은 인권이사회의 해석에 따라 B규약을 해석·적용할 국제법상 의무를 부담하지만 인권이사회의 결정이 국내법적으로 당사국에 대하여 구속할 수 있는 법적 강제력은 인정되지 않고 있다.

제4절 제도적 장치에 의한 인권구제의 한계

우리나라가 가입한 국제인권규약이 국가에 대하여서만 정치적으로 국제법상의 의무를 부담시킬 뿐 개인에게는 국내법적으로 그 규약의 효력이 직접 미치지 못하는 점이 인권보장이라는 측면에서 아쉬운 부분으로 지적된다. 국제인권규약에 따른 인권이사회의 결정에 대한 각국의 태도는, 이를 무시하거나, 가능한 한 존중하거나(Lovelace v. Canada 사건에서 Canada 정부가 취한 태도), 결정에 따른 조치를 명확하게 취하거나(Mauritian Women 사건에서 Mauritius 정부가 취한 태도) 또는 국제인권규약에 위배되지 아니하였다는 결정에도 불구하고 논란이 된 부분을 개선(Hartikainen v. Finland 사건에서 Finland 정부가 취한 태도)하고 있다.

과거 우리 정부는 B규약 제1선택의정서에 의한 개인통보제도가 이용된 사건에서 인권이사회의 결정을 무시하였다. 즉, ① 구노동쟁의조정법 제13조의2 '제3자개입금지' 규정에 대하여 인권이사회가 위 규정위반을 이유로 한 형사처벌에 대하여 적절한 보상과 법을 개정하는 문제를 검토하라고 결정하였으나, 우리 정부는 이를 개정할 의사가 없음을 밝혔고, ② 국가보안법에 대하여 인권이사회가 동법 위반을 이유로 한 유죄판결에 대하여 적절한 보상과 법 개정을 검토하라는 결정을 하였으나, 우리 정부는 이에 대하여도 수용하지 않는다는 의사를 밝힌 바 있다. 그러나 그 후 구노동쟁의조정법상의 '제3자개입금지' 규정에 대하여는 1997년 노동관계법 제정 시 관련조항이 삭제되었다.

이처럼 비록 국제인권규약에 따른 인권이사회의 결정이 직접적인 해결책은 되지 못하더라도 그 결정에 따른 국제정치적 부담 때문에 정부가 다시 한 번 입법내용의 정당성을 검토하는 계기가 될 것이므로 국제인권기구를 통한 권리구제 역시 유용한 인권보장방법이라고 보고 있다.

제4장 한국의 인권운동과 인권의 새 지평

제1절 한국 인권운동의 역사

1. 1970년대

한국에서는 박정희 정권의 이른바 '유신'이전에는 구속된 몇몇 명사들을 지원하기 위한 운동 외에 인권운동이라고 할 만한 조직적인 활동은 없었다. 그러므로 한국 인권운동은 군사정권의 인권탄압과 함께 성장해온 셈이다. 박정희 정권이 본격적인 독재체제로 들어간 이른바 '유신'을 계기로 '민청학련사건', '2차 인혁당사건'을 비롯해 '긴급조치 9호'로 많은 사람들이 투옥되기에 이르렀으며, 이들에 대한 석방 및 지원운동을 중심으로 활발한 운동으로 성장해갔다. 민청학련사건만 해도 연루자 1,024명, 구속자 203명, 1심 사형 선고 9명, 1심 무기 선고 21명이라는 규모였다.

1970년대 초에 몇몇 선구적인 인권변호사들의 활동이 두드러지는 가운데 처음으로 국제사면위원회(엠네스티) 한국지부가 결성되었지만 이내 와해되어버렸다. 1974년에는 NCC인권위원회와 천주교 정의구현사제단이 각각 출범하여 1980년대 말까지 한국 인권운동사에 길이 기록될 중요한 활동을 전개했으며, 한국에 들어와 있던 외국 선교사들의 활약도 결코 잊을 수 없는 것이었다. 남발되는 박정희의 '긴급조치령'으로 늘어나는 구속자에 비례해서 구속자 가족들의 운동은 활발해져 갔다.

2. 1980년대

'광주'와 함께 시작된 1980년대 초반은 전두환의 암흑통치에 눌려 민주화운동은 잠복할 수밖에 없었지만 운동의 힘은 각계에서 계속 자라고 있었다. 전두환의 철권통치가 흔들리기 시작한 1985년부터 여러 가지 인권단체가 태동한다. 민주화실천가족운동협의회, 전국민족민주유가족협의회, 민주사회를 위한 변호사 모임 등이 활동을 시작했다. 독재타도의 구호는 '민주회복'과 '인권'이었다. 그러나 역설적이게도 1987년 6월의 대항쟁을 거쳐 민족운동·민중운동의 활동공간이 비약적으로 증대되면서 여러 가지 대중조직 (전노협, 전교조, 전대협, 전농 등)이 생겨 사람들은 이제 '인권'이라는 구호를 외치지 않게 된다. 좁은 의미의 '인권운동'은 이제 몇 년 동안의 침체기에 접어든다.

3. 1990년대

1990년대는 세계사적으로는 소련·동유럽의 붕괴라는 사건으로 시작된다. 서방으로부터 계속 '인권공세'를 받고 무너진 소련, 과거에는 인권을 "부르주아지에 의한 착취를 은폐하기 위한 허위표상"이라고까지 비난했던 러시아에서 '사람의 권리 및 자유선언'(1991년)이 제정되기에 이른 것은 세계사에서의 '인권'의 승리를 상징하는 사건이었다. 동서대립의 소멸로 서구 선진국이 자신의 동맹국인 도상국의 인권억압을 지지하고 두둔할 이유가 없어진 것도 지구에 '인권의 세기'로 진입한 이유 중 하나일 것이다.

1993년에 비엔나에서 UN 세계인권대회가 열렸다. 이것은 30년만의 세계인권대회였으며 우리 인권단체들(9개 단체)이 '세계인권대회공대위'를 결성하여 대거 이 대회에 참가한 것은 침체에 빠졌던 인권운동에 활력을 불어넣는 계기가 되었다. 국내에서 반독재투쟁만을 했던 우리 인권단체들은 이 대회를 계기로 인권의 국제성에 눈을 뜨게 되었으며 1994년에는 '한국인권단체협의회'를 결성하기에 이른다.

소련·동구의 붕괴로 거대담론을 잃은 민중운동은 90년대 초반부터 여러 가지 구체적인 주제에 매달리면서 세분화된 각 분야에서 전문성을 쌓아왔는데, 그런 운동들이 90년대 후반에 이르러서 '인권운동'이라는 공통분모를 의식하기 시작했다. 21세기에 접어든 이후 한국의 인권운동은 군사독재시기 시민권 구현투쟁에 그 뿌리를 둔 단체들과 90년대 이후에 여러 분야에서 전문성을 쌓아온 단체들을 아우른 힘 있는 운동으로서 성장하고 있는 것이다.

4. 2000년대

우리나라에 있어 2000년대는 인권의 도약 시기라 할 수 있다. 그 단초를 연 것이 2001년의 국가인원위원회법 제정이다. 동법은 당시 유엔에서 세계 각국에 채택을 권장해 온 '인권위원회' 제도를 도입함으로써 국제기준에 부합하는 인권보장 장치를 마련하였다. 국가인권위원회는 설립 이후 2000년대 후반에 이르기까지 세계적인 모범사례였다. 이는 동북아시아에서는 처음이고 다른 아시아 국가의 모델이 되었을 뿐만 아니라 소외된 자들의 인권 향상에 크게 기여하고 명실상부한 인권국가로서의 위상이 확립되었다고 할 수 있다.

한편 국민의정부와 참여정부의 등장은 우리나라 인권 향상에 큰 역할을 하였다. 대통령의 인권의식에 힘입어 경찰, 검찰, 국가정보원 등 소위 권력부서들에서는 피해자 뿐만 아니라 가해자의 인권에 더욱 노력을 기울였다. 특히 경찰은 훈령으로 '인권보호를 위한 경찰관 직무규칙'을 만들어 경찰이 직무를 수행함에 있어 개인의 인권을 보호하기 위한 다양한 가이드라인을 제시하였다.

이후 이명박, 박근혜정부에서는 국가인권위원회의 활동이나 인권의식이 크게 후퇴하였으나 문재인정부에서 다시 인권에 대한 제반사항에 합리적인 재조명이 이루어지고 있다고 평가할 수 있다.

제2절 한국의 인권관련 단체들

최근 들어 한국의 인권운동 단체들이 매우 다양하게 확대되어 가고 있으며, 어떤 부문에서는 상당한 정도의 전문성을 구비하고 있다. 수많은 인권단체들에 대한 구체적인 소개를 할 여유는 없지만, 대체적인 유형별로 소개하자면 다음과 같다. 가장 오래된 인권단체로는 여러 종교단체에 소속된 인권위원회, 성직자 단체, 평신도 단체 등을 들 수 있다. 각종 피해자들이 모인 피해자 단체가 있으며, 그러한 피해자들을 지원하는 여러 인권단체들이 있다. 또한 노동, 여성, 국제, 환경, 반폭력, 아동, 청소년, 빈민, 법률구조, 학술연구, 시민운동 등 다양한 분야별로 인권운동 단체들이 활동하고 있다. 부록에서는 국내에서 현재 활동하고 있는 인권관련 단체들을 가나다순으로 소개하고, 아울러 그 홈페이지를 밝혀둔다.

제3절 21세기 한국인권운동의 과제

- 과거청산: 양심수 석방 및 수배해제 / 조작간첩, 고문, 의문사 등 진상규명 / 과거 대량학살 사건의 진상조사와 명예회복
- 억압기구(국정원, 경찰, 검찰, 법원 등)의 철폐와 개혁
- 사법제도 개혁: 형사소송법 개정 / 행형법 개정 / 도청 및 검열 전면 폐지 / 사형제도 폐지 등
- 사상·양심과 표현의 자유: 국가보안법 / 사상전향제도 / 보안관찰법 / 사전검열 폐지 / 집회와 시위의 자유 보장
- 감시·통제제도의 완화 혹은 철폐: 불심검문 / 도·감청 / 사찰 / 총기사용
- 사회권의 확대 및 여성의 권리: 노동자의 권리 확대 / 사회복지의 확대 / 호주제도 폐지와 남녀평등
- 국가인권위원회의 개혁 및 인권교육의 본격적인 전개
- 아동의 권리 구체화

제4절 맺음말 -험난하지만 그래도 가야 할 저항의 여로-

오랜 인류의 역사에서 인권의 역사는 불과 200여 년에 지나지 않는다. 그런 측면에서 보면, 현대의 인권수준도 아직 걸음마 단계에 있다고 해도 과언이 아니다. 그런데도 어떤 부류의 사람들은 인권 때문에 못 살겠다고 아우성이다. 그들은 대체로 인권을 부르짖지 않아도 항상 물질적으로 풍요를 누리는 자들임에 틀림없다. 자신들이 누리고 있는 부와 권력 그 자체가 그들의 인권을 넘치게 하고 있기 때문이다. 인권은 인권이 모자라는 사람에게 필요하다.

인권운동은 인권이 필요 없는 사회를 지향한다. 인권이 필요 없는 사회란 사회 구성원 모두가 한 사람의 예외도 없이 평화롭고 행복하게 살아가는 사회를 의미한다. 지구상에 압제와 전쟁이 존재하는 한, 반목과 적대가 존재하는 한 평화는 존재하지 않는다. 계급과 착취가 존재하는 한 행복한 삶은 불가능하다. 압제와 전쟁, 계급과 착취가 존재하지 않는 사회는 그렇게 쉽게 도래할 성질의 것이 아니다.

과거 인류의 역사가 그러했듯이, 앞으로도 평화와 행복이 보장되는, 인권이 충만한 사회를 향한 그 길은 멀고 험난하다. 하지만 가야할 길은 가야 한다. 현재의 역사단계에서 우리는, 험한

비탈길을 오르면서 힘들어하면서도 정상에 올라 잠시 희열을 즐기는 등산가처럼, 인권의 확대를 위한 힘든 투쟁의 대열에서 즐거움을 찾을 수 있다. 그 투쟁은 실정법의 한계를 넘나드는 초실정법적 영역에서 이루어지는 투쟁이다. 진정한 인권운동은 저항권의 행사 그 자체이다.

공동체의 평화를 위해서는 공동체 구성원 전체의 무장이 필요하듯이, 인권이 필요 없는 사회를 위해서도 모든 구성원들이 인권의식으로 무장하는 것이 필요하다. 가장 중요한 출발점은 사회의 다수를 이루고 있는 노동자를 중심으로 하는 민중의 각성과 진출이다. 그들의 지위를 개선하기 위한 몸부림 자체가 인권운동이다.

인권운동은 인권운동가들의 전유물이 아니다. 노동운동을 포함한 모든 진보운동은 그 자체가 바로 인권운동이다. 자본에 의한 노동의 착취가 존재하는 한 노동자에게는 인권이 없다. 교사의 학생에 대한 일방적 통제가 존재하는 한 학생의 인권은 없다. 사법기관에 의한 피의자, 피고인 그리고 수형자에 대한 강제와 통제와 감시가 존재하는 한 그들의 인권은 없다. 억압과 착취, 압제와 전쟁을 반대하는 모든 몸부림은 그 자체가 인권운동이다.

마지막으로, 신영복님의『감옥으로부터의 사색』에서 읽은 한 구절을 인용하고, 그 글을 형사사법과 관련하여 인용하면서 글을 맺는다.

"추운 겨울에 길거리에서 단 한 사람의 거지라도 떨고 있는 한 난 행복하지 않다"

"차가운 감옥에서 단 한 사람의 죄수라도 떨고 있는 한 내 마음도 춥다"

부록

* 인권자료목록
* 인권단체 홈페이지
* 세계인권선언(Universal Declaration of Human Rights)
* Universal Declaration of Human Rights
* 시민적·정치적 권리에 관한 국제규약(국제인권규약B)
* 경제적·사회적·문화적 권리에 관한 국제규약(국제인권규약A)
* 찾아보기

인권자료목록

- 국미애, 『성희롱과 법의 정치』, 푸른사상, 2004.
- 김수원, 『경찰활동과 인권』, 한국학술정보, 2007.
- 김중섭, 『세계화와 인권 발전』, 오름, 2004.
- 마이클 프리먼 저, 김철효 역, 『인권 이론과 실천』, 아르케, 2005.
- 문성호, 『옴부즈맨과 인권(상): 경찰과 검찰』, 한국학술정보, 2007.
- 미셰린 이샤이 저, 조효제 역, 『세계인권사상사』, 도서출판 길, 2005.
- 박기갑, 『21세기 국제인권법의 과제와 전망』, 삼우사, 1999.
- 박병도, 「연대의 권리, 제3세대 인권」, 『인권법』, 아카넷, 2006.
- 박원순, 『역사가 이들을 무죄로 하리라』, 두레, 2003.
- 박찬운, 『국제인권법』, 한울, 1999.
- 스기하라 야스오(杉原泰雄) 저, 석인선 역, 『인권의 역사』, 한울, 1995.
- 서준식, 『인권, 자유와 평등을 향한 끝없는 여로』, 인권운동 사랑방, 2000.
- 성남훈, 『어디 핀들 꽃이 아니랴』, 현실문화연구, 2006.
- 스기하라 야스오(杉原泰雄) 저, 석인선 역, 『인권의 역사』, 한울, 1995.
- 스기하라 야스오(杉原泰雄) 저, 이경주 역, 『헌법의 역사』, 이론과 실천, 1996.
- 신영복, 『감옥으로부터의 사색』, 돌베개, 1998.
- 안경환, 『집회와 시위의 자유(공익과 인권 6)』, 사람생각, 2003.
- 안진, 「여성의 인권」, 『인권법』, 아카넷, 2006.
- 이경주, 「시민사회적 민주주의와 인권」, 『민주법학』(제18호), 2000.
- 이상돈, 『인권법』, 세창출판사, 2005.
- 이상안, 『인권과 질서』, 대명출판사, 2005.
- 정태욱, 「한국의 현대사와 인권」, 『민주법학』(제15호), 1999.
- 조국, 『양심과 사상의 자유를 위하여』, 책 세상, 2001.
- 조국, 『형사절차와 취약계층』, 사람생각, 2003.
- 차병직, 『인권』, 살림, 2006.
- 천정환, 『교정인권복지론』, 푸른복, 2006.
- 체자레 벡카리아, 『범죄와 형벌』, 지산, 2003.
- 최정기, 『감금의 정치』, 책세상, 2005.
- 카를 브루노 레더 저, 이상혁 역, 『사형: 사형의 기원과 역사, 그 희생자들』, 하서, 2003.
- 커스턴 셀라스 저, 오승훈 역, 『인권 그 위선의 역사』, 은행나무, 2003.
- 토머스 페인 저, 박홍규 역, 『상식, 인권』, 필맥, 2004.
- 한상범, 『경찰과 인권』, 패스앤패스, 2005.
- 한상진, 『현대사회와 인권』, 나남, 2003.
- 한인섭, 『재심 시효 인권(공익과인간 12)』, 경인문화사, 2007.

- 한인섭,『정의의 법 양심의 법 인권의 법』, 박영사, 2004.
- 한인섭,『형벌과 사회통제』, 박영사, 2006.
- 황정근,『인신구속과 인권』, 법영사, 1999.
- 경찰청,『인권수사 매뉴얼』, 2006.
- 국가인권위원회,『월간일권』, 2002~2008.
- 국가인권위원회,『인권길라잡이(검찰편)』, 2002.
- 국가인권위원회,『인권길라잡이(경찰편)』, 2002.
- 국가인권위원회,『인권길라잡이(교정편)』, 2002.
- 국가인권위원회,『인권백서』, 2004.
- 국가인권위원회,『인권상담사례집』, 2005.
- 서울대학교,『성적 소수자: 차이, 차별, 인권』, 2002.
- 유네스코한국위원회,『인권이란 무엇인가』, 오름, 1995.
- 인권법교재발간위원회 편저,『인권법』, 아카넷, 2006.
- 인권 운동사랑방 사회권위원회,『인간답게 살 권리』, 사람생각, 1999.
- 천주교인권위원회,『사법살인: 1975년 4월의 학살』, 학민사, 2001.
- 한국인권재단,『일상의 억압과 소수자의 인권』, 사람생각, 2000.

인권단체 홈페이지

건강 사회를 위한 치과의사회	http://www.kgca.org
경제정의 실천 시민연합	http://www.ccej.or.kr
고난받는 이들과 함께 하는 모임	http://gonan.jinbo.net
국가보안법 반대 국민연대	http://freedom.jinbo.net
국립특수교육원	http://www.kise.or.kr
국제 민주연대	http://www.khis.or.kr
국제엠네스티 한국지부	http://www.amnesty.or.kr
국제연대정책정보센터	http://picis.jinbo.net/
나눔의 집	http://www.nanum.org
납북자가족협의회	http://www.rehome.or.kr
녹색연합	http://www.greenkorea.org
대한 변호사협회	http://www.koreanbar.or.kr
매향리대책위	http://mehyang.kfem.or.kr
민족문제연구소	http://www.banmin.or.kr
민족예술인 총연합	http://www.kpaf.org
민주노총	http://www.nodong.org
민주사회를 위한 변호사모임	http://minbyun.jinbo.net
민주언론운동시민연합	http://www.ccdm.or.kr
민주주의 민족통일 전국연합	http://www.nadrk.org
민주주의 법학연구회	http://delsa.or.kr
민주화운동 정신계승 국민연대	http://www.krdemo.org
민중복지연대(준)	http://www.minbok.or.kr
베트남전 진실위원회	http://www.khis.or.kr/left_02.htm
부정부패추방시민연합회	http://badkiller.or.kr
부정부패추방실천시민회	http://buchusil.com
국제 평화, 인권, 난민지원센터	http://www.goodfriends.or.kr/
산재추방운동연합	http://www.laborhealth.or.kr
삼청교육대 인권운동연합	http://www.samchung77.or.kr
성남 외국인 노동자의 집/ 중국동포의 집	http://www.migrantworkers.org
서울여성의 전화	http://hotline.jinbo.net/
세상을 바꾸는 시민의 힘	http://www.ngokorea.org/
새사회연대	http://www.newsolidarity.org
언론인권센터	http://www.presswatch.or.kr
열린 문화운동 시민연합	http://www.coworld.or.kr

영등포산업선교회	http://ydpuim.peacenet.or.kr/labor.htm
올바른 국가인권기구 실현을 위한 민간단체공동대책위원회	http://freedom.jinbo.net/hurights
우리교육	http://www.uriedu.co.kr
유전자조작식품 반대 생명운동연대	http://my.dreamwiz.com/antigmo/
의문사진상규명위원회	http://www.truthfinder.go.kr
인간유전정보 보호 시민운동	http://bioact.net/
인권실천시민연대	http://hrights.or.kr
인권운동사랑방	http://www.sarangbang.or.kr
인도주의실천 의사협의회	http://www.humanmed.org
자주평화통일민족회의	http://www.onekorea.or.kr
장애우 권익문제 연구소	http://www.cowalk.or.kr
전국교직원노동조합	http://www.ktu.or.kr
전국민족민주유가족협의회	http://ugh.or.kr
전국민주노동조합총연맹	http://www.kctu.org
전국민중연대	http://www.minjung.or.kr
전국언론노동조합연맹	http://www.pressunion.or.kr
정보통신검열반대 공동행동	http://freeonline.or.kr
정신대할머니와 함께하는 시민모임	http://cafe.daum.net/tghalmae/
정치개혁시민연대	http://www.pwk.or.kr
제주도 백조일손 유족회	http://pws.prserv.net/yangmin
제주 4.3 항쟁 홈페이지	http://www.youngsan.co.kr/kyh/jeju43
지문날인거부	http://fprint.jinbo.net
진보네트워크	http://www.jinbo.net
진주-여성민우회, 가족과 성 상담소	http://www.women.jinju.or.kr
진주-가정법률상담소	http://www.user.chollian.net/~legalf
진주-환경운동연합	http://www.jinju.kfem.or.kr
진주-YMCA	http://www.ymca.jinju.or.kr
참여연대	http://www.peoplepower21.org
평화를 만드는 여성회	http://www.peacewomen.or.kr/
풀꽃세상을 위한 모임	http://www.fulssi.or.kr
한국 교회여성연합회	http://maria.peacenet.or.kr
한국 국제문제연구소	http://ipeck.or.kr
한국 노동사회연구소	http://klsi.org
한국 노동이론정책연구소	http://kilsp.jinbo.net

한국 성폭력상담소	http://www.sisters.or.kr
한국인권재단	http://www.humanrights.or.kr
한국 여성단체연합	http://www.women21.or.kr
한국 여성민우회	http://www.womenlink.or.kr
한국여성 성적소수자 인권운동모임	http://www.kirikiri.org
한국 여성의 전화 연합	http://www.hotline.or.kr
한국 이웃사랑회	http://www.gni.or.kr
한국장애인단체총연맹	http://www.kodaf.or.kr
한국전쟁 민간인학살 진상규명과 명예회복을 위한 범국민위원회	http://genocide.or.kr
한국정신대문제대책협의회	http://witness.peacenet.or.kr
한국정신대연구소	http://www.truetruth.org
한반도평화를 위한 시민 네트워크	http://www.peacekorea.org
함께하는 시민행동	http://www.ww.or.kr
환경운동연합	http://www.kfem.or.kr
천주교 인권위원회	http://www.cathrights.or.kr/ IPLeft

세계인권선언

Universal Declaration of Human Rights

1948. 12. 10. 국제연합 총회에서 채택

인류 가족 모든 구성원의 고유한 존엄성과 평등하고 양도할 수 없는 권리를 인정하는 것이 세계의 자유, 정의, 평화의 기초가 됨을 인정하며,

인권에 대한 무시와 경멸은 인류의 양심을 짓밟는 야만적 행위를 결과하였으며, 인류가 언론의 자유, 신념의 자유, 공포와 궁핍으로부터의 자유를 향유하는 세계의 도래가 일반인의 지고한 열망으로 천명되었으며, 사람들이 폭정과 억압에 대항하는 마지막 수단으로서 반란에 호소하도록 강요받지 않으려면, 인권이 법에 의한 지배에 의하여 보호되어야 함이 필수적이며,

국가간의 친선관계의 발전을 촉진시키는 것이 긴요하며,

국제연합의 여러 국민들은 그 헌장에서 기본적 인권과, 인간의 존엄과 가치, 남녀의 동등한 권리에 대한 신념을 재확인하였으며, 더욱 폭넓은 자유 속에서 사회적 진보와 생활수준의 개선을 촉진할 것을 다짐하였으며,

회원국들은 국제연합과 협력하여 인권과 기본적 자유에 대한 보편적 존중과 준수의 증진을 달성할 것을 서약하였으며,

이들 권리와 자유에 대한 공통의 이해가 이러한 서약의 이행을 위하여 가장 중요하므로,

따라서 이제 국제연합 총회는 모든 개인과 사회의 각 기관은 세계인권선언을 항상 마음속에 간직한 채, 교육과 학업을 통하여 이러한 권리와 자유에 대한 존중을 신장시키기 위하여 노력하고, 점진적인 국내적 및 국제적 조치를 통하여 회원국 국민 및 회원국 관할하의 영토의 국민들 양자 모두에게 권리와 자유의 보편적이고 효과적인 인정과 준수를 보장하기 위하여 힘쓰도록, 모든 국민들과 국가에 대한 공통의 기준으로서 본 세계인권선언을 선포한다.

제1조 모든 사람은 태어날 때부터 자유롭고, 존엄성과 권리에 있어서 평등하다. 사람은 이성과 양심을 부여받았으며 서로에게 형제의 정신으로 대하여야 한다.

제2조 모든 사람은 인종, 피부색, 성, 언어, 종교, 정치적 또는 그 밖의 견해, 민족적 또는 사회적 출신, 재산, 출생, 기타의 지위 등에 따른 어떠한 종류의 구별도 없이, 이 선언에 제시된 모든 권리와 자유를 누릴 자격이 있다.

나아가 개인이 속한 나라나 영역이 독립국이든 신탁통치지역이든, 비자치지역이든 또는 그 밖의 다른 주권상의 제한을 받고 있는 지역이든, 그 나라나 영역의 정치적, 사법적, 국제적 지위를 근거로 차별이 행하여져서는 아니된다.

제3조 모든 사람은 생명권과 신체의 자유와 안전을 누릴 권리가 있다.

제4조 어느 누구도 노예나 예속상태에 놓여지지 아니한다. 모든 형태의 노예제도 및 노예매매는 금지된다.

제5조 어느 누구도 고문이나, 잔혹하거나, 비인도적이거나, 모욕적인 취급 또는 형벌을 받지 아니한다.

제6조 모든 사람은 어디에서나 법 앞에 인간으로서 인정받을 권리를 가진다.

제7조 모든 사람은 법 앞에 평등하고, 어떠한 차별도 없이 법의 평등한 보호를 받을 권리를 가진다. 모든 사람은 이 선언을 위반하는 어떠한 차별에 대하여도, 또한 어떠한 차별의 선동에 대하여도 평등한 보호를 받을 권리를 가진다.

제8조 모든 사람은 헌법 또는 법률이 부여하는 기본권을 침해하는 행위에 대하여 담당 국가법원에 의하여 효과적인 구제를 받을 권리를 가진다.

제9조 어느 누구도 자의적인 체포, 구금 또는 추방을 당하지 아니한다.

제10조 모든 사람은 자신의 권리와 의무, 그리고 자신에 대한 형사상의 혐의를 결정함에 있어서, 독립적이고 편견 없는 법정에서 공정하고도 공개적인 심문을 전적으로 평등하게 받을 권리를 가진다.

제11조 1. 형사범죄로 소추당한 모든 사람은 자신의 변호를 위하여 필요한 모든 장치를 갖춘 공개된 재판에서 법률에 따라 유죄로 입증될 때까지 무죄로 추정받을 권리를 가진다.

제11조 2. 어느 누구도 행위시의 국내법 또는 국제법상으로 범죄를 구성하지 아니하는 작위 또는 부작위를 이유로 유죄로 되지 아니한다. 또한 범죄가 행하여진 때에 적용될 수 있는 형벌보다 무거운 형벌이 부과되지 아니한다.

제12조 어느 누구도 자신의 사생활, 가정, 주거 또는 통신에 대하여 자의적인 간섭을 받지 않으며, 자신의 명예와 신용에 대하여 공격을 받지 아니한다. 모든 사람은 그러한 간섭과 공격에 대하여 법률의 보호를 받을 권리를 가진다.

제13조 1. 모든 사람은 각국의 영역 내에서 이전과 거주의 자유에 관한 권리를 가진다.

2. 모든 사람은 자국을 포함한 어떤 나라로부터도 출국할 권리가 있으며, 또한 자국으로 돌아올 권리를 가진다.

제14조 1. 모든 사람은 박해를 피하여 타국에서 피난처를 구하고 비호를 향유할 권리를 가진다.

2. 이 권리는 비정치적인 범죄 또는 국제연합의 목적과 원칙에 반하는 행위만으로 인하여 제기된 소추의 경우에는 활용될 수 없다.

제15조 1. 모든 사람은 국적을 가질 권리를 가진다.

2. 어느 누구도 자의적으로 자신의 국적을 박탈당하거나 그의 국적을 바꿀 권리를 부인당하지 아니한다.

제16조 1. 성년에 이른 남녀는 인종, 국적 또는 종교에 따른 어떠한 제한도 받지 않고 혼인하여 가정을 이룰 권리를 가진다. 이들은 혼인 기간 중 및 그 해소시 혼인에 관하여 동등한 권리를 가진다.

2. 결혼은 양당사자의 자유롭고도 완전한 합의에 의하여만 성립된다.

3. 가정은 사회의 자연적이며 기초적인 구성 단위이며, 사회와 국가의 보호를 받을 권리를 가진다.

제17조 1. 모든 사람은 단독으로는 물론 타인과 공동으로 자신의 재산을 소유할 권리를 가진다.

2. 어느 누구도 자신의 재산을 자의적으로 박탈당하지 아니한다.

제18조 모든 사람은 사상, 양심 및 종교의 자유에 대한 권리를 가진다. 이러한 권리는 자신의 종교

또는 신념을 바꿀 자유와 선교, 행사, 예배, 의식에 있어서 단독으로 또는 다른 사람과 공동으로, 공적으로 또는 사적으로 자신의 종교나 신념을 표명하는 자유를 포함한다.

제19조 모든 사람은 의견과 표현의 자유에 관한 권리를 가진다. 이 권리는 간섭받지 않고 의견을 가질 자유와 모든 매체를 통하여 국경에 관계없이 정보와 사상을 추구하고, 접수하고, 전달하는 자유를 포함한다.

제20조 1. 모든 사람은 평화적 집회와 결사의 자유에 관한 권리를 가진다.

2. 어느 누구도 어떤 결사에 소속될 것을 강요받지 아니한다.

제21조 1. 모든 사람은 직접 또는 자유롭게 선출된 대표를 통하여 자국의 통치에 참여할 권리를 가진다.

2. 모든 사람은 자국의 공무에 취임할 동등한 권리를 가진다.

3. 국민의 의사는 정부의 권위의 기초가 된다. 이 의사는 보통 및 평등 선거권에 의거하며, 또한 비밀투표 또는 이와 동등한 자유로운 투표 절차에 따라 실시되는 정기적이고 진정한 선거를 통하여 표현된다.

제22조 모든 사람은 사회의 일원으로서 사회보장제도에 관한 권리를 가지며, 국가적 노력과 국제적 협력을 통하여 그리고 각국의 조직과 자원에 따라 자신의 존엄성과 인격의 자유로운 발전을 위하여 불가결한 경제적, 사회적 및 문화적 권리의 실현에 관한 권리를 가진다.

제23조 1. 모든 사람은 근로의 권리, 자유로운 직업 선택권, 공정하고 유리한 근로조건에 관한 권리 및 실업으로부터 보호받을 권리를 가진다.

2. 모든 사람은 어떠한 차별도 받지 않고 동등한 노동에 대하여 동등한 보수를 받을 권리를 가진다.

3. 모든 근로자는 자신과 가족에게 인간적 존엄에 합당한 생활을 보장하여 주며, 필요할 경우 다른 사회적 보호의 수단에 의하여 보완되는, 정당하고 유리한 보수를 받을 권리를 가진다.

4. 모든 사람은 자신의 이익을 보호하기 위하여 노동조합을 결성하고, 가입할 권리를 가진다.

제24조 모든 사람은 근로시간의 합리적 제한과 정기적인 유급휴일을 포함한 휴식과 여가에 관한 권리를 가진다.

제25조 1. 모든 사람은 식량, 의복, 주택, 의료, 필수적인 사회역무를 포함하여 자신과 가족의 건강과 안녕에 적합한 생활수준을 누릴 권리를 가지며, 실업, 질병, 불구, 배우자와의 사별, 노령, 그 밖의 자신이 통제할 수 없는 상황에서의 다른 생계 결핍의 경우 사회보장을 누릴 권리를 가진다.

2. 모자는 특별한 보살핌과 도움을 받을 권리를 가진다. 모든 어린이는 부모의 혼인 여부에 관계없이 동등한 사회적 보호를 향유한다.

제26조 1. 모든 사람은 교육을 받을 권리를 가진다. 교육은 최소한 초등기초단계에서는 무상이어야 한다. 초등교육은 의무적이어야 한다. 기술교육과 직업교육은 일반적으로 이용할 수 있어야 하며, 고등교육도 능력에 따라 모든 사람에게 평등하게 개방되어야 한다.

2. 교육은 인격의 완전한 발전과 인권 및 기본적 자유에 대한 존중의 강화를 목표로 하여야 한다. 교육은 모든 국가들과 인종적 또는 종교적 집단간에 있어서 이해, 관용 및 친선을 증진

시키고 평화를 유지하기 위한 국제연합의 활동을 촉진시켜야 한다.

3. 부모는 자녀에게 제공되는 교육의 종류를 선택함에 있어서 우선권을 가진다.

제27조 1. 모든 사람은 공동체의 문화생활에 자유롭게 참여하고, 예술을 감상하며, 과학의 진보와 그 혜택을 향유할 권리를 가진다.

2. 모든 사람은 자신이 창조한 모든 과학적, 문학적, 예술적 창작물에서 생기는 정신적, 물질적 이익을 보호받을 권리를 가진다.

제28조 모든 사람은 이 선언에 제시된 권리와 자유가 완전히 실현될 수 있는 사회적 및 국제적 질서에 대한 권리를 가진다.

제29조 1. 모든 사람은 그 안에서만 자신의 인격을 자유롭고 완전하게 발전시킬 수 있는 공동체에 대하여 의무를 부담한다.

2. 모든 사람은 자신의 권리와 자유를 행사함에 있어서, 타인의 권리와 자유에 대한 적절한 인정과 존중을 보장하고, 민주사회에서의 도덕심, 공공질서, 일반의 복지를 위하여 정당한 필요를 충족시키기 위한 목적에서만 법률에 규정된 제한을 받는다.

3. 이러한 권리와 자유는 어떤 경우에도 국제연합의 목적과 원칙에 반하여 행사될 수 없다.

제30조 이 선언의 그 어떠한 조항도 특정 국가, 집단 또는 개인이 이 선언에 규정된 어떠한 권리와 자유를 파괴할 목적의 활동에 종사하거나, 또는 그와 같은 행위를 행할 어떠한 권리도 가지는 것으로 해석되지 아니한다.

Universal Declaration of Human Rights

PREAMBLE

Whereas recognition of the inherent dignity and of the equal and inalienable rights of all members of the human family is the foundation of freedom, justice and peace in the world,

Whereas disregard and contempt for human rights have resulted in barbarous acts which have outraged the conscience of mankind, and the advent of a world in which human beings shall enjoy freedom of speech and belief and freedom from fear and want has been proclaimed as the highest aspiration of the common people,

Whereas it is essential, if man is not to be compelled to have recourse, as a last resort, to rebellion against tyranny and oppression, that human rights should be protected by the rule of law,

Whereas it is essential to promote the development of friendly relations between nations,

Whereas the peoples of the United Nations have in the Charter reaffirmed their faith in fundamental human rights, in the dignity and worth of the human person and in the equal rights of men and women and have determined to promote social progress and better standards of life in larger freedom,

Whereas Member States have pledged themselves to achieve, in cooperation with the United Nations, the promotion of universal respect for and observance of human rights and fundamental freedoms,

Whereas a common understanding of these rights and freedoms is of the greatest importance for the full realization of this pledge,

Now, therefore, The General Assembly, Proclaims this Universal Declaration of Human Rights as a common standard of achievement for all peoples and all nations, to the end that every individual and every organ of society, keeping this Declaration constantly in mind, shall strive by teaching and education to promote respect for these rights and freedoms and by progressive measures, national and international, to secure their universal and effective recognition and observance, both among the peoples of Member States themselves and among the peoples of territories under their jurisdiction.

Article I

All human beings are born free and equal in dignity and rights. They are endowed with reason and conscience and should act towards one another in a spirit of brotherhood.

Article 2

Everyone is entitled to all the rights and freedoms set forth in this Declaration, without distinction of any kind, such as race, colour, sex, language, religion, political or other opinion, national or social origin, property, birth or other status.

Furthermore, no distinction shall be made on the basis of the political, jurisdictional or international status of the country or territory to which a person belongs, whether it be independent, trust, non-self-governing or under any other limitation of sovereignty.

Article 3

Everyone has the right to life, liberty and security of person.

Article 4

No one shall be held in slavery or servitude; slavery and the slave trade shall be prohibited in all their forms.

Article 5

No one shall be subjected to torture or to cruel, inhuman or degrading treatment or punishment.

Article 6

Everyone has the right to recognition everywhere as a person before the law.

Article 7

All are equal before the law and are entitled without any discrimination to equal protection of the law. All are entitled to equal protection against any discrimination in violation of this Declaration and against any incitement to such discrimination.

Article 8

Everyone has the right to an effective remedy by the competent national tribunals for acts violating the fundamental rights granted him by the constitution or by law.

Article 9

No one shall be subjected to arbitrary arrest, detention or exile.

Article 10

Everyone is entitled in full equality to a fair and public hearing by an independent and impartial tribunal, in the determination of his rights and obligations and of any criminal charge against him.

Article 11

1. Everyone charged with a penal offence has the right to be presumed innocent until proved guilty according to law in a public trial at which he has had all the guarantees necessary for his defence.
2. No one shall be held guilty of any penal offence on account of any act or omission which did not constitute a penal offence, under national or international law, at the time when it was committed. Nor shall a heavier penalty be imposed than the one that was applicable at the time the penal offence was committed.

Article 12

No one shall be subjected to arbitrary interference with his privacy, family, home or correspondence, nor to attacks upon his honour and reputation. Everyone has the right to the protection of the law against such interference or attacks.

Article 13

1. Everyone has the right to freedom of movement and residence within the borders of each State.
2. Everyone has the right to leave any country, including his own, and to return to his country.

Article 14

1. Everyone has the right to seek and to enjoy in other countries asylum from persecution.
2. This right may not be invoked in the case of prosecutions genuinely arising from non-political crimes or from acts contrary to the purposes and principles of the United Nations.

Article 15

1. Everyone has the right to a nationality.
2. No one shall be arbitrarily deprived of his nationality nor denied the right to change his nationality.

Article 16

1. Men and women of full age, without any limitation due to race, nationality or religion, have the right to marry and to found a family. They are entitled to equal rights as to

marriage, during marriage and at its dissolution.
2. Marriage shall be entered into only with the free and full consent of the intending spouses.
3. The family is the natural and fundamental group unit of society and is entitled to protection by society and the State.

Article 17

1. Everyone has the right to own property alone as well as in association with others.
2. No one shall be arbitrarily deprived of his property.

Article 18

Everyone has the right to freedom of thought, conscience and religion; this right includes freedom to change his religion or belief, and freedom, either alone or in community with others and in public or private, to manifest his religion or belief in teaching, practice, worship and observance.

Article 19

Everyone has the right to freedom of opinion and expression; this right includes freedom to hold opinions without interference and to seek, receive and impart information and ideas through any media and regardless of frontiers.

Article 20

1. Everyone has the right to freedom of peaceful assembly and association.
2. No one may be compelled to belong to an association.

Article 21

1. Everyone has the right to take part in the government of his country, directly or through freely chosen representatives.
2. Everyone has the right to equal access to public service in his country.
3. The will of the people shall be the basis of the authority of government; this will shall be expressed in periodic and genuine elections which shall be by universal and equal suffrage and shall be held by secret vote or by equivalent free voting procedures.

Article 22

Everyone, as a member of society, has the right to social security and is entitled to realization, through national effort and international co-operation and in accordance with the organization and resources of each State, of the economic, social and cultural rights indispensable for his dignity and the free development of his personality.

Article 23

1. Everyone has the right to work, to free choice of employment, to just and favourable conditions of work and to protection against unemployment.
2. Everyone, without any discrimination, has the right to equal pay for equal work.
3. Everyone who works has the right to just and favourable remuneration ensuring for himself and his family an existence worthy of human dignity, and supplemented, if necessary, by other means of social protection.
4. Everyone has the right to form and to join trade unions for the protection of his interests.

Article 24

Everyone has the right to rest and leisure, including reasonable limitation of working hours and periodic holidays with pay.

Article 25

1. Everyone has the right to a standard of living adequate for the health and well-being of himself and of his family, including food, clothing, housing and medical care and necessary social services, and the right to security in the event of unemployment, sickness, disability, widowhood, old age or other lack of livelihood in circumstances beyond his control.
2. Motherhood and childhood are entitled to special care and assistance. All children, whether born in or out of wedlock, shall enjoy the same social protection.

Article 26

1. Everyone has the right to education. Education shall be free, at least in the elementary and fundamental stages. Elementary education shall be compulsory. Technical and professional education shall be made generally available and higher education shall be equally accessible to all on the basis of merit.
2. Education shall be directed to the full development of the human personality and to the strengthening of respect for human rights and fundamental freedoms. It shall promote understanding, tolerance and friendship among all nations, racial or religious groups, and shall further the activities of the United Nations for the maintenance of peace.
3. Parents have a prior right to choose the kind of education that shall be given to their children.

Article 27

1. Everyone has the right freely to participate in the cultural life of the community, to enjoy the arts and to share in scientific advancement and its benefits.
2. Everyone has the right to the protection of the moral and material interests resulting from any scientific, literary or artistic production of which he is the author.

Article 28

Everyone is entitled to a social and international order in which the rights and freedoms set forth in this Declaration can be fully realized.

Article 29

1. Everyone has duties to the community in which alone the free and full development of his personality is possible.
2. In the exercise of his rights and freedoms, everyone shall be subject only to such limitations as are determined by law solely for the purpose of securing due recognition and respect for the rights and freedoms of others and of meeting the just requirements of morality, public order and the general welfare in a democratic society.
3. These rights and freedoms may in no case be exercised contrary to the purposes and principles of the United Nations.

Article 30

Nothing in this Declaration may be interpreted as implying for any State, group or person any right to engage in any activity or to perform any act aimed at the destruction of any of the rights and freedoms set forth herein.

시민적·정치적 권리에 관한 국제규약(국제인권규약B)

International Covenant on Civil and Political Rights

채택일 1966. 12. 16. / 발효일 1976. 3. 23. 단, 제41조는 1979. 3. 28.에 발효
당사국 수 147 / 대한민국 적용일 1990. 7. 10.

이 규약의 당사국은, 국제연합 헌장에 선언된 원칙에 따라 인류사회의 모든 구성원의 고유의 존엄성 및 평등하고 양도할 수 없는 권리를 인정하는 것이 세계의 자유, 정의 및 평화의 기초가 됨을 고려하고, 이러한 권리는 인간의 고유한 존엄성으로부터 유래함을 인정하며, 세계인권선언에 따라 시민적, 정치적 자유 및 공포와 결핍으로부터의 자유를 향유하는 자유인간의 이상은 모든 사람이 자신의 경제적, 사회적 및 문화적 권리뿐만 아니라 시민적 및 정치적 권리를 향유할 수 있는 여건이 조성되는 경우에만 성취될 수 있음을 인정하며, 인권과 자유에 대한 보편적 존중과 준수를 촉진시킬 국제연합 헌장상의 국가의 의무를 고려하며, 타 개인과 자기가 속한 사회에 대한 의무를 지고 있는 개인은, 이 규약에서 인정된 권리의 증진과 준수를 위하여 노력하여야 할 책임이 있음을 인식하여, 다음의 조문들에 합의한다.

제6조 1. 모든 인간은 고유한 생명권을 가진다. 이 권리는 법률에 의하여 보호된다. 어느 누구도 자의적으로 자신의 생명을 박탈당하지 아니한다.

제6조 2. 사형을 폐지하지 아니하고 있는 국가에 있어서 사형은 범죄 당시의 현행법에 따 라 서 또한 이 규약의 규정과 집단살해죄의 방지 및 처벌에 관한 협약에 저촉되지 아니하는 법률에 의하여 가장 중한 범죄에 대해서만 선고될 수 있다. 이 형벌은 권한 있는 법원이 내린 최종판결에 의하여서만 집행될 수 있다.

제6조 3. 생명의 박탈이 집단살해죄를 구성하는 경우에는 이 조의 어떠한 규정도 이 규약의 당사국이 집단살해죄의 방지 및 처벌에 관한 협약의 규정에 따라 지고 있는 의무를 어떠한 방법으로도 위반하는 것을 허용하는 것은 아니라고 이해한다.

제6조 4. 사형을 선고받은 사람은 누구나 사면 또는 감형을 청구할 권리를 가진다. 사형선고에 대한 일반사면, 특별사면 또는 감형은 모든 경우에 부여될 수 있다.

제6조 5. 사형선고는 18세 미만의 자가 범한 범죄에 대하여 과하여져서는 아니 되며, 또한 임산부에 대하여 집행되어서는 아니 된다.

제6조 6. 이 규약의 어떠한 규정도 이 규약의 당사국에 의하여 사형의 폐지를 지연시 키거나 또는 방해하기 위하여 원용되어서는 아니 된다.

제7조 어느 누구도 고문 또는 잔혹한, 비인도적인 또는 굴욕적인 취급 또는 형벌을 받지 아니한다. 특히 누구든지 자신의 자유로운 동의 없이 의학적 또는 과학적 실험을 받지 아니한다.

제8조 1. 어느 누구도 노예상태에 놓여 지지 아니한다. 모든 형태의 노예제도 및 노예매매는 금지된다.

제8조 2. 어느 누구도 예속상태에 놓여 지지 아니한다.

제9조 1. 모든 사람은 신체의 자유와 안전에 대한 권리를 가진다. 누구든지 자의적으로 체포되거나 또는 억류되지 아니한다. 어느 누구도 법률로 정한 이유 및 절차에 따르지 아니하고는 그 자유를 박탈당하지 아니한다.

제9조 2. 체포된 사람은 누구든지 체포시에 체포이유를 통고받으며, 또한 그에 대한 피의 사실을 신속히 통고받는다.

제9조 3. 형사상의 죄의 혐의로 체포되거나 또는 억류된 사람은 법관 또는 법률에 의하여 사법권을 행사할 권한을 부여받은 기타 관헌에게 신속히 회부되어야 하며, 또한 그는 합리적인 기간 내에 재판을 받거나 또는 석방될 권리를 가진다. 재판에 회부되는 사람을 억류하는 것이 일반적인 원칙이 되어서는 아니되며, 석방은 재판 기타 사법적 절차의 모든 단계에서 출두 및 필요한 경우 판결의 집행을 위하여 출두할 것이라는 보증을 조건으로 이루어질 수 있다.

제9조 4. 체포 또는 억류에 의하여 자유를 박탈당한 사람은 누구든지, 법원이 그의 억류의 합법성을 지체없이 결정하고, 그의 억류가 합법적이 아닌 경우에는 그의 석방을 명령할 수 있도록 하기 위하여, 법원에 절차를 취할 권리를 가진다.

제9조 5. 불법적인 체포 또는 억류의 희생이 된 사람은 누구든지 보상을 받을 권리를 가진다.

제10조 1. 자유를 박탈당한 모든 사람은 인도적으로 또한 인간의 고유한 존엄성을 존중하여 취급된다.

제10조 2. (a) 피고인은 예외적인 사정이 있는 경우를 제외하고는 기결수와 격리되며, 또한 유죄의 판결을 받고 있지 아니한 자로서의 지위에 상응하는 별도의 취급을 받는다.

제9조 2. (b) 미성년 피고인은 성인과 격리되며 또한 가능한 한 신속히 재판에 회부된다.

제10조 3. 교도소 수감제도는 재소자들의 교정과 사회복귀를 기본적인 목적으로 하는 처우를 포함한다. 미성년 범죄자는 성인과 격리되며 또한 그들의 연령 및 법적 지위에 상응하는 대우가 부여된다.

제14조 1. 모든 사람은 재판에 있어서 평등하다.

제14조 2. 모든 형사피의자는 법률에 따라 유죄가 입증될 때까지 무죄로 추정받을 권리를 가진다.

제15조 1. 어느 누구도 행위시의 국내법 또는 국제법에 의하여 범죄를 구성하지 아니하는 작위 또는 부작위를 이유로 유죄로 되지 아니한다. 또한 어느 누구도 범죄가 행하여진 때에 적용될 수 있는 형벌보다도 중한 형벌을 받지 아니한다. 범죄인은 범죄가 행하여진 후에 보다 가벼운 형을 부과하도록 하는 규정이 법률에 정해진 경우에는 그 혜택을 받는다.

제15조 2. 이 조의 어떠한 규정도 국제사회에 의하여 인정된 법의 일반원칙에 따라 그 행위

시에 범죄를 구성하는 작위 또는 부작위를 이유로 당해인을 재판하고 처벌하는 것을 방해하지 아니한다.

경제적·사회적·문화적 권리에 관한 국제규약(국제인권규약A)

International Covenant on Economic, Social and Cultural Rights

채택일 1966. 12. 16. / 발효일 1976. 1. 3. / 당사국 수 143 / 대한민국 적용일 1990. 7. 10.

이 규약의 당사국은, 국제연합헌장에 선언된 원칙에 따라 인류사회의 모든 구성원의 고유의 존엄성 및 평등하고 양도할 수 없는 권리를 인정하는 것이 세계의 자유, 정의 및 평화의 기초가 됨을 고려하고, 이러한 권리는 인간의 고유한 존엄성으로부터 유래함을 인정하며, 세계인권선언에 따라 공포와 결핍으로부터의 자유를 향유하는 자유 인간의 이상은 모든 사람이 자신의 시민적, 정치적 권리뿐만 아니라 경제적, 사회적 및 문화적 권리를 향유할 수 있는 여건이 조성되는 경우에만 성취될 수 있음을 인정하며, 인권과 자유에 대한 보편적 존중과 준수를 촉진시킬 국제연합 헌장상의 국가의 의무를 고려하며, 타 개인과 자기가 속한 사회에 대한 의무를 지고 있는 개인은, 이 규약에서 인정된 권리의 증진과 준수를 위하여 노력하여야 할 책임이 있음을 인식하여, 다음 조문들에 합의한다.

제1조 1. 모든 인민은 자결권을 가진다. 이 권리에 기초하여 모든 인민은 그들의 정치적 지위를 자유로이 결정하고, 또한 그들의 경제적, 사회적 및 문화적 발전을 자유로이 추구한다.
2. 모든 인민은, 호혜의 원칙에 입각한 국제경제협력으로부터 발생하는 의무 및 국제법상의 의무에 위반하지 아니하는 한, 그들 자신의 목적을 위하여 그들의 천연의 부와 자원을 자유로이 처분할 수 있다. 어떠한 경우에도 인민은 그들의 생존수단을 박탈당하지 아니한다.
3. 비자치지역 및 신탁통치지역의 행정책임을 맡고 있는 국가들을 포함하여 이 규약의 당사국은 국제연합 헌장의 규정에 따라 자결권의 실현을 촉진하고 동권리를 존중하여야 한다.

제2조 1. 이 규약의 각 당사국은 특히 입법조치의 채택을 포함한 모든 적절한 수단에 의하여 이 규약에서 인정된 권리의 완전한 실현을 점진적으로 달성하기 위하여, 개별적으로 또한 특히 경제적, 기술적인 국제지원과 국제협력을 통하여, 자국의 가용 자원이 허용하는 최대한도까지 조치를 취할 것을 약속한다.
2. 이 규약의 당사국은 이 규약에서 선언된 권리들이 인종, 피부색, 성, 언어, 종교, 정치적 또는 기타의 의견, 민족적 또는 사회적 출신, 재산, 출생 또는 기타의 신분 등에 의한 어떠한 종류의 차별도 없이 행사되도록 보장할 것을 약속한다.
3. 개발도상국은, 인권과 국가 경제를 충분히 고려하여 이 규약에서 인정된 경제적 권리를 어느 정도까지 자국의 국민이 아닌 자에게 보장할 것인가를 결정할 수 있다.

제3조 이 규약의 당사국은 이 규약에 규정된 모든 경제적, 사회적 및 문화적 권리를 향유함에 있어서 남녀에게 동등한 권리를 확보할 것을 약속한다.

제4조 이 규약의 당사국은, 국가가 이 규약에 따라 부여하는 권리를 향유함에 있어서, 그러한 권리의 본질과 양립할 수 있는 한도 내에서, 또한 오직 민주 사회에서의 공공복리 증진의 목적으로 반드시 법률에 의하여 정하여지는 제한에 의해서만, 그러한 권리를 제한할 수 있음을 인정한다.

제5조 1. 이 규약의 어떠한 규정도 국가, 집단 또는 개인이 이 규약에서 인정되는 권리 및 자유를 파괴하거나, 또는 이 규약에서 규정된 제한의 범위를 넘어 제한하는 것을 목적으로 하는 활동에 종사하거나 또는 그와 같은 것을 목적으로 하는 행위를 행할 권리를 가지는 것으로 해석되지 아니한다.

2. 이 규약의 어떠한 당사국에서 법률, 협정, 규칙 또는 관습에 의하여 인정되거나 또는 현존하고 있는 기본적 인권에 대하여는, 이 규약이 그러한 권리를 인정하지 아니하거나 또는 그 인정의 범위가 보다 협소하다는 것을 구실로 동권리를 제한하거나 또는 훼손하는 것이 허용되지 아니한다.

찾아보기

ㅅ

ㅇ

ㅈ

ㅊ

ㅌ

형사사법과 인권

2025년 3월 12일 초판 1쇄 발행

지은이	박상식
펴낸이	권진회
부장	김경민
팀장	김성중
편집	이가람
디자인	이희은

펴낸곳	경상국립대학교출판부 ǀ 출판등록 1989년 1월 7일 제16호
주소	경남 진주시 진주대로 501
전화번호	055) 772-0801(편집), 0802(디자인), 0803(도서 주문)
팩스	055) 772-0809
전자우편	gspress@gnu.ac.kr
홈페이지	http://gspress.gnu.ac.kr
페이스북	https://www.facebook.com/gnupub
블로그	https://blog.naver.com/gnupress12
인스타그램	@gnupress